철학자가 들려주는 철학 이야기 041~050권

아비투어 철학 논술 5

●

초급편

철학자가 들려주는 철학 이야기
아비투어 철학 논술—고급 5

ⓒ 박민수, 정인회, 오지은, 최지윤, 박현정, 권상, 이지영, 2011

초판 1쇄 인쇄일 | 2011년 6월 20일
초판 1쇄 발행일 | 2011년 6월 30일

지은이 | 박민수, 정인회, 오지은, 최지윤, 박현정, 권상, 이지영
펴낸이 | 강병철
펴낸곳 | (주)자음과모음

주   간 | 정은영
제   작 | 장성준, 김우진
마 케 팅 | 박제연, 정지운
영   업 | 조광진, 안재임, 강승덕

출판등록 | 2001년 5월 8일 제20−222호
주   소 | 121−753 서울시 마포구 동교동 165−1 미래프라자빌딩 7층
전   화 | 편집부 (02)324−2347, 총무부 (02)325−6047
팩   스 | 편집부 (02)324−2348, 총무부 (02)2648−1311
e−mail | jmseries@jamobook.com
Home page | www.jamo21.net

ISBN 978−89−544−2692−3 (04100)
ISBN 978−89−544−2687−9 (set)

• 잘못된 책은 교환해 드립니다.

아비투어 철학 논술

고급편

5

㈜자음과모음

차례

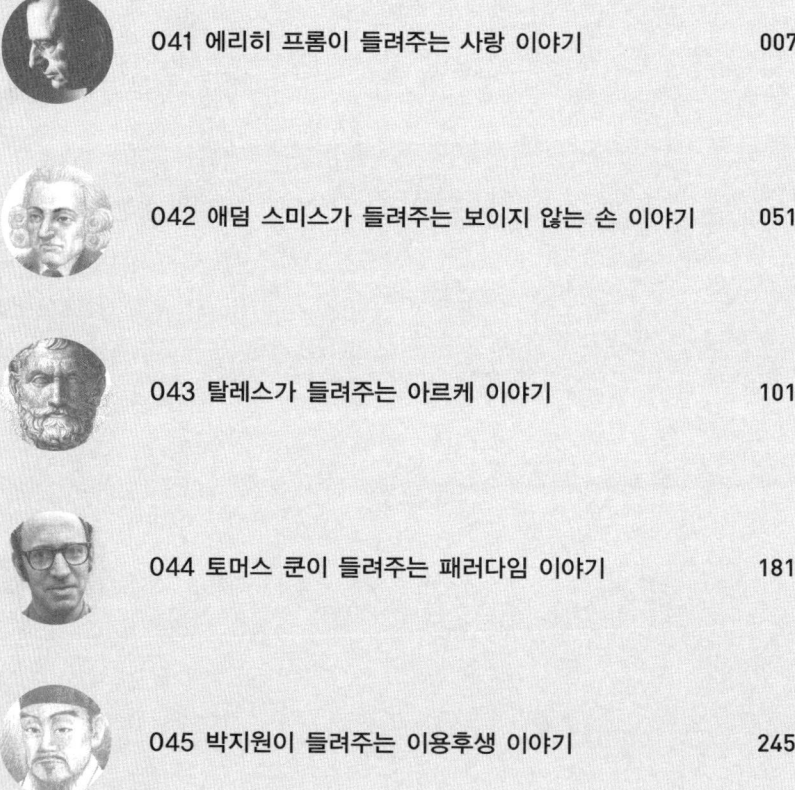

Abitur

철학자가 들려주는 철학이야기 041

에리히 프롬이 들려주는 사랑 이야기

저자_**박민수**

연세대학교 독문과를 졸업하고 동대학원에서 석사 학위를 받았다. 지금은 독일 베를린 자유대학에서 〈근대 미학에서 미적 가상의 개념〉이란 주제로 박사 논문을 준비하고 있다. 전문 번역가로도 활동하고 있으며, 저서로는 《아비투어 철학 논술: 칸트가 들려주는 순수 이성 비판 이야기》 《아비투어 철학 논술: 니체가 들려주는 슈퍼맨 이야기》 《아비투어 철학 논술: 헤겔이 들려주는 정신 이야기》 등이 있고, 역서로는 《우리의 포스트모던적 모던》 《데리다 - 니체, 니체 - 데리다》 《신의 독약》 《책벌레》 《크라바트》 등이 있다.

에리히 프롬의 생애와 사상

Erich Fromm

에리히 프롬의 생애와 사상

1. 간추린 생애

에리히 프롬(Erich Fromm, 1900~1980)은 독일에서 출생하여 미국과 멕시코에서 활동한 철학자이자 심리학자이며 사회학자이다. 프랑크푸르트의 독실한 유대교 가정에서 태어난 그는 하이델베르크와 프랑크푸르트 대학에서 사회학과 심리학을 전공했으며 뮌헨과 베를린에서 정신분석학을 연구했다. 1930년 프롬은 막스 호르크하이머가 설립한 '사회 연구소'의 일원이 되었고 1938년까지 이 단체에 소속되어 있었다. 프롬은 1933년 독일에서 나치당이 정권을 잡자 유대인 탄압을 피해 미국으로 망명했고 1951년 다시 멕시코로 이주했으며 만년은 스위스에서 보냈다. 현대 사회의 문제점과 그 극복 방안을 제시한 프롬의 대표적인 저작들로는 《자유로부터의 도피》《인간 상실과 인간 회복》《건전한 사회》《마르크스의 인간 개념》《사랑의 기술》《희망의 혁명》《소유냐 존재냐》 등이 있다.

어휘 다지기

정신분석학
오스트리아의 정신과 의사 지그문트 프로이트가 정신 장애를 치료하기 위해 고안해 낸 학문

2. 시대적 배경과 연관시켜 본 프롬 사상의 특징

프롬은 젊은 시절부터 사회 철학과 사회 심리학에 깊은 관심을 보였는데, 이는 그의 청소년기에 유럽을 휩쓴 제1차 세계대전이란 비극적 상황의 경험과 관련이 있다. 그 이름에 걸맞게 전 세계가 직·간접적으로 휘말려든 이 전쟁에서는 가공할 만한 현대식 무기가 사용되어 무려 2천만 명이 희생되었고 유럽 곳곳이 쑥대밭이 되었다. 젊은 프롬은 문명화된 유럽에서 어떻게 이런 부조리한 사태가 일어날 수 있었는지에 대해 깊은 고민에 빠졌다. 결국 그는 대학에서 법학을 전공하려던 애초의 계획을 바꾸고 심리학과 철학, 사회학을 연구하기로 마음먹었다.

프롬이 스스로 고백한 바에 따르면, 그가 현대 인간과 사회의 본질적 문제를 탐구하고 그 해결 방안을 모색하는 과정에서 지대한 영향을 준 것은 4가지 사상

어휘 다지기

사회 심리학
사회적 환경의 다양한 힘이나 요인이 개인의 지각, 태도, 믿음 등에 미치는 영향을 연구하는 심리학 분야

사회 철학
인간의 인식을 대상으로 삼는 철학이 '인식론', 인간의 윤리적 태도를 탐구하는 철학이 '윤리학', 인간의 역사를 연구하는 철학이 '역사 철학'이라면, '사회 철학'은 인간의 사회를 연구 대상으로 삼는 철학을 말한다.

이다. 4가지 사상이란 마르크스 사상과 프로이트의 정신분석학, 유대교의 메시아 사상 및 불교를 말한다.

①마르크스 사상의 영향

20세기 초반은 자본주의의 모순과 문제점에 실망한 많은 유럽 지식인들이 마르크스의 사상으로부터 커다란 감화와 영향을 받았던 시기였으며, 프롬도 그런 사람들 중 하나였다. 마르크스 사상이 어떤 것인지에 대해서는 교과서를 참조해서 알아보도록 하자.

> 자본주의는 자유주의 이념을 기반으로 사유 재산제, 자유 계약 및 자유 시장 제도를 근간으로 한다. 이는 유럽의 정신적, 경제적 성장에 크게 기여하였지만, 산업화의 초기 과정에서는 경제적 불평등의 문제로 많은 비판을 받았다. 이때에 반자본주의적 입장을 대변하듯 사회주의가 천명되었는데, 이는 새로운 인간과 이상 사회에 대한 열망의 표현이었다.
>
> 사회주의의 특징을 요약하면, 다음의 세 가지를 들 수 있다. 첫째, 자유주의적 인간관에 반하는 사회 중심의 인간관을 강조한다. 인간은 독립적인 존재가 아니라 상호 의존적인 존재이며, 개인의 능력과 인간성 자체는 사회적 토대를 지닌 것으로 개인의 소유물이 아니라는 관점이다. 둘째, 생산 수단의 공동 소유와 통제를 핵심 원리로 한다. 사회주의에서는 자본주의의 문제점이 사유 재산제에서 비롯되므로, 생산 수단의 공동 소유 혹은

국유화가 불평등의 문제를 해소한다고 본다. 셋째, 경제적 불평등의 해소를 중요한 이념으로 삼고 있다. 이러한 이념은 물질적 결핍으로부터의 인간 해방을 의미하며, 물질적 재화의 생산보다는 분배의 문제에 초점을 맞추고 있다.

현대 사회주의 운동은 1848년 '공산당 선언'에 의해 대표되는 마르크스주의에 기원을 두고 있지만, 그 사상적 기원은 고대에서부터 다양하게 나타나고 있다. 통치 계급의 재산 공유와 국가에 의한 자녀의 공동 양육을 내용으로 한 플라톤의 이상 사회, 공동 작업을 토대로 소박한 생활을 강조했던 초기 그리스도교, 그리고 공동 사회의 생산과 분배 제도의 기초로 공유제를 강조한 모어의 사상 등이 그것이다.

소수의 사상가들에 의해 주도되어 왔던 사회주의는 19세기 초부터 영국과 프랑스를 중심으로 학파를 형성하고 점차 활동을 확대하였다. 초기 사회주의자들은 산업 사회의 현실을 인정하고 이것을 유토피아의 출발점으로 삼아 새로운 사회의 원리를 구상하였다. 그러나 이들의 구상은 구체적인 사회 개혁을 목표로 하는 운동과는 거리가 먼 공상적 수준에 머물렀다고도 볼 수 있다. 이러한 점 때문에 마르크스(1818~1883)는 이들 초기 사회주의자들을 '공상적 사회주의자'라고 지칭하였다.

한편, 마르크스는 자신의 사상을 '과학적 사회주의'라고 하였으며, 자본주의의 붕괴와 프롤레타리아 독재 및 계급 없는 사회의 도래를 역사적 필연성의 차원에서 주장하였다. 이러한 마르크스주의는 공산주의라는 강력한 이데올로기로 등장함으로써 사회주의 운동을 자극하였으며, 사회주의 운동의 가장 큰 지적 연원이 되었다.

- 고등학교 교과서 《윤리와 사상》 중에서

마르크스가 사망한 후 유럽에서는 그의 사상에 고무된 노동 운동이 본격화되었다. 마르크스 사상의 지지자들은 점차 큰 세력을 형성하게 되었고 일부 유럽 국가에서는 사회주의 정당을 결성하여 의회로 진출하는 등 정치적 성공을 거두기 시작했다. 또 러시아에서는 1917년 볼셰비키 혁명이 성공을 거두어 레닌이 주도하는 공산주의자들이 정권을 장악하기에 이르렀다. 사회주의자들은 인류 최초로 공산주의 사회를 건설하기 위해 거대한 실험에

어휘 다지기

생산 수단

인간이 노동을 가하는 대상 및 이런 노동 대상에 인간이 작용을 가할 때 사용하는 물건이나 수단, 방법을 말한다. 이러한 생산 수단으로는 생산에 사용되는 기계나 설비, 건물, 운송 수단, 대지, 원료, 반제품, 지하 자원, 하천, 수산물 등을 들 수 있다.

유토피아

토머스 모어가 사용한 '유토피아'라는 명칭은 그리스어인 '없는(ou)'과 '장소(topos)'를 합성한 단어이다. 따라서 유토피아는 '아무 데도 없는 곳'이라는 풍자적인 의미를 담고 있다. 다른 한편으로 이와 비슷한 발음의 그리스어 '에우토피아(eutopia)'는 '좋은 곳'을 뜻한다. 그리하여 오늘날 유토피아는 두 가지 의미를 혼합한 이중적인 의미를 띠게 되었다. '유토피아' '유토피아적'이라는 단어는 보통 '이상적' 또는 '상상적'이라는 뜻을 지니기도 하지만, 다른 한편으로 '실용성 없는' 또는 '유용성 없는'이라는 뜻을 지니게 되었다.

- 고등학교 교과서 《윤리와 사상》 중에서

착수하지만, 레닌이 죽고 스탈린이 정권을 장악한 후 소련의 사회주의 실험은 독재와 억압의 기형적 형태를 취하게 되었다.

프롬은 그가 한때 소속되었던 '사회 연구소'의 사상가들(호르크하이머·아도르노·마르쿠제 등)과 마찬가지로 구 소련을 위시한 현실 사회주의 국가들의 실태와 마르크스 사상의 변질에 대해 실망을 금치 못했다. 그는 마르크스 사상의 인본주의적 핵심을 계승하고자 했으며 이 사상의 본령은 마르크스가 《경제학 – 철학 초고》에서 전개한 '소외론'에 있다고 보았다. 프롬은 이러한 '소외론'을 토대로 하여 현대 사회의 문제점을 밝히고 그 해결책을 찾고자 하였다. ('소외'에 관해서는 아래에서 좀 더 자세히 다루기로 한다.)

② 프로이트 정신분석학의 영향

프롬은 프로이트의 정신분석학에서 마르크스 사상만큼이나 큰 영향을 받았다. 프로이트의 사상은 심적 결정론이라 불리는 것으로, 여기서 특히 중요한 것은 무의식 개념이다.

프로이트는 우리가 하는 행동 중에서 정말로 중요한 면들은 모두 의식의 영역 밖, 무의식에 위치하고 있는 충동과 욕구들에 의해 형성되고 결정된다고 주장했답니다.

…(중략)…

프로이트는 인간의 마음을 빙산에 비유했답니다. 인간의 의식은 수면 위에 드러난 조그만 부분에 불과하며 수면 밑에 잠겨 있는 대부분이 바로 무의식입니다. 인간의 모든 행동, 느낌, 생각은 실수인 것처럼 보이는 행동이라 하더라도 모두 무의식 속의 어떤 원인 때문에 생긴 것이랍니다. 이것이 바로 심적 결정론입니다. 즉 우리의 정신 생활에서 우연인 것 같고 상호 연관성이 없어 보이는 현상들 모두 무의식적인 동기에 의해서 일어나는 행동이랍니다.

- 《프로이트가 들려주는 마음 이야기》 중에서

그러나 프롬은 인간의 무의식은 단순히 본능이나 충동으로 환원될 수 없다고 생각했으며 이 점에서 프로이트의 정신분석학을 수정하려 하였다. 인간의 무의식은 훨씬 더 복잡한 영향 관계 속에서 형성되며, 이때 결정적인 것은 사회적·경제적 요인이라는 것이 프롬의 생각이었다. 즉 프롬은 프로이트의 이론과 마르크스 사상을 결합하려는 시도를 한 것이었다. 마르크스에 따르면 인간의 삶은 사회적·경제적 환경으로부터 결정적 영향을 받는다. 그에 비해 프로이트는 인간의 모든 행동이 충동적이고 본능적인 무의식에 의해 규정된다고 보았다. 프롬은 마르크스 사상이 지닌 근본적 정당성을 인정했지만 사회적·경제적 규정 과정이 단순하지 않고 지극히 복잡한 양상을 취할 수 있음을 지적했다. 다른 한편, 그는 프로이트의 정신분석학이 지닌 설득력 역시 인정하면서도 프로이트의 무의식 이론에서는 개인과 사회 환경 사이의 긴밀한 관계가 무시되고 있다는 점을 비판했다. 이러한 비판과 종합 과정에서 탄생한 것이 프롬의 사회 심리학이었다. 이러한 사회 심리학을 통해 그는 개인과 집단의 충동 구조, 즉 무의식적 행동과 태도를 사회 경제적 바탕 구조로부터 이해하려 하였다.

③ 메시아 사상과 불교의 영향

프롬이 자신의 사회 심리학과 사회 철학 연구에서 지향했던 것은 더 나은 인간의 삶과 사회라는 목표였다. 우리 인간은 역사 과정에서 우리 자신과 사회를 변화시키려 노력해야 하며 이를 통해 더 나은 사회가 도래하게 해야 한다는 것이 그의 사상적 핵심이었던 것이다. 이러한 생각의 근본이 되었던 것은 물론 마르크스 사상이다. 그러나 이상적인 사회를 지향하는 프롬의 사상에서는 마르크스주의 철학 못지않게 유대교의 메시아 사상이 큰 역할을 했다. 유대교 집안에서 태어난 프롬은 청년기 이후 이 신앙에 거리를 취했지만 메시아 사상만큼은 견지하였다. 메시아는 원래 유대 민족을 외국의 압제에서 구원하고 황금기의 영광을 되찾아 주리라 기대되었던 왕이다. 물론 프롬은 이런 메시아가 언젠가 나타나리라고 믿었던 것은 아니다. 그는 인류가 현재의 모순을 극복하고 이상적인 상태에 도달하도록 노력해야 한다는 것, 즉 인류 스스로가 메시아가 되기 위해 애써야 한다는 의미에서 메시아 사상을 고수했던 것이다. 이러한 메시아 사상은 이상 사회에 대한 희망을 버리지 않는다는 점에서 마르크스주의와 공통점을 갖는다.

이상 사회는 인간이 바람직하다고 생각하는 사회의 모습이다. 역사적으로 인류는 현실 사회에 만연된 궁핍과 억압에 시달리면서, 그러한 억압으로부터 해방된 이상적인 사회를 추구해 왔다.

…(중략)…

동·서양의 사상가들이 묘사한 이상 사회는 다양한 모습을 띠어 왔지만, 그들이 제시한 이상 사회가 역사상 실현된 적은 없다. 예를 들어 《논어》에서 인(仁)이 실현된 이상적인 정치 공동체를 꿈꾼 공자나, 《국가》에서 지혜로운 철학자가 통치하는 정의로운 국가를 제시한 플라톤 역시 이상 사회가 현실에서는 자신들의 구상대로 실천에 옮겨지기 어렵다는 것을 알고 있었다. 《논어》에는 '천하에 도가 있으면 내가 천하를 변화시키려 나서지 않았을 것이다' 라는 공자의 탄식과 '군자가 벼슬하는 것은 의를 행하는 것이니, 도가 행하여지지 못할 것을 이미 알고 있다' 는 구절이 나온다.

플라톤 역시 《국가》에서 소크라테스의 입을 빌려 다음과 같이 말하고 있다. "도대체 이론이 실천으로 완전히 옮겨질 수 있는가? 사물의 본성상 인간의 행위가 인간의 생각보다 진리에 훨씬 못 미치는 것은 당연하지 않은가?"

인류 역사에서 이상 사회가 제시하고 있는 바람직한 모습은 인간으로 하여금 부조리한 현실을 비판하게 하고, 나아가 그러한 현실을 개혁하는 데 필요한 기준과 목표를 제공함으로써, 보다 나은 사회로 나아가게 하는 추진력으로서 작용해 왔다. 즉, 사상가들은 이상 사회를 제시함으로써 기존 사회의 모순과 한계를 지적하고, 좀 더 나은 사회에 대한 방향과 목표를 설정한 것이다. 예를 들어 마르크스는 사회주의라는 이상 사회를 기

프롬은 현대 산업 사회의 문제를 해결하고 이상 사회에 접근하기 위해서는 사회·경제적 여건의 변화뿐 아니라 인간 자신의 성격 변화도 있어야 한다고 생각했다. 이런 사상적 맥락에서 그는 불교로부터 큰 감화를 받았다. 집착과 욕심을 버리고 참된 삶이 무엇인지 고민할 것을 독려하는 불교 사상에서 프롬은 하나의 빛을 보았던 것이다. 이런 불교 사상의 영향은 프롬의 저작들에서 드물지 않게 나타나고 있다.

3. 프롬 사상의 심층적 이해 – 병든 사회와 소외된 인간 그리고 존재의 지향

1933년 독일에서 미국으로 망명한 프롬은 나치즘과 권위주의의 득세 그리고 인간의 자유에 관해 집중적으로 연구했다. 1941년 이러한 연구의 결실로서 프롬의 첫 저서인 《자유로부터의 도피》가 세상에 나왔다(《아비투어 철학 논술》(41, 중급편)을 참조할 것). 제2차 세계대전이 끝난 후에 프롬은 미국이 대표하는 자본주의 사회의 문제점과 이 사회에 사는 인간의 성격을 분석하고 비판하는 데 큰 관심을 보이기 시작했다. 이런 연구 과정에서 나온 프롬의 저서들이 바로《건전한 사회》《사랑의 기술》《희망의 혁명》《소유냐 존재냐》 등이다. 이러한 저술들에 담겨 있는 프롬의 핵심 사상 몇 가지를 정리해 보기로 하자.

① 자본주의의 기본 특징

먼저 자본주의의 기본 특징을 교과서의 지문을 통해 알아보자.

> 서구 사회에서 16세기에 태동하여 18세기 후반부터 19세기 전반에 걸쳐 산업혁명을 통해 확립된 자본주의는 …(중략)… 경제적 개인주의와 시장 제도에 기초를 두고 있다. 그러므로 자본주의는 자유 민주주의의 경제적 표현이라 할 수 있다. 경제적 개인주의란, 사람이 이 세상을 살아가는 데 필요한 각종 물질적 가치를 생산·교환·분배·소비·소유하는 데 있어서 그 기본 단위를 개인으로 하는 것이 바람직하다는 신념이다. 이 신념에 의하면 사람들은 누구나 자율적 이성을 갖고 있는 자유인이며, 스스로의 부(富)를 확대하기 위하여 필요한 활동을 자율적으로 선택하여 펼칠 수 있는 자유로운 경제인이다.
>
> 자본주의 경제 질서에 따라 사람들은 기본적으로 자기가 사용하기 위하여 물건을 생산하기보다는 시장에 내다 팔아서 이윤을 남기기 위하여 물건을 생산한다. 물론 무엇을 얼마만큼 생산할 것인가는 생산자 개개인의 자유로운 판단에 달려 있다. 그들은 각자 생산한 물건을 가지고 시장에 모여든다. 수요와 공급의 법칙에 따라 가격이 형성되면, 사람들은 그에 따라 물건을 자유롭게 사고판다. 이 자유로운 교환 과정에서 분배는 저절로 이루어진다. 교환이 자유롭고 분배가 자연스럽게 이루어지기 때문에 소비 역시 자유롭다.

물론 벌이가 씀씀이보다 많으면 남는 부분이 생기게 되고, 씀씀이가 벌이보다 더 많으면 빚을 질 수밖에 없다. 그것이 곧 그 개인의 사유 재산이다. 자본주의 경제 질서 아래서 부를 축적하거나 손해를 보는 것은 스스로가 펼친 경제 활동의 결과에 의해서 이루어지기 때문에 전적으로 본인이 책임지게 되어 있다. 또 모든 상거래는 시장을 통해서 개개인의 자율적 판단에 따라 자유로이 이루어진다.

실제로 자본주의 경제는 생산량의 획기적인 증대를 이룩함으로써 개개인의 생활을 훨씬 더 풍요롭게 하였으며, 각종 편의 기구들이 쏟아져 나오게 함으로써 시민들은 아주 편리한 삶을 누릴 수 있게 되었다.

자유 시장 경제의 원리를 처음으로 주장한 스미스는 국가 권력이 시민들의 경제 활동에 대하여 간섭하지 않는 자유방임주의가 바람직하다고 강조하였다. 즉, 국가 권력이 개입하여 일일이 간섭하지 않아도 이른바 '보이지 않는 손'이 있어서 경제 활동을 조절하기 때문에, 장기적인 관점에서 보면 국가 경제는 결국 균형을 이루면서 조화롭게 운용되기 마련이라는 것이다. 또 그는 《국부론》에서 시민 개개인들이 자신의 부를 늘리기 위한 경쟁을 자유로이 벌인다면, 시민들의 경제 활동은 더욱 촉진되어 개개인의 소득이 더욱 늘어나게 되고, 결국 나라 전체의 부도 증가하게 된다는 이론을 제시하였다.

그러나 자유방임주의에 바탕을 둔 자본주의는 빈부 격차 심화 등의 문제를 가져왔다. 결국, 자본주의 국가는 자유로운 시장 경제 보호를 위한 소극적인 역할에서 국민들의 인간적인 삶을 보장하기 위한 적극적 입장으로 바뀌지 않으면 안 되게 되었다.

- 고등학교 교과서 《윤리와 사상》 중에서

교과서 내용에서 볼 수 있듯 봉건제를 무너뜨리고 성립된 자본주의 체제는 다음과 같은 본질적 특징을 갖는다.

- 사회의 모든 사람은 정치적, 법적으로 자유롭고 평등하다고 간주된다.
- 이런 자유인들은 자본과 생산 수단을 소유한 사람들과 그렇지 못한 사람들로 나뉠 수밖에 없다. 자본과 생산 수단을 소유하지 못한 사람들은 그런 것을 소유한 사람들과 계약을 맺고 후자가 원하는 노동을 하는 대가로 임금을 받는다.
- 가격과 경제 활동은 시장에 의해 자동적으로 조정된다.
- 각 개인은 자신의 이득을 얻을 목적으로 행동하지만 이런 노력이 사회 전체에 이익을 가져온다고 가정한다.

하지만 자본주의의 발전 과정에서는 극심한 빈부 격차가 나타났으며, 정치적·법적 평등이 경제적 평등까지 자동적으로 보장하지는 못한다는 깨달음을 안겨 주었다. 그 결과 20세기 자본주의는 국가가 국민 복지에 적극적으로 개입하는 방식을 강화하기 시작했다. 그러나 프롬에 따르면, 인류의 이런 노력에도 불구하고 자본주의의 본질적 문제는 해결되지 않고 있으며, 그것이 인간 소외라는 문제로 나타난다고 했다.

② 인간의 소외

마르크스의 사상을 근본으로 해서 프롬은 소외를 다음과 같이 정의한다.

"소외란 인간이 자기 자신을 이방인으로 경험하는 것을 의미한다. 인간이 자기 자신에게서 멀리 떨어져 소원해진 것이라고 말할 수 있을 것이다. 즉 인간이 자기 자신을 세계의 중심이라든가 자기 행위의 창조자로 경험하지 못하고, 오히려 인간의 행위와 그 행위의 결과가 주인공이 되어 이에 대해 인간이 복종하고 심지어 숭배까지 하는 것이 바로 소외이다."

이런 프롬의 정의가 뜻하는 것이 무엇인지 교과서를 참조해서 알아보도록 하자.

자본주의 경제 질서가 좋은 결과만을 낳은 것은 아니다. 생산의 양적 증가와 질적 상승 효과를 가져온 자본주의는 다른 한편으로 다음과 같은 문제점을 드러냈다.

우선 물질적 가치의 생산 증대만을 지나치게 중시하다 보니, '돈만 있으면 무엇이든지 다 할 수 있다'는 황금만능주의 풍조가 나타나게 되었다. 한 걸음 더 나아가 노동에 의하여 생산된 상품이나 화폐, 자본 등의 물질이 마치 고유의 힘을 지니고 있어서 독자적으로 행동하는 것처럼 믿고, 그것을 신앙 내지 숭배의 대상으로까지 여기는 물신 숭배의 경향조차 나타나게 되었다. 이러한 현상은 결국 윤리·도덕과 같은 정신적 가치를 소홀히 여기면서 물질에만 최고의 가치를 부여하는 '가치 전도' 현상으로까지 이어지게 되었다.

한편, 과학 기술의 발전을 생산의 능률화와 연결시킴으로써 기계 문명을 발달시킨 인간은 마침내 엄청난 생산 증대를 이룩하는 데 성공하였다. 그런데 이를 위하여 공장을 확장하고 기계 설비를 늘림으로써 생산의 기계 의존도가 높아지다 보니, 마침내는 사람들이 오히려 기계의 부속품으로 전락하는 …… 현상까지 초래하게 되었다. 자본주의 사회는 상당 기간 동안 이러한 문제에 시달려 왔다.

- 고등학교 교과서 《윤리와 사상》 중에서

인간이 부속품으로 변질되는 경향은 자본주의적 생산 과정과 사회 관계 모두에서 분명하게 확인된다.

산업화 이전의 작업장은 주로 인간의 숙련 노동에 의존하면서 도구를 사용하였다. 그러나 산업 사회에서의 공장은 기계를 집중적으로 배치한 작업장을 의미한다.

산업혁명 이후, 공장이 발달하면서 대량 생산의 길이 열리자, 인간은 점차 물질적인 가난으로부터 벗어나게 되었다. 하지만 공장의 발달은 인간의 노동을 기계를 보조하는 역할로 전락시켰다. …(중략)…

또한, 관료제의 등장으로 대부분의 사람들은 대규모 조직에 속하게 되었다. 이러한 조직 사회에서는 공식적인 절차와 규칙에 따른 과업 수행이 중요시되기 때문에, 인간이 개성이나 다양성을 가진 존재이기보다는 주어진 역할만 충실히 수행하면 되는 부속품과 다름없게 된다.

- 고등학교 교과서 《인간 사회와 환경》 중에서

사회의 재화와 이 재화를 생산하는 방식, 그리고 효율적 조직 등은 원래 인간이 인간 스스로를 위해 창출한 것들이다. 그런데 인간 사회에서는 이 모든 것이 오히려 인간에게 군림하는 기이한 상황이 출현하며, 이는 특히 자본주의 사회에서 극대화된다. 그리고 이로 인해서 인간과 인간 사이의 관계마저 소원해지는 결과가 생긴다. 이러한 것들이 바로 '소외'이다. 프롬은 자본주의 산업 사회에서의 이러한 인간 소외를 좀 더 세분해서 설명하고 있다.

• **사회로부터의 소외** 자본주의 체제에서는 기업가든 노동자든 시장의 메커니즘을 자기 뜻대로 통제할 수 없다. 오히려 이들 모두가 자본주의 시장 메커니즘에 예속되어 있는 상황이다. 즉 인간은 인간 스스로를 위해 만든 사회의 거의 무조건적인 지배를 받는다는 의미에서 사회로부터 소외되어 있다.

• **노동으로부터의 소외** 자본주의 사회에서 인간은 노동 자체에서 의미를 찾기보다는 노동을 돈벌이의 수단으로 생각한다. 인간은 수단화된 노동을 불가피한 짐으로 생각하게 되며 노동을 하지 않아도 되는 상황을 이상적으로 여기게 된다. 이런 의미에서 자본주의 사회의 인간은 노동으로부터 소외되어 있다.

• **생산물로부터의 소외** 자본주의 사회에서 노동하는 인간은 자신이 만든 생산물에 대해 아무런 권한도 갖지 못한다. 노동자는 일정 시간 노동만 할 뿐이며, 그 결과인 생산물은 철저히 다른 사람의 소유물이다. 그리고 또 컨베이어 벨트의 예에서

볼 수 있듯이, 인간은 또 다른 생산물인 생산 기계에 예속되어 노동을 한다. 이런 점에서 자본주의 사회의 인간은 자신이 만든 생산물로부터 소외되어 있다.

• **인간 사이의 소외** 자본주의 사회에서 인간들은 체제의 효율성을 위해 조직된 구조에서 마치 기계 부품과 같은 관계를 맺고 있다. 이런 상황에서 개인들은 서로의 인간적 존엄성을 생각하기보다 이익과 유용성, 효율성을 기준으로 타인과 관계를 맺는다. 이런 의미에서 자본주의 사회의 인간은 서로 소외되어 있다.

• **자기 자신으로부터의 소외** 자본주의 사회의 인간들은 의식적으로든 무의식적으로든 자신을 판매되는 상품으로 생각한다. 인간은 직장 관계에서든 결혼 시장

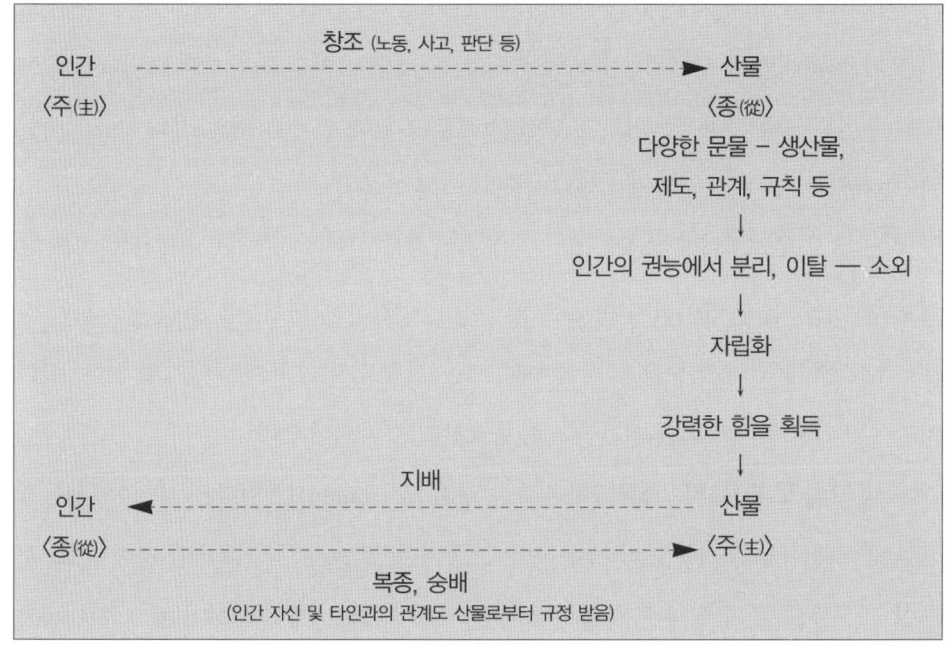

에서든 자신을 성공적으로 팔리게 하는 것을 목표로 삼는다. 그리고 이런 시장의 요구에 맞춰서 자신의 생각과 감정, 판단, 행동, 외모를 규정해 나간다. 이런 의미에서 인간은 자기 자신으로부터 소외되어 있다.

• **국가 운영으로부터의 소외** 자본주의 사회에서는 개인과 국가(정부)가 분리되어 있다. 이 사회에 사는 대부분의 개인은 국가의 정책 등에 대해서 거의 아무런 영향력을 가질 수 없다. 국가는 구성원들의 세금에 의해 운영되지만 정작 대부분의 구성원들은 국가 운영으로부터 소외되어 있는 것이다.

③ 20세기 자본주의의 문제성과 소외의 심화

자본주의 발전은 20세기 초 이후 지금까지 급속히 전개되었다. 프롬은 20세기에 들어와서 자본주의가 훨씬 더 문제적으로 발전하고 있으며, 그에 따라 인간의 소외도 이전과 비교할 수 없을 만큼 심각한 양태로 나타난다고 말한다.

• **급속한 기술 발전과 기술 숭배** 20세기의 기술 발전은 대부분의 수동적 작업을 기계로 대체시켰으며, 인간의 사고를 어느 정도 대체할 수 있는 수단(컴퓨터 등)까지 만들어 냈다. 이제 사람들은 일상 곳곳에서 기계에 의존하지 않을 수 없으며, 인간보다 기계나 컴퓨터를 신뢰한다. 이런 변화는 인간이란 기계만큼 치밀하지 못하고 부정확하며 감정에 좌우될 수 있기에 불합리하다는 생각을 갖게 만든다. (이때 치밀하고 정

확하며 합리적인 기계를 만든 것이 바로 부정확하고 불합리한 인간이라는 점은 쉽게 망각된다.) 인간이 기술을 빠르게 발전시켜 가는 정도에 비례하여 기술에 대한 인간의 예속이 한층 더 심화되고 있는 것이다.

• **자본 집중과 대기업의 경제 지배** 기술의 급속한 발전은 오랫동안의 자본 축적과 자본 집중에 의해 야기된 것이지만, 역으로 이러한 기술 발전이 자본 집중을 심화시키게 된다. 이러한 자본 집중은 전체 경제가 소수 대기업에 의해 좌우되는 결과를 낳는다. 우리나라의 경우에도 그렇듯, 이런 변화 과정에서는 대기업과 겨룰 수 없는 자영업이 점차 쇠퇴하며 전문 경영자와 봉급 생활자, 판매업자, 사무원 등의 수가 크게 증가한다. 그에 따라서 거대 자본과 그에 수반되는 조직이 개인들을 통제하는 힘이 훨씬 더 커지게 된다.

• **소비 사회** 자본주의의 자본 축적기였던 19세기에는 소비보다 생산과 저축이 미덕으로 간주되었다. 이 시기에는 생산과 저축이 경제 발전의 필수적 요소였기 때문이다. 그러나 20세기에는 활발한 소비가 경제를 원활히 가동시키는 조건이 된다. 대량 생산 체제로 발전한 자본주의 사회는 대량 소비를 요구하는 것이다. 이런 변화의 전제가 된 것은 노동자들의 생활 수준이 전반적으로 향상되고 또 대량 생산에 의해 물품의 값이 하락되었다는 사실이다. 이처럼 대량 소비가 가능하고 또 필요한 사회에서는 생산 주체들이 잠재적 구매자들의 소비 욕구를 자극하기 위해 다양한 광고 수단을 동원한다. 그리고 인간은 자신에게 진정 필요한 것이 무엇인지를 고민하고 구입하는 것이 아니라 소비를 강제하는 가시적, 비가시적 힘에 의해 지속적으로 지배당하고 있다.

• **거대 조직 사회** 20세기 들어 자본주의 체제가 점점 거대해지고 복잡해짐에 따라 이를 효율적으로 관리하는 조직도 마찬가지로 거대해지고 복잡해진다. 그리고 이러한 사회에서 인간들은 치밀한 기계 속의 부품처럼 살아가게 된다. 이는 인간이 19세기 자본주의 체제에서보다 더욱 심각한 정도로 획일화·규격화·표준화되는 것을 의미한다.

고도로 현대화된 자본주의적 산업 사회에서 소외된 인간의 심적 양태, 즉 기계와 기술에 예속되어 이를 신봉하고 제도와 시장에 맹종하면서 부품 같은 획일적 존재로 전락하는 것을 마다하지 않으며 또 생명 있는 것과의 교류에서보다는 물품의 구입과 소비에서 행복을 구하는 정신적·심리적 양태를 프롬은 네크로필리아(Necrophilia, 죽은 것에 대한 사랑: 죽음애)라고 규정한다. 이 말은 원래 프로이트 정신분석학에서 부패한 것이나 시체를 좋아하는 병적 성향을 뜻하는 것이었다. 프롬은 프로이트의 이 용어를 사회 심리학적 탐구에 끌어들여 '인공물을 포함하여 살아 있지 않은 것을 살아 있는 것보다 더 선호하는 정신 성향'을 뜻하는 좀 더 넓은 의미로 사용한다. 여기에는 이데올로기를 인간의 생명보다 더 가치 있게 여겨 그 이름 아래 엄청난 살육을 자행하는 태도도 포함될 수 있다.

④ 소외를 극복하는 인간

현대 자본주의의 메커니즘은 지극히 복잡하고 거대하며 또 인간은 거기에 예속되어 있기에 변화는 불가능하게 여겨지기도 한다. 그러나 프롬은 이런 사회를 변혁시키는 것에 가능성이 전혀 없다고 생각하지는 않는다. 이는 프롬이 인간에게 변화의 잠재적 역량이 있다고 믿기 때문이다. 인간은 비록 사회 환경에 의해 규정되는 존재이며 현대 사회에서 그 정도가 심각한 수준에 이르게 되었지만, 오로지 수동적인 존재로 전락한 것은 아니라는 것이 프롬의 생각이다. 즉 인간은 환경이 지나치게 비인간적이게 되면 이에 저항하는 존재라는 것이다. 일례로 절대 왕정의 군주와 지배 계급은 치밀한 억압과 통제 수단을 고안해 냈지만 백성들의 정신적·물리적 저항을 완전히 제거할 수는 없었다. 프롬에 따르면 오늘날의 인간에게도 이런 저항의 정신과 심리는 남아 있다. 달리 말해 인간은 여전히 행복과 조화·사랑·자유를 추구하며 희망을 버리지는 않는 존재인 것이다.

프롬은 보다 인간적인 사회를 형성하기 위해서는 인간의 사회적·경제적 조건과 인간의 정신 모두에서 변혁이 있어야 한다고 말한다. 먼저 프롬에 따르면, 현실의 비합리적이고 무계획적인 사회적·경제적 조건은 사회주의적 형태로 변환되어야 한다. 물론 프롬은 자신이 생각하는 민주주의적 사회주의가 구 소련과 동구권 등에서 수립되었던 사회주의 체제와는 다른 것이라고 주장한다. 그러나 프롬이 의도했던 민주주의적 사회주의 체제는 다소 이상사회적 성격을 갖는 것이었고, 그 실현 가능성에 대해서는 많은 이들이 회의적으로 생각하고 있다.

프롬이 지향하는 인간 정신의 변화는 네크로필리아로부터의 탈피를 내용으로 한다. 유명한 저서 《소유냐 존재냐》에서 그는 네크로필리아를 '소유 지향적 정신과 삶'이라고 부른다. 이러한 정신은 소비 지향적 정신과 결부된 것으로, 현대인들은 많이 소유하고 소비할수록 자신의 존재도 풍요해지며 행복해진다고 생각하는 경향이 있다. 이러한 정신과 삶에 대해서 프롬은 '존재 지향적 정신과 삶'을 맞세운다. 이 말로 그는 어떤 것을 소유하지도 않고 소유하려 하지도 않으며 자신의 모든 능력을 생산적으로 사용하고 이 세계와 '하나가 되려는 삶'의 양식을 표현하고 있다. 프롬은 이미 인류의 '위대한 교사들', 예를 들어 부처는 소유 지향적 삶을 버리고 존재 지향적 삶을 택할 것을 가르쳐 왔다고 말한다.

소유 지향적 삶의 태도는 세계와 나의 관계를 소유의 관계로 파악한다. 그리고 이 관계에서 나는 나 자신을 포함한 모든 사람과 물건을 소유물로 만들고 싶어 한다. 이에 비해 존재 양식은 세계와 나의 살아 있는 관계를 지향한다. 즉 그 양식은 자신이 살아 있다는 것 자체에서 충만한 만족을 느끼면서 인간을 비롯한 모든 자연물에 대해서 사랑을 느끼는 태도를 말한다.

그런데 네크로필리아 내지 소유 지향적 정신과 삶을 강제하는 현실에서 우리는 어떻게 존재 지향적 정신과 삶의 양식을 획득할 수 있는가? 이에 대해 프롬이 제시하는 구체적 방안은 다소 종교적 색채를 띤다. 즉 프롬은 우리가 소유욕을 버리고 베푸는 것에서 기쁨을 느끼는 정신 상태로 이행해야 한다고 말하며, 이를 위해서는 끊임없는 정신 수양과 명상 등을 통해 생명과 무소유적 삶에 대한 사랑을 키워 나가야 한다고 주장한다.

아비투어 철학 논술

대입 논술 고사 기출 문제 풀이

① 2001학년도 한양대 논술 고사

2001학년도 한양대 논술 고사 문제는 현대인이 겪고 있는 소외의 극복 방안을 논하는 것이었다. 이를 위해 (가), (나), (다), (라) 4개의 제시문이 주어졌는데, 프롬의 저서 《자유로부터의 도피》에서 발췌한 내용이 제시문 (가)였다. 제시문 (나)와 (다)는 각기 루이스 멈포드의 《예술과 기술》, 김승옥의 《서울, 1964년 겨울》에서 잘라낸 글이었고, 마지막 제시문 (라)는 존 단의 시 《누구를 위하여 종은 울리나》였다.

구체적 논제는 첫째로 (가)~(다)에서 현대인이 살아가는 양상을 분석해내는 것이었으며, 다음으로 (라)를 바탕으로 해서 그 극복 방안을 제시하는 것이었다.

프롬의 글 (가)는 현대 사회에서 고객으로서의 인간의 위치에 관해 말하고 있다. 오늘날 백화점 등의 상점에서는 살아 있는 구체적 인간으로서의 고객은 아무런 중요성도 갖지 못한다. 판매자는 물건을 파느냐 마느냐의 관점에서만 고객을 바라본다. 그리고 이 목적을 위해 고객에게 예의와 친절을 베풀 뿐이다. 이는 사실 영리 추구가 정당한 지상 목표로 자리 잡은 자본주의 체제의 기본 성격에서 비롯되는 문제이다. 그리고 오늘날의 자본주의 체제는 개인들의 저축보다는 소비를 통해서만 원활히 운영된다. 그렇기에 생산자 및 판매자들은 개인의 소비 욕구를 끝없이 자극하고 강화시키고 유지하려 하며, 이를 위해 온갖 수단을 강구하는데 그 대표적 예가 광고이다. 현대 산업 사회의 광고는 소비를 자극할 수 있는 것이라면 무엇이든 내용으로 삼으며, 구매자로 하여금 해당 물건을 사면 행복이라도 얻을 수 있으리란 착각마저 갖게 한다. 이런 사회에서 인간은 물질에서 행복을 구하는 삶의 태도를 알게 모르게 수용하게 되고, 인간 사이의 관계 역시 물질적 이익을 매개로 해서 맺어진다. 결국 인간이 물질에 예속되고 서로 참된 인간적 관계를 맺지 못하는 소외 현상이 나타나는 것이다.

제시문 (나) 역시 물질, 특히 기계 문명에 예속된 인간의 소외 상황을 보여 준다. 오늘날의 인간은 상상력이나 예술적 창의력조차 모두 기계에 의존하고 있으며, 여가 시간조차도 타인과 단절된 채 기계에 종속된 채 보낸다.

제시문 (다)는 이러한 사회에서 인간들의 관계 단절을 극명하게 보여 주는 소설 장면이다. 소설 중의 두 인물은 잠시나마 어울리던 한 사람의 죽음을 알게 되자 이를 귀찮아하며 피하는 태도를 보인다. 한 사람이 지녔던 생명의 가치가 귀찮은 일은 피하고 싶다는 욕망보다 훨씬 더 작은 것이다. 이처럼 프롬의 글을 비롯한 세 지문에서는 이익과 물질에 예속되고 참된 인간관계를 맺지 못하는 현대인의 소외가 분명하게 나타나고 있다.

제시문 (라)는 이러한 인간 소외의 상황을 극복할 수 있는 방안을 암시해 주고 있다. 이 시에서는 인간이란 원래 각각의 고립된 '섬'이 아니라 하나로 연결된 '대륙'임이 강조되고 있다. 이 시가 말하듯 인간은 결코 혼자 살아갈 수 있는 존재가 아니며 또 부품처럼 연결된 것으로 만족할 수 있는 존재가 아니다. 인간은 서로 관심과 사랑을 통해 참된 '인간적' 관계를 맺을 때에만 만족 내지 행복을 얻을 수 있다.

현대인의 소외는 바로 이러한 관계를 목표로 해서 타인에 대한 이해와 사랑, 관심을 회복시키려 노력하는 가운데서만 극복될 수 있다. 물론 이러한 이해와 사랑, 관심의 회복은 단순히 개인들의 노력만으로 해결될 수 있는 문제가 아니다. 영리를 지상 목표로 삼고 물질에 대한 숭배를 강제하는 자본주의 산업 사회의 경제적 · 사회적 환경이 인간의 소외를 야기하는 주요 인이기 때문이다. 따라서 자본주의 산업 사회의 환경을 다소나마 변화시키려는 노력 역시 수반되어야 할 것이다.

② 2002학년도 서강대 논술 고사

2002학년도 서강대 논술 고사 문제는 '쾌락'이 인간에게 어떤 의미를 가질 수 있는지 묻고 있다. '쾌락'에 대해 다양한 입장을 나타내는 전체 4개의 제시문 중에서 두 번째인 (나)가 프롬의《소유냐 존재냐》에서 가려 뽑은 글이며, 나머지 제시문 (가), (다), (라)는 각기 아리스토텔레스의《니코마코스 윤리학》, 톨스토이의《부활》, 오스카 와일드의《도리언 그레이의 초상》에서 발췌한 내용이었다.

논제는 제시문 (가)를 긍정적 논거로 사용해서 '쾌락'의 의미를 논하라는 것이었으며, 이때 제시문 (나), (다), (라)의 내용을 반드시 구체적 논거로 사용하라는 조건이 부가되어 있었다.

제시문 (나)에서 프롬은 쾌락에 대해 비판적 입장을 보이고 있다. 그에 따르면 쾌락은 능동적인 '기쁨'과는 다른 욕망의 충족, 다시 말해 자극적 흥분에 불과하다. 프롬은 이런 충족이나 흥분 역시 인간적이라는 점은 부인하지 않는다. 그러나 이러한 욕망의 충족과 흥분은 인간 조건의 적절한 개선에는 하등 도움이 되지 않고 소비와 소모의 성격을 갖는다는 점에서는 오히려 비인간적인 것이라 불릴 수도 있다. 인간은 그보다 더 나은 상태를 지향할 능력과 자격을 갖춘 존재라고 프롬은 믿기 때문이다.

제시문 (다)에서 톨스토이 역시 쾌락에 대해 부정적인 입장을 취하고 있다. 작품의 '그녀'는 자신을 쾌락의 대상으로 삼았던 타락한 자들로 인해 그녀 역시 타락한 쾌락에 빠져들 수밖에 없었다고 말한다. 여기서 톨스토이는 쾌락이란 진정한 행복과는 거리가 멀고 불온한 욕망과 연관된 것이라고 말한다.

앞의 두 제시문과 달리 (라)는 쾌락의 창조적 생산성을 말하고 있다. 작가는 모든 쾌락을 죄악시하는 청교도주의나 금욕주의를 비판하며, 삶을 더욱 풍요롭게 하는 쾌락은 구원되어야 한다고 주장한다. 즉, 욕망을 지닌 인간은 자신의 그런 면모에 대한 무조건적 억압과 부정에서 벗어나고 승화된 쾌락을 열정적으로 행사할 때만 신명나는 삶을 살 수 있다는 것이다. 이처럼 이상의 3가지 제시문은 쾌락에 대한 단호한 부정(나, 다)과 단호한 긍정(라)

의 양립된 입장을 보이는 듯하다.

그에 비해 제시문 (가)는 좀 더 근본적인 관점에서 쾌락에 대해 성찰하고 있다. 그에 따르면, 쾌락은 구체적 상황 조건에서 적절하게 고양된 상태로 인간을 인도하는 긍정적 에너지이다. 물론 이를 위해서는 쾌락의 주제와 대상이 모두 최선의 상태에 있어야 한다. 이럴 경우 쾌락은 인간의 활동과 삶을 완전하게 하는 역할을 한다. 그렇다면 쾌락은 더 이상 금지와 억압의 대상이 아니라 적극적으로 추구해야 하는 대상이 된다. 이러한 점에서 아리스토텔레스의 견해는 제시문 (라)와 이어지는 면이 있다.

이러한 아리스토텔레스의 주장은 언뜻 보면 프롬이나 제시문 (나)나 (다)의 입장과는 대립되는 것으로 보인다. 하지만 아리스토텔레스의 쾌락은 프롬이 말하는 기쁨, 즉 '본질적인 능력의 생산적 표현을 동반하는 지속적 감정 상태' 와 유사한 면이 있다. 프롬이 말하는 쾌락은 오늘날 물질주의의 영향을 받는 쾌락, 따라서 '소외된 인간' 쾌락을 지칭하는 것일 수 있다. 또 톨스토이 작중의 인물이 말하는 쾌락의 죄악성은 쾌락 자체에서 비롯되는 문제이기보다 여성에 대한 남성의 착취 등의 모순과 결부되어 나타난 문제가 아닌지도 생각해 봐야 할 것이다. 쾌락 그 자체는 아리스토텔레스의 말처럼 긍정적인 것이며, 프롬이나 톨스토이가 지적하는 부정적 양상만 피해 간다면 오스카 와일드가 말하는 창조적인 삶의 힘으로 작용할 수 있을 것이다. 그리고 이럴 때 쾌락은 인간에게 긍정적 의미를 갖는다.

가 사람들은 기회가 오면 팔겠다는 생각으로 자동차나 집을 산다. 그러나 더욱 중요한 것은 대인 관계에서도 교환하려는 동인이 작용한다는 사실이다. 사랑도 종종 그들이 기대할 수 있는 것을 최대한으로 얻고자 하는 두 남녀 사이의 유리한 교환 이외에 아무것도 아니다. 그래서 인격 시장에 내놓았을 때의 가치를 염두에 두고 사람을 고른다. 모든 개인은 몇 개의 교환 가치의 측면을 한데 묶어 싼 '한 덩어리의 포장'인 셈이다. 그 사람의 인격은 용모, 교육, 소득, 성공에 대한 기회 등과 같이 훌륭한 세일즈맨이 되게 하는 자질을 의미하며 각 개인은 받을 수 있는 가장 비싼 값으로 이 포장한 물건을 팔려고 애쓰는 것이다.

파티에 참석하는 등 사교 일반의 기능은 대부분 교환을 위한 것이다. 사람들은 되도록 자기에게 이익이 되는 교환을 하기 위해서 실제의 자기보다 조금이라도 값이 더 나가게 포장을 하려고 애쓴다. 사람들은 자신의 사회적 지위까지 교환하고 싶어 한다. 자기 자신을 지금보다 훨씬 더 높은 지위와 교환하려고 하는 것이다. 이러한 과정에서 마치 포드 자동차를 빅크 차로 바꾸는 것과 같은 방식으로 정든 친구들, 습관, 감정 등을 서슴없이 버리고 새것으로 교환해 버린다.

삶의 전 과정이 유리한 자본 투자와 조금도 다르지 않게 경험된다. 내 생명과 내 사람됨 모두가 투자될 자본에 불과하다. 가령 어떤 사람은 비누 1개 또는 쇠고기 1근을 살 때 지불한 돈이 그가 산 비누나 고기의 가치와 같을 것이라는 정당한 기대를 갖고 있다. 그는 '몇 개의 비누는 바로 얼마라는 액수의 돈과 맞먹는다' 는 등식이 현재의 가격 구조에 비추어 타당하다는 데 관심을 갖는다. 그러나 이 같은 기대는 다른 모든 형태의 행동 양식에까지 번져 버렸다.

연주회에 가거나 영화를 보러 가도 그는 이 구경이 그가 지불한 '돈만큼의 가치가 있는지' 어떤지를 자문한다. 이 질문은 극히 제한된 경우에는 성립되지만 근본적으로 모든 것의 가치를 화폐 단위로 계산하려는 질문 자체는 의미가 없다. 왜냐하면 같은 단위로 잴 수 없는 2개를 한 방정식에다 끌어 넣는 것은 불가능하기 때문이다. 연주회에서 음악을 감상하는 즐거움은 돈으로는 도저히 측량할 수 없는 것이며 또한 음악회는 상품이 아니고 더욱이 그것을 감상하는 경험도 상품일 수는 없는 것이다. 즐기기 위해 여행을 한다거나 강의를 듣는다거나 파티에 참석하는 것, 그리고 돈이 드는 다른 어떤 행동을 한다 해도 이와 다름이 없다. 행동은 그 자체가 생활의 생산적 행위이며 그것을 위해 지출된 돈의 액수로 잴 수는 없는 것이다.

수량으로 인생을 사는 행위를 측정하려는 인간의 욕구는 돈뿐만 아니라 '그만한 시간을 들일 만한 가치가 있느냐' 라고 묻는 경향에서도 나타난다. 친구를 방문하는 일, 저녁나절에 데이트를 하는 일, 그리고 돈이 쓰이건 쓰이지 않건 간에 행해지는 다른 많은 행동에서도 과연 이것이 돈을 쓸 만한, 또는 시간을 들일 만한 가치가 있었느냐는 질문이 생긴다. 어떤 경우에든 인간은 에너지를 유용하게 투자했음을 보여 주는 방정식을 갖고 스스로의 행동을 정당화하려 한다. 심지어는 건강과 위생의 문제에 대해서도 이 같은 목적으로 어떤 행위를 보려 한다. 즉 매일 아침 산보를 하는 것마저 다른 어떤 설명도 필요 없는 즐거움에서 비롯된 행동이기보다는 건강을 위한 유리한 투자로 보려는 경향이 있다. 벤담의 쾌락과 고통에 관한 개념에서 이런 태도가 가장 유사하고 가장 철저하게 표현되어 있다. 인생의 목적은 쾌락을 갖는 것이라는 가정에서 출발한 벤담은 하나하나의 인간 행동에서 쾌락이 고통보다 더 큰가의 여부를 따지는 일종의 계산법까지 제시했다. 만약 쾌락이 고통보다 더 크다면 그 행동은 할 만한 가치가 있는 것이라고 보았다. 따라서 그에 있어서 인생 전체는 상거래와 비슷한 것이었다. 예컨대 일정 시점에서 흑자가 나는 행동이면 그것은 해야 한다는 식의 비즈니스였던 것이다.

벤담의 이 같은 견해 자체가 일반의 폭넓은 지지를 받지는 못하나 사람들의 태도는 점점 더 확고하게 벤담이 갈파한 대로 되어 버렸다. …… 이 같은 생각은 인생은 이익을 내야 하는 기업이라는 개념에 바탕을 두고 있다. 이런 경우 인생의 실패는 기업의 파산과 같아서 손실이 이익보다 클 때 나타난다는 것이다.

- 에리히 프롬 《건전한 사회》 중에서

나　20대 중후반 여성 60%는 성형 수술 경험이 있으며 여성 10명 중 7명은 외모 스트레스에 시달리고 있다는 조사 결과가 나왔다.

21일 경희대 의상학과 엄현신 씨의 박사 학위 논문 〈얼굴에 대한 미의식과 성형 수술에 대한 인식〉에 따르면 전체 응답자 810명 가운데 47.3%(383명)에 해당하는 여성이 성형 수술을 받은 적이 있다. 특히 사회에 진출하는 연령대인 25~29세 여성들은 응답자 130명 중 61.5%(80명)가 성형 수술 경험이 있어 타 연령대보다 수술 비율이 높았다. 50세 이상도 39.4%나 됐다.

외모 스트레스도 심각하여 전체 응답자 가운데 69.9%(566명)가 '외모 때문에 스트레스를 받는다' 고 답했다. 나이가 어릴수록 외모 스트레스는 더욱 심해져 18~24세 여성 중 79.6%(226명), 25~29세 76.9%(100명), 30~39세 76.5%(127명)가 외모 스트레스를 호소했다.

'성형 수술이 필요하다면 해야 한다' 고 답한 사람도 72.6%(588명)나 됐다. '성형 수술이 신체의 약점을 보완해 줄 수 있는가' 라는 질문에 대한 반응이 7점 척도에서 5.30점이 나와 여성들이 성형 수술에 관대한 입장인 것으로 나타났다. 조사는 지난해 9월 서울·경기 지역에 거주하는 여성 810명을 대상으로 이뤄졌다.

어휘 다지기

교환 가치

어떤 재화의 일정한 양이나 수가 다른 재화와 교환될 수 있는 능력을 말한다. 화폐가 가치 척도로 기능하는 현대 사회에서 재화의 교환 가치는 보통 화폐 단위(우리나라의 경우에는 '원')로 표현된다.

case 1-1 제시문 (가)의 저자가 비판하는 현대인의 행동 양식을 요약해서 정리하시오.
(250자 내외)

생각 쓰기

----

case 1-2 제시문 (가)의 저자는 이러한 현대인의 성향이 어디서 비롯되었다고 보는지
설명하시오. (350자 내외)

 생각 쓰기

----

case 1-3 논제 1-1과 1-2에서 제시한 자신의 답안에 근거해서 제시문 (나)의 사회 현상
이 나타나는 이유를 설명하고 그 문제성을 비판하시오. (500자 내외)

생각 쓰기

생각 쓰기

case 1-1 제시문 (가)는 물건을 사고팔 때의 논리인 교환 가치의 논리가 현대인의 생활 전반에 스며들어 있다고 말한다. 그에 따르면, 현대 산업 사회의 인간은 자신에게 이익이 되는 교환을 위해 자신을 그럴 듯하게 포장하려 애쓰며, 금액으로 수량화하는 것이 불가능한 가치들, 즉 음악회에서 음악을 듣는 것과 같은 예술적 체험, 여행, 교우 관계, 건강을 위한 운동, 더 나아가 인생 자체의 가치마저 돈을 기준으로 측정하는 경향을 보이고 있다.

case 1-2 현대인에게서 이런 성향이 나타나는 이유는, 상품을 중심으로 영리를 위해 움직이는 자본주의 시장 경제의 원리가 일상생활로 철저하게 침투하여 인간의 모든 행동의 기저에서 작용하고 있다는 데에서 찾을 수 있다. 물품을 사고파는 시장에서는 어떤 행위이건 자신이 지불한 가격만큼의 가치를 기대하게 되고 실질적 이익이 자신에게 돌아오는가를 따지는 것이 정상이다. 그런데 자본주의 사회에서는 이러한 논리가 인간의 다른 가치 체계에까지 영향을 주어서 인간에게서는 인간의 본질적 가치로 간주되었던 것이 점차 상실되고 상품으로서의 가치만 남게 된다. 이것은 프롬이 말하는 '인간 소외'의 핵심적 측면이기도 하다.

case 1-3 오늘날 우리 사회의 젊은 여성들을 휩쓸고 있는 성형 열풍은 외모 중심주의와 연관이 있다. 외모 중심주의란 개인, 특히 여성의 외모가 결혼이나 직업 선택, 출세 등 이미 상품 시장화된 영역에서 핵심적 교환 가치로 작용하는 현상을 말한다. 외모 중심주의가 지배하는 사회 현실에서 개인, 특히 젊은 여성은 좀 더 편하고 안락한 삶, 대접 받는 삶을 살기 위해선 성형이라도 감수해야 한다는 압박에 시달리게 된다. 다시 말해, 보기 좋은 외모와 그렇지 못한 외모 사이의 '가격 차'가 몹시 크므로 인위적 조작을 가해서라도 자신의 가격, 즉 교환 가치를 높여야 한다는 압박을 느끼게 된다는 것이다.

이 문제는 개인의 인격성을 비롯해서 모든 것을 상품으로 전락시키는 자본주의의 메커니즘에 그 뿌리를 두고 있다고 볼 수 있다. 그러나 우리 사회의 경우 이 문제에서는 유독 여성에게만 보기 좋은 외모를 요구하는 뿌리 깊은 차별도 작용하고 있으며, 또 차이나 다양성, 개성을 인정하지 않는 획일주의적 사고 방식도 한 원인이 되는 것으로 생각된다.

case 1-4 상품이란 어디까지나 인간의 욕구 충족을 위한 수단에 불과하다. 그런데 현대 사회에서는 이러한 상품 자체가 오히려 목적이 되고 추구의 대상이 된다. 그와 더불어 나타나는 것은 인간이 자신의 인격적 가치마저 상품화하고 또 모든 인간적 활동 역시 물질적 척도 내지 금전적 척도에 준해서 측정하는 현상이다. 결과적으로 보면, 이는 인간이 스스로를 상품이란 수단으로 전락시키는 것이라고 말할 수 있으며, 이런 것이 바로 인간 소외이다.

현대 사회의 이러한 문제를 해결하려면 무엇보다도 인간을 그 자체 목적으로 생각하는 태도부터 가져야 한다. 개인의 차원에서나 사회의 차원에서나 인간의 존엄성을 지키는 노력이 요구된다는 얘기이다. 이를 구체적으로 실현하기 위해서는 먼저 교육을 통해 물질 중심주의의 폐해와 인간의 참된 가치가 무엇인지 가르쳐야 할 것이며, 경제와 정치 활동 분야에서 참으로 인간적인 것이 무엇인지에 대해 시민들이 함께 고민하고 토론할 수 있는 제도가 마련되어야 할 것이다. 또 지역 사회의 개인들이 인간적 유대를 강화하는 소집단 활동을 활성화하는 것도 좋은 방법이 될 수 있다. 이런 여러 가지 노력을 통해서 사람들의 문제의식이 강화되고 문제를 함께 해결해 보려는 노력이 쌓일 때 인간적 삶을 회복할 수 있는 길이 열릴 것이다.

Abitur

철학자가 들려주는 철학이야기 042

애덤 스미스가 들려주는 보이지 않는 손 이야기

저자_ **정인회**

서울대학교와 동대학원 독문학과를 졸업하고 석사 학위를 받았다. 독일 베를린 자유대학에서 철학 박사 과정을 수료했으며 번역 작업 및 연구 활동을 하고 있다.

애덤 스미스를 만나다

Adam Smith

애덤 스미스를 만나다

1. 애덤 스미스의《도덕 감정론》

①주요 내용

경제학의 아버지로 통하는 애덤 스미스는 원래 수사학, 논리학, 도덕 철학 등을 가르친 철학자였다. 애덤 스미스가 살았던 시대에는 경제학이 독립된 학문이 아니었고 현재 경제학에 포함되는 내용들은 주로 도덕 철학자나 정치 철학자들이 가르쳤다. 애덤 스미스가 1776년에《국부론》을 발표하면서 현대적인 의미의 경제학이 자리 잡기 시작했다.

애덤 스미스는《국부론》에 앞서 1759년에 발표한 도덕 철학 책인《도덕 감정론 The Theory of Moral Sentiments》으로 유럽에서 처음으로 유명해졌다.《도덕 감정론》은 도덕적 판단의 방법에 관해 연구한다. 애덤 스미스는 이 책에서 이기적일 수밖에 없는 인간이 내리는 도덕적인 판단과 이 판단에 작용하는 사회 심리학적인 메커니즘에 주목한다.

인간은 이기적으로 행동한다. 애덤 스미스보다 앞서 영국의 철학자 홉스(Hobbes, 1588~1679)는 인간을 자신의 생존과 이익만을 추구하며 '만인의 만인에 대한 투쟁'을 하는 존재로 보았다. 따라서 홉스는 이러한 상황에서 벗어나기 위해서 사람들이 계약을 맺어 법과 규범을 만들고, 정부를 세우게 된다고 말한다. 그런데 자신의 이익만을 염두에 두는 사람들을 다스리기 위해서는 강력한 통치자가 권력을 장악하는 국가가 필요하다. 국민은 절대적 통치자에게 복종해야 하며, 통치자는 그 대가로 국민의 생명과 재산을 보호한다.

　로크(Locke, 1632~1704)도 사람들의 이기심 때문에 안전이 보장될 수 없다고 말한다. 개인적인 이익 추구가 우선인 상황에서는 상호 다툼 속에서 혼돈과 무질서에 빠져 개인의 생명조차 보존하기 어렵다. 따라서 사람들은 국가를 만들어 상호 간 협력을 이끌고 안전과 평화를 이루도록 해야 한다.

　애덤 스미스와 각별한 사이였던 흄(Hume, 1711~1776)은 이기심과 관련한 사람들의 도덕적 판단에 있어서 공감(共感)의 역할을 강조함으로써 애덤 스미스에게 많은 영향을 주었다. 공감은 자기 자신뿐만 아니라, 타인의 감정을 의식할 수 있고 타인의 감정과 권리를 존중해 줄 수 있는 능력을 의미한다. 흄은 우리 모두에

어휘 다지기

사회 계약론

홉스, 로크, 루소 등에 의해 체계화된 국가의 발생에 관한 이론을 말한다. 사회 계약론은 개인들이 각자 자기의 생존과 이익을 추구하려는 필요에 의해 상호 계약을 맺음으로써 국가가 형성된다고 주장한다.

게 유익한 것에 대해 우리가 쾌감을 느끼는 것은 이러한 공감이 있기 때문이며, 공감을 통해 쾌감을 느낄 때 바로 그것이 선(善)이라고 하였다(고등학교 교과서《윤리와 사상》참조).

애덤 스미스는 이러한 흄의 공감 이론을 계승해 발전시킨다. 사회생활에서 이기심이 작용해 무질서에 빠지는 것을 막아 주는 것은 무엇일까? 우선 애덤 스미스는 인간의 이기심은 동정과 연민에 의해 절제될 수 있다고 한다.

> 아무리 이기적인 사람이라고 할지라도 다른 사람들의 행복이나 불행에 관심을 가지며, 그들의 행복을 …(중략)… 자신의 행복으로 삼는 어떤 원리들이 분명히 존재한다. 우리가 다른 사람의 불행을 보거나 매우 생생하게 느끼게 될 때 갖는 연민이나 동정심은 이러한 종류의 것이다. 우리가 종종 다른 사람의 슬픔에서 슬픔을 느끼는 것은 너무나 명백한 사실이기 때문에 구태여 증명할 필요가 없다. 인간 본성의 다른 본래적인 감정과 같이 이 감정은 덕이 많거나 인정이 많은 사람들만 …(중략)… 갖는 게 아니다. 사회의 제일가는 악당 또는 최악의 범죄자도 역시 이 감정을 갖고 있다.
>
> — 애덤 스미스, 《도덕 감정론》 중에서

애덤 스미스는 인간 본성에는 이기적인 감정뿐만 아니라 '타인의 행복을 자신의 행복으로 삼는' 이타적인 감정도 존재한다고 지적한다. 이러한 이타적인 감정이 나오는 바탕이 공감이다. 공감은 상상을 통해 타인의 입장이

되어 볼 수 있게 한다.

우리들은 타인이 느끼는 것을 직접적으로 경험하지 못한다. 따라서 그들이 어떻게 느끼는지 알 수 없다. 단지 우리들 자신이 동일한 상황에 처했다면 무엇을 느꼈을까를 추측해 볼 수는 있다. 우리들 자신이 편안한 마음으로 있는 한, 우리의 형제가 고문을 받고 있어도 우리의 감각은 우리에게 그가 겪고 있는 고통을 알려 주지 못한다. 우리의 감각은 우리 자신의 신체를 뛰어넘는 곳까지 우리를 데려다 준 적은 없었으며, 또한 그렇게 할 수도 없다. 단지 상상에 의해서만 타인의 느낌에 대한 어떤 개념을 형성할 수 있다. 그러한 능력도 만일 우리가 타인의 입장에 처했다면 우리의 느낌이 어떠했겠는가를 보여 줄 뿐이다.

- 애덤 스미스, 《도덕 감정론》 중에서

공감은 타인의 입장이 되고 타인의 감정과 권리를 존중할 수 있게 한다. 공감은 타인에 대한 배려이다. 공감 능력을 갖추게 되면 자기 자신 및 자신의 필요와 이해관계에 유의할 뿐만 아니라, 사회생활을 함께하는 다른 사람들과 그들의 문제를 인지할 수 있게 된다. 타인의 눈을 가지고 바라볼 수 있는 사람은 마음의 문을 열고 인식의 지평을 확대한다. 그리고 타인의 상황과 처지를 깨닫는 것을 넘어서서 자신을 타인의 입장에서 생각하고 느낄 수 있다. 따라서 원칙적으로 모든 사람의 가치와 권리를 동등하게 인정하게 된다. 개인이 지닌 가치는 공감을 통해 사회적 가치인 정의(正義)로 전환된다. 누군가가 부당하게 고통 받고 있다면, 우리는 개인적으로 아픔을 느끼게 된다. 즉, 그를 동정하고 그가 받는 부당함이 사라지기를 기원한다. 이러한 점에서 공감은 정의로 확대되며, 사람들로 하여금 일반적인 규범에 합당한 행동으로 이끈다(고등학교 교과서《시민윤리》참조). 애덤 스미스는 정의(正義)를 '모든 건물을 지탱하는 중추적인 기둥' 이라고 말하며 '이 기둥이 제거되면 위대하고 거대한 인간 사회라는 구조물은 한순간 산산이 부서지고 말 것' 이라고 강조했다.

애덤 스미스는 도덕적인 판단의 기준으로 '공감을 가지고 있는 공평한 관찰자' 를 상정한다. 이러한 관찰자는 도덕적 양심을 가지고 역지사지(易地思之, 처지를 바꾸어서 생각함)할 수 있는 자이며 애덤 스미스가 제시하고 있는 도덕적 이상이다.

> 자아 사랑의 강한 충동을 다스릴 수 있는 것은 자애의 부드러운 힘도 아니고, 자연이 인간의 마음에 켜 놓은 박애의 불꽃도 아니다. 이때 발휘되는 것은 보다 강한 힘, 보다 강렬한 동기이다. 그것은 이성과 원칙과 양심이며, 마음속에 거주하고 있는 자이자 내부의 사람이며, 우리 행동에 대한 재판관이자 중재자이다. 타인의 행복에 영향을 주는 일을 할 때마다 우리 내부의 가장 몰염치한 열정이 깜짝 놀라게 하는 큰 목소리로, 우리 자신이 수많은 사람 중에 하나에 불과하며, 어떤 면에서나 다른 사람보다 나을 것이 없다고 소

리치는 것이, 바로 사람이다. 그리고 우리가 그렇게 염치없이 무턱대고 자신을 내세운다면, 우리 자신이 분개와 혐오와 저주의 대상이 된다는 것을 일깨워 주는 것도 바로 사람이다. 이 내부의 사람이 있기에, 우리 자신이, 그리고 자신에 관련된 모든 것이 사실은 사소하다는 것을 배울 수 있고, 또 이같이 공평한 관찰자의 눈을 통해서만이 잘못된 자기사랑의 표현을 고칠 수 있다.

- 애덤 스미스, 《도덕 감정론》 중에서

공평한 관찰자의 입장에 설 수 있을 때, 우리는 타인의 더 큰 이익을 위해 우리 자신의 이익을 포기하는 것이 옳다는 것과, 우리 자신의 이익을 최대화하기 위해 타인에게 조금이라도 해를 끼치는 것이 잘못임을 깨달을 수 있다. 나아가 애덤 스미스는 이러한 도덕 감정이 있을 때, 인간성의 완성도 실현될 수 있다고 본다.

타인들을 위하여 많은 것을 느끼고 스스로를 위해서는 조금밖에 느끼지 않으며, 우리의 이기적인 의향은 억제하고 우리의 자애적인 의향은 방임함으로써 인간 본성의 완성이 이루어진다.

- 애덤 스미스, 《도덕 감정론》 중에서

②《도덕 감정론》에서의 '보이지 않는 손'

'보이지 않는 손'이라는 비유는《도덕 감정론》과《국부론》에서 단 한 번씩 등장한다. 우선《도덕 감정론》부터 살펴보기로 하자.

《도덕 감정론》은 '보이지 않는 손'이 부의 평등한 분배 혹은 최소한의 물질적 생존 조건을 모든 사람에게 보장해 줄 것이므로, 사람들은 도덕적으로 참된 가치를 추구해야 한다고 주장한다.

애덤 스미스는 '가난한 자의 아들(《아비투어 철학 논술-애덤 스미스가 들려주는 보이지 않는 손 이야기》(초급편) 참조)'이라는 우화를 통해, 인간은 죽을 때가 되면 온갖 고생을 다해 추구해 온 부와 명성이 아무런 쓸모가 없다는 사실을 깨닫지만, 살아 있는 동안은 허망한 가치를 좇는다는 사실을 지적하고 있다. 이처럼 어리석은 자기기만이지만 의도와는 달리 인류의 경제와 사회의 발전에 긍정적인 역할도 한다. 이러한 기만 때문에 인간은 근면하게 일해 생활을 윤택하게 하고 과학과 예술도 발명할 수 있다. 따라서 공익에도 기여한다. 하지만 이러한 인간 행위에는 도덕 철학적인 관점에서 기만이 바탕이 되고 있음에는 틀림없다.

> 자연이 이렇게 우리를 기만하는 것은 좋은 일이다. 인류에게 근면성을 일깨워 주고 일을 계속하게 하는 것이 바로 이 속임수이다. 태초에 인류를 고무시켜 땅을 경작하게 하고, 과학 기술을 발명하고 개량하게 하는 것도 바로 이것이다. 이러한 속임수 때문에 인

간은 사람의 발길이 닿지 않는 쓸모없는 대륙과 대양을 개척하여 생존을 위한 식량을 생산하는 옥토로 만든다. 이러한 인류의 노동을 통해 토지의 비옥도는 증가하였고, 토지는 훨씬 더 많은 인구를 먹여 살릴 수 있게 되었다. 거만하고 무정한 지주가 자신의 넓은 들을 바라보면서 형제들의 궁핍에 대해 전혀 개의치 않고 그곳에서 자란 수확물 전부를 자기 혼자서 소비하겠다고 상상하는 것은 전혀 쓸데없는 일이다.

'눈은 배보다 크다' 라는 소박하고 평범한 속담처럼 이 지주의 경우에 더 잘 들어맞는 말은 없을 것이다. 사람의 눈은 들판을 모두 쳐다볼 수 있지만 인간의 배는 들판에서 생산되는 모든 것을 다 먹지 못한다. …(중략)… 부자들이 가난한 사람보다 더 많이 소비할 수 있는 것은 아니다. 그들에게 타고난 이기심과 탐욕이 있고, 자신만의 편의를 염두에 두고 있다 해도, 또 그들이 수천 명을 고용한 유일한 목적이 그들 자신의 공허하고 끝없는 욕망의 충족임에도 불구하고, 그들은 늘어난 모든 산물을 가난한 사람들과 나누어 가진다. 그들은 보이지 않는 손에 이끌려 생활필수품을 모든 주민들에게 나누어 주는데, 그 양은 모든 사람에게 일률적으로 토지를 나누어 주었을 경우와 거의 비슷하다. 그 결과 그럴 의도가 없었음에도 알지 못하는 사이에 사회 이익을 증진시키고, 종족 증식의 수단을 제공하게 된다. 신의 섭리가 대지를 소수의 귀족과 지주들에게만 나누어 주었다 하더라도 이 분배 과정에서 제외된 것처럼 보이는 사람들을 망각하거나 내버린 것은 아닌 것이다. 그 사람들도 결국에는 대지가 산출하는 모든 것에서 그들의 몫을 누리게 된다. 인생의 참된 행복에 관한 한, 그들도 자신들보다 훨씬 낫다고 생각되는 사람들보다 결코 못하지는 않다. 삶의 수준이 다른 계층이라 하더라도 육체의 안락과 마음의 평화에 관한 한

거의 같은 수준에 있으며, 큰길가에서 햇볕을 쬐고 앉아 있는 거지도 국왕들이 힘써 구하는 그러한 안전을 이미 누리고 있는 것이다.

- 애덤 스미스 《도덕 감정론》 중에서

이 글에서 애덤 스미스는, 부자들은(위 글에서 귀족과 지주로 표현되고 있다.) 의도하지는 않지만 '보이지 않는 손'에 의해 사회의 이익을 증진시킨다고 말한다. 사람들은 자연의 기만으로 인해 부를 쌓고자 하는 욕구를 가지고 노력해 부자가 되지만 결과적으로 이렇게 쌓은 부는 자신들만 독점하는 것이 아니라 사회의 대다수 사람들에게 분배된다. 즉 부자들은 물질적으로 풍요롭게 되면, 지출을 늘리게 되고 이는 가난한 사람들을 더 많이 고용하여 생산을 확대하고 이들의 임금도 높아지도록 이끈다. 따라서 사회적 부가 증대되는 효과가 생긴다. 하지만 이렇게 '이기심과 탐욕'에 휩싸여 부를 추구하는 인간 활동은 '보이지 않는 손'이 작용하여 긍정적인 결과를 낳기는 하지만, 그 근본에 있어서는 도덕적으로 바람직하지 않은 '기만'에 의한 것임에는 변함이 없다.

결국 애덤 스미스는 경제적 욕구를 추구하는 것보다는 도덕적 책임 의식을 더 강조하고 있다. 허망한 가치를 좇기보다는 '참된 행복'을 찾는 것이 더 중요하며 기본적인 물질적 충족에 만족하면서 '공감을 가진 공평한 관찰자'의 입장을 도덕적 이상으로 제시하고 있다.

2. 애덤 스미스의《국부론》

① 주요 내용

경제학을 독립된 새로운 학문으로 만들고 현대 경제학의 기초를 세우는 데 큰 역할을 한《국부론》(원제: An Inquiry into the Nature and Causes of the Wealth of Nations - 국부의 성질과 원인에 관한 연구)은 원래 제목인 '국부의 성질과 원인에 관한 연구'에서도 드러나듯, 한 나라의 국민 경제가 부유해질 수 있는 요인과 방안에 대해 분석한다.

우선 국가가 부유해지기 위해서는 노동 생산력이 증대되어야 한다. 이를 위한 방안으로 분업이 강조된다.《국부론》에 따르면 한 나라의 부의 원천은 지질, 기후 그리고 영토와 같은 주어진 자원이나 축적된 자본이 아니라 노동이다. 부의 생산은 노동을 효과적으로 조직하고 활용함으로써 이루어진다. 노동의 생산력을 가장 크게 높이고, 숙련도와 기술을 향상시키는 것은 분업이다.

분업의 결과로 같은 수의 노동자가 수행할 수 있는 작업량이 크게 늘어나는 것은 각각 다른 세 가지 요인에 기인한다. 첫째, 모든 개별 노동자의 숙련도가 향상되고 둘째, 한 작업에서 다른 작업으로 옮길 때 드는 시간이 절약되며 마지막으로, 기계의 발명으로 한

> 사람의 노동자가 혼자서 많은 사람의 일을 할 수 있고 작업을 쉽게 또 줄여서 할 수 있기 때문이다.
>
> *- 애덤 스미스, 《국부론》 중에서*

애덤 스미스는 핀을 만드는 공장을 예로 들어 분업의 장점에 대해 설명한다. 혼자서 핀을 만들 경우, 아무리 숙련된 기능공이라 해도 하루에 20개 이상을 만들지 못한다. 반면 철사를 늘이고 끊고 뾰족하게 하고 머리를 붙이는 과정을 18단계로 쪼개면 1인당 하루에 4800개까지 만들 수 있기 때문에 생산성이 240배나 향상되는 효과가 생긴다(《아비투어 철학 논술-애덤 스미스가 들려주는 보이지 않는 손 이야기》 (중급편) 참조).

하지만 애덤 스미스는 분업이 전문화에 의해 생산성을 높이기는 하지만 단순 노동을 반복하게 함으로써 노동자들로 하여금 자신을 계발할 기회를 갖지 못하게 하고 창의력도 발휘할 수 없게 하는 등 인간성을 파괴하는 폐해를 낳는다고 지적한다. 이를 막기 위해서 국가가 개입하여 의무 교육을 위한 재정을 마련해야 하며 단순 노동을 대체할 수 있는 발명 능력을 신장시켜야 한다고 주장하였다.

문명 상업 사회에서는 사회가 어느 정도 지위나 재산이 있는 사람들보다 일반인의 교육에 더 많이 배려해야 한다. 지위나 재산이 있는 사람은 18세나 19세가 되어야 그들을 남들보다 뛰어나게 해 줄 특정 사업이나 직업 또는 생업을 갖게 된다. 그 전에는 대중의 존경을 받거나 존경 받을 만한 일을 할 수 있는 능력을 습득하거나 그에 합당한 준비를 할 충분한 시간을 갖는 것이다.

그러나 일반인의 사정은 다르다. 교육에 눈을 돌릴 시간이 없다. 부모는 아이가 젖먹이일 때조차 기르기 힘들다. 아이는 일할 나이가 되기 무섭게 빵을 벌기 위해 나선다. 그 작업은 너무나 단순하고 일률적이어서 이해력을 동원할 필요가 거의 없으며, 일거리가 항상 있고 힘들어서 다른 것을 해 보거나 그럴 생각을 할 수 있을 정도의 여가나 여유가 없다. 그러나 문명사회라면 지위나 재산이 있는 사람들과 같은 높은 수준의 교육을 시킬 수는 없을지라도, 일반인에게 적어도 읽기, 쓰기, 계산하기 등 가장 필수적인 것은 어릴 때 가르쳐 비록 비천한 직업에 종사하는 어린이들이라도 배울 시간을 낼 수 있게 해야 한다. 사회는 얼마 안 되는 경비로도 전체 국민에게 이러한 기본 교육을 가능하게 하고 장려해야 하며 의무로서 부과할 수도 있다.

- 애덤 스미스, 《국부론》 중에서

애덤 스미스는 분업이 생기게 된 원인을 어떤 것을 다른 것과 거래하고 교환하려는 인간 고유의 성향에서 찾고 있다.

이러한 성향은 인간에게는 모두 있으나, 다른 동물에서는 발견되지 않는다. 어떤 유의 동물도 이런 성향이나 계약에 대해 알고 있는 것 같지 않다. 한 토끼를 쫓는 두 마리의 사냥개는 때때로 일종의 협동을 하는 것처럼 보인다. 개 한 마리가 토끼를 다른 개 쪽으로 몰고 온다든지, 혹은 다른 개가 자기 쪽으로 토끼를 몰고 오면 기다렸다 잡으려 한다. 그러나 이것은 어떤 계약의 결과가 아니라 그 특정 시점에서 동일한 목적을 위한 열정의 우연한 결과이다. 개들이 각자의 뼈다귀를 공정하게 그것도 깊이 생각한 연후에 교환하는 것을 본 사람은 아무도 없을 것이다. 어떤 동물이 다른 동물에게 그 몸짓이나 짖는 소리로 '이것은 내 것이고, 그것은 네 것이다. 그것을 주면 이것을 주겠다'고 표현하는 것을 본 사람은 아무도 없다. 동물은 인간이나 다른 동물로부터 무엇을 얻으려고 할 때, 상대편의 호의에 호소하는 것 이외에는 아무런 설득 수단도 가지고 있지 않다. 강아지는 어미 개에게 어리광을 부리고 스패니얼은 주인으로부터 먹을 것을 얻으려 할 때 온갖 교태를 부려 식사 중인 주인의 주의를 끌려고 할 뿐이다.

인간도 이처럼 동료들에게 기교를 부릴 수가 있다. 그리고 자기의 뜻대로 남을 움직이게 할 수단이 없을 경우에는 온갖 비열한 아첨으로 호의를 얻으려 애쓴다. 그러나 인간은 모든 것에 이런 짓을 할 시간적 여유가 없다. 문명사회에서 인간은 언제나 많은 사람들의 협력과 지원이 필요하지만, 평생 겨우 몇 사람의 우정을 얻는 것이 고작이다. 인간 이외의 거의 모든 동물은 한번 성숙하면 완전히 독립해서 다른 동물의 도움이 필요 없다. 그러나 인간은 언제나 동료의 도움이 필요한데, 그 도움을 동료의 자비심에만 기대하는 것은 헛된 일이다. 그보다는 오히려 상대편의 자기애를 자극해서 자신을 도와주는 것이

상대편에도 이익이 된다는 것을 보여 주는 것이 훨씬 쉽다. …(중략)…

　우리가 식사할 수 있는 것은 정육점 주인, 양조장 주인, 빵집 주인의 자비심에 의한 것이 아니라 자기 자신의 이익에 대한 그들의 관심 때문이다. 우리는 그들의 자비심에 호소하지 않고 그들의 이기심에 호소하며, 그들에게 우리 자신의 필요를 이야기하지 않고 그들의 이익을 이야기한다. 거지 이외에는 아무도 동료의 자비심에 전적으로 의지하려고 하지 않는다. 거지조차도 자비심에 전적으로 의지하지는 않는다. 물론 호의적인 사람들의 자선으로 거지가 살아가는 데 필요한 것을 마련하고, 비록 거지가 이러한 방식으로 필요한 것을 전부 마련한다 하더라도 바라는 대로 필수품이 조달되는 것도 아니고 조달될 수도 없다. 그가 때때로 필요로 하는 것의 대부분은 다른 사람과 마찬가지로 서로 교환하고 맞바꾸어서 충족되는 것이다. 그는 다른 사람이 준 돈으로 음식을 구입한다. 그는 다른 사람이 준 헌 옷으로 자기 몸에 보다 잘 맞는 다른 헌 옷과 교환하거나, 잠자리나 음식으로 바꾸거나, 또는 음식이나 옷 또는 잠자리를 얻을 수 있는 돈과 바꾸기도 한다.

　　　　　　　　　　　　　　　　　　　　　　　　- 애덤 스미스, 《국부론》 중에서

　이러한 교환 심리의 밑바탕은 이기심이다. 하지만 그렇다고 애덤 스미스가 수단과 방법을 가리지 않고 다른 사람들에게 피해를 주는 경제 활동까지 예찬한 것은 아니며, 인간에게는 오직 이기적 본능만이 있다고도 하지 않았다. 애덤 스미스는 인간 개개인들에게 자비심이나 희생정신 등과 같이 과도한 요구를 하지 않고도 더 강력하고 지속적으로 인간에게 동기 부여를 할 수 있는 사회 및 경제 법칙을 제시하려 했다. 다시 말해 우리는 인간 심성의 고귀한 측면만을 기대하고 미래를 의지할 수는 없다. 건강한 이기주의가 시장에서 자리 잡을 수 있도록 개개인을 이끌고 사회를 유지하는 방안이 관건이다. 그런데 모든 사람들이 자기 나름대로의 이익만을 추구한다면, 사회는 어떻게 유지될 수 있을까? 애덤 스미스는 시장을 움직이는 '보이지 않는 손'이 그 역할을 담당한다고 한다.

②《국부론》에서의 '보이지 않는 손'

애덤 스미스는 개인과 기업가의 자유로운 경제 활동을 강조했다. 애덤 스미스는 각 개인이 자신의 지위를 향상시키려는 '이기심'을 좇아 행동하면, '보이지 않는 손'이 작용하여 경제 활동 전반이 조율되고, 결과적으로 사회 전체의 이익이 증대된다고 보았다.

《국부론》에서 이 '보이지 않는 손'이 등장하는 구절은 다음과 같다.

모든 개인은 그가 좌우할 수 있는 모든 자본에 대해서 가장 유리한 용도를 발견하고자 끊임없이 노력하고 있다. 물론 그의 1차 관심사는 자기 자신의 이익으로 그 사회의 이익은 아니다. 그러나 그 자신의 이익 추구가 자연적으로 또는 오히려 필연적으로 그에게 가장 유리한 용도를 선호하게 유도하는 것이다. …(중략)… 물론, 각 개인은 사회 공공의 이익을 촉진하려고 직접 노력하지 않고, 실제로 자신이 어느 정도 사회 공공의 이익을 촉진하고 있는지도 모른다. 그가 외국의 산업보다 국내의 산업을 도와주고 싶어 하는 것은 오로지 자기 자신의 안전을 위함이고, 그가 그 산업의 생산물이 최대의 가치를 갖게 되도록 그 산업을 운영하고자 하는 것은 그 자신의 이득을 취하기 위함이다. 그리하여 그는 이 경우에도 다른 경우와 마찬가지로 '보이지 않는 손(invisible hand)'에 이끌려 자신이 전혀 의도하지 않았던 목적을 추구하게 되는 셈이다. 그것이 그가 의도한 바가 아니라는 것은 반드시 사회에 대해 나쁜 것은 아니다. 그는 자기 자신의 이익을 추구함으로써 실제로 사회의 이익을 직접 추구했을 경우보다 더욱 유효하게 사회의 이익을 증진하는 수가 많은 것이다.

- 애덤 스미스, 《국부론》 중에서

'보이지 않는 손'은 시장에서 자유로운 경쟁을 통해 결정되는 상품의 '가격 기구'이다. 바로 이 보이지 않는 손에 의해 수요와 공급이 자율적으로 조정되고, 자본의 투입과 이동이 결정된다. 자유롭게 경제 활동을 하도록 내버려두면 기업가는 각자 가장 높은 이득을 얻는 쪽에 투자할 것이고, 그 결과 효율성이 높은 곳에서 상품 생산이 확대될 것이다. 따라서 개인이나 기업은 자신의 이익을 추구해도 의도하지 않았던 사회의 이익, 즉 공익에 기여할 수 있다.

애덤 스미스가 표방한 자유방임주의는 당시의 중상주의가 내세우는 통제와 간섭을 바탕으로 한 보호 무역주의를 비판하면서 정부의 역할을 축소하고 개인이나 기업의 자유 활동을 강조한다. 정부가 해야 할 의무는 세 가지로 제한된다.

> 자연적 자유의 제도에 의하면, 주권자(정부)가 염두에 두어야 할 의무는 세 가지뿐인데, 매우 중요한 것이기는 하지만 간단하고 보통의 이해력이 있는 사람이라면 누구든 충분히 알 수 있는 것이다. 첫째는 다른 독립 사회로부터의 폭력과 침략에 대해서 자기 나라를 방위할 의무이고, 둘째는 사회 구성원 한 사람 한 사람을 다른 구성원의 부정이나 억압으로부터 가능한 한 보호해야 할 의무, 또는 엄정한 사법 행정을 확립할 의무이며, 셋째는 어떤 개인이나 소수의 이익이 아닌, 일정한 공공 토목 사업을 벌이고 공공시설을 유지해야 할 의무가 그것이다. 왜냐하면 여기에서 나오는 이익은 사회 전체로 보면 종종 들어간 경비를 보상하고도 남을 만큼 크지만, 각 개인이나 소수의 사람에게는 결코 보상하지 못할 정도의 비용이기 때문이다.
>
> - 애덤 스미스, 《국부론》 중에서

하지만 애덤 스미스는 자유방임주의를 표방하긴 했지만 결코 무제한적인 자유를 옹호하지 않았으며, '공공의 이익'에 상반되는 상인들의 탐욕에 대해서는 단호히 경고하고 있다.

상업이나 제조업의 모든 부문에서 상인들의 이해는 몇 가지 관점에서 언제나 공공 사회의 이해와 다르고 때로는 그것과 상충되는 경우까지 있다. 시장을 확대하고 경쟁을 제한하는 것은 항상 상인들에게는 이익이다. 시장을 확대하는 것이 공공 사회의 이익과 충분히 일치하는 경우가 때때로 있을 수 있다. 그러나 경쟁을 제한하는 것은 어김없이 공공의 이익에 상반되고, 또 그것은 상인들이 자연스러운 것 이상으로 이윤을 끌어올림으로써 자신들이 이익을 챙기기 위해 다른 동료 시민으로부터 말도 안 되는 세금을 받아 내는 격이 될 뿐이다. 상업에 관하여 이 계급이 제안하는 모든 새로운 법률이나 규제는 항상 경계심을 갖고 주의 깊게 들어야 하고, 그 제안을 채택하기 전에 가능한 한 용의주도하게 그리고 강한 의구심을 갖고 오랫동안 면밀히 검토하는 과정을 거쳐야만 한다.

- 애덤 스미스, 《국부론》 중에서

위에서 살펴보았듯이 '보이지 않는 손'이라는 용어는 《도덕 감정론》과 《국부론》에서 단 한 번씩 등장하고 있다. 하지만 '보이지 않는 손'의 기능과 의미는 서로 다르다. 《도덕 감정론》에서는 '보이지 않는 손'이 부의 평등한 분배 혹은 최소한의 물질적 생존 조건을 모든 사람에게 보장해 줄 것이므로, 사람들은 도덕적으로 참된 가치를 추구해야 한다고 주장한다. 반면, 《국부론》에서는 도덕적 가치를 염두에 두는 것이 아니라, 개인이나 기업이 자기 자신의 이기심에 따라 경제 활동을 해 나가면 '보이지 않는 손'의 작용으로 조화로운 사회 질서가 이루어지고 사회 전체의 부가 증진된다고 한다. 즉, 《도덕 감정론》에서는 도덕적인 가치를 강조하고, 《국부론》에서는 '건강한' 이기심을 바탕으로 사적인 이익을 추구하는 경제 활동을 정당화한다. 이렇게 겉으로 보기에 서로 모순되는 '보이지 않는 손'의 기능을 둘러싸고 많은 논란이 있어 왔다. 하지만 애덤 스미스는 《도덕 감정론》을 1759년에 발표한 후(《국부론》은 1776년에 발표) 1790년에 죽기 직전까지 계속해서 수정, 보완해 나갔다.

또한 《국부론》에서 비록 분업과 자유방임주의를 주장하긴 했지만, 자유는 무분별한 사욕 추구의 자유가 아니라 공정한 규칙이 전제된 자유임을 분명히 했고, 분업으로 인한 인간성 파괴와 상인과 기업주의 지나친 탐욕에 대해서 끊임없이 경고했으며 대부분의 구성원이 가난하고 비참한 상황에 놓여 있다면, 그 사회는 행복할 수 없으며 발전할 수도 없다는 점을 역설했음을 감안하면, 《도덕 감정론》에서 표방한 도덕적 가치는 《국부론》에서도 여전히 유효한 것으로 보아야 할 것이다.

애덤 스미스는 《도덕 감정론》에서 '이 세상의 모든 노고와 소란은 도대체 무엇을 위한 것인가? 탐욕과 야망의 목표, 부와 권력과 명성을 추구하는 목표는 무엇인가?'라고 묻고 있다. 바로 《국부론》에서 그 대답이 주어진다.

'부와 영광을 쟁취하기 위한 모든 추악한 소동은 보통 사람들의 복지에 기여할 때 궁극적인 정당성을 갖는다.' (로버트 하일브로너, 《세속의 철학자들》 참조)

따라서 《도덕 감정론》과 《국부론》은 상호 모순적이라기보다는 보완적인 관계를 띤다고 볼 수 있다. 《국부론》에서 말하고 있듯이 개인이나 기업의 행위가 자유롭고도 건강하게만 추구된다면, 《도덕 감정론》이 강조하는 도덕적 이상이 실현될 수 있으며, 또 역으로 《도덕 감정론》이 표방하는 도덕주의는 《국부론》에서 제시하는 경제 원칙을 통해 물질적 기반이 조성되고 궁극적으로 《도덕 감정론》이 추구하려는 이상이 실현될 수 있는 근거를 제공한다.

③ 절대 우위론과 비교 우위론

애덤 스미스의 관점에서 상품으로서의 노동 생산물이 늘어난다는 것은 곧 국부의 증대를 의미한다. 기업가들의 이기심에 입각한 행동은 생산 활동을 활발하게 만들고, 국내 산업을 성장시키며, 이것을 바탕으로 해외 무역까지 확대된다. 이런 식으로 시장의 규모가 커지면 국가 내에서는 물론이고 무역에 있어서도 각국의 분업이 발전하고, 노동 생산성 역시 더욱 성장할 것이다.

애덤 스미스는 국가 간의 무역에서도 당시 중상주의가 내세운 보호주의 원칙을 비판하며 자유 무역을 주장했다. 《국부론》은 자유 무역의 원리에 대해 다음과 같이 설명하고 있다.

> 분별 있는 가장이라면, 집에서 만드는 것이 사는 것보다 더 비싸게 들 경우 결코 집에서 만들려고 하지 않아야 할 것이다. 재단사는 그 자신의 구두를 만들려고 하지 않고 구두점에서 구두를 사서 신는다. 제화공은 그 자신의 옷을 만들려고 하지 않고 재단사를 고용한다. …(중략)… 모든 개별 가정의 분별력 있는 행위는 국가의 행위에서도 어긋나지 않는다. 만일 외국이 어떤 상품을 우리가 만드는 것보다 더 싸게 우리에게 공급할 수 있다면, 우리가 우위를 가지는 산업으로부터 생산하는 상품을 팔아서 외국의 상품을 구매하는 것이 유리할 것이다. 따라서 이 상품은 자국에서 만들 수 있는 것보다 외국으로부터 더 값싸게 구입될 수 있다.

- 애덤 스미스, 《국부론》 중에서

이 글에서 설명되고 있는 것은 무역의 절대우위론이다. 한 나라가 외국보다 생산 비용 면에서 더 효율적으로, 즉 적은 양의 생산 요소를 사용하여 상품을 만들 수 있을 때 외국으로 수출하는 것이 바람직하다. 이처럼 절대우위론은 국가 간의 생산비를 비교하여 각 나라는 다른 나라에 비해 더 싸게 생산할 수 있는 상품만을 생산하여 수출하면 상호 간 무역 이익을 얻을 수 있다는 이론을 말한다.

절대 우위론은 애덤 스미스가 살던 당시에는 무역 발생의 원인과 이익에 대해 설득력 있게 설명할 수 있었지만, 무역 규모가 갈수록 증가하고 다양화되어 감에 따라 더 이상 효과적인 이론이 될 수 없었다. 특히 한 상품을 생산할 때는 기회비용을 고려해야 하는데, 절대 우위론으로는 충분히 설명되지 않는 문제점이 발생한다.

영국의 경제학자 리카도(David Ricardo, 1772~1823)는 애덤 스미스의 절대 우위론의 단점을 보완하는 비교 우위론을 발표했다. 비교 우위론은 상품 간의 생산비를 비교하여 각국이 상대적으로 더 싸게 생산할 수 있는 상품만을 특화해서 생산, 수출하면 상호 간 무역 이익을 얻을 수 있다는 이론이다. 비교 우위론에 따르면 한 국가가 두 상품 모두를 더 싸게 생산할 수 있다 하더라도 기회비용을 감안하여 두 상품 중 보다 더 싸게 생산할 수 있는 상품은 수출하고, 기회비용이 비싼 상품은 수입하면 더 큰 이익을 얻을 수 있다.

절대 우위론은 국가 간의 산업 비교의 결과이지만, 비교 우위론은 한 국가 내 산업끼리 비교한 결과이기 때문에 절대우위 산업이 없는 국가라 할지라도 비교우위 산업은 있기 마련이다. 자국 내의 모든 생산물의 생산비가 타국에 비하여 절대적 우위를 차지하는 경우라도 각국은 비교우위 산업에 주력해서 자국 내에서 상대적으로 보다 싼 상품의 생산에 집중하는 편이 양국의 이익이라는 것이다.

④ 케인스의 새로운 대안

애덤 스미스의 자유방임주의는 미국의 주식 시장이 폭락함으로써 야기된 1930년대 초의 전 세계적인 극심한 불황을 겪으면서 중대한 도전을 받게 된다. 대공황 속에서는 '보이지 않는 손'으로 상징되는 시장의 자율적인 조절 기능은 더 이상 제 기능을 발휘할 수 없었다. 영국의 경제학자인 케인스(John Maynard Keynes, 1883~1946)는 경제 공황과 대량 실업의 주된 이유로 공급에 비해 수요가 부족한 점을 들었다. 상품에 대한 수요가 부족하기 때문에 생산이 줄어들고 실업이 대량으로 발생한다는 것이다. 케인스는 우선 수요를 늘려야 불황을 탈출할 수 있다고 강조했다. 그는 수요를 늘리는 방안으로 정부가 적극적으로 개입하여 지출을 늘리고 공공사업을 벌일 것을 제안했다.

유효 수요의 이론

케인스가 처음으로 제시한 이 이론은 경제의 움직임을 결정하는 것은 적어도 단기적으로는 총공급이 아니라 총수요라고 한다. '유효'라는 말은 '실제로 발생하고 있는'이라는 뜻으로 유효 수요란 실제적인 총수요를 의미한다. 이 이론은 케인스가 1936년에 발표한 《고용·이자 및 화폐의 일반 이론》이라는 책에서 제시했다. 케인스가 등장하기 전까지 경제학에서는 가격이 수요 및 공급을 조정한다는 메커니즘을 당연하게 여겼기 때문에, 가격은 잘 변하지 않는다는 케인스의 이론은 큰 충격을 주었다. 경제 전반의 총수요가 부족한데도 불구하고 아무리 시간이 흘러도 물가는 내려가지 않고, 실업자만 늘어 간다는 현실은 과거의 이론으로는 설명할 수 없었다. '거시 경제학'이라고도 불리는 케인스의 이론은 가격을 위주로 시장이 움직인다고 설명하는 기존의 경제학과는 달리, 전반적인 경제 상황을 봤을 때 어떤 이유로 수요와 공급이 균형을 잡기 어려운가, 균형을 잡지 못하면 정부는 어떠한 역할을 해야 하는가 등의 주제를 다룬다.

유효 수요의 이론에 따르면, 정부의 역할이 중요하다. 시장에서 가격의 조정이 제대로 이루어지고 총수요와 총공급이 모두 균형을 이루는 상태라면, 정부가 적극적으로 시장에 뛰어드는 경우는 극히 제한될 것이다. 그러나 총수요와 총공급이 일치하지 않는 경우가 발생한다. 이 경우 유효 수요의 이론은 정부의 개입이 필요하다고 주장한다.

만약 경제가 지금 심각한 불황에 처해 있다고 가정해 보자. 기업은 종업원 고용을 가능한 한 억제하려고 할 것이다. 이렇게 되면 노동에 대한 수요가 떨어진다. 모든 회사가 이런 상황이라면, 사회 전체의 노동 수요는 낮은 수준에 머물게 된다. 그러나 대부분의 사람들은 일을 하지 않으면 생활을 해 나갈 수 없다. 일을 하고 싶어 하는 사람이 많다면, 즉 노동 공급이 충분하다면 일자리를 구하지 못하는 실업자도 생겨난다. 노동 수요가 노동 공급을 밑도는 한 실업자는 늘어날 것이다.

실업자가 늘어난 상황에서 시장 메커니즘이 작동한다면 이미 고용된 직원의 임금이 삭감될 수밖에 없다. 임금이 내려가면 '인건비도 내려갔으니 직원을 조금 더 늘려도 되지 않을까?' 라고 고심하는 경영자도 생겨날 것이다. 이럴 경우 노동에 대한 수요가 조금씩 회복되어 실업자는 다시 감소한다. 그러나 임금이 어지간해서는 떨어지지 않는다면 어떻게 될까? 이미 회사에 고용된 사람이 임금 삭감에 저항할 수도 있다. 이럴 경우, 실업자가 계속 존재하게 된다. 실업자는 주머니에 여유가 없으므로 많은 물건을 살 수 없다. 또한 그만큼 물건을 팔아야 유지되는 회사의 매출액도 오르지 않을 테니 노동 수요는 증가하지 않는다.

실업을 방치하는 것은 사회 전체에 바람직한 일이 아니다. 경제가 활기를 잃을 뿐만 아니라, 일자리가 있는 사람과 없는 사람의 소득 격차가 벌어진다. 따라서 이럴 때 정부의 대책이 필요하다. 이것이 정부의 경제 정책이 담당하는 중요한 역할이며, 미국이 경제 공황을 극복하는 방안으로 실시한 '뉴딜 정책'은 이러한 케인스의 이론에 바탕을 두고 있었다.

참고 문헌

애덤 스미스, 박세일 옮김, 《도덕 감정론》, 비봉출판사, 1996

애덤 스미스, 김수행 옮김, 《국부론》, 동아출판사, 1993

로버트 하일브로너, 장상환 옮김, 《세속의 철학자들_ 위대한 경제 사상가들의 생애, 시대와 아이디어》, 이마고, 2005

로버트 하일브로너, 김정수 · 이현숙 옮김, 《고전으로 읽는 경제사상》, 민음사, 2001

토드 부크홀츠, 이승환 옮김, 《죽은 경제학자들의 살아있는 아이디어》, 김영사

오시오 다카시, 박혜수 옮김, 《청소년 경제학 교실》, 이지북, 2003

김광수, 《애덤 스미스의 학문과 사상》, 해남, 2005

박순성, 《아담 스미스와 자유주의》, 풀빛, 2003

서정욱, 《애덤 스미스가 들려주는 보이지 않는 손 이야기》, 자음과모음, 2007

이근식, 《애덤 스미스의 고전적 자유주의》, 기파랑, 2006

한국방송통신대학교 문화교양학과편, 《동서양 고전》, 한국방송통신대학교 출판부, 2002

고등학교 교과서, 《윤리와 사상》《시민윤리》《사회》《경제》

중학교 교과서, 《사회》

아래의 제시문은 애덤 스미스가 《국부론》에서 중상주의를 비판하고 있는 글이다. 중상주의 정책의 주요 내용을 250~300자 내외로 요약하시오.

　수출 장려와 수입 억제는 중상주의가 한 나라를 부유하게 하기 위해 제시하는 두 개의 큰 수단이지만, 몇몇 특정 상품에 대해서는 중상주의가 이와는 정반대의 정책, 즉 수출을 억제하고 수입을 장려하는 정책을 추구하는 것처럼 보인다. 그러나 중상주의의 궁극적인 목적은 무역 수지의 흑자를 통해 한 나라를 부유하게 하는 것이다. 중상주의는 제조업의 원료와 직업상의 도구류의 수출을 억제하는데, 이는 우리나라의 제조업자에게 이점을 주어 그들로 하여금 외국 시장에서 타국의 제조업자보다 더욱 저렴한 가격에 판매할 수 있도록 하기 위한 것이다. 또한 이와 같이 값싼 상품들의 수출을 제한함으로써, 중상주의는 다른 상품들을 더욱 많이, 더욱 높은 가격에 수출하려고 시도한다. 중상주의는 원료의 수입을 장려하지만, 이것은 우리 국민들로 하여금 더욱 값싼 원료를 가공할 수 있도록 함으로써 값비싼 완성품이 대량으로 수입되는 것을 방지하기 위한 것이다.

　적어도 우리나라의 법령집에서는 직업상의 도구류의 수입 장려책을 찾아볼 수 없다. 제조업이 어느 정도 발전하게 되면, 도구류의 생산 그 자체가 매우 중요한 제조업의 목적이 된다. 만일 이러한 도구류의 수입을 특별히 장려하게 되면 그 제조업의 이익은 크게 손상되므로, 이러한 도구류의 수입은 장려되는 것이 아니라 자주 금지되었다. …(중략)… 제조업의 원료 수입을 장려하는 방식으로는 세금을 면제해 주거나, 장려금을 지급하는 방식 등이 이용된다. …(중략)… 우리나라의 상인들과 제조업자들은 자기 자신의 이익을 위해 우리나라의 대부분 상업 규정은 물론, 위에서 서술된 면세 조치들을 국회로부터 획득했을 것이다. 그럼에도 불구하고 이와 같은 면세 조치는 완전히 정당하고 합리적이며, 만일 국가의 필요에 따라 다른 모든 원료의 수입에까지 확대 적용될 수 있다면 사회 전체는 틀림없이 이익을 얻을 것이다.

그렇지만 우리나라의 대제조업자들은 때로는 탐욕스러워 도저히 그들의 제품을 위해 미가공 원료라고 볼 수 없는 것에까지 이러한 면세 조치를 확대시켰다. …(중략)…

우리나라의 방적공은 가난하며, 대개는 여자이고, 전국 각지에 흩어져 있어 아무런 도움·보호도 받지 못하고 있다. 더욱이 우리나라의 대제조업자들은 이처럼 가난한 방직공들이 만들어 낸 반제품의 판매에 의해서가 아니라, 직포공에 의해 생산된 완제품의 판매에 의해 이윤을 얻는다. 완성품을 가능한 한 비싸게 판매하는 것이 유리하듯이, 가능한 한 저렴한 가격으로 원료인 아마포를 사들이는 것 역시 이들 대제조업자들에게는 유리하다. 이들은 국회로부터 자신들의 아마포 수출에 대해서는 장려금을, 모든 외국산 아마포의 수입에 대해서는 무거운 관세를, 그리고 몇몇 프랑스산 아마포의 국내 소비에 대해서는 완전 금지를 강요함으로써 자신들의 제품을 가능한 한 비싸게 판매하려고 노력한다. 또한 이들 대제조업자들은 외국산 아마사의 수입을 장려하고, 국내에서 생산된 아마사를 이들 외국산 수입 아마사와 끊임없이 경쟁시킴으로써, 가난한 방적공들이 생산해 낸 아마사를 더욱 저렴한 가격에 사들이려고 노력한다. 결국 이들은 가난한 방적공의 소득은 물론, 자신들이 고용한 직포공의 임금 역시 더욱 더 떨어뜨리려고 노력하고 있으며, 따라서 이들이 한편으로는 완제품 가격을 인상하고, 다른 한편으로는 원료 가격을 인하하려는 것 모두가 결코 노동자의 이익을 위한 것이 아니다. 우리나라의 중상주의에 의해 주로 진흥되는 것은 부자·권력자의 이익을 위한 산업뿐이다. 가난한 자와 빈궁한 자의 이익을 위한 산업은 너무나 자주 무시되거나 억압 받고 있다.

- 애덤 스미스, 《국부론》 중에서

생각 쓰기

가 　자본주의 경제 체제는 자원을 효율적으로 활용한다는 점에서 뛰어난 장점을 지니고 있다. 개인이나 기업이 자신의 자원을 활용해서 얻은 이익은 자기 것이 되므로, 최선을 다해서 자원을 효율적으로 활용하고자 한다. 그리고 시장에서 결정되는 가격이 생산자에게 어떤 상품을 생산하는 것이 더 유리하고, 소비자에게 어떤 상품을 소비하는 것이 보다 더 유리한지를 알려준다. 그래서 생산자는 소비자가 가장 원하는 재화부터 공급하여 효율적인 자원 배분이 이루어진다. 애덤 스미스는 이러한 시장의 자동 조절 기능을 '보이지 않는 손'이라고 말한 바 있다.

- 고등학교 교과서 《시민윤리》

나 　시장 메커니즘이 이상적으로 기능하지 않는 상황을 시장의 실패라고 합니다. 그 대표적인 예로 외부 효과와 공공재가 있습니다. 만약 어떤 상품을 생산하는 공장이 강에 폐수를 흘려보내고 있다고 합시다. 폐수는 그 강 근처에 살고 있는 주민에게 피해가 됨은 물론, 환경 호르몬 발생 등의 문제를 일으킵니다. 이와 같이, 어떤 기업이 취한 행동이 시장 메커니즘을 통하지 않고 다른 이에게 영향을 미치는 것을 외부 효과라고 합니다. 한편, 외부 효과는 타인에게 있어서 바람직한 방향으로 작용하기도 합니다. 학교 교육이 그 대표적인 예라고 할 수 있습니다. 학교에 다니고 교육을 받는 행위는 본인에게 있어 유익할 뿐만 아니라, 장기적으로 볼 때 생산성이 높아진다는 점을 생각하면 사회 전체에 있어서도 바람직합니다. 그러나 본인에게 자신이 얻는 이익만큼 수업료를 내게 한다면, 사회 전체적으로 봤을 때 교육의 수요량이 많지 않을 수도 있습니다.

둘째로 도서관과 같이 어느 누군가가 독점할 수 없고, 많은 사람들이 동시에 이용하는 물건이나 서비스를 일반적으로 공공재라고 합니다. 사람들은 자신에게 있어 이 공공재라는 것이 얼마나 필요한지를 가격이라는 형태로 정확하게 측정할 수 없기 때문에, 공공재에 대해 낮게 평가를 하기 마련입니다. 독점을 할 수 없기 때문이지요. 또한 공공재에 대한 금전적인 평가는, 소비자 하나하나의 평가를 쌓아 가는 형태로 이루어집니다. 때문에 시장 메커니즘에 맡겨 버리면, 사람들이 진정으로 원하는 서비스가 공급되지 않겠죠. 또 다른 예로는 각종 공공시설이나 도로, 공항 등도 대표적인 공공재로 들 수 있습니다. 공공재의 경우 무임승차의 문제가 발생할 수도 있습니다. 공공재의 생산에는 막대한 비용이 들지만 그 혜택은 누구나 공짜로 소비할 수 있기 때문에 생기는 문제입니다. 이 경우에는 시장 메커니즘이 적용되지 않고, 정부의 역할이 필요합니다.

- 오시오 다카시, 《청소년 경제학 교실》, 이지북

다 시장에서 판매되는 상품이 동일하며 거래자의 수가 매우 많아 개별 소비자와 생산자가 시장 가격에 영향을 미치지 못하는 시장을 경쟁 시장이라고 한다. 경쟁 시장에서의 시장 가격은 철저하게 경쟁의 원리에 따라 가장 낮은 수준에서 결정된다. 독점이란 한 산업을 하나의 기업이 지배하는 시장 형태를 말한다. 어떤 시장에서는 소수의 생산자들에 의해 상품 생산이 좌우되기도 한다. 이런 시장을 과점 시장이라고 하는데, 과점 시장에서는 어느 한 생산자가 상품의 가격과 생산량을 변경하였을 경우 다른 생산자들에게 큰 영향을 끼친다. 즉, 과점 시장에서는 생산자들의 숫자가 적어 서로 간에 의존성이 크고, 이에 따라 다양한 전략과 경쟁 양상이 나타난다. 그 결과 매우 경쟁적인 상황이 될 수도 있지만, 생산자들끼리의 담합을 통해 생산량을 조절할 경우 독점 시장에 가까운 상황이 나타날 수도 있다. 이 밖에 조금씩 다른 상품을 생산하는 다수의 생산자들로 구성된 시장도 있다. 이런 시장을 독점적 경쟁 시장이라고 하며, 각 생산자들은 주로 제품의 차별화 전략을 통한 경쟁에 치중하게 된다. 우리 주변에서 찾아볼 수 있는 시장의 사례로 우선 쌀 시장은 경쟁 시장의 특징을 많이 지니고 있으며, 미국 마이크로소프트사는 컴퓨터 운영 체계에 있어서 독점 시장의 유일한 생산자처럼 보인다. 또한 이동 통신 시장, 국내선 항공 시장 등은 과점 시장에 가까우며, 주유소, 약국, 미용실 등은 독점적 경쟁 시장의 모습을 띠고 있다.

- 고등학교 교과서 《경제》, 두산

어휘 다지기

무임승차의 문제

차를 공짜로 얻어 탄다는 것은 결국 차를 타는 편익은 얻지만 이런 편익에 대해 아무 비용도 지불하지 않는다는 것을 의미한다. 무임승차 행위는 개인에게는 이익이 될는지 모르지만, 자신의 수요를 정직하게 밝히고, 그만큼의 비용을 지불한 사람들에게는 손실을 끼치는 행위이다. 이 때문에 대부분의 국가에서는 공공재를 시장의 원리에 따라 민간 부문에서 공급하기보다는 정부가 세금을 걷어 직접 공급하고 있다.

- 고등학교 교과서 《경제》, 두산 및 교학사

생각 쓰기

아래의 제시문 (가), (나), (다), (라)를 참고하여 정부가 시장 경제에 개입하는 경우의 장단점에 대해 자신의 견해를 1,200자 내외로 논술하시오.

가 그렇지만 상업이나 제조업의 모든 부문에서 상인들의 이해는 몇 가지 관점에서 언제나 공공 사회의 이해와 다르고 때로는 그것과 상충되는 경우까지 있다. 시장을 확대하고 경쟁을 제한하는 것은 항상 상인들에게는 이익이다. 시장을 확대하는 것이 공공 사회의 이익과 충분히 일치하는 경우가 때때로 있을 수 있다. 그러나 경쟁을 제한하는 것은 어김없이 공공의 이익에 상반되고, 또 그것은 상인들이 자연스러운 것 이상으로 이윤을 끌어올림으로써 자신들의 이익을 챙기기 위해 다른 동료 시민으로부터 말도 안 되는 세금을 받아 내는 격이 될 뿐이다.

- 애덤 스미스, 《국부론》 중에서

나 자연적 자유의 제도에 의하면, 주권자(정부)가 염두에 두어야 할 의무는 세 가지뿐인데, 매우 중요한 것이기는 하지만 간단하고 보통의 이해력이 있는 사람이라면 누구든 충분히 알 수 있는 것이다. 첫째는 다른 독립 사회로부터의 폭력과 침략에 대해서 자기 나라를 방위할 의무이고, 둘째는 사회 구성원 한 사람 한 사람을 다른 구성원의 부정이나 억압으로부터 가능한 한 보호해야 할 의무, 또는 엄정한 사법 행정을 확립할 의무이며, 셋째는 어떤 개인이나 소수의 이익이 아닌, 일정한 공공 토목 사업을 벌이고 공공시설을 유지해야 할 의무가 그것이다. 왜냐하면 여기에서 나오는 이익은 사회 전체로 보면 종종 들어간 경비를 보상하고도 남을 만큼 크지만, 각 개인이나 소수의 사람에게는 결코 보상하지 못할 정도의 비용이기 때문이다.

- 애덤 스미스, 《국부론》 중에서

다 　경제 성장 과정에서 정부가 매우 중요한 역할을 한 대표적인 사례의 하나로 우리나라를 꼽는 경우가 많다. 실제로 우리 정부가 경제의 여러 측면에서 중요한 역할을 해 온 것은 사실이지만 정부의 적극적 역할이 지난날의 빠른 경제 성장을 가능하게 만든 비결이었다고 단정할 수는 없다.

　일반적으로 경제 성장이 제대로 이루어지지 못한 사회에서는 시장의 기능이 활발하지 못한 경우가 대부분이었다. 따라서 모든 일을 시장에 내맡기기는 힘들고, 정부가 적절하게 개입하여 경제를 바람직한 방향으로 이끌어 나갈 필요가 있다. 그런데 경제가 성장하고 시장의 기능이 어느 정도 활발해지면 정부 개입의 필요성은 점차 줄어들게 된다. 이러한 단계에서는 정부의 개입이 긍정적인 효과보다 오히려 부정적인 효과를 가져 올 가능성이 크다. 따라서 과거의 타성에서 벗어나 과감하게 개입의 폭을 줄여 나가는 것이 바람직하다.

- 고등학교 교과서 《사회》

라 　작년 10월 세계 경제 포럼(WEF)은 전 세계 104개국을 상대로 조사한 '2004 국가 경쟁력 보고서' 에서 우리나라의 경쟁력 순위가 29위로 전년 18위에서 11단계나 추락했다고 발표하였다. 보고서는 특히 한국의 경우 정부 정책의 일관성 부재, 비효율적인 정부, 과도한 노동 시장 규제, 세제 규제 등이 기업 환경, 나아가서는 국가 경쟁력 상승의 발목을 잡고 있다는 설문 조

사 결과를 덧붙였다. 즉, 정부 정책의 실패가 한국의 국가 경쟁력을 약화시킨 결정적 원인이 되

고 있다고 진단한 셈이다.

- 고등학교 교과서 《경제》

생각 쓰기

애덤 스미스는 아래의 제시문 (나)에서 무역의 절대 우위에 대해 설명하고 있다. 제시문 (다)는 기회비용에 대해, 끝으로 제시문 (라)는 비교 우위에 대해 설명하고 있다. 제시문 (나), (다), (라)를 참조하여 제시문 (가)에 나타난 표를 해석하시오.

가 다음은 A국과 B국이 휴대 전화 1단위를 생산하는 데 투입되는 노동자 수를 나타낸 표이다. (단, 휴대전화와 에어컨의 교역 조건은 1 대 1이며, 단위는 명이다.)

상품＼국가	A국	B국
휴대전화	10	8
에어컨	12	5

- 2005학년도 수능 기출 문제

나 어느 한 국가가 특정한 산물에 대해 가지고 있는 자연적 우위가 확연히 드러나는 경우가 있다. 유리나 비닐하우스 등을 이용한다면 기후가 나쁜 스코틀랜드에서도 양질의 포도와 포도주를 생산할 수 있을 것이다. 그런데 생산 비용은 타국에서보다 약 30배가 더 들 것이다. 그러므로 만약 스코틀랜드에서 고급 와인을 생산하기 위해 외국산 포도주의 수입을 규제한다면 그게 말이나 될 법한 일인가? (중략) 현명한 가장이라면 밖에서 더 싸게 살 수 있는 물건을 굳이 집에서 더 많은 돈을 들여 만들지 않을 것이다. 국가도 마찬가지다. 어떤 물건을 우리가 만드는 것보다 외국에서 더 저렴하게 공급 받을 수 있다면 그것을 수입해야 한다. 그리고 우리가 우위를 갖는 물품을 같은 방법으로 외국에 수출해야 한다.

- 애덤 스미스, 《국부론》 중에서

다 어떤 것을 선택한다는 것은 그 대신 무엇인가를 포기해야 함을 의미한다. 우리가 가진 돈, 시간, 노력 등을 일단 어딘가에 사용하게 되면, 그것을 동시에 다른 곳에는 사용할 수 없기 때문이다. 이때 어떤 것을 선택함으로써 포기해야만 하는 모든 대안들 중 가장 가치 있는 대안을 기회비용이라고 한다.

라 영국의 경제학자 리카도는 애덤 스미스의 절대 우위론의 단점을 보완하는 비교 우위론을 발표했다. 비교 우위론은 상품 간의 생산비를 비교하여 각국이 상대적으로 더 싸게 생산할 수 있는 상품만을 특화해서 생산, 수출하면 상호 간 무역 이익을 얻을 수 있다는 이론이다. 비교우위론에 따르면 한 국가가 두 상품 모두를 더 싸게 생산할 수 있다 하더라도 기회비용을 감안하여 두 상품 중 보다 더 싸게 생산할 수 있는 상품은 수출하고, 기회비용이 비싼 상품은 수입하면 더 큰 이익을 얻을 수 있다. 절대 우위론은 국가 간의 산업 비교의 결과이지만, 비교 우위론은 한 국가 내 산업끼리 비교한 결과이기 때문에 절대우위 산업이 없는 국가라 할지라도 비교 우위 산업은 있기 마련이다. 자국 내의 모든 생산물의 생산비가 타국에 비하여 절대적 우위를 차지하는 경우라도 각국은 비교우위 산업에 주력해서 자국 내에서 상대적으로 보다 싼 상품의 생산에 집중하는 편이 양국의 이익이라는 것이다.

아비투어 철학 논술

case 1   중상주의는 주로 원료를 수입하고, 완제품을 수출해 무역 이익을 높여 국가의 부를 증진하려 했다. 따라서 중상주의를 표방하는 정부는 보호 무역 정책을 펼쳤고, 일부 기업과 상공업자들이 정부와 결탁해 국내의 주요 사업과 국외 무역을 독점함에 따라 부자와 권력자의 이익이 우선시되었고, 노동자는 무시되거나 억압 받았다.

case 2   애덤 스미스는 '보이지 않는 손'에 의해 시장 경제가 자동 조절되어 자원이 효율적으로 배분된다고 말했지만, 제시문 (나)에서 말하고 있듯이 시장 메커니즘이 제대로 작동하지 않는 시장의 실패가 나타난다. 이러한 경우는 정부의 개입이 불가피하다. 공장 폐수로 인한 부정적인 외부 효과가 생길 경우, 정부는 관련 법규를 제정하여 공장주에게 생산량이나 폐수량을 억제할 것을 명령하거나, 벌금을 부과하여 제한해야 한다. 학교 교육과 같은 긍정적인 외부 효과의 경우는 장기적으로 사회에 이익을 초래하기 때문에 정부가 교육을 위해 재정적인 지원을 하고, 누구나 교육을 받기 쉽게 환경을 갖춰 주어야 한다. 예방 접종이나 건강 진단 등 국민의 보건 위생을 위한 조치도 긍정적인 외부 효과로서 정부의 지원이 있어야 하는 분야이다.

공공재의 경우도 시장 메커니즘에 따르지 않는다. 공공재는 어떤 사람이 재화와 서비스에 대해 대가를 치르지 않는 경우에도 그 소비를 막을 수 없으며, 많은 사람들이 동일한 재화와 서비스를 동시에 소비할 수 있고 한 개인의 소비가 다른 사람들의 소비를 감소시키지 않는다. 공공재로 인해 시장의 실패가 생기는 데에는 무임승차의 문제가 큰 역할을 한다. 이 경우, 정부는 국민의 공공 의식을 고취시켜 국민이 보다 책임 있는 태도를 가지고, 무임승차를 노리는 대신, 자신의 수요를 정확히 밝히고, 그에 상응하는 비용을 정직하게 부담할 수 있도록 계몽한다. 또한 정부는 사회 복지 제도와 조세 제도 등을 통해 국민에게 공평한 혜택이 돌아가도록 배려해야 한다.

독과점으로 인한 시장의 실패는 소비자에게 큰 피해를 주는 것도 문제이지만, 독과점 기업은 기술 개발이나 경영 혁신을 등한시할 수 있기 때문에 국가 발전에도 역기능을 초래한다. 정부가 개입하여 올바른 기업 윤리를 환기시키고, 불공정 행위를 규제하여 시장의 참여자들 간에 공정한 경쟁이 이루어지도록 해야 한다.

case 3 정부의 개입이 반드시 긍정적인 결과를 이끄는 것은 아니다. 제시문 (가)와 (나)에서 드러나듯이 애덤 스미스도 정부의 지나친 통제와 간섭으로 인해 경제 발전이 오히려 방해 받는다고 여기고 자유방임이 사회 전체의 부를 증진시킨다고 강조했다. 따라서 애덤 스미스는 제시문 (나)에서 정부의 역할을 외국의 침략에서 보호하고 사회 내에서의 억압으로부터 보호하며 필수적인 공공사업만을 담당하도록 정부의 역할을 제한했다.

우리나라의 경우 제시문 (라)에서 언급하고 있듯이, 정부 주도의 일관성 없고 비효율적인 경제 정책으로 인해 국가 경쟁력의 약화가 초래되고 있다.

물론 정부가 공정한 경쟁이나 공공 부문에서 공익을 위해 일정 부문에 있어서 규제를 하거나 적극적으로 개입할 필요가 있다. 하지만 그렇다고 지나치게 정부의 역할에만 기대하는 것은 바람직하지 않다. 시장의 실패가 있을 경우, 일반 가정이나 기업, 시민 단체 등 다른 기관을 통해서도 극복될 수 있다. 독과점 기업이 유발하는 가격 횡포는 정부의 규제에 의해서도 시정될 수 있지만, 시민의 자발적인 노력과 가계의 합리적인 소비 행동이나 시민 단체의 운동에 의해서도 시정될 수 있다. 또한, 환경오염이라는 외부 효과를 발생시키는 기업의 행위에 대해서도 정부의 규제보다 시민들의 단결된 힘과 고발정신이 더 효과적인 대응책이 될 수 있다.

정부의 개입은 공짜로 이루어지는 것이 아니며, 그 자체로 또 다른 비용을 수반하는 것인 만큼, 여러 대안들의 비용과 편익을 잘 살펴 가장 합리적인 방안을 선택해야 한다. 정부의 실패를 줄이기 위해서는 정부의 불필요한 규제를 완화, 철폐하는 것 외에도 정부의 모든 활동과 정책이 투명하도록 모든 정보를 국민 앞에 공개해야 한다. 시장은 시장대로, 정부는 정부대로 해야 할 역할이 있다.

효율성이 강조되는 자원 배분에 있어서는 시장이 정부보다 훨씬 바람직한 기구가 되지만, 공평성과 정의가 중시되는 자원 배분에서는 정부가 보다 바람직한 기능을 수행할 수 있다. 이런 면에서 정부와 시장은 서로의 단점을 보완하면서 장점을 살려 나가는 방향으로 역할을 정립해 나가야 한다.

- 고등학교 교과서 《경제》

case 4 애덤 스미스는 무역이 발생하는 이유로 절대 우위론을 제시했다. 절대 우위론은 국가 간의 생산비를 비교하여 각 나라는 다른 나라에 비해 더 싸게 생산할 수 있는 상품만을 생산하여 수출하면 상호 간 무역 이익을 얻을 수 있다는 이론을 말한다. 하지만 이 이론은 애덤 스미스가 살던 당시에는 무역 발생의 원인과 이익에 대해 설득력 있게 설명할 수 있었지만, 무역 규모가 갈수록 증가하고 다양화되어 감에 따라 더 이상 효과적인 이론이 될 수 없었다. 특히 한 상품을 생산할 때는 기회비용을 고려해야 하는데, 절대 우위론으로는 충분히 설명되지 않는 문제점이 발생한다.

영국의 경제학자 리카도에 의해 제기된 비교 우위론은 절대 우위론의 단점을 보완한다.

제시문 (가)의 표에서 B국은 두 제품 모두 절대 우위에 있다. 절대 우위론에 따르면 교역은 발생되지 않는다. 그러나 A국의 경우 에어컨보다 휴대전화를 생산하는 데 비교 우위가 있으며, B국의 경우 휴대전화보다 에어컨에 비교 우위가 있다. A국이 휴대전화를 2단위 생산하여 1단위를 교역할 경우, 두 명의 노동력 절감 효과를 거둘 수 있다. 따라서 A국은 휴대전화를 특화하고, B국은 에어컨에 특화하여 교역하면 두 나라 모두에게 이익이 될 수 있다. 보다 자세히 설명하자면, B국이 에어컨을 특화하여 A국과 교역할 경우, 5단위의 노동 투입으로 에어컨을 생산하여 8단위를 투입해야 할 휴대전화를 얻게 되므로 노동력 3단위의 이득을 얻게 된다.

철학자가 들려주는 철학이야기 043

탈레스가 들려주는 아르케 이야기

저자_오지은

고려대학교 대학원 철학과에서 석사 학위를 받았고, 현재 고려대학교 철학과 대학원에서 희랍 철학 전공으로 박사 과정 중에 있다.

탈레스에 대하여

Thales

탈레스에 대하여

1. 탈레스는 누구인가?

고대 그리스 철학의 창시자 탈레스(Thales)는 기원전 624년경 이오니아 지역의 밀레토스라는 도시에서 태어났고, 기원전 547년경에 죽었다. 탈레스 자신의 저술은 없지만, 우리는 아리스토텔레스나 디오게네스 라에르티오스, 또는 심플리키오스 등과 같은 후대 철학자들의 저서에서 그의 주장들과 업적을 확인할 수 있다.

탈레스는 젊은 시절 이집트와 칼데라 지방에서 견문을 넓혔고, 여기서 이집트 문화와 메소포타미아 문화를 배웠다. 그는 그리스로 돌아와 자신이 배운 것들을 심화시켜 연구했고, 기하학과 천문학이라고 일컬을 수 있는 초기 이론들을 배출하기 시작했다. 예컨대, 탈레스는 '원은 지름에 의해서 이등분된다' '등변 삼각형의 두 밑각의 크기는 같다' '두 직선이 교차할 때, 그 맞꼭지각의 크기는 같다' 는 원리를 정립하였다. 그래서 이 원리들이 '탈레스의 정리' 라고 불린다. 또 그는 천체를 연구하여 작은곰 별자리를 발견하고, 기하학적 원리를 사용하여 피라미드의 높이를 측정했으며, 기원전 585

년 일식을 예언한 것으로도 유명하다. 또 그는 이집트에서 나일강이 정기적으로 범람하는 것을 체험하고, 나일강 범람의 원인에 대해 해명했다고 알려져 있다.

탈레스가 의도한 것은 아니지만, 탈레스의 업적은 직·간접적으로 당대의 기술 발전에 긍정적 영향을 미쳤다고 한다. 예컨대, 곰자리의 발견은 뱃사람들이 길을 잃지 않고 항해할 수 있게 해 주었다. 또한 암초와 암초 사이의 거리를 측정하여 뱃사람들이 암초에 부딪히지 않고 무사히 항해할 수 있게 해 주었다.

다음 강의로 넘어가기 전에 '이오니아학파' 나 '밀레토스학파' 라는 명칭을 알아 놓자. 기원전 7세기에서 6세기 사이에는 탈레스뿐만 아니라 아낙시만드로스(BC 610~546)와 아낙시메네스(BC 585~525)라는 철학자도 있었다. 이들은 모두 이오니아 지역의 밀레토스라는 도시에서 태어나 활동했기 때문에 '이오니아학파' 또는 '밀레토스학파' 라고 불린다. 또한 이들의 탐구 대상은 주로 자연 세계였고, 이들의 관심사는 '자연 세계는 무엇으로 이루어졌는가' 였다. 따라서 이들은 고대 그리스의 '자연 철학자' 라고 불리기도 한다.

스스로 따져 묻기

탈레스는 고대 그리스 철학의 창시자라고 불리는데, 그는 주로 기하학이나 천문학적인 연구에 몰두하지 않았는가? 그런데 기하학이나 수학 및 천문학은 철학과 도대체 무슨 연관이 있는가?라고 물을 수 있다. 또한 그의 업적은 항해술이나 농업술에 많은 도움을 주었으니, 그의 연구는 실리 추구를 위한 것이 아닐까?라는 물음도 던질 수 있다. 바로 이러한 물음에 답하는 것이 다음 강의의 중요한 목표 중 하나이다.

2. 아르케를 찾아서

① 물음 던지기: 아르케란 무엇인가?

탈레스는 고대 그리스 철학의 선구자, 창시자라고 일컬어진다. 이제 그가 왜 이런 명칭을 얻게 되었는지 확인해 보자.

"사람은 '왜?'라고 질문할 줄 아는 존재이다. 인간은 사물이나 현상의 원인에 대해 '왜'라는 물음을 묻고 난 다음, 그리고 다시 원인의 원인을 캐어 올라가서 마침내 궁극적 원인에 도달하고 싶어 한다. 이것이 바로 철학의 근본 정신인 지혜의 사랑이며, 애지(愛智) 활동이다."

- 고등학교 교과서 《철학》

탈레스는 이집트의 나일강이 매번 범람하는 것을 보고 '강이 왜 범람하는가'를 묻고 답을 찾았다. 또 그는 농업이 중시되었던 당대를 살아가면서, '삶의 원천은 무엇인가' '자연을 구성하는 것은 무엇인가'를 물었다. 여기서 중요한 점은 다음의 두 가지이다. 첫째, 그는 일상적으로 경험하는 사례들을 그대로 방치하지 않고 세밀히 관찰했다. 둘째, 관찰 사례들에 대한 그의 물음은 '왜?' '무엇에 의해서?' '어떤 원리로?'였다.

이는 일상적으로 체험하는 일들을 면밀히 관찰하되, 그 관찰 사례들을 단순히 열거하는 데에 그치지 않고 현상의 배후에 놓인 원인과 원리를 탐색하는 자세이다. 이렇게 구체적 경험을 바탕으로 그 원인과 원리를 묻는 것에서부터 철학은 시작된다. 이러한 자세는 기하학과 수학 및 천문학에도 적용된다. 여기서 중요한 점은, 탈레스가 기하학과 천문학을 통해 철학적인 자세를 처음 보여 주었다는 점이다. 그리고 이러한 태도 자체가 철학함의 근본이라는 것이다. 즉, 탈레스는 구체적 경험에 대해 원리적으로 사고함으로써 철학의 문을 열었다.

이제 '아르케'에 대해 살펴보자. 탈레스는 태어났다가 죽는 동식물들, 매번 뜨고 지는 태양과 달, 별들 등을 보았을 것이다. 즉, 그는 변화하는 세계를 경험하고 있었다. 그런데 그는 변화하는 세계 속에서 변화하지 않는 것이 있다고 생각했고, 이것이 세계의 모든 것들을 구성한다고 보았다. 그리고 그 변화하지 않는 것이 무엇인지 물었다. 이것이 바로 '아르케란 무엇인가'라는 물음이다. 여기서 아르케(archē)란 '세계 만물을 구성하는 근본 물질'을 말한다. 현재 강의에서 탈레스가 아르케를 무엇으로 규정했느냐는 중요하지 않다. 주목해야 할 점은, 그가 현상들의 배후에 놓여 있는 원인을 찾으려 했다는 사실이다. 즉, 개별적 경험에서 일반 원리로 나아가는 방식으로 사고를 확장시켰다는 점이다. 왜냐하면 이러한 방식의 문제 제기가 바로 철학의 시초이기 때문이다. 탈레스가 철학의 선구자 또는 철학의 창시자라고 불리는 이유가 바로 여기에 있다.

스스로 따져 묻기

탈레스는 기하학과 천문학적 활동을 통해 처음으로 철학적인 자세를 보여 주었다. 이제 독자들은 '그렇다면 철학은 기하학이나 천문학 및 수학과 똑같은 것인가'를 물을 차례이다. 탈레스의 시기에는 개별 학문이 엄격히 구분되지 않았고, 모두 '지혜·진리를 추구하는' 학문이라는 점에서 같았다. 단, 역사적으로 철학은 자신의 고유한 영역을 확보해 갔다. 쉽게 말해서, 철학의 특징은 세계의 자연 현상들뿐 아니라 인간의 행위와 가치의 문제, 그리고 모든 학문을 대상으로 삼아 검토한다는 점이다. 흥미롭게도 '모든 학문'에 철학 자신도 포함된다. 예컨대, 과학에서는 인과 법칙을 전제한 채 과학 활동을 진행한다. 이에 대해 철학은 '과연 인과 법칙이 타당한가' '인과 법칙은 정당화될 수 있는가' 라고 묻는다. 또한 철학은 진리를 추구하면서도, '과연 진리가 존재하는가' 라는 물음도 묻는다. 이렇듯 철학은 모든 자연 현상뿐 아니라 여러 학문들의 기본 전제의 타당성까지 물으면서, 그리고 철학이라는 자기 자신까지도 비판의 대상으로 삼아 문제를 제기하면서, 합당한 답을 찾고자 노력하는 학문이다.

② 지적 호기심에 의한 탐구 활동

"철학의 어원은 고대 그리스어 '필로소피아(philosophia)'이다. 이 말은 '사랑한다' '좋아한다' 라는 뜻을 가진 접두사 '필로(philo)'와 지혜라고 번역되는 '소피아(sophia)'의 합성어이므로 '지혜를 사랑하는 것'이 된다. 철학은 그 어원으로 보아서는 애지(愛智) 또는 '애지의 탐구 활동'을 뜻한다. 헤로도토스(Herodotos)의 《역사》에는 '지혜를 사랑하여' 라고 해서 동사형으로 '필로소페인(philosophein)'이라는 표현도 나와 있다. 여기서 '필로소페인'이 뜻하는 바는 '지혜를 사랑한다' 이외에도 '알고 싶어서' '견문을 넓히고 싶어서' 등으로 풀이할 수 있으므로, 당장의 이해관계나 효용을 떠나서 널리 사물을 통찰하거나 순수한 지식욕으로 탐구하는 태도 또는 지적 탐구 활동이라고 할 수 있다."

- 고등학교 교과서 《철학》

탈레스가 학문에 몰두했던 이유는 무엇일까? 아리스토텔레스가 전하는 흥미로운 일화가 있다. 주위 사람들이 탈레스에 대해 아무 쓸모도 없는 철학을 한다고 비난했다고 한다. 그러자 그는 천체를 연구하여 올리브 풍작이 있을 것임을 알아낸 후, 많은 올리브 기계들을 싼 값으로 미리 임대 받았다고 한다. 그리고 실제로 올리브 풍년이 들었는데, 탈레스는 그 기계를 다시 비싼 값에 대여함으로써 큰돈을 모을 수 있었다고 한다. 여기서 중요한 것은 아리스토텔레스의 다음의 언급이다. "탈레스는 철학자들이 마음만 먹으면 쉽게 부자가 될 수 있지만, 그것이 그들의 진지한 관심사가 아니라는 점을 보여 주었다고 한다." (아리스토텔레스《정치학》) 즉, 탈레스의 탐구 목적은 돈벌이가 아니라, 자연 세계의 변화의 원인을 발견하는 것이었다. 그는 오직 순수한 지적 호기심 때문에 학문 활동에 전념했던 것이다.

물론 그가 연구했던 천문학과 기하학이 여타 분야에 활용되었다. 또한 이후 강의에서 살펴보겠지만, 탈레스로부터 시작되는 철학 활동은 그리스의 민주정의 발전에도 기여했다. 그러나 탈레스 자신의 목적은 실용적 지식을 산출하는 것도 아니었고, 정치적인 개혁도 아니었다. 그는 순수하게 알고 싶은 욕구에 의해 학문했던 것이다. 다만, 그의 업적이 직·간접적으로 사회의 각 분야에 영향을 미쳤을 뿐이다.

③ 아르케는 물이다

세계 만물은 생겨났다가 점차 성장하며 다시 쇠퇴하여 소멸하기도 한다. 즉, 만물은 항상 변화한다. 그런데 탈레스는 이러한 변화하는 것들을 구성하는 그 무엇, 즉 아르케가 있어야 한다고 생각했다. 여기서 중요한 것은 그가 무에서 유가 나올 수는 없다고 보았다는 점이다. 즉, 아르케만은 소멸하여 없어져서도 안 되고, 없다가 생겨나서도 안 된다. 왜냐하면 아르케가 소멸하여 무가 될 수 있다면, 세계 만물은 무로부터 나와야 하는데, 이는 불가능하기 때문이다. 따라서 아르케는 불변한 채 영원히 존재해야 한다. 이제 탈레스는 그러한 아르케를 '물'이라고 주장한다. 물은 불변의 근본 물질이라는 것이다.

그는 왜 아르케를 물이라고 주장했을까? 탈레스 스스로 물을 아르케로 지목한 정확한 이유를 찾아볼 수는 없다. 그런데 아리스토텔레스에 의하면, 탈레스는 모든 음식물들과 씨앗에 수분이 있고, 열도 수분으로부터 나온다는 점을 통해, 존재하는 모든 것이 물을 포함하는 결론을 내린 것 같다고 한다. 이러한 이유로 탈레스는 물을 모든 존재의 근본 원인으로 보았다는 것이다.

이제 우리가 추측해 보자. 그가 살던 사회에서도 주된 생존 수단은 농업이었다. 농업에 물이 필수적인 자원인 만큼, 물의 가치가 중요시되었을 것이다. 또한 인간뿐 아니라 모든 생명체에 수분이 있고, 수분이 빠져나가면 죽는다는 사실을 통해 그가 물이 생명의 근원이라고 보았을 수도 있다.

물론 탈레스는 자신의 이론을 정당화하거나 증명하지는 않았다. 그럼에도 불구하고 여전히 중요한 점은, 그가 변화하는 세계에서 변화하지 않는 근본 원인을 찾으려고 처음 시도했다는 사실이다.

3. 자연 철학의 발생: 신화에서 철학으로의 전환

호메로스와 헤시오도스의 서사시에 드러나듯, 당대 사람들은 자연 현상과 인간사를 모두 신화로 풀이하고자 했다. 세계 만물은 신들이 낳은 것으로 여겨졌다. 또한 신들은 인간의 일에도 적극 개입하여 인간을 벌주고 도와주기도 한다. 이렇게 신화적 세계관이 만연되어 있던 사회에서, 탈레스를 비롯한 자연 철학자들은 세계 구성의 원리를 사유를 통해 찾으려고 시도했다. 이것이 바로 신화(뮈토스)에서 철학(로고스)에로의 이행이다. 여기서 철학이란 이성적으로 사유하고 말하는 활동이다. 물론 신화 역시 말로 전해지지만, 자연 철학자들로부터 시작된 말의 문화는 신화에서의 말과 다소 의미가 다르다. 그것은 합리적 설명력을 갖춘 말이다. 자연 현상의 관찰을 통해 그 현상들의 원인을 찾아 그 현상들을 합리적으로 설명하려는 태도, 이것이 바로 철학적 태도이다.

물론 탈레스 시기의 자연 철학자들의 이론에 신화적인 요소들이 완전히 배제된 것은 아니다. 예를 들면, 탈레스는 대지가 물에 떠 있다고 하는데, 호메로스의 《일리아스》와 헤시오도스의 《신통기》에도 대지의 여신과 대지의 여신을 둘러싸고 있는 바다의 신이 등장한다. 또한 땅이 물에 떠 있다는 생각은 근동 지역의 신화의 잔재일 수도 있다. 그런데 중요한 점은 탈레스는 아르케를 물이라고 했지, 바다의 신이라고 하지 않았다는 점이다.

신화적 사고방식으로는 자연 현상에 대한 '왜?'라는 물음이 필요 없을 것이다. 왜냐하면 '신들이 그러한 현상을 발생시켰다'라고 답하면 되기 때문이다. 변화하는 자연 현상을 단순히 '인격적인 신들'로써만 설명하려는 신화와 탈레스의 주장에는 뚜렷한 차이가 나타난다. 따라서 탈레스는 신화적 세계관에서 (미약하나마) 벗어나 철학적 사고방식을 보여 준 최초의 철학자라고 불릴 만하다.

4. 탈레스적 물음의 철학사적 의미

이제 탈레스와 거의 동시대를 살았던 아낙시만드로스와 아낙시메네스라는 철학자에 대해 간략히 살펴보자. 이들을 소개하는 이유는, 탈레스의 학문 활동이 철학의 발전에 어떤 영향을 미쳤는지 확인해 보기 위해서이다.

탈레스는 아르케를 '물'이라고 했다. 그런데 아낙시만드로스는 아르케를 '무한정자'라고 주장한다. 또한 아낙시메네스는 아르케를 '공기'라고 했다. 이들은 왜 앞의 철학자가 주장한 아르케를 받아들이지 않고, 새로운 아르케를 제안했을까?

우선 아낙시만드로스는 '만일 대지가 물 위에 떠 있다면, 물을 받치고 있는 것은 무엇인가?' '만일 아르케가 물이라면, 물과 대립되는 불이 어떻게 생겨날 수 있었을까?'라고 물었다. 즉, 아낙시만드로스는 탈레스와 마찬가지로 세계의 생성과 변화의 근본 원인을 찾으려 했지만, 그는 한 걸음 더 나아가 탈레스의 주장으로는 설명해 낼 수 없는 점들을 논리적인 측면에서 지적했다. 그리고 스스로 더욱 설명력 있는 원인을 제시하고자, 아르케는 '무한정자'라고 주장한다. 무한정자란 아무런 한정·규정도 없는 것이다. 예를 들면, 물은 이미 축축한 성질로 한정(규정)되어 있다. 이렇게 이미 규정되어 있는 것이 반대의 규정성을 가진 다른 것들을 설명할 수 없다는 것이다. 따라서 아낙시만드로스는 아르케란 아무런 규정도 되어 있지 않은 것, 즉 '무한정자'이어야만 한다고 보았다.

또한 아낙시메네스의 불만은 '물은 지나치게 뚜렷한 특성을 가지고 있고, 무한정자는 지나치게 추상적이다'라는 점이었다. 따라서 아낙시메네스는 아르케를 '공기'라고 주장한다. 대기 중에 존재하는 공기의 양은 모든 것을 구성했다고 볼 수 있을 만큼 풍부하다. 동시에 공기는 물보다는 덜 구체적이고, 무한정자에 비해서는 물질적인 특성을 지니고 있다. 따라서 공기는 실제 물체들을 구성한다고 볼 수 있을 적절한 후보라고 평가되었던 것이다. 이러한 이유로 아낙시메네스는 공기로부터 모든 것이 생겨난다고 주장한다.

여기서 중요한 점은, 아낙시만드로스는 탈레스의 주장을 비판적으로 검토하면서 좀 더 합당한 원인을 찾으려고 했고, 이어서 아낙시메네스는 탈레스와 아낙시만드로스의 설명적 한계를 극복하려 했다는 점이다. 분명 탈레스로부터 아낙시메네스에 이르면서 합리적 설명력에 대한 의식이 점점 커지고 있었다. 이것이 바로 철학적 사고방식이 확대되어 나가는 모습이다. 사실 현대의 관점에서 아르케가 물 · 무한정자 · 공기라는 이들의 주장은 터무니없어 보일 수 있다. 그럼에도 불구하고 설명력을 보다 많이 갖춘 합리적인 대안을 찾고자 했던 이들의 태도는 높이 평가될 만하다.

5. 비판과 토론의 문화 형성에 기여한 이오니아학파의 자연 철학

신화적 세계관은 고대 희랍 귀족들의 정치 체제를 옹호하는 역할을 했다고 추측할 수 있다. 마치 고조선의 건국이 단군 신화에 의해 정당화되듯, 신화가 국가의 권위와 질서의 유지를 위해 기능하는 측면이 있음을 부인할 수 없기 때문이다. 따라서 신화적 세계관이 지배적이었던 고대 그리스의 시대 상황에서 자연 철학이 등장하고 발전되어 감으로써, 군주정과 대립되는 새로운 모습의 도시 국가 형성이 촉진되었다고 추론해 볼 수 있다. 특히, 앞에서 언급했던 것처럼 철학의 기초는 합리적으로 사유하고 말하는 활동이다. 따라서 자연 철학의 발전은 비판과 토론의 문화 형성에 기여했을 것이다. 그리고 이 문화는 공동체 구성원들의 적극적인 정치 참여를 중시하는 민주정의 발전에 영향을 미쳤을 것이다.

물론 고대의 자연 철학자들 자신이 군주정이나 귀족정에 맞서 민주정을 옹호하기 위한 대안으로 철학 활동을 한 것은 아니다. 앞에서 언급하였듯, 그들은 순수한 지적 호기심에 의해 학문을 했다. 그럼에도 불구하고 우리는 그들의 의도와 무관하게 그들 이론이 야기한 사회적 변화를 추론해 볼 수 있다. 왜냐하면 활발한 철학 활동이 이루어졌던 그리스에서 비판과 토론의 문화가 중시되는 민주정이 발생했다는 것은 결코 우연이 아닐 것이기 때문이다.

1강_ 학문 활동의 시원

case 1 아래의 두 제시문을 읽고, 탈레스가 '세계는 무엇으로 구성되어 있는가' 라는 물음을 던지게 된 이유가 무엇인지, 그리고 이 물음이 인간의 학문 활동에 있어서 어떤 의미를 갖는지 논술하시오.

가 "탈레스는 스스로 질문을 던졌지. 만물의 아르케가 무엇인가라고 말이야. 참, 아르케가 뭐냐고? 아르케는 바로 '근원' 이라는 뜻이란다. 아무튼 그는 지구를 무한한 대양 위에 떠 있는 편평한 판이라고 생각하고, 만물이 생존하기 위한 필수적인 요소가 바로 물이라고 생각해 냈어."

"그건 맞는 말이네요. 물 없으면 어떻게 살아요? 헤헤."

"이 세계는 여러 가지 물질의 모습으로 보이지만 모두 물이 변화한 모습이라고 믿었던 거야."

"재밌는 생각이네요. 그럼 나무도 공기도 바람도 흙도 산도 모두 원래는 물이었다는 말이죠?"

"그래, 하하. 우리 수연이 꼭 꼬마 철학자 같구나. 하여간 탈레스를 그래서 서양 철학의 시조라고 하는 거야."

"그런데 탈레스는 왜 만물의 근원을 물이라고 주장하게 되었을까요? 정말 신기해요!"

그때 수연이가 다시 질문을 하니 아저씨는 엉거주춤했던 엉덩이를 다시 의자에 앉혔다.

"이 아저씨도 그게 궁금해서 계속 탈레스에 관해서 연구하고 있단다. 내 생각에는, 그가 많은 나라들을 두루 돌아다녔다는 걸 종합해 볼 때 아마도 당시의 주된 산업이 농업이었으니 물의 소중함과 절대적인 영향을 깨달았던 게 아닐까 추측한단다. 물은 모든 생물이 갖고 있는 것이면서, 생성과 소멸의 원인이라고 느낀 것 같다는 거지."

…(중략)…

"탈레스는 왜 하필이면 물이라고 했을까?"

미리도 고개를 갸웃하며 말했다.

"탈레스는 물이 곧 생명이라고 생각했대. 물이 생명의 근원이자 모든 것의 시작이라고 말이야."

수연이는 청계천을 흐르는 물속을 가만히 들여다보며 대답했다.

"그건 맞는 말 같아. 식물도 물 때문에 살잖아. 사람도 마찬가지고. 다 죽어 가던 벤자민 화분이 물을 잘 먹고 살아나는 걸 우리 눈으로 똑똑히 봤다니까."

영미가 눈을 동그랗게 뜨고 확신 있게 말했다.

"탈레스는 페르시아와 이집트에서 메마른 땅을 보았어. 메마른 땅에서는 아무 것도 자라지 못한다는 걸 알았지. 그래서 탈레스는 물이야말로 생명을 살리는 힘을 가졌다고 생각한 거야. 그렇게 생각한다면, 물이야말로 생명을 움직이게 하는 최초의 물질이라고 할 수 있겠다."

- 《탈레스가 들려주는 아르케 이야기》 중에서

나 학문 활동이 '학문 이외의 것을' 생산하는 지식이 아니라는 점은 최초의 철학자들로부터 명백히 드러난다. 지금도 그러하고 최초에도 그러했듯, 사람들이 지혜를 추구하는 것은 바로 경이감 때문이다. 처음에는 아포리아를 일으키는 주변적인 것들에 경이감을 느끼고, 점차 좀 더 큰 문제들에 대해 묻게 된다. 예를 들면 달과 태양의 변화에 대해, 그리고 다른 천체들에 대해, 그리고 만물의 생성에 대한 문제들이다. 아포리아에 빠지고 경이감을 갖게 된 사람은 자신의 무지함을 알게 된다. …… 따라서 인간이 무지로부터 벗어나기 위해 철학을 했다면, 그들은 앎 자체를 위해 앎을 추구한 것이지 어떤 다른 유용성 때문에 '앎을 추구한 것이' 아니라는 점은 분명하다.

- 아리스토텔레스 《형이상학》 중에서

어휘 다지기

아포리아(aporia)

아포리아는 '통로(poros)가 없는'을 의미하는 희랍어 아포로스(aporos)의 추상명사이다. 즉, 아포리아는 통과할 수 없는 막다른 곳에 다다랐을 때의 난처한 상태, 어려운 상태를 말한다. 특정 문제에 대해 심사숙고했음에도 불구하고 해결할 수 없는 난국에 처했을 때, 우리는 당황하고 난처해한다. 이러한 상태가 바로 아포리아이다. 그러나 우리는 아포리아에 빠졌을 때, 포기하지 않고 무엇이 문제인지 어떻게 해결해야 하는지 재차 고민하려 한다. 따라서 아포리아는 절망적 상황이 아니라 새로운 탐구의 시작이다. 즉, 아포리아는 문제의 해결을 새롭게 모색하게 하는 원동력이고, 기존의 이론이 가지는 한계를 극복할 수 있게 하는 긍정적 기능을 갖는다.

글쓰기 이전에 생각하기

본 논제는 '탈레스가 아르케를 물이라고 말했다'는 사실이 아니라, 그가 최초로 '아르케가 무엇일까'라는 물음을 던지고 고민했다는 데에 초점이 맞춰져 있다. 따라서 제시문 (가)에서 탈레스 이론의 세부 내용을 찾아 구체적으로 서술하는 것은 논제의 취지에 맞지 않는다. 제시문 (가)과 (나)를 통해 확인해야 하는 것은, 그가 이와 같은 물음을 던지게 된 이유와 그러한 물음이 갖는 의미이다.

생각 쓰기

2강_ 신화에서 철학으로: 관점의 전환

가

맨 처음에 생긴 것은 카오스이고,

그 다음이 눈 덮인 올림포스의 봉우리들에 사는 모든 불사신들의

영원토록 안전한 거처인 넓은 가슴의 가이아와

불사신들 가운데 가장 잘생긴 에로스였으니,

사지를 나른하게 하는 그는 모든 신들과 인간들의 가슴속에서 이성과 의도를 제압한다.

카오스에게서 에레보스(암흑)와 어두운 밤이 생겨나고

밤에게서 다시 아이테르(천체의 빛)와 낮이 생겨났으니,

밤은 에레보스와 사랑으로 결합하여 이들을 낳았던 것이다.

가이아는 맨 먼저 자신과 대등한 별이 많은 우라노스(하늘)를 낳아

자신의 주위를 완전히 감싸도록 함으로써

그가 축복받는 신들에게 영원토록 안전한 거처가 되게 했다.

가이아는 또 여신들의, 산골짜기에 사는 요정들의

즐거운 처소인 긴 산(山)들을 낳았다.

…(중략)…

밤은 또 운명의 여신들과 무자비하게 응징하는 죽음의 여신들을 낳으니,

이들 여신들은 인간들과 신들의 범법을 추적하되

죄지은 자들을 응징하기 전에는 결코 무서운 노여움을 풀지 않는다.

- 헤시오도스, 《신통기》 중에서

나 최초의 철학자들 중 대부분의 사람들이 질료적 근원이 모든 것의 유일한 근원이라고 생각했다. 왜냐하면 존재하는 모든 것이 그것으로 이루어지고, 그것에서 처음 생겨났다가 마침내 그것에로 되돌아가기 때문이다. 비록 존재하는 것들의 상태는 변화하지만, 그 본질은 영속하기 때문에, 그들은 이것을 원소이자 근원이라고 주장한다. 이러한 이유로 그들은 어떤 것도 생겨나거나 소멸하지 않는다고 믿는다. 왜냐하면 이런 본연의 것은 언제나 보존된다고 생각하기 때문이다. …… 그러나 이러한 근원의 수와 종류에 대해서 모든 사람이 같은 말을 하지는 않는다. 탈레스는 그런 철학의 창시자로서 근원을 물이라고 말하는데(그래서 그는 땅이 물 위에 떠 있다고 제안했다.) 그는 아마도 모든 것의 자양분이 축축하다는 것과, 열 자체가 물에서 생긴다는 것, 그리고 물에 의해 모든 것이 생존한다는 것(모든 것이 어떤 것에서 생겨날 때, 바로 그 어떤 것이 모든 것의 근원이다.)을 보고서 이런 생각을 가졌을 것이다. 또한 모든 씨앗은 축축한 본성을 갖는다는 점과 물은 축축한 것들의 본성의 근원이라는 점으로부터 그러한 생각을 갖게 되었을 것이다.

- 아리스토텔레스 《형이상학》 중에서

다 '모든 백조는 희다' 와 같은 명제는 반증할 수 있다. 희지 않은 백조가 존재할 수 있기 때문이다. 그러나 '모든 인간의 행동은 자기 이익에서 나온 이기적 행동이다' 와 같은 언명은 반증할 수 없다. 이러한 주장은 심리학, 지식 사회학, 종교학에서 널리 주장되고 있지만, 어떤 이타적인 행동도 그 행동 뒤에는 이기적 동기가 존재한다는 견해를 반박할 수 없기 때문이다.

포퍼는 반증 가능성에 따라 과학과 비과학을 구별할 수 있다고 주장하였다. 과학과 과학 아닌 것을 구별할 수 있는 기준이 있다면 이 기준을 사용하여 우리는 과학과 사이비 과학을 구별할 수 있기 때문에 포퍼의 이러한 제안은 대단한 매력을 안고 있다. …… 그는 그 당시 과학을 표방하고 나온 정신 분석학과 마르크스주의가 비과학적임을 입증하려는 의도를 가지고 있었다. 그는 이 두 이론에 대해 어느 정도 적대감을 가지고 있었다. 아들러주의자들은 순종하는 아들과 반항하는 아들 모두를 오이디푸스 콤플렉스로 설명하려고 하였다. 포퍼는 아들러의 이론은 반증할 수 없기 때문에 비과학적이라는 결론을 내렸다. …… 포퍼는 과학으로 위장하여 학문적인 위상을 높이려 한 이론들의 정체를 폭로하였다.

- 박정호 외, 《현대철학의 흐름》 중에서

어휘 다지기

반증 가능성(falsifiability)

'모든 까마귀는 검다'와 같은 명제는 반증 가능하다. 왜냐하면 검지 않은 까마귀가 한 마리라도 발견된다면 위 명제는 거짓으로 판명될 것이기 때문이다. 포퍼에 의하면, 반증 가능성이 차단된 이론은, 비록 그것이 무의미한 것은 아니지만, 과학은 아니다. 그는 반증 가능성을 열어 놓는 이론만이 과학적 이론이라고 주장한다. 이들 중 반증 사례들을 되도록 많이 포함시켜 구성한 이론, 그러한 반증 테스트에서 이겨 낸 이론이 더 좋은 이론이다. 그러나 현재의 좋은 이론도 차후 더 발전된 이론에 의해 반증될 수 있다. 반증 가능성에 대한 포퍼의 강조는 독단에 빠지지 않는 학문적 태도를 유지할 것의 촉구이다.

오이디푸스 콤플렉스

프로이트가 그리스 신화에 등장하는 오이디푸스의 일화를 바탕으로 창안한 정신 분석학 용어이다. 신화 속의 오이디푸스는 '아버지를 살해하고 어머니를 범한다'는 신탁을 피하고자 했지만, 결국 아버지인 줄 모른 채 아버지를 살해하고, 어머니인 줄 모른 채 어머니와 결혼하게 된다. 프로이트는 자신의 정신 분석학에서 이 신화를 '아버지를 배척하고 어머니와 동침하고자 하는 무의식적인 성적 애착'으로 풀이한다. 앞의 논제와 관련하여 특기할 만한 점은 프로이트가 이를 '모든' 인간이 남근기(3~5세)에 갖는 '보편적' 심리 상태로 상정했다는 것이다. 이 부분에 주목하여, 포퍼가 왜 프로이트의 정신분석학을 비과학으로 분류했는지 추측해 보자.

case 2-1 '제시문 (가)와 (나)는 세계 형성을 바라보는 서로 다른 두 관점을 드러낸다. 제시문 (가)와 (나)에 나타난 신화적 사고와 철학적 사고의 특징을 서술하고 그 차이를 논술하시오.

글쓰기 이전에 생각하기

주어진 현상의 원인을 사유를 통해 분석하려 했는가, 또는 반복되는 자연 현상으로부터 공통점을 추론하려 했는가의 여부에 주목하자. 단, 제시문 (가)에는 많은 신들의 이름이 등장한다. 몇몇 명칭들은 익숙할 수 있지만, 대부분 낯설 것이다. 그렇다고 해서 신들의 계보를 꼼꼼히 확인하는 일에 매달릴 수도 없는 일이다. 제시문 (가)에서 파악해야 할 것은, 신들의 구체적인 이름이 아니라, 세계의 형성이 신들의 이름으로 묘사되고 있다는 큰 줄거리이다. 제시문 (나) 역시 마찬가지이다. 생소한 개념이 나왔다고 당황하지 말고, 낯선 개념들은 문맥으로 이해한다. 제시문 (나)에서 탈레스가 특정 문제를 이성적으로 사고하여 풀어 나가고자 고민했다는 점을 간파했다면 논술의 방향은 제대로 잡힌 셈이다.

글쓰기 이전에 생각하기(종합)

여러 개의 논제가 제시되었을 때, 우선 논제들을 모두 개괄해야 한다. 논제 2-2는 제시문 (다)를 기준으로 제시문 (가)를 재반박하라고 요구하고 있다. 이러한 문제의 경우, 기준이 되는 제시문을 먼저 읽는 것이 효과적이다. 만일 제시문 (다)는 읽어 보지도 않은 채 논제 2-1에 답변했다면, 논제 2-2를 풀기 위해 제시문 (가)를 다시 읽어야 한다. 당연히 시간 낭비이다. 따라서 제시문 (다)의 독해가 먼저 이루어져야 한다.

case 2-2 제시문 (가)의 관점을 취하여 제시문 (나)의 설명 방식을 반박한 뒤, 제시문 (다)의 입장을 기준으로 제시문 (가)의 관점을 재반박하시오.

글쓰기 이전에 생각하기

논제에서 제시문 (다)의 입장으로 제시문 (가)의 관점을 재반박할 것을 요구했다. 따라서 제시문 (가)의 관점을 취해 제시문 (나)를 반박할 때, 제시문 (가)를 적극 지지하는 태도를 드러내서는 안 된다. 물론 신화적 관점이 전적으로 부당한 것은 결코 아니다. 신화는 인간의 원초적인 창작력의 산물이고, 현재까지도 우리에게 풍부한 상상의 가능성을 제공한다는 긍정적인 측면도 갖는다. 그러나 논제에서 논의의 기준을 미리 정해 주었기 때문에, 논술자는 주어진 기준에 부합하는 방식으로 글을 써야 한다. 이것도 사고 훈련이다.

생각 쓰기

3강_ 철학 이론의 합리적 설명력에 대한 의식 강화

case 3 다음 제시문을 읽고 아래 문제에 답하시오.

가 ① 근원은 하나이고 운동하며 무한정하다고 말했던 사람들 가운데, 프락시아데스의 아들이자 밀레토스 사람이며 탈레스의 후계자요 제자인 아낙시만드로스는, 무한정자를 존재자들의 근원이자 원소라고 말하면서, 이를 근원에 대한 이름으로 처음 도입했다. 그는 이렇게 말한다. "근원은 물도 아니고, 원소라고 불리는 것들 중 어떤 것도 아니며, 어떤 다른 무한정한 본연의 것이다. 이것으로부터 모든 하늘과 하늘 안의 세계들이 발생한다……."

-심플리키오스, 아리스토텔레스의 《자연학》에 대한 주석

② 이것을 '공기나 물이 아닌 어떤 다른 것을' 무한정한 것으로 보고 …… 공기나 물은 그렇지 않은 것으로 보는 사람들이 있다. 왜냐하면 공기는 차갑지만 물은 습하고 불은 뜨거운 것처럼, 그들은 서로 상반되기 때문이다.

-아리스토텔레스 《자연학》 중에서

③ 아낙시만드로스의 무한정자는 공간적으로도 무한하고 질적으로도 규정되지 않았다. 무

한정자는 다른 어떤 것으로부터 나온 것이 아니고, 파괴되어 없어지는 것도 아니며, 영원히 운동한다. 무한정자의 운동으로부터 대립되는 성질들이 분리되어 나왔다. 이 대립되는 성질들이 서로 다투면서 융합하고 세계는 순환적인 변천 과정을 겪는다. 무한정자는 다양한 대립되는 성질들이 잠재적 형태로 융해되어 있는 덩어리이다. 어떤 시기에 무한정자라는 덩어리로부터 대립되는 성질들 또는 그 성질들을 함유하고 있는 것들이 스스로 분리되어 나오기 시작했다.

나 ① 아낙시메네스는 밀레토스 사람으로서 에우뤼스트라토스의 아들이며 아낙시만드로스의 동료였다. 아낙시만드로스처럼 아낙시메네스도 모든 것들의 밑에 놓인 본연의 것은 하나이며 무한하다고 말한다. 그러나 아낙시메네스는 그것을 공기라고 말함으로써, 아낙시만드로스의 규정되지 않은 것이 아니라 규정된 것으로 보았다. …… 공기가 희박해지면 불이 되지만, 촘촘해지면 바람이 되고, 그 다음에는 구름이 되며, 더욱 더 촘촘해지면 물이 되고, 그 다음에는 흙이 되고, 그 다음에는 돌이 된다. 다른 것들도 이것들로부터 생겨난다.

- 심플리키오스, 아리스토텔레스의 《자연학》에 대한 주석

② 탈레스가 말하는 원질로서의 물은 지나치게 한정적이고, 아낙시만드로스의 무한정자는 지나치게 모호하고 추상적이었다. 따라서 아낙시메네스는 탈레스의 '물'과 같이 구체적 성질을 가지면서도, 아낙시만드로스의 '무한정자'처럼 무한하고 영원한 운동을 하는 아르케를 찾았다. 그는 결국 '공기'를 택했다. 탈레스와 아낙시만드로스와는 달리, 아낙시메네스는 공기의 농축과 희박의 원리를 제시한다. 이렇게 그는 현상의 다양성을 밀도 차이(양적 차이)로 설명하여

자연에 대한 보다 과학적인 설명을 시도했다.

다 철학이 전개되어 온 역사를 볼 때, 먼저 한 사람의 철학자가 자기의 주장을 내놓으면, 그 다음 다른 철학자가 그것을 비판함을 알 수 있다. 이와 같은 비판은 철학사의 전개 과정에서 오늘날까지 계속되고 지금까지 완전무결한 진리에 도달한 철학자는 단 한 명도 없는 것같이 느껴진다. 다만, 철학의 탐구에서는 '진리에의 근접' 노력이 계속될 뿐이다. …… 철학의 역사는 철저한 비판 정신의 역사이며, 진리에 접근해 가려는 탐구의 노력을 중단 없이 전개한 인간 정신의 자기반성의 역사이기도 하다.

- 고등학교 교과서 《철학》

어휘 다지기

무한정자(to apeiron)

기본적인 의미는 '끝(peras)이 없는 것'이다. 무한한 것, 한계가 없는 것을 말한다. 단, 탈레스를 넘어서려고 했던 아낙시만드로스의 입장을 고려하여 무한정자의 의미를 조금 더 구체화시켜 보자. 그가 아르케라고 주장했던 무한정자는 아무런 규정성도 없는 것이다. 예컨대 물은 축축함이라는 성질로 규정된다. 그런데 아낙시만드로스는 물과 같이 이미 특정 방식으로 규정되어 있는 것은 아르케일 수 없다고 보았다. 예컨대, 물은 이미 축축한 것으로 규정되어 있기 때문에, 그것을 축축하지 않은 것들의 근본 물질이라고 말할 수 없다는 것이다. 따라서 그는 만물의 아르케는 아무런 규정도 갖지 않는 '무한정자'여야 한다고 주장한다.

원소(ta stoicheia)

탈레스와 아낙시만드로스, 아낙시메네스 이후에도 그리스인들은 여전히 세계를 구성하는 근본 물질에 대해 고민했는데, 그들은 주로 물·흙·공기·불이라는 4원소를 꼽았다. 세 명의 이오니아 자연 철학자들의 시기에는 아직 4원소에 대한 뚜렷한 입장은 없었고, 4원소에 대한 일반론은 BC 5세기의 엠페도클레스에 이르러 정립되었다. 아낙시만드로스와 아낙시메네스에 대한 앞의 제시문에 '원소'라는 용어가 등장하는데, 이는 위 제시문들이 후대 철학자들의 저서(BC 4세기의 아리스토텔레스와 AC 6세기의 심플리키오스)에서 발췌된 것이기 때문이다.

case 3-1 탈레스는 세계 만물을 구성하는 원질(原質), 즉 아르케를 '물'이라고 보았다. 반면 제시문 (가)와 (나)에 서술되었듯이, 아낙시만드로스는 아르케를 '무한정자(한정·규정되지 않는 것)'라고 말했고, 아낙시메네스는 '공기'라고 주장했다. 각 철학자들의 아르케가 왜 '물'에서 '무한정자'로, 그리고 '공기'로 변화되었는지 그 이유를 제시문 (가)와 (나)의 내용을 바탕으로 추론하여 논술하시오.

글쓰기 이전에 생각하기

각 철학자들이 이전 철학자의 주장의 어떤 부분에서 어떤 난점을 발견했는지, 또한 그것을 어떻게 보완 및 극복하려 했는지를 제시문에서 찾거나 추측해 내야 한다. 물론 제시문에 어려운 개념들이 많이 등장한다. 그러나 논제와 밀접한 관련이 있는 부분만 제대로 이해하면 된다. 지엽적인 것까지 이해하려고 고민하는 데에 시간을 할애하지 말자.

글쓰기 이전에 생각하기(종합)

여러 개의 논제가 동시에 제시되었다. 2강의 논제를 제대로 소화한 독자라면, 이런 경우 어떻게 진행해야 할지 벌써 파악했을 것이다. 논제 3-2에서 글쓰기의 기준을 제시문 (다)로 잡아 주었다. 따라서 제시문 (다)의 독해가 먼저 이루어져야 한다. 제시문 (다)의 내용이 숙지되었다면, 제시문 (가)와 (나)를 어떻게 읽어야 할지 방향이 잡히기 때문이다.

생각 쓰기

탈레스는 아르케를 물이라고 주장하였지만, 이후의 철학자들은 아르케를 다르게 규정해 왔다. 제시문 (가), (나)에 나타난 아르케관(觀)의 변화를 참조하여, 철학이 어떠한 방식으로 발전되어 가는지를 제시문 (다)와 연관시켜 논술하시오.

생각 쓰기

4강_ 구체적 경험에서 보편적 원리로

가 ① 옛 사람인 탈레스에게 다른 많은 것의 발견에 대해, 그리고 다음을 생각해 낸 것에 대해 감사해야 한다. 왜냐하면 그가 처음으로 모든 등변 '삼각형'의 밑변에 접한 각들이 등각이다라는 것을 정립하고 말했다고 하며…….

- 프로클로스, 《유클리드의 원리들》 1권 주석

② 히에로뉘모스는 탈레스가 우리의 그림자가 우리와 같은 길이일 때를 자세히 관찰하여 그림자를 가지고 피라미드의 높이를 측정했다고 말한다.

- 디오게네스 라에르티오스, 《저명한 철학자들의 생애와 사상》 중에서

③ 탈레스는 항해하여 밀레토스로 갔네. 승리는 탈레스의 것이었으니까. 그는 모든 점에서 판단이 현명했으며, 특히 북두칠성의 작은 별들(작은곰자리)을 관측했다고 하는데, 페니키아인들은 그것을 항해의 길잡이로 삼고 있다네.

- 칼리마코스, 《이암보스》 중에서

나　철학자에게 가장 중요한 일은 현상 뒤에 숨어 있는 본질을 규명하는 것이다. 플라톤은 천문학의 연구 대상인 천체 현상을 예로 들었다. 해와 달은 날마다 뜨고 진다. 달은 한 달을 주기로 여러 단계의 위상을 거친다. 해는 겨울보다 여름에 더 높이 뜬다. 아침별과 저녁별이 나타났다 사라진다. 이것은 천체의 '현상'이다. 철학자는 이러한 현상들을 나타나게 하는 본질을 찾아야 한다. 별들의 움직임을 결정하는 것이 무엇인지 찾아내야 한다. …… 플라톤이 말한 본질과 지금 우리가 말하는 본질은 다소 차이가 있기는 하지만, 지금도 과학의 주요 목표 중에 본질을 찾아내는 것이 포함된다. 이러한 목표는 과학적 문제에 대한 접근 방식에 지대한 영향을 끼쳤다.

- 스필버그&앤더슨,《우주를 뒤흔든 7가지 과학 혁명》중에서

다　우리는 둥근 달을 보고, 둥근 접시를 보고, 둥근 사과를 본다. 그러나 우리는 감각의 눈으로 본 개별적인 둥근 것들에서 둥근 것 자체, 즉 기하학적인 완전한 '원'의 관념을 가질 수 있다. 이것이 이성의 눈으로 사물을 파악하는 이론적 지식의 본보기이다. 일상인들이 보는 상식의 세계와는 달리, 지혜를 탐구하는 사람들의 학문적 지식에서는 이런 이론적 지식이 탐구의 대상이 된다. 이것이 '원'과 같은 보편적 개념이 생긴 유래이기도 하다.

- 고등학교 교과서《철학》

어휘 다지기

플라톤(Platon, BC 429~347)

소크라테스의 제자이자, 학원 아카데미아의 개설자. 플라톤의 철학적 견해는 그의 동료 및 제자들과 대화하는 형식으로 전개되었기 때문에, 그의 저서들은 《대화편》이라고 불린다 (초기 《대화편》에는 주로 플라톤의 스승인 소크라테스의 철학적 입장이 나타나 있다).

플라톤은 경험적으로 감각할 수 있는 현상의 영역인 '가시계'와 이성으로만 파악할 수 있는 이데아의 영역인 '가지계'를 구분하였다. 예컨대 둥근 쟁반이 가시계의 물체라면, 원 자체는 가지계에 존재하는 보편 개념, 즉 이데아이다. 그는 감각에 의존하는 관찰을 넘어서서 순수한 이성적 사유로 도약할 것을 강조하면서, 수학과 기하학 및 천문학을 순수 이성적 사유의 시초로 간주한다.

또한 그는 좋음의 이데아를 모든 것들의 존재 원인으로 보고, 좋음이란 무엇이냐고 묻는다. 예컨대, 어려운 처지에 놓인 사람을 돕는 행동도 좋은 것이고, 1+2를 4가 아니라 3이라고 말하는 것도 좋은 것이다. 또한 일그러진 조각상이 아닌 균형이 잘 갖추어진 조각상도 좋은 것이다. 이렇게 좋은 것들은 하나가 아니라 여럿이다. 그런데 플라톤의 관심사는 다양한 좋은 것들이 아니라, 그 근원인 하나의 것이다. 따라서 그는 '좋음 자체, 즉 좋음의 이데아란 무엇인가'라고 묻는다. 플라톤은 이러한 물음에 대한 답을 찾는 과정이 바로 이데아에 대한 탐구이자 진정한 철학이라고 보았다.

글쓰기 이전에 생각하기

　모든 요약형 문제에서 유의할 점은 제시문의 문장을 노골적으로 베끼지 말라는 것! 논술문을 읽는 사람은 제시문의 내용을 이미 알고 있는데, 제시문에 나온 이야기들을 되풀이하여 주절주절 낭송해 주면 너무 너무 지겨워할 것이다. 단, 요약할 때 제시문의 논지를 명확히 지적해 주는 '핵심 용어'나 '중요 문구'는 반드시 인용해야 한다. 그 이외의 부분은 논술자 자신의 언어로 변형시켜야 한다. 특히 제시문에 구체적인 사례가 나왔을 때에는 그것을 일반화시켜 간략히 정리해 주어야 한다.

　어떤 것은 그대로 인용해서는 안 되고, 어떤 것은 반드시 인용해야 한다고? 제시문의 내용 중 어떤 부분이 중요하고, 어떤 부분이 덜 중요한지 판단한다면, 균형을 잃지 않을 수 있다. 처음에 제시문을 독해할 때 '논제와 관련하여 이 용어는 중요하니 반드시 인용해야지'라고 판단했다면, 체크를 해 놓자. 요약할 때 빠뜨리는 우를 범하지 말기 위해서 말이다. 모든 요약형 문제를 풀 때, 이 점에 유의하여 글을 쓰기 바란다.

생각 쓰기

---

case **4-2** 제시문 (가)에 나타난 것처럼 탈레스에게 학문 활동의 근간은 기하학과 천문학이었다. 제시문 (나)와 (다)의 논지를 바탕으로 기하학과 천문학에 대한 탈레스의 연구가 철학 활동의 출발점이라고 평가되는 이유를 논술하시오.

글쓰기 이전에 생각하기

논제 4-1의 문항을 풀면서 이미 제시문 (나)와 (다)의 논지는 이미 숙지되었을 것이다. 또한 문제에서 제시문 (나)와 (다)를 논술 기준으로 삼으라고 요구했다. 자, 이제 글을 어떻게 구성할 것인가? 첫째, 기준이 되는 제시문 (나)와 (다)의 논지를 간략히, 그리고 명확히 밝혀 준다(4-1에서 이미 요약을 해 놓았기 때문에, 이 부분을 늘어지게 써서는 안 된다). 둘째, 그 논지가 왜 제시문 (가)와 연결되는지 논거를 밝혀야 한다. 그러려면 제시문 (가)의 내용에서 논거로 사용할 부분을 찾아내야 한다 (이후 예시 답안을 읽어 볼 때 '왜냐하면'과 '예컨대'에 주목할 것).

5강_ 기존 이론을 딛고 나아가기

탈레스와 아낙시만드로스, 그리고 아낙시메네스로 이어지는 아르케관의 변화는 기존의 이론을 딛고 나아가는 학문의 발달 과정을 잘 보여 준다. 소크라테스와 프로타고라스, 그리고 아리스토텔레스로 이어지는 덕(德)에 대한 이론에서도 이와 유사한 측면이 발견된다.

case 5 다음 제시문을 읽고 아래 문제에 답하시오.

가 **프로타고라스** "시민의 덕목에 대해 논할 때, 사람들은 모든 이들을 충고자로 인정하는데, 그 합당한 이유가 있네. 왜냐하면 사람들은 모든 이들이 시민의 덕목을 가지고 있다고 생각하기 때문일세. 그리고 사람들이 덕은 타고 나는 것도 아니요, 저절로 생기는 것도 아니며, 이미 덕을 갖춘 사람이 돌봐주어 가르쳐져서 얻어질 수 있다고 생각하기 때문일세. 이제 이 문제에 대해 자네에게 증명을 해 보이겠네.

만일 어떤 이가 선천성이나 불행에 의해 이웃에게 안 좋은 영향을 끼쳤다면, 아무도 그 문제에 대해 개의치 않고, 그 사람을 훈계하거나 처벌하지도 않네. 오히려 사람들은 그를 불쌍히 여기네. 예를 들어, 못생긴 모습이나 난쟁이의 키라든가 신체적인 허약함에 대해 훈계하거나 처벌하려는 자가 어디 있는가? 왜냐하면 용모가 아름답거나 못생긴 것은 타고난 것이거나 운 때문이라는 점을 사람들이 알기 때문이네.

그러나 이와 달리 연습과 교육을 통해 얻어야만 한다고 여겨지는 좋은 것들을 누군가가 갖추지 못했을 때, 사람들은 분명 분노하고 처벌하고 비난하네. 즉, 부정의함과 불경건에 대해, 그리고 시민으로서 가져야 할 덕에 반대되는 모든 나쁜 것들에 대해 사람들은 노하거나 훈계하거나 비난하네. 왜 그렇겠는가? 이는 분명 노력과 학습을 통해 그러한 시민의 덕목이 획득될 수 있다고 사람들이 생각하기 때문이네."

- 플라톤, 《프로타고라스》 중에서

나 **소크라테스** "그러나 가장 뛰어나고 현명한 시민들도 그들의 덕을 다른 사람에게 전해 줄 수 없소. 페리클레스가 바로 그 예이오. 그는 여기 있는 이 젊은이의 아버지요. 그 아버지는 이 아들에게 훌륭한 교육을 시켜 주었소. 그러나 가장 요긴한 것, 이를테면 그 자신을 훌륭하게 만들어 준 그 무엇은 자기 스스로 가르치지도 못했고, 다른 이에게 맡기지도 못했소. 그래서 그의 아들들은 마치 신전의 양들처럼 어디에선가 그들 스스로 덕을 우연히 갖게 되지는 않을까 싶어 돌아다니면서 풀을 뜯고 있는 형편이오.

또한 페리클레스는 클레이니아스(그는 여기 있는 알키비아데스의 동생이며, 이제 페리클레스가 그의 후견인으로 되어 있소)가 알키비아데스에게 좋지 못한 영향을 받을까 두려워하여 이 형을 떠나서 교육을 받게 하기 위하여 그를 아리프로노스의 집에 맡겼소. 그런데 아리프로노스는 여섯 달이 다 되기 전에, 그를 다루기 곤란하다면서 다시 알키비아데스에게 돌려보냈소.

나는 이 밖에도 얼마든지 많은 예를 들 수 있소. 그러한 사람들은 모두 본인 자신은 뛰어난 인물이었지만, 자기 아닌 다른 사람에게는 친척이든 남이든 그를 뛰어난 인물로 만드는 데에 성공하지 못했소.

프로타고라스여, 나는 이러한 이유로 덕은 가르쳐질 수 없다고 생각하오."

- 플라톤 《프로타고라스》 중에서

다 ① 성품의 덕은 본성적으로 생기는 것도 아니고, 본성에 반해 생겨나는 것도 아니다. 우리는 본성적으로 덕을 받아들일 수 있고, 덕의 완성은 습관·훈련에 의해 이루어질 수 있다.

- 아리스토텔레스 《니코마코스 윤리학》 중에서

② 우리는 덕에 대해 다시 한 번 탐구해야 한다. …(중략)… 왜냐하면 모든 사람들은 각자의 성격을 어떤 의미에서 본성에 의해 가지는 것처럼 보이기 때문이다. 왜냐하면 우리는 태어나는 바로 그 순간부터, 정의롭고 절제하고 또는 이 밖의 다른 성격들을 가지기 때문이다. 그러나 우리는 엄격한 의미에서의 선과 같은 다른 무엇을 추구한다. 그리고 우리는 그러한 성격들을 다른 방식으로 가질 것을 추구한다. …(중략)… 성격적인 것에는 두 가지가 있는데, 본성적 덕과 주된 의미에서의 덕이 그것이다. 주된 의미의 덕은 실천적 지혜 없이는 얻어질 수 없다.

- 아리스토텔레스 《니코마코스 윤리학》 중에서

③ 만일 올바른 법에 의해 양육되지 않는다면, 어렸을 때부터 덕을 추구하도록 올바르게 훈

런되는 것은 어렵다. 왜냐하면 절제되고 엄격한 삶은 많은 사람들에게, 특히 어린이들에게, 즐겁게 여겨지지 않기 때문이다. 바로 이것이 법이 그들에 대한 양육과 훈육을 반드시 규정해야 하는 이유이다. '올바르게 행위하는 것'에 익숙해지면, 그들은 '올바르게 행위함'을 고통스럽게 느끼지 않을 것이기 때문이다. 그러나 어렸을 때의 올바른 양육과 훈육만으로는 충분치 않다. 그들은 성인이 되어서도 올바른 활동을 계속해야 하고 이에 익숙해져야 한다. 그러므로 우리는 이를 위해서, 일반적으로 삶 전체를 위해서, 법을 필요로 한다.

- 아리스토텔레스 《니코마코스 윤리학》 중에서

④ 아리스토텔레스는 공동체 구성원들의 올바른 성품 함양을 위한 노력을 입법가의 가장 중요한 역할로 규정했다. 아리스토텔레스에 의하면, 입법가들의 역할은 공동체 구성원들이 선행에 익숙해져 올바른 성품을 형성하도록 안내하는 것이다. 이는 모든 입법가들의 주된 목적이자 소망이다.

어휘 다지기

프로타고라스(Protagoras, BC 485경~414경)
프로타고라스는 고대 그리스의 철학자들 중, '소피스트'라 일컬어지는 사람들 중 한 명이다. "인간은 만물의 척도이다. 즉, 만물의 상태가 이러저러하다 혹은 이러저러하지 않다는 것에 대해 인간이 척도이다." 이것이 그 유명한 프로타고라스의 인간 척도설인데, 이는 '진리는 각 인간에 따라 다르게 규정되기 때문에 상대적이다'는 '진리 상대주의'로 알려져 있다.

물론 소피스트들은 대체로 진리 상대주의의 입장에 섰고, 프로타고라스 역시 그러한 소피스트들 중 하나이다. 그런데 프로타고라스의 경우에는 문제가 약간 복잡하다. 인간 척도설에서 프로타고라스가 말한 '인간'이 개별적 인간인지, 아니면 인간 전체를 통칭하는지 분명하지 않기 때문이다. 만일 전자라면, 프로타고라스는 진리 상대주의자였을 것이다. 왜냐하면 특정 대상에 대한 각 인간의 감각은 모두 다르므로(예컨대, 아픈 사람에게는 달콤한 음식도 쓰게 느껴질 수 있다), 사태를 판단하는 척도 역시 모두 다를 것이기 때문이다. 따라서 진리는 상대적이라고 보아야 할 것이다. 그런데 만일 후자라면, 인간이 아닌 다른 생명체의 진리에 대해서는 말할 수 없다고 할지라도, 인간 전체가 척도가 되는 진리는 존재할 수 있을 것이다. 그렇다면 프로타고라스를 진리 상대주의자라고 보기 어려울 것이다. 이렇듯 프로타고라스가 진리 상대주의자였는가는 분명하지 않으니, 좀 더 세밀히 따져 보아야 할 문제이다.

페리클레스(Perikles, BC 495~429경)

페리클레스는 고대 그리스의 정치가이자 군인이었는데, 무엇보다도 아테네에 민주주의의 토대를 세운 중요한 인물로 평가된다. 그의 어머니는 민주 개혁가인 클레이스테네스의 조카였고, 아버지는 저명한 지도자였으니, 그는 민주 가문에서 태어나 성장했다고 하겠다. 그는 배심원과 500인 평의회 의원에게, 그리고 추첨에 의해 임명된 공직자 등에게 국가 수입으로 수당을 제공하자는 법안을 제안하여 통과시켰다. 공직자들이 수당을 받지 못한다면 가난한 시민들은 생업을 중단하면서 공직에 참여해야 할 텐데, 이로 인해 시민들의 생계가 위태로워질 뿐만 아니라 그들의 공직 참여가 축소될 것이라는 우려 때문이었다. 또한 그는 평의회와 민중재판소 및 민회가 실권을 가지게 하는 법안을 제안함으로써 민주주의의 기초를 마련했다.

글쓰기 이전에 생각하기(종합)

제시문을 독해할 때, 각 철학자들이 문제 삼고 있는 공통의 대상이 무엇인지 염두에 놓는다. 또한 두 번째 논제는 각 철학자들의 입장 변화를 철학의 발전 과정과 연관시켜 논의하라고 요구했다. 따라서 제시문 (다)에서 아리스토텔레스가 이전 철학자들의 이론을 어떤 면에서 발전시켰는지 주목해야 한다.

단, 논제 5-1에서 이미 각 철학자들의 입장이 정리되었다. 따라서 논제 5-2에 대해 답할 때 철학자들의 구체적인 주장을 설명하는 데에 많은 분량을 할애할 필요가 없다. 아리스토텔레스가 기존 이론을 받아들인 측면과 발전시킨 측면을 설명하기 위해 요구되는 부분만을 택하여 압축적으로 서술해야 한다.

생각 쓰기

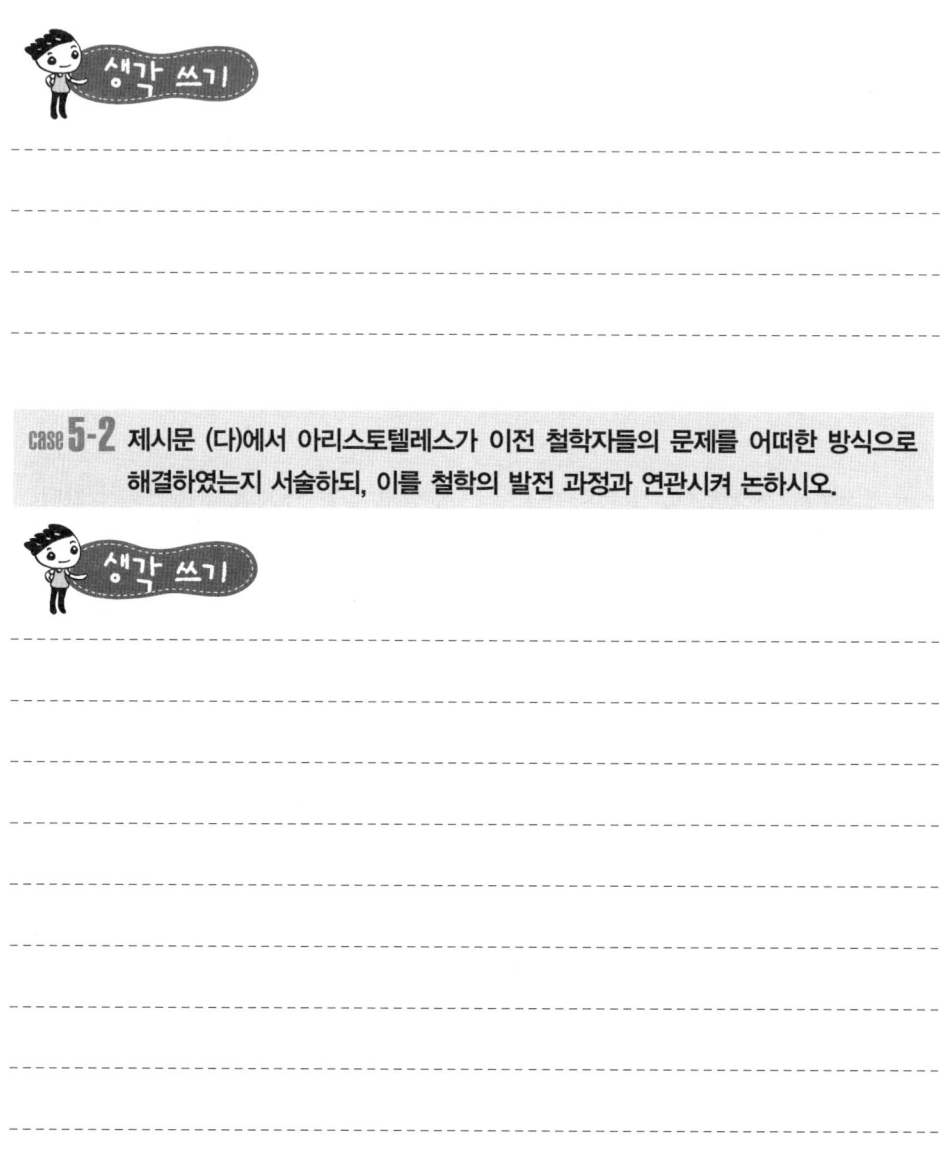

생각 쓰기

case **5-2** 제시문 (다)에서 아리스토텔레스가 이전 철학자들의 문제를 어떠한 방식으로
해결하였는지 서술하되, 이를 철학의 발전 과정과 연관시켜 논하시오.

생각 쓰기

6강_ 철학 발생의 사회적 의의

case **6-1** 고대 그리스의 자연 철학은 신화와 종교로 점철되어 있던 전통적 시대상의 극복을 가능케 했고, 합리성을 추구하는 이성적 학문 활동을 촉진시켰다. 이와 같은 고대 자연 철학의 발생 및 전개가 당대의 그리스에 미쳤을 것이라 예측되는 사회적 영향을 아래의 제시문으로부터 추론하여 논하시오.

가 철학 자체의 발생은 닫힌 사회와 그 사회의 마술적 신념의 붕괴에 대한 하나의 반응으로 해석될 수 있다고 생각된다. 그것은 상실된 마술적 신념을 합리적인 신념으로 대체하려는 시도이다. 그것은 새로운 전통(이론과 신화에 도전하며 또 그것을 비판적으로 논의하는 전통)을 세움으로써 과거의 전통을 수정한다. …(중략)… 가장 최초의 철학자들인, 세 사람의 위대한 이오니아인(탈레스, 아낙시만드로스, 아낙시메네스)과 피타고라스는 그들이 반응하고 있던 자극에 대해서는 거의 알아채지 못했을 것이다.

  그들은 사회 혁명의 대표자이기도 했고, 무의식적인 반대론자이기도 했다. 그들이 학파나 종파나 교단, 즉 이상화된 부족 집단을 모델로 하여 공동생활과 공동 활동을 하는 보다 구체적인 집단을 만들었다는 사실은 그들이 사회의 개혁자였다는 것을 증명하며, 그러므로 그들이 사회적 요구에 반응하고 있었다는 것을 증명한다. 그들은 헤시오도스와 같이 운명과 쇠퇴의 역사주의적 신화를 만들어 냄으로써가 아니라, 비판과 토론의 전통과 더불어 합리적 사고의 기술을 창안했는데, 이로써 사회적 요구와 그들 자신의 무상의 감정에 대처했다. 이는 우리 문명의 초기에 존재했던 설명할 수 없는 사실의 하나이다.

- 칼 포퍼, 《열린사회와 그 적들》

나 　트로이를 포위한 그리스 군대의 오만하고도 자존심 강한 지도자 아가멤논은 이미 10년이 넘은 전쟁을 더 연장해야겠다고 발표하기 위해 군사들을 소집했다. 이때 평범한 병사 테르시테스가 반대 의견을 말한다. 아가멤논은 암흑시대에 소규모 집단을 이끈 지도자였기 때문에, 공동 민회에서 모든 사람의 의견에 귀 기울여야 했다. 바로 이런 전통이 있었기 때문에 테르시테스는 발언권의 기회를 잡을 수 있었다. 그리하여 테르시테스는 아가멤논의 추종자들이 보는 앞에서 지도자가 너무 지나치게 욕심이 많다고 비난했다. …… 또 다른 지도자인 오디세우스가 재빨리 일어나서 아가멤논을 옹호하면서 테르시테스에게 소리친다.

"또다시 그런 어리석은 이야기를 꺼낸다면 나는 네놈을 홀랑 벗겨서 마구 칼로 찌르면서 배로 돌려보내겠다. 만약 내가 그렇게 하지 않는다면 내 머리는 더 이상 내 어깨 위에 붙어 있지 않을 것이다."

오디세우스가 그렇게 말하고서 테르시테스의 등을 찌르자 피가 주르륵 흘러나왔다.

이 에피소드의 끝부분에서, 모여 있던 병사들은 테르시테스를 부당하게 대접한 오디세우스의 태도를 칭찬했다. …(중략)… 하지만 모든 자유인이 제각기 한 몫을 하는 정치적 제도를 신봉하는 도시 국가가 출현하기 위해서는, 일반 대중의 이런 순응적인 태도는 바뀌어야 했다. 그리스 사회에 통용되는 공평함의 개념에 따라 보통 사람들도 자신이 평등한 대접을 받을 자격이 있다고 주장해야 하는 것이다.

- 토머스 R 마틴, 《고대 그리스의 역사》, 가람기획

다 테르시테스는 백성들의 목자인 아가멤논을 비난했다. 그래서 고귀한 오디세우스가 지체 없이 그에게 다가서서 그를 노려보며 심한 말로 꾸짖었다.

"수다쟁이 테르시테스여, 비록 그대 목소리가 낭랑한 웅변가일망정 입을 다물고 너 혼자서 왕들과 시비하려 들지 말아라. 내 이르노니, 아트레우스의 아들을 따라 일리아스에 온 모든 인간들 중에 그대보다 못한 자는 아무도 없다. 그러니 그대는 사람들이 모인 앞에서 왕들을 일러 말하거나, 그들에게 욕설을 하거나 귀향의 기회를 엿보지 말아라……."

…(중략)…

테르시테스는 겁에 질려 자리에 앉았고 아픔을 이기지 못하여 당황한 얼굴로 눈물을 닦았다. 다른 사람들은 마음이 괴로우면서도 테르시테스를 보고 유쾌하게 웃었다.

…(중략)…

이때 도시의 파괴자 오디세우스가 홀을 잡고 일어섰고, 그의 곁에는 빛나는 눈의 아테네가 전령의 모습을 하고 서서 백성들에게 조용히 하라고 명령했으니, 가까이 있는 자든 멀리 있는 자든 모든 아카이아인들의 아들들이 오디세우스의 말을 듣고 대책을 강구할 수 있도록 하기 위함이었다.

- 호메로스, 《일리아스》, 단국대학교 출판부

글쓰기 이전에 생각하기

제시문 (가)에 대한 독해를 바탕으로, 제시문 (나)와 (다)의 내용 중 주목할 만한 부분이 무엇인지 체크하자. 제시문 (가)는 '마술적 신념'과 '비판과 토론 및 합리적 사고'를 대립시키고 있다. 또한 제시문 (가)에는 '사회 개혁' 또는 '사회적 요구'라는 용어들이 나타난다. 이러한 힌트를 놓치지 말자. 마술적 신념을 '당대의 사회 체제를 유지하고자 하는 보수적 입장'과 연결시키고, 합리적 사고를 '새롭게 등장한 사회적 요구'와 연결시킬 수 있다. 물론 근거도 제시하지 않은 채 무작정 주장만 하는 것은 독단이다. 제시문들의 연관성을 정당화할 수 있는 구체적인 문구를 제시문 (나)와 (다)에서 뽑아내야 한다.

생각 쓰기

----

case 6-2 제시문 (가)와 (나)에는 소피스트의 대표적 인물인 프로타고라스의 주장이 소개되어 있다. 프로타고라스의 철학이 가지는 의미를 제시문 (다)에서 지적된 두 항목을 기준으로 평가하시오.

가 프로타고라스 "신들에 대해서 나는 아무것도 알지 못한다. 신들이 존재한다는 것도, 존재하지 않는다는 것도, 신들이 어떤 형태로 존재하는지도 알지 못한다. 왜냐하면 내가 그런 것들을 아는 데 방해가 되는 많은 것들, 즉 '신이라는 탐구 대상이' 불명확하다는 점과 인간의 삶이 짧다는 점이 있기 때문이다."

나 프로타고라스 "소크라테스여, 나는 장인의 제작 기술 등에 관계된 덕에 대해 논의할 때에는 오직 전문가인 소수의 사람들만이 의견을 말할 수 있다고 생각하네. 아테네 사람을 비롯하여 다른 모든 나라 사람들의 경우에도 이 소수의 전문가의 의견이 아니면 어떤 의견도 받아들이지 않네. 그것은 분명 자네 주장이 맞고, 내 생각에도 그건 당연한 일일세. 그러나 한편, 사람들이 시민으로서 가져야 할 덕에 대해 논할 때, 그리고 모든 것들이 정의와 지혜로 꾸려져야 할 때, 그들은 모든 사람의 의견을 받아들이네. 이것은 당연한 일일세. 그렇지 않나? 모든 사람들이 정의와 염치의 덕을 나누어 가졌으니까 말이네. 그렇지 않다면 어떻게 나라가 형성될 수 있겠는가?"

- 플라톤, 《프로타고라스》 중에서

다 기원전 450년에서 400년에 이르는 기간은 다방면에 걸쳐 아테네가 가장 번영을 누린 시기였다. 또한 지적 · 예술적 활동이 활발했으며, 사회적 · 정치적으로 근본적인 변화가 나타난 시기였다. 삶과 체험에 대한 기존 양식들은 새로운 흐름에 의해 해체되고 있었고, 예전 세대들의 신념과 가치들이 공격 받고 있었다. 소피스트의 운동은 이러한 모든 것들을 표현해 주는 것이었다. …(중략)… 소피스트들이 그들의 학설을 통해 공식화하고 논의했던 문제들이 얼마나 현대적인 성격을 띠고 있는지 들여다보면, 실로 놀라운 바가 있다. 다음의 목록이 이를 명백히 보여 준다. …(중략)…

① 신들에 대한 지식의 획득이라는 문제, 신들은 오직 우리의 마음에만 존재할지 모른다는 가능성, 심지어 신들은 사회적 요청에 부응하기 위해 필요했던 인간의 발명품일지도 모른다는 가능성.

② 사회적 공동생활의 이론적 · 실천적 문제, 무엇보다도 모든 사람들이 적어도 어떤 점에서는 평등하거나 평등해야만 한다는 교설을 함축하는 민주정에서의 이론적 · 실천적 문제들.

- 조지 커퍼드, 《소피스트 운동》

어휘 다지기

피타고라스(Pythagoras BC 570경~490)
피타고라스는 세계의 구성 원리가 수(數)라고 주장했다. 그는 수의 완전성이 음악을 통해 드러난다고 여겼기 때문에, 음악에 내재하는 조화와 비율을 연구하였다. 예컨대, 피타고라스학파 사람들은 완전 협화음을 중시했는데, 음계의 음정이 1, 2, 3, 4라는 비율로 수적으로 표현될 수 있다고 보았다. 그들이 음악으로부터 수적인 원리를 찾아내려 했던 이유는 음악에 내재하는 수적인 질서로부터 세계 질서의 원리를 추론할 수 있다고 믿었기 때문이다. 이오니아학파 사람들이 만물은 '무엇으로' 구성되는가에 집중했다면, 피타고라스학파의 사람들은 만물이 '어떤 원리로', '어떤 질서'로 구성되었는가에 몰두했다.

오디세우스(Odysseus)

호메로스의 오디세이아의 주인공. 헤시오도스의 서사시에도 중요 인물로 등장한다. 오디세우스의 라틴어 이름은 율리시스이다. 율리시스와 오디세우스가 동일 인물이라는 것 정도는 상식. 그리스 군을 이끌고 트로이 전쟁에 참여해 활약했는데, 거대한 목마 속에 병사들을 숨겨 적의 요새로 침입하여 트로이를 함락시키는 데에 기여했다는 일화도 유명하다. 이렇게 오디세우스는 영리하고 전략 구상에 강한 인물로 알려져 있다.

도시 국가(폴리스)

정치(politics)의 어원이 바로 도시 국가(폴리스, polis)이다. 기원전 13∼11세기에 고대 그리스는 경제 기반의 붕괴와 미케네 문명의 와해 등으로 전반적인 위기에 처했었다. 그러나 기원전 8세기경, 경제력 회복과 금속 기술의 발달 등으로 그리스는 점차 부활하기 시작했다. 특히, 그리스 지역에 많은 도시 국가들이 형성되어 가고 있었다. 도시 국가는 기본적으로 소규모의 정치·문화 공동체이다. 그런데 각 도시 국가의 정치 체제는 사뭇 달랐다. 예컨대, 군사 강국인 스파르타는 소수의 지배자가 통치하는 형태의 정체(과두정)였다. 반면, 유명한 도시 국가 아테네에서는 시민들의(자유인, 성인 남자) 정치 참여를 중시하는 정체(민주정)가 발달되었다. 아테네는 성벽으로 둘러싸여진 중심부와 주변부로 이루어졌는데, 중심부에 위치한 아고라(시장)와 민회에서 중요한 국가의 일들이 논의되고 결정되었다. 중심부와 주변부 지역의 시민들은 모두 정치적 사회적으로 잘 조직되어 있었고, 중요한 국가 행사에 단합하여 참여했다. 이들은 자체적인 규율을 준수했으며, 제의를 통해 신들에게 경의를 표했다. 물론 아테네라는 민주정 모델에도 시대적인 한계는 있다. 여전히 노예제가 잔존했고, 여성과 노예의 정치 참여가 허용되지 않았으니 말이다. 그럼에도 불구하고 자유 시민들의 정치 참여를 적극 보장했다는 면에서, 아테네의 정치 체제는 민주정의 꽃이라고 평가될 만하다.

소피스트(Sophist)

잘 알려져 있듯이, 플라톤은 감각을 불신하고 사유를 중시했으며, 오직 사유를 통해 이데아를 탐구해야 한다는 입장을 취했다. 그런데 소피스트들은 플라톤이 주장하는 이데아란 존재하지 않는다고 반격하고, 인식의 기초는 감각적 경험이라고 주장한다. 소피스트란 이렇게 플라톤주의에 반대하여 사변보다 감각을 중시하고, 절대적 진리의 존재에 대해 의문을 품었던 기원전 5~4세기의 철학자들을 일컫는다. 대표적인 소피스트로, 프로타고라스와 고르기아스, 안티폰, 히피아스 등을 꼽을 수 있다.

플라톤은 대체로 소피스트들에 대해 부정적으로 평가한다. 플라톤은 소피스트들이 제대로 진리 탐구를 하지도 않으면서 화려한 말솜씨로 사람들을 현혹시킨다고 비판한다. 또 그들은 돈벌이를 위해 철학자인 양 행세하고 다닌다고 비난하기도 한다. 소피스트들은 '궤변론자'라고 불리기도 하는데, 이는 플라톤을 비롯한 철학자들이 소피스트들에 대해 위와 같은 부정적 시각을 가지고 있었기 때문이기도 하다. 그러나 분명한 것은 프로타고라스를 비롯한 소피스트들로 인해 철학적 논의가 풍부해졌고, 철학 자체에 대한 비판적 사고의 분위기가 형성되었다는 점이다. '과연 절대적이고 객관적인 진리가 존재하는가' 등의 물음은 철학으로 하여금 자기 반성할 수 있는 토대를 제공해 주었기 때문이다.

글쓰기 이전에 생각하기

제시문의 논지가 뚜렷하기 때문에, 제시문 간의 연관성은 쉽게 파악될 것이다. 제시문 (가)는 제시문 (다)의 ①번 항목에 연결된다. 그리고 제시문 (나)는 제시문 (다)의 ②번 항목과 연결된다. 특히, 제시문 (나)의 내용이 민주주의의 중요 가치인 '평등'과 어떻게 연결되는지 생각해야 한다. 단, 제시문 (가), (나)의 구체적 내용을 일일이 적지 말 것. 제시문 (다)의 두 항목과 밀접한 관련이 있는 부분만을 취해 요약하는 형태로 서술하자.

생각 쓰기

CASE 1 '세계 만물은 무엇으로 이루어졌는가'라는 탈레스의 물음은 인간의 고유한 지적 호기심으로부터 나왔다. 그의 이론이 차후 다른 분야에서 활용되었을 수 있겠지만, 기본적으로 그의 과학적 활동은 어떤 실리적인 이윤을 추구하기 위한 수단이 아니었다. 또한 그의 최초의 탐구 대상은 어떤 거대한 추상적 세계가 아니라, 일상적으로 체험하는 주변 현상들이었다. 예컨대, 그것은 일식과 같은 천체 현상 등이었다. 중요한 것은 그가 이러한 현상들을 무반성적으로 지나치지 않고 탐구하여, 보다 큰 주제로 넓혀 갔다는 점이다. 그는 주변 현상들을 겪으면서 경이감을 갖거나 아포리아에 빠졌는데, 이를 일시적인 감정에 그치도록 하지 않았다. 그는 세계에 대한 원인 분석에 몰입하는 데에 그 에너지를 쏟았고, 현상들의 공통점을 사유를 통해 추론하기 시작했다. 또한 탈레스는 페르시아와 이집트에서의 체험들을 통해 생명력의 기원이 무엇인가를 물었다. 여기서 그의 결론은 '물이 없으면 농사를 지을 수 없으니 가뭄은 곧 불행이고 재앙이다'라는 식의 주관적 판단에 그치지 않았다. 그는 일상적인 체험을 판단의 재료로 삼아, 삶에서 가장 중요한 것이 무엇인가, 만물을 구성하고 생성케 하는 것이 무엇인가라는 지적인 물음으로 발전시켰다. 결국 그는 만물의 아르케는 물이라고 제안하기에 이르렀다.

이렇듯 탈레스는 스스로 묻고 사유하고 답을 제시하는 과정을 거치면서 이성적 탐구의 장을 열었다. 따라서 생존과 실리적 유용성에 대한 관심에서 벗어나 순수한 지적인 탐구 활동을 전개하기 시작했다는 점에 있어서, 아르케를 찾으려는 탈레스의 시도는 중요한 의미를 가진다.

제시문 (가)는 세계의 형성을 전적으로 신들의 이름을 빌려 설명하고 있다. 무한한 공간인 카오스에서 대지의 여신인 가이아와 사랑의 신 에로스가 나왔고 밤과 낮의 신들이 생겨났다고 주장되었다. 또한 가이아가 하늘의 신인 우라노스를 낳았고 산들을 만들었다고 서술되었다. 이상의 이해 방식은 세계 만물의 형성을 신화를 통해 풀이하려는 특징을 갖는다. 이러한 태도는 현세에서 발생하는 모든 일들을 신적 섭리와의 연관성 속에서 바라보게 만든다.

반면, 제시문 (나)는 신들에 대한 언급 없이 만물을 구성하는 근본 물질이 무엇인가를 탐색하고 있다. 탈레스는 만물의 근본 물질을 '물'이라고 말했지, 바다의 신인 '포세이돈'이라고 말하지 않았다. 물론 탈레스 역시 전통적 신관의 영향에서 완전히 벗어나지는 못했겠지만, 적어도 그는 기존의 신화적 사고방식으로부터 많은 부분 탈피하여 세계 만물의 형성을 과학적인 자세로 설명하고자 시도했다. 왜냐하면 그는 자신이 경험하는 자연 현상들을 관찰하고 분석함으로써 세계 만물을 이루는 단일한 근본 원인을 귀납적으로 추론해 내려 했기 때문이다.

예컨대, 여러 차례 유사한 천재지변이 발생했다고 해 보자. 제시문 (가)에 나타난 신화적 사고방식에 의거하면, 이 자연 현상은 매번 인간에 대한 신들의 응징으로 해석되었을 것이다. 반면, 제시문 (나)에 나타난 철학적 사고방식으로 보자면 이 동일한 현상은 보다 과학적으로 풀이되었을 것이다. 즉, 천재지변이 발생한 지역의 기후 조건 및 지형적 조건이 어떠했는지 사례들을 분석하여 공통점을 이끌어 냄으로써 그렇게 되풀이되는 현상의 원인이 무엇인지 밝히려는 지적 탐구가 이루어졌을 것이다.

case 2-2 제시문 (가)에 나타난 신화적 관점에서 보자면, 아르케가 물이라는 탈레스의 주장은 전혀 타당하지 않다고 평가될 것이다. 왜냐하면 탈레스가 주장한 물 역시 신들이 낳은 것들 중 하나라고 논박될 것이기 때문이다. 신들의 체계를 벗어난 그 어떤 것을 아르케라고 상정하는 모든 이론들이 마찬가지 논리로 반박될 것이다. 따라서 신화적 관점을 고수하는 이상, 탈레스의 이론뿐만 아니라 만물의 근원에서 신들의 영향력을 축소하려 하거나 제거하려 하는 모든 이론들이 그 타당성을 인정받지 못하게 될 것이다.

반면, 제시문 (다)는 반증 가능성을 기준으로 과학과 비과학을 구분하고 있다. 예컨대, 반대되는 두 현상을 오이디푸스 콤플렉스라는 하나의 원인으로 풀이하는 아들러주의 이론이 비과학이다. 왜냐하면 어떤 현상을 오이디푸스 콤플렉스 이외의 것으로 설명할 수 있는 가능성이 애초에 차단되어 있기 때문이다. 이를 제시문 (가)에 적용시키면, 신화적 관점은 모든 현상을 오직 신들과의 관계를 통해 설명하려고 하기 때문에, 어떠한 반증도 불가능하다는 결론이 도출된다. 아르케에는 올림포스의 신들이 개입되어 있지 않다고 주장한들, 그러한 아르케 역시 신들의 산물이라고 논박될 것이 분명하기 때문이다. 따라서 신화적 설명은 비과학의 영역에 속한다. 그러나 제시문 (나)에 나타난 탈레스의 아르케관은 반증이 가능하다. 예컨대, 우리는 '물과 불은 서로 반대되는데, 만일 모든 것이 물로 이루어져 있다면, 불은 무엇으로 이루어졌는가? 라는 물음을 던질 수 있다. 나아가 '만일 불까지 물로 이루어졌다면, 불에 물을 끼얹었을 때 불은 오히려 더 크게 타올라야 한다. 그러나 경험적으로 이것은 거짓이다. 따라서 불은 물로 구성될 수 없다'고 주장할 수 있다. 이러한 비판을 발전시킨다면, 물은 아르케로서 적절하지 않다는 반증이 가능할 것이다. 나아가 다른 종류의 아르케를 주장한 이론 역시 더 좋은 이론에 의해 반증될 수 있을 것이다. 따라서 제시문 (가)에 나타난 신화적 관점은 과학적 이론으로서 인정될 수 없고, 오히려 과학의 발전을 저지할 수 있는 위험성을 내포한다.

case 3-1 제시문 (가)로부터 탈레스 이론에 대한 아낙시만드로스의 비판을 추론할 수 있다. 예컨대, 물과 불은 서로 상반된다. 따라서 탈레스가 주장한 물을 가지고서는 불을 설명할 수 없다. 물이 자신과 반대되는 불을 구성한다고 볼 수 없기 때문이다. 따라서 물은 만물의 아르케로서의 지위를 갖지 못한다. 아낙시만드로스는 물이 질적으로 지나치게 한정(규정)되어 있기 때문에, 물과는 다른 성질들을 지닌 많은 물체들의 근본 물질이 될 수 없다고 생각했다. 이러한 발상을 기반으로, 그는 진정한 아르케란 어떠한 한정(규정)도 갖지 않는 것이어야 한다고 보고, 이를 무한정자라고 칭했다.

그런데 아낙시만드로스의 이론은 다시금 아낙시메네스에 의해 논박되었다. 제시문 (나)에 나타나듯이, 아낙시메네스는 아무런 질적 특성(규정)도 없는 무한정자가 어떻게 구체적 성질을 가지는 물체들을 만들어 낼 수 있느냐고 반문했던 것이다. 따라서 그는 아르케를 공기라고 주장했다. 공기는 구체적인 성질을 가지면서도 동시에 양이 무한하고 영원히 운동하기 때문에, 그는 공기가 아르케로서 적절하다고 보았던 것이다. 나아가 그는 공기가 어떻게 실제의 물체들을 형성하는가에 대해 고민하여 희박함과 촘촘해짐이라는 원리를 제안했다.

case 3-2 탈레스에서 아낙시만드로스, 그리고 아낙시메네스는 각자 앞선 관점 및 이론을 검토하고 그 한계를 지적해 내었으며, 이를 자신의 이론으로 보완하였다. 이러한 아르케관의 변화는 철학이 어떠한 방식으로 전개되어 가는지 보여 주는데, 그것은 기존 이론에 대한 비판적 성찰과 한계의 극복이다. 제시문 (다)에 따르면, 철학은 앞선 이론에 대한 비판적 이해를 통해 이루어진다. 단, 철학은 이전 이론에 대한 단순한 답습이 아니라, 그것을 딛고 넘어서서 새로운 대안을 제시하는 과정이다. 물론 철학은 최고의 설명력을 갖춘 이론을 제시하려 노력해야 한다. 그러나 그 이론이 더 좋은 이론에 의해 비판될 수 있는 가능성은 언제나 열려 있다.

결국 고대 그리스 철학자들의 이론에 나타난 것처럼, 철학은 기존 이론의 타당성을 비판적으로 검토하고 그 한계를 보완 및 극복하는 방식으로 전개된다. 이것이 곧 진리에 근접해 가려는 철학 활동의 모습이다.

case 4-1 제시문 (나)에 의하면, 철학자는 현상을 단순히 경험하는 것이 아니라, 그 현상을 일으킨 원인과 현상의 본질을 탐구한다. 예컨대, 플라톤은 천체 현상을 관찰하면서 그러한 변화를 결정하는 본질이 무엇인지 탐구했다. 이러한 고대 철학자의 탐구 활동은 현대 과학에까지 막대한 영향을 미쳤으며, 본질의 탐구는 여전히 현대 과학의 중요한 목표로 인정되고 있다.

또한 제시문 (다)에 따르면, 우리는 둥근 물체들을 감각하는 데에 그치지 않고, 그것으로부터 원이라는 관념을 갖는다. 즉, 우리는 구체적인 개별 사례들로부터 공통점을 추론하여 이를 개념화시키는데, 바로 이것이 이성적 파악의 방식이다. 이러한 지적 활동이 철학 이론의 구성 기초가 된다.

case 4-2 철학 활동의 기본은 대상에 대한 이성적 이해이다. 특히, 일상에서 경험하는 현상들을 자료로 삼아 논리적으로 분석하여, 그 현상들의 근본적 원인을 찾고, 이를 보편적 개념으로 정립하는 것이다.

이러한 기준으로 볼 때, 탈레스의 기하학과 천문학 활동은 철학의 출발점이라고 평가될 만하다. 왜냐하면 그는 우리가 흔히 접하는 경험들로부터 보편적 원리들을 확립했기 때문이다. 예컨대, 그는 등변 삼각형으로 생긴 물체들을 단순히 물체로 보지 않았고, 그것들로부터 삼각형의 본질적 특성을 추론하여 정식화했다. 또한 그는 사람의 그림자와 사람의 키라는 관계를 이용하여 피라미드의 실제 높이를 비례식으로 추론했는데, 이는 비례의 원리를 사용하여 지식의 내용을 확장시키는 것이었다. 나아가 그는 별들을 단순히 여기저기에서 산발적으로 반짝이는 것들로 보지 않았고, 별들의 물리적 위치를 공간적으로 정립했다. 이상의 활동은 주변적 관찰 사례들을 면밀히 분석하여, 그 근본 원리를 탐구하는 지적 활동이다.

따라서 탈레스의 기하학과 천문학은 구체적인 것들로부터 보편적 원리로 나아가는 이성적 활동의 시발점이라고 할 수 있다.

case 5-1 세 제시문에 나타난 공통의 주제는 '덕은 선천적으로 타고나는 것인가 후천적으로 학습되는 것인가' 이다. 이 문제에 대한 세 철학자들의 입장에는 차이가 있다. 첫째, 프로타고라스는 덕이 후천적으로 학습될 수 있다고 주장한다. 그에 의하면, 사람들이 덕을 갖추지 못한 자들을 야단치고 덕 있게 행동하게끔 교육시키는 것은 덕이 가르쳐질 수 있기 때문이다. 둘째, 소크라테스는 프로타고라스에 반대하며, 덕이 가르쳐질 수 없다고 말한다. 그는 자기주장의 논거로 페리클레스와 그 아들의 사례를 들었다. 페리클레스는 유덕한 인물이지만, 정작 자신의 아들에게는 덕을 가르치지 못했다는 것이다. 소크라테스는 덕은 타고나는 것이지 후천적으로 가르쳐지는 것이 아니라고 본 셈이다. 셋째, 아리스토텔레스는 덕이 가르쳐질 수 있다고 보았다. 단, 아리스토텔레스와 프로타고라스의 입장에는 미세한 차이가 있다. 왜냐하면 프로타고라스와는 달리, 아리스토텔레스는 우리가 덕을 선천적으로 타고날 수도 있음을 인정했기 때문이다. 다만, 그는 타고나는 덕은 엄격한 의미의 덕이 아니라고 말한다. 후천적인 학습과 훈련을 통해, 타고난 덕을 단련시키고 발전시켜야 한다는 것이다. 나아가 그는 시민들의 덕 함양을 위해 올바른 법을 제정하여 시민들을 잘 교육시키는 것이 입법가의 중요한 역할이자 의무라고 보고 있다.

case 5-2 아리스토텔레스는 프로타고라스의 입장과 소크라테스의 입장을 비판적으로 수용한다. 즉, 그는 선천적 덕을 인정하면서도 덕이 후천적으로 가르쳐질 수 있음을 주장한다. 단, 아리스토텔레스는 선천적 덕만으로는 완전한 덕이 형성될 수 없다고 말함으로써, 선천적 덕보다 후천적으로 학습되는 덕의 중요성을 강조했다. 덕의 선천적 측면을 부정할 수는 없지만, 선천적 덕에 머무르게 해서는 안 되고, 교육과 훈련을 통해 그것을 발전시켜 나가야 한다는 것이다.

또한 그는 프로타고라스와 소크라테스의 주장 모두를 일방적으로 수용하는 양시론적 태도를 보이지 않았다. 그는 교육의 문제를 입법가의 중요한 역할로 규정하면서, 이전 철학자들의 원론적인 입장을 사회적 영역으로 확대시키고 있기 때문이다. 만일 입법가가 시민들이 부당한 행동을 일삼아도 이를 처벌하지 않고 묵인한다면, 시민들은 점점 덕을 상실하게 될 것이다. 이 경우, 시민들의 덕을 함양하지 못한 방식으로 폴리스를 운영하는 입법가의 자질에 대해 비판이 가해질 것이다. 이렇게 아리스토텔레스는 후천적인 덕의 학습을 강조하면서도, 동시에 올바른 법으로 학습의 방향과 내용을 조절해야 함을 덧붙이고 있다.

위와 같이 아리스토텔레스는 이전 철학자들의 주장을 검토하면서 그들이 간과했던 부분을 보완하는 방식으로 자신의 철학을 전개하고 있다. 이는 철학이 발전해 가는 방식의 고유한 특징을 보여 주는데, 그것은 비판 정신과 문제의식을 가지고 앞선 이론들을 검토하며, 더 합리적인 이론을 강구한다는 점이다.

case 6-1 제시문 (다)에서 오디세우스는 테르시테스의 주장을 존중하지 않고, 아가멤논 왕의 편에 서서 테르시테스에게 고통을 주었다. 또한 그는 테르시테스에게 유창한 언변으로 왕들의 일에 대해 평가하지 말 것을 강요하며 발언권을 박탈했다. 그런데 여기서 아테네 여신은 백성들이 오디세우스의 말을 듣게 하도록 유도하고 있다. 아테네 여신은 오디세우스를 도움으로써 결국 아가멤논 왕을 지지했던 것이다. 이로부터 신화가 왕권 및 친(親)왕정 세력의 권위를 정당화해 주는 역할을 하고 있음이 드러난다.

또한 제시문 (다)는 이오니아학파와 피타고라스학파의 영향이 단순히 학문적 영역에만 국한된 것이 아님을 지적하고 있다. 왜냐하면 이들의 철학은 당대의 시민들을 전통적인 신화적 사유 방식으로부터 벗어날 수 있는 통로를 제공해 주었기 때문이다. 여기서 중요한 점은 비판과 토론의 문화 형성이다. 이는 당대의 그리스 사회가 신화에 의해 지지되는 왕정의 권위로부터 합리적 토론에 의한 정책 결정을 추구하는 공동체로 이행하고 있었음을 암시한다. 물론 제시문 (다)의 필자는 철학자들 자신이 그들의 학문 활동이 가지는 사회적 의미를 의식하지는 못했다고 주장하였다. 특히 탈레스를 비롯한 이오니아의 철학자들이 학문 활동에 몰입한 것은 어떤 사회적 개혁을 위해서가 아니라, 순수한 지적 호기심 때문이었다. 그럼에도 불구하고, 이들이 의도한 바와는 다를 수 있지만, 그들의 합리적 사유 방식이 당대의 정치적 사회적 문화의 재형성에 많은 영향을 미쳤으며, 당대의 사회적 요구와 맞물리고 있었다고 추론할 수 있다.

이 추론의 타당성은 제시문 (나)에 의해서도 지지된다. 제시문 (나)는 테르시테스의 주변에 있었던 병사들의 태도를 비판하면서, 전통적인 보수 왕정에서 시민들의 적극적 참여가 인정되는 정치 체제로 이행하기 위해, 시민들의 자유로운 발언권이 보장되어야 한다고 주장한다. 이로부터 우리는 도시 국가의 발생에 비판과 토론 문화가 필수 요소였고, 당대 그리스 사회에서 바로 이 부분이 사회적으로 요구되고 있었음을 확인할 수 있다.

결론적으로 철학의 발생과 전개는 신화에 의존하는 정치 체제로부터 합리적 의사 결정 과정을 중시하는 정치 체제로의 이행에 직·간접적으로 많은 영향을 미쳤을 것이라 예상할 수 있다.

case 6-2 프로타고라스는 신이 존재하는지 존재하지 않는지 알지 못하고, 설령 신이 존재한다고 하더라도 신이 어떤 형태로 존재하는지에 대해 알 수 없다고 말한다. 그런데 당대 사회는 신화를 통해 신들의 언행을 묘사했고, 신의 존재를 확신하며 신의 권위를 인정하고 있었던 시대이다. 따라서 신의 존재에 대해 파악할 수 없다는 그의 주장은 당대 사회에 큰 파장을 일으켰을 것이다. 이를 제시문 (다)의 항목 ①과 관련시켜 보자면, 제시문 (가)에 나타난 프로타고라스의 주장은 기존의 사고방식을 전복시켰을 뿐만 아니라 전통적인 신관에 대한 일종의 도전이 되었음을 알 수 있다.

또한 프로타고라스는 국가를 구성하는 모든 사람들이 정의와 염치의 덕목을 가지고 있다고 말한다. 따라서 국가의 중요한 일에 대해 모든 사람들이 자신의 의견을 자유롭게 내놓고 토론할 자격과 권리가 있다고 주장한다. 이렇게 프로타고라스는 시민들의 발언권을 인정함으로써 시민들의 적극적인 정치 참여를 촉구하는 태도를 보여 주고 있다. 제시문 (다)의 항목 ②와 연관시켜 볼 때, 프로타고라스는 모든 사람들의 평등을 주장함으로써 민주주의의 발전을 촉진시키는 데에 기여했을 것이라 예상할 수 있다.

아비투어
철학 논술

기출 문제를 통해 다시 보기

탈레스를 시작으로 하는 고대 그리스 철학을 통해 우리는 학문이 어떻게 시작되었고 어떻게 전개되어 가는지 확인할 수 있다. 놀랍게도 고대 그리스 철학이 발전되어 가는 '과정'의 특징은 헬레니즘 시기를 거쳐 중세 및 근· 현대에 이르기까지 연속적으로 나타난다. 학문 발전 과정의 독특한 방식이 존재하고, 이것이 역사적으로 부단히 이어져 왔음이 분명하다. 바로 이 주제가 인하대 2008학년도 예시 문제에서 다루어졌다. 아래의 예시 문제를 풀어 보면서 철학과 과학 이론들이 어떻게 발전해 가는지 유추해 보고, 고대 그리스 철학을 '학문 일반'이라는 큰 틀에서 이해해 보자.

우선 아래의 문제를 본 강의와 독립적으로 풀어 보자. 이후에 아래의 제시문에 나타난 학자들의 학문 방법 및 태도를 탈레스의 그것과 비교해 보면서 학문 방식의 공통점을 확대시켜 본다면 더욱 좋겠다. 이 연습을 통해 탈레스의 철학과 그를 넘어서려고 했던 후대 철학자들의 작업을 어떻게 바라볼 수 있는지, 독자 스스로의 기준을 정립할 수 있을 것이다.

⟨2008년 인하대 논술고사 예시 문제 계열 공통⟩

[논제] 제시문 (가)와 제시문 (나)는 수학이나 과학 이론의 발전 과정에 관하여 흥미로운 공통점을 시사하고 있다. 두 제시문에 나타나는 가장 두드러지는 공통점을 서술하시오. (200자 내외)

가 ① 피타고라스는 바빌론에서 공부했기 때문에 별과 행성의 운행이 어떻게 계산되는가 하는 것을 알고 있었다. 별이 총총한 하늘과 음악이라는 상이한 두 대상이 모두 수학 공식을 따르는 것으로 확인되자, 피타고라스는 자연계 속 모든 것의 이면에는 숫자가 숨어 있다고 생각하게 되었다. 그에게 수($數$)는 탈레스에게 물이 그런 것처럼 '근본 요소'였다. 그러나 피타고라스는 탈레스보다 훨씬 더 멀리까지 나아갔다. 그는 수에는 신이 있다고 하는 새로운 종교를 만들었다. 이 종교는 수많은 신도들을 갖게 되었는데, 그런 피타고라스의 제자들은 스승이 죽은 지 수백 년 후에도 계속 있었으며, 믿음을 발설하는 사람을 처형할 정도로 자신들의 신앙을 비밀로 유지했다.

② 피타고라스학파는 두 정수의 비율로 나타낼 수 없는 수가 있다는 것을 발견했다. 그런 수를 무리수라고 한다. 피타고라스학파는 그들의 유명한 정리를 통해 무리수의 존재를 연역해 냈다. 이 정리는 직각삼각형의 빗변의 제곱이 다른 두 변의 제곱의 합과 같다는 것이다. $a^2+b^2=c^2$. 직각을 이루는 두 변의 길이가 각각 1인 직각이등변삼각형에 피타고라스 정리를 적용하면, 빗변 c는 다음과 같이 구할 수 있다. $c^2=1^2+1^2=2$. 따라서 빗변 $c=\sqrt{2}$. 피타고라스학파는 이러한 새로운 수가 두 정수의 비율로 나타낼 수 없다는 것을 알게 되었다.

③ 무리수의 발견으로 피타고라스와 그의 추종자들은 심리적인 공황에 빠졌다. 수는 피타고라스학파의 종교였기 때문이다. 신이 곧 수라는 것은 그들 종파의 좌우명이었다. 그들에게 수는 정수와 그 비율만을 의미했다. 그리하여 2의 제곱근(신의 창조물인 정수 두 개의 비율로 나타낼 수 없

는 수)의 존재는 그들 종파의 모든 믿음 체계를 뒤흔들었다. 이처럼 위험한 발견이 이루어졌을 무렵, 피타고라스학파는 수의 힘과 신비에 대한 연구에 헌신하는 체계적인 교단을 형성하고 있었다. 이들 교단의 일원이었던 히파수스(Hippasus)는 무리수 존재의 비밀을 외부 세계에 누설한 죄를 지은 사람으로 알려져 있다. 이 사건의 여파로 무수한 전설이 생겨났다. 히파수스가 교단에서 추방되었다는 전설도 있고, 그가 죽었다는 전설도 있다. 정수가 신성하다는 피타고라스학파의 개념은 히파수스의 죽음과 더불어 끝장이 났다고 할 수 있다. 그리고 연속체의 풍성한 개념이 그 자리를 대신하게 되었다. 고대 그리스 기하학이 탄생한 것은 바로 이 무리수의 비밀이 세상에 알려진 후였다.

④ 에우독소스는 플라톤이 아테네에 세운 아카데미에서 연구했다. 그가 이룬 업적 중 하나는 '비율 이론'인데, 이 이론을 통해 그리스인들은 히파수스의 발견에 의해 생겨난 문제들 중 몇몇을 부분적으로 극복할 수 있었다.

나 ① 갈릴레이는 망원경에 대한 소문을 듣고 이 기계가 어떤 가능성을 제공할 것인가를 곧 알아챘다. 갈릴레이는 망원경으로 별이 총총한 하늘을 관찰하면서, 인간이 일찍이 경험했던 것 중에 가장 주목할 만한 체험을 하게 되었다. 갈릴레이는 우리가 육안으로 보는 것보다 훨씬 많은 별들이 존재한다는 사실을 확인했다. 또 달에 거대한 분지와 높은 산맥이 있음을 보았다. 태양의 표면에서는 검은 반점을 보았다. 갈릴레이는 이것의 의미를 곧 파악했다. 즉, 아리스토텔레스의 주장이 실제와 별로 일치하지 않는다는 점이었다. 그뿐만 아니라 갈릴레이는 목성의 주위에 4개의 작은 '별'이 있는 것을 발견했다. 그는 몇 주 동안 이 별들의 움직임을 추적한 결과, 목성의 주위를 돌고 있는 것들은 지구를 돌고 있는 달과 비슷한, 목성의 위성들이라는 사실을 알아냈다. 목성의 주위를 위성들이 선회한다는 것은 작은 행성이 큰 행성의 주위를 돌 수 있다는 것을 보여 준다. 이제 작은 지구가 커다란 태양의 주위를 공전한다는 것도 생각해 볼 수 있는 문제였다. 망원경으로 금성을 관찰하다가, 금성이 어떤 때는 반달 모양으로 또 어떤 때는 초승달 모양으로 보인다는 것도 알았다. 갈릴레이는 금성이 태양의 둘레를 돌고 있기 때문에 이렇게 모습이 변하는 것이라고 생각했다. 금성이 초승달처럼 보이는 경우는 태양이 금성의 건너편에 있을 때 우리가 금성을 뒤에서 비스듬하게 바라보기 때문이다. 이것은 지구와 금성이 태양의 둘레를 돌고 있을 때만 가능한 일이다. 결국 금성의 모습의 변화는 코페르니쿠스가 옳았음을 일러 주는 증거였다.

② 데카르트가 경험적 증거에 기반한 논리적 추론의 중요성을 강조했다면, 갈릴레이는 측정을 강조했다. 이를 통해 갈릴레이는 과학의 본성을 바꾸어 놓았다. 갈릴레이는 여러 자연 현상 밑에 숨은 원인을 찾는 것이 아니라 측정된 여러 양들 사이의 수적 관계의 파악을 추구했다. 예를 들어, 탑 꼭대기에서 물체를 놓았을 때 무슨 원인이 물체를 바닥으로 떨어지게 하는지를 설명하려 노력하는 대신에, 갈릴레이는 떨어뜨린 이후 물체의 위치가 시간에 따라 어떻게 변하는지를 알고자 노력했다. 이는 정말로 혁명적인 '과학하기' 방법이었으며, 처음에는 적잖은 반대를 불러일으켰다. 그러나 새로운 방법의 천재성은 그 방법으로 이룬 엄청난 성취를 통해 드러났다. 오늘날 수학을 써서 연구되는 '자연의 패턴' 대부분은 보이지 않으며 수량적인 갈릴레

이의 우주에서 발생하는 패턴들이다.

③ 1633년 6월 22일. 갈릴레이는 로마 종교 재판소의 재판에 회부되었다. 로마 가톨릭 교회의 거대한 힘이 69세의 이 늙은 노인을 상대로 집중된 듯한 상황이었다. 갈릴레이는 자신을 변호하면서 '불쌍한 신체적 부적절 상태'를 언급했다. 고문과 감금, 심지어 화형의 위협까지 받은 그는 결국 무릎을 꿇고, 평생 동안 깊은 사색과 연구를 통해 얻은 자신의 훌륭한 이론을 '철회하고, 저주하고, 혐오하도록' 강요받았다. '이단의 혐의가 아주 강하다'는 죄명으로 기소된 그는 '진심과 거짓 없는 믿음으로 지구가 아닌 태양이 우주의 중심이며, 지구가 태양의 주위를 돈다'는 자신의 주장을 부인하지 않을 수 없었다.

④ 갈릴레이는 기꺼이 자신의 주장을 철회하려고 했기 때문에(최소한 말로는), 우르바누스의 위협은 그 정도에서 그쳤다. 예컨대 갈릴레이에게 내린 처벌 중 하나는 3년 동안 매일 한 차례씩 7대 회개 시편을 외우는 것이었다. 그러나 갈릴레이는 나머지 생애 동안 가택 연금 상태에 놓였다. 그리고 재판의 초점이 되었던 그의 저서 《천문 대화》(원제는 '프톨레마이오스와 코페르니쿠스의 두 세계 체계에 대한 대화' 1632)는 결국 금서가 되었다.

글쓰기 이전에 생각하기

제시문 (가)와 (나)를 독해할 때, 눈여겨보아야 할 점은 다음의 세 가지이다. 첫째, 기존 이론이 타당성을 잃게 되는 이유이다. 둘째, 새로운 이론이 사회적으로 수용되어 가는 과정과 이에 대처하는 학자들의 태도이다. 셋째, 과거 이론이 학문 발전에 미치는 영향이다.

논제 풀이

제시문 (가)와 (나)에 나타난 수학 및 과학의 발전 과정의 공통점은 크게 다음의 세 가지로 정리된다. 이 부분을 세 단락으로 구성하여 논술하되, 하나의 완결된 글로 매끄럽게 이어주면 되겠다. 물론 논술자 스스로 또 다른 공통점을 발견했다면 추가 서술하자. 단, 자기주장의 논거를 반드시 제시문 내에서 찾아 제시해야 한다.

① 공통점 1: 기존 이론의 한계 발견과 새로운 이론의 제안

피타고라스는 자연 세계 속에 수의 질서가 내재해 있다고 보고, 그러한 질서의 특성을 정수와 정수들의 비율에서 찾았다. 그런데 히파수스가 피타고라스 이론으로 해결되지 않는 부분이 있음을 발견했고, 이를 정식화된 이론을 통해 입증하려 했다. 즉, 무리수가 존재함을 연역해 내어, 이를 기존 이론이 타당하지 않다는 논거로 제시했던 것이다. 갈릴레이 역시 천오백여 년간 유지되어 왔던 천동설이 부당함을 주장하고, 코페르니쿠스가 제안했던 지동설을 지지했다. 그는 면밀한 관찰을 통해 지동설을 입증할 수 있는 이론 체계를 논거로 제시했다.

② 공통점 2: 새로운 이론의 수용 과정과 애지자의 태도

피타고라스학파 사람들은 히파수스의 주장이 불러일으킬 위험을 감지하고 이를 숨기려 했을 뿐만 아니라, 히파수스를 배척하기에 이르렀다. 제시문 (가)에는 히파수스가 어떻게 반응했는지 구체적으로 묘사되지는 않았다. 그러나 그가 무리수의 존재를 세계에 알리고자 했음이 분명하고, 나아가 결국 고립되어 죽음에 이르렀다고 볼 가능성이 서술되었다. 이로부터 스스로 진리라고 믿었던 것을 포기하지 않으려 했던 그의 태도를 추측해 볼 수 있다. 갈릴레이 이론에 대한 사회적 반응 역시 마찬가지였다. 지동설은 당대의 로마 가톨릭의 교의에 배치되는 것이었기 때문에, 갈릴레이는 결국 이단으로 몰려 박해 받았다. 지동설에 대한 그의 주장은 부정적인 사회적 반향을 야기했던 것이다. 결국 그는 자신의 이론을 철회하기에 이르렀지만,

적어도 그가 자신이 진리라고 믿었던 것을 알리고 천동설이 타당하지 않음을 보이고자 부단히 노력했음은 분명하다.

③ 공통점 3: 과거 이론이 가지는 철학사·과학사적 의미

정수 체계를 벗어나는 무리수의 존재가 연역되자, 연속체론이 등장했고, 나아가 비율 이론이 정립되었다. 또한 천동설에 부합하지 않는 관측 사례들이 나타나자 코페르니쿠스와 갈릴레이 등의 학자들이 지동설을 제안했다. 즉, 후대 사람들은 선대 이론의 한계를 보완하기 위해 심화된 연구를 진행했던 것이다. 정수 체계에 대한 연구 없이 무리수의 존재나 연속체론이 알려질 수 있었을까? 마찬가지로 천동설에 대한 믿음 없이 곧장 지동설이 형성될 수 있었을까? 기존 이론의 타당성이 부정되거나 축소되었다고 해서 그것이 곧장 무의미해지는 것은 아니다. 과거의 이론은 새로운 이론이 딛고 일어설 수 있는 토대를 제공해 주고, 나아가 전반적으로 학문 발전의 밑거름이 되기 때문이다.

스스로 따져 묻기

피타고라스가 종교 단체를 형성하여 신을 섬기며 학문 활동과 종교 활동을 겸

했다는 사실 때문에, 이들이 다시금 전통적인 신화적 관점으로 퇴행한 것이 아니냐고 묻는 독자들이 있을 것이다. 매우 좋은 지적이다.

그런데 좀 더 자세히 들여다보면, 전통적 신관과 피타고라스의 신관에 차이가 있다는 점을 발견할 수 있을 것이다. 신화에 나타나는 신은 노여워하고 기뻐하고 질투하고 서로 싸우기도 하는 신, 마치 인간과 같은 신이다. 그래서 신화에 등장하는 신들은 보통 '인격적 신'이라고 불린다. 그런데 피타고라스의 신은 이러한 인격적 신이 아니다. 그것은 세계의 완전한 조화와 합리성을 상징하는 것으로서 보편적 질서를 의미한다. 이렇게 피타고라스의 신에는 신화 속의 신들이 가지는 인격적 색채가 많은 부분 제거되었으니, 훨씬 더 추상화된 신임을 알 수 있다.

사실, 적어도 소피스트들이 등장하기 전까지는 고대 그리스 철학에서 신이 전적으로 부정된 적은 없었다(소피스트에 대해서는 논술 문제 6강 참조). 고대 그리스의 철학자들은 여전히 신에 대한 경건한 믿음을 가지고 있었고, 이 믿음은 그들의 이론에 어느 정도 스며들어 있다. 그럼에도 불구하고 시대 여건의 변화와 다양한 기술 및 학문의 발전을 통해, 각 학자들이 주장하는 신의 개념은 전통적인 신관과 점차 차이를 갖게 된다. 바로 이 세밀한 차이들에 주목하자.

날카로운 안목을 갖기 위해서라도, 의식적으로 각 이론들의 공통점과 차이에 주목해야 한다. 꼼꼼한 검토 없이 단순히 표면적인 문구들만을 가지고 '같다' 또는 '다르다'라고 성급히 일반화시켜 버리는 오류를 범하지 말자. 어떤 면에서 같고 어떤 면에서 다른지 생각해 보아야 한다.

철학자가 들려주는 철학이야기 044

토머스 쿤이 들려주는 패러다임 이야기

저자_최지윤

고려대학교 철학과 박사 과정을 수료하였고, 어린이철학연구소 강사로 교재 집필을 했으며, 현재 대진대학교에 출강하고 있다. 저서로는 《아비투어 철학 논술: 쇼펜하우어가 들려주는 의지 이야기》《아비투어 철학 논술: 벤담이 들려주는 최대 다수의 최대 행복 이야기》《아비투어 철학 논술: 홉스가 들려주는 리바이어던 이야기》 등이 있다.

Thomas Kuhn

토머스 쿤을 만나다

1. 토머스 쿤은 어떤 인물인가?

토머스 사무엘 쿤(Thomas Samuel Kuhn, 1922~1996)은 과학사와 철학 분야 모두에서 중요한 업적을 남긴 인물이다. 미국 오하이오주의 신시내티에서 태어난 쿤은 고등학생 시절 상당한 정도로 사회주의적 생각에 경도되어 활발한 학생 활동을 했다. 하버드 대학교 물리학과에서 제2차 세계 대전 중 학부 생활을 했던 쿤의 회고에 따르면 전쟁 중이라서 수업은 제대로 진행되지 않았고, 2학년 때부터 군사 연구와 관련된 일을 하게 되었다고 한다. 제2차 대전 말기에 잠시 참전하여 유럽에서 송수신 안테나를 세우는 일을 하기도 했던 쿤은 대학으로 돌아와서 1949년 고체의 성질에 대한 연구로 이론물리학 박사 학위를 취득한다. 쿤은 매우 우수한 학생이었지만 아인슈타인과 같은 최고 수준의 물리학자가 되기에는 자신의 재능이 부족하다고 느끼고 있었다. 또한 워낙 지적인 야심이 커서 물리학 공부 초기부터 물리학의 구체적인 이론이 아니라 왜 물리학 이론이 세계를 설명한다고 할 수 있는가와 같은 보다 궁극적인 질문들에 관심이 있었다.

박사 논문을 준비하면서 쿤은 과학사에 흥미를 가지게 되었는데, 특히 당시 '수용된 견해'로 불리던 주도적 과학관이, 과학 연구가 이루어지는 방식에 대해 자신이 알고 있던 것이나 과학이 역사적으로 전개해 온 방식에 대한 엄밀한 연구 결과와 동떨어져 있다는 점에 주목한다. 박사 학위 취득 후 쿤은 하버드 대학교의 교양 교육 및 과학사를 위한 조교수로 임용되었고, 이 시기에 자신의 생각을 코페르니쿠스 연구를 통해서 더욱 정교한 것으로 만들었다. 코페르니쿠스의 업적에 나타난 혁명적인 모습과 보수적인 모습에 대한 분석을 담은 그의 저서 《코페르니쿠스 혁명》이 1957년에 나왔고, 이 책은 쿤을 물리학자가 아닌 과학 사학자로 확실히 자리매김하게 하였다. 《코페르니쿠스 혁명》으로 능력 있는 과학 사학자로 학계에서 인정받은 쿤이 보다 과감한 도전적인 내용을 담은 《과학 혁명의 구조》를 출간했을 때, 이 책은 출간과 동시에 과학자와 과학 철학 연구자들에게 엄청난 충격을 주었고 많은 논란을 불러일으켰다. 책 출간 후 얼마 지나지 않아 쿤의 견해를 주제로 한 학회가 여러 곳에서 열렸다는 사실이 《과학 혁명의 구조》가 학계에 미친 영향이 어떠했는지를 알 수 있게 한다.

쿤의 지적 업적은 과학사와 과학 철학의 전문 분야에 국한되지 않는다. 쿤 스스로도 자랑스럽게 여겼듯이, 그의 주저인 《과학 혁명의 구조》는 인문·사회과학 분야에서 가장 많이 읽히는 책 중 하나가 되었다. 그리고 과학이 발전하는 방식과 과학의 본성에 대한 그의 생각은 심리학에서 교육학에 이르기까지 수많은 분야의 학자들에 의해 다양한 방식으로 해석되어 매우 큰 영향을 끼쳤다. 그의 업적을 주제로 한 수많은 학회 모임까지 결성될 만큼, 20세기 후반의 현대 사상사에서 가장 큰 영향을 미친 학자들 가운데 한 사람이다.

2. 쿤의 사상은 어떤 배경에서 나왔나?

오늘날 과학에 대한 신뢰는 과학적 탐구 방법이 여타 다른 학문의 탐구 방법에 비해 우월성을 갖는다는 믿음에 근거한다. 그리고 그 탐구 방법은 모든 학문들이 따라야 하는 일의적인 방법론적 전형이라고 여겨지기도 한다. 사람들은 과학이 사물에 대한 객관적인 지식을 제공한다고 믿고 일반적으로 새로운 과학적 지식을 얻는 과정은 크게 4단계로 이루어진다. 대상에 대한 면밀한 관찰과 실험을 통해 일의적인 자료를 수집하는 것, 모아진 자료들에 대한 분석을 통해 이들 자료 모두를 일관되게 포괄할 수 있는 하나의 이론적 가설을 세우는 것이 두 번째 단계이다. 그 다음 단계는 예측의 단계이다. 이렇게 세워진 이론적 가설에 근거하여 과학자는 아직 확인되지 않은 사실을 예측할 수 있다. 마지막으로 실제 관찰과 실험을 통해 그 예측이 실제로 맞았음을 확인하게 되면 가설은 객관적인 지식으로 인정되는 단계에 이른다. 관찰과 실험, 가설의 수립, 예측과 검증으로 이어지는 과학의 방법론은 서구 근대 과학의 발전 과정을 통해 그 가치를 인정받아 왔다. 이렇게 얻어진 과학적 지식은 단순히 사물에 대한 지식에서 그치지 않았다. 과학이 현실에 적용되면서 놀라운 생산력으로 이어졌다. 과학이 객관적 진리가 아닐지도 모른다는 생각을 가진 사람들도 과학이 가진 놀라운 생산력만큼은 부인할 수 없었다.

그러나 과학적 방법론을 형식적으로 규정하려는 노력들이 잇달아 반박을 당하고 그 합리성이 의심 받기에 이른다. 정통 과학 철학에 대한 수많은 비판이 누적되어 왔고, 많은 과학 철학자들은 과학이 형식 논리의 범주에 의해 재구성될 때 결정적으로 중요하다고 생각한 어떤 것을 잃어버리게 된다고 믿게 되었다. 그들은 '이론' '확증' '환원'에 대해 제안된 정통적 분석이 실제적인 과학의 작업과 유사성을 갖지 않는다고 여겼다. 토머스 쿤의 《과학 혁명의 구조》는 이러한 과학에 관한 정통적 설명에 대해 널리 논의된 대안이었다. 쿤은 과학적 진보에 관한 '합리적 재구성'을 정식화하였다. 그것은 과학사에서의 발전에 대한 쿤 자신의 해석에 기초한 재구성이었다.

3. 《과학 혁명의 구조》의 핵심

쿤의 과학관은 근본적으로 과학적 지식의 변천 및 발전이 혁명적이라는 데에 요지를 둠으로써, 과학의 진보가 축적적으로 이루어진다는 이전의 귀납주의적 과학관을 뿌리째 흔들어 놓았다. 과학 혁명(scientific revolution)은 하나의 패러다임이 전체적 또는 부분적으로 대체되는 비축적적인 변화의 에피소드들을 가리킨다.

그리고 혁명에 의해서 과학이 변화한다면 그런 혁명들 사이에는 과학자들이 공통적으로 수행하는 안정된 활동기가 있어야 하는데, 이것을 정상 과학(normal science)이라고 규정한다. 따라서 과학 혁명은 어느 정상 과학이 심각한 이상 현상들의 빈번한 출현에 의해서 위기에 부딪침으로써 분리될 때 일어나는 현상이며, 그 결과는 새로운 정상 과학의 대체이다. 정상 과학은 과학자 사회의 전형적 학문 활동의 형태로서 패러다임에 의존하는 것을 특징으로 한다.

그렇다면 쿤의 이론에서 패러다임은 무엇인가? 사실상 패러다임의 본질을 명확히 규정하고 완벽하게 정의하는 일은 거의 불가능하다. 그것은 다만 여러 가지 구성 요소로 기술될 수 있을 따름이다. 구체적으로 어느 과학 분야의 기본 이론과 개념, 지식 등이 그 요소를 이루는데, 과학도들은 실례 문제 풀이로부터 패러다임을 익히게 되므로 이런 예제들도 그 요소가 된다. 기본 법칙을 적용하는 표준적 방법, 법칙들과 자연 현상을 연관시키는 데에 필요한 실험 기술과 장치 또한 패러다임의 구성 요소로 포함된다. 뿐만 아니라 정규적 연구의 방향을 제시하는 형이상학적 원리들도 패러다임의 기본 요소를 이룸으로써, 예컨대 이론의 정확성·간결성·세계성 등을 중시하는 그 분야의 가치관, 과학자 사회의 공유된 관념, 관습까지도 패러다임에 포함된다.

패러다임은 이렇듯이 정의되기 힘든 개념인 까닭에 과학도들은 명문화된 규정으로부터 그것을 배우는 것이 아니라 교육 과정에서 은연중에 터득하게 된다. 특히 교육 과정에서는 과학 연구의 결과를 평가하는 그 분야 과학적 사회의 가치관에 대해서도 인식하게 된다. 그러므로 패러다임과 정상 과학과의 본질을 이해하기 위해서는 과학자 사회에 대한 이해가 요구되며, 쿤의 과학 지식 이론에서는 과학자 사회에 대한 사회학적 고찰이 중요한 기능을 한다. 정상 과학에서는 패러다임 자체에 대한 비판적 질문, 예컨대 기본 이론의 성립 여부에 관한 논의 등은 제기되지 않는다. 정상 과학의 출현은 그 분야가 성숙된 단계에 이르렀음을 나타내며, 패러다임의 부재는 과학 이전의 단계를 가리킨다. 이런 관점에서 보면 현대 사회과학의 분야들이 과연 과학의 자격을 얻었는가에 관한 논란이 제기된다.

쿤의 분석에 따르면, 과학자들은 패러다임에 안주하여 대체로 세 가지 유형의 연구 활동에 종사하게 된다. 첫째로 패러다임의 틀 속에서 자연 세계 현상들의 본질에 대한 사실 탐구, 둘째로 직접 관찰한 사실과 기본 이론들로부터 예측되는 결과를 비교 설명하는 작업, 셋째로 예측과 사실 사이에 부합되는 정도를 증진시키는 방향으로의 패러다임의 수정·보완 및 명료화 작업으로 분류된다.

정상 과학은 퍼즐 풀이(puzzle-solving)에 비유된다. 둘 사이의 공통점은 푸는 사람들이 확실한 해답의 존재를 알고, 풀이를 얻는 데에 필요한 규칙과 지침을 터득하고 있다는 점이다. 정규적 연구에서 패러다임의 기본 이론과 상치되는 결과를 얻는 경우에는, 이론의 성립 여부가 의심되는 것이 아니라 과학자의 능력 여부가 의문시되는 것이 상례이다. 성급하게 패러다임에 문제가 있다고 보는 과학자는 마치 '연장을 탓하는 목수'와 같다.

그러나 그 과학자 사회가 더 이상 설명할 길이 없는, 기본 이론과 모순되는 이상 현상들이 누적되는 경우 정상 과학은 위기를 맞게 되며, 그 반응은 과학 연구의 성격을 변화시킨다. 기존 패러다임에 기초한 활동과 판단에 의문이 제기되면서 급기야 새로운 이론 체계들이 나타나게 되고, 과학자 사회는 결국 새로운 패러다임에 합의하기에 이른다.

이때 연구 방법과 현상을 지각하는 관점에서의 대규모 재조정이 뒤따르고, 개념 체계 역시 재구성의 과정을 겪게 된다. 쿤은 이것을 '과학 혁명'이라고 일컫는다. 과학자는 그가 속한 분야의 패러다임을 통해서 자연 세계의 어느 측면을 바라보는 것이므로 새로운 패러다임의 선택은 새로운 세계관으로의 전향을 의미하며, 이렇듯이 새로운 기반으로부터 그 분야를 다시 세우는 과학 혁명을 통해서 지식은 변화를 일으키는 것이다. 서로 경쟁 관계에 있는 패러다임들은 논리적 기준에 의해서 비교할 수 없는 동일 표준상 비교 불가능성, 즉 통약불가능성(incommensurability)을 띤다. 하나의 이론 체계를 수용한다는 것은 그것의 개념·법칙·가정들을 포함한 패러다임 전체를 믿는 것을 의미하므로 따로 분리시켜서 비교한다거나 새로운 체계에 의해서 옛것을 평가할 수는 없다.

그리고 경쟁적인 패러다임은 서로 다른 기준을 전제로 하는 까닭에 논증의 설득력은 기대하기 힘들다. 이런 점과 관련하여 쿤은 과학 혁명을 정치 혁명에 비유하면서, 정치 혁명의 목적은 기존 제도를 파괴하는 방법을 통해서 정치적 제도를 개혁하는 것이므로 정치에 의존하는 것이 불가능하듯이, 과학 혁명에서도 경쟁하는 패러다임 사이의 선택은 양립 불가능한 생활양식 사이의 선택이며 논리적으로 설득될 수 없는 성격이라고 본다. 그러므로 그 선택은 과학자가 이론 체계의 간결성, 사회적 필요성, 문제 해결 능력 등의 요소 중 어느 것에 우선성을 부여하는가 하는 개인적·주관적 이유에 따라서 달라질 수 있는 것으로 보아, 쿤은 이런 전환을 게슈탈트 전환(gestalt switch) 또는 종교의 개종(conversion)에 비유하기에 이른다.

4. 쿤이 미친 영향

쿤의 과학관은 철학 분야에서 가장 큰 파문을 일으켰다. 그의 이론이 발표될 당시 과학 철학 내에서는 이미 제기되고 있던 논리 실증주의나 분석적 과학 철학에 대한 문제점들의 해결이 시도되고 있었다. 그런 움직임 속에서 과학 이론의 인식론적 이해에 있어 이론의 내용과 현상 사이의 관계에 대한 이전의 정적이고 비역사적인 고찰로부터 벗어나 이론의 발견, 변천, 수용에 걸친 동적이고 실제적인 접근이 불가피하다는 견해가 대두되고 있었던 까닭에, 쿤 이론에 대한 과학 철학자들의 관심은 지대할 수밖에 없었다. 그동안 진행된 뜨겁게 가열된 비판과 반론의 배경을 살펴보았을 때, 쿤의 용어를 빌리자면 이들 논란의 주된 원인은 양 진영이 서로 다른 패러다임을 따르고 있기 때문이라고 할 수 있다.

쿤의 이론은 역사적·실제적으로 과학 활동이 어떻게 수행되는가에 대해서 경험적·사회적 측면에서 타당한 설명을 제시한 다음에 규범적 결론을 이끌어 내고 있다. 그 반면에 철학 쪽의 비평 세력은, 현실 속의 과학 발전이 아니라 규범에 의해서 합리적으로 재구성된 의미에서의 과학 발전을 설정함으로써 경험적 근거를 무시한 채 분석적·논리 실증주의적 관점에서의 엄밀하고 명시적인 설명을 요구한 측면이 매우 강하다. 이렇듯이 대비적인 두 시각에서 바라보는 한 갈등은 불가피한 것으로 보인다.

한편 쿤 이론은 과학 사학자, 과학 사회학자, 과학자들에게 깊은 공감을 불러일으켰다. 평소의 과학 활동에서 체험한 특성들이 쿤에 의해서 구체적으로 체계화됨으로써, 쿤의 기본 개념들은 과학사적 인식과 설명에 요긴한 도구가 되었기 때문이다. 그리고 과학자 사회의 구조·규범·제도에 관한 사회학적 연구의 출발점이 제공되었기 때문이다.

쿤 이론에 대한 반응은 자연 과학 이외의 분야에서 더욱 열광적이었다. 당초 그의 이론에서의 혁명적 불연속성에 관한 발상은 정치·문화·음악·미술 등의 역사로부터 영감을 얻었던 것인데, 이제 쿤의 발전 이론은 그들 분야로 되돌아가 지식의 변천에 관한 모델로 작용하게 된 것이다. 쿤 자신은 이러한 원용에 관련하여, 과학과 달리 다른 분야들은 단일 패러다임에 합의하여 비판 없이 세부적인 문제 풀이 활동을 수행하는 경우가 드물다는 근본적인 차이점을 지적한 바 있다.

쿤의 이론은 아직까지 진화 과정에 있다고 평론가들이 지적한 바 있다. 그럼에도 불구하고 쿤의《과학 혁명의 구조》가 제시하는 혁명적인 결론 가운데 하나는 과학도 인간의 여타 활동과 유사한 방식에 의해 변천하는 것이며, 통상적으로 과학의 특성이라고 간주되었던 객관적·논리적·경험적·가치중립적 성격들이 타 분야에 견주어 볼 때 정도가 더한 것은 사실이나, 본질적으로는 크게 다를 바 없다는 진리를 실증적으로 보여 주었다.

고전 펼치기 - 주요 개념 중심으로

1. 《과학 혁명의 구조》에서 나타난 패러다임의 개념 고찰

쿤의 《과학 혁명의 구조》에서 두드러지게 나타난 것은 바로 '패러다임' 이다. 이러한 중심적인 '패러다임' 이란 개념을 통해 쿤의 사상에 대한 이해를 도울 수 있을 것이다. 다음은 쿤의 《과학 혁명의 구조》에서 나타난 '패러다임' 의 사용이다.

1) **일반적으로 인정된 과학의 업적으로서** : 나는 '패러다임' 을 과학자 사회에게 당분간 모델이 되는 문제와 해답을 제공해 주는 일반적으로 인정된 과학적 업적으로 받아들인다.

2) **신화로서** : 역사가들은 과거의 관찰과 믿음 속에 있는 '과학적' 요소를 그들 이전의 사람들이 '오류' 또는 '미신' 이라고 딱지 붙였던 것으로부터 구별해 내는 데 점차 어려움을 겪고 있다. 예컨대 아리스토텔레스의 역학, 플로지스톤 화학 혹은 열역학 등을 주의 깊게 연구할수록 역사가들은 전에

통용되던 자연관이 전반적으로 오늘날 유행하는 자연관보다 덜 과학적인 것도 아니며 인간적인 특징을 더 많이 나타내는 것도 아니라는 사실을 보다 더 확실히 느끼게 된다. 만일 이러한 낡은 믿음들이 신화라고 불린다면, 신화는 오늘날 과학적 지식을 낳는 것과 같은 종류의 방법으로 만들어질 수도 있고 또 같은 종류의 이유로 성립될 수 있다. 반면에, 만일 그러한 낡은 믿음들이 과학이라고 불린다면, 과학은 오늘날 우리가 갖고 있는 신념들과 전혀 양립할 수 없는 믿음 체계들을 내포하고 있었던 것이다.

3) 철학으로서, 혹은 일단의 물음들로서 : 어떠한 과학자 집단도 일단의 공인된 믿음들 없이는 그들의 작업을 수행할 수 없었다. 또 이런 믿음들이 어떤 시기에 그 집단이 실제로 다루는 특정한 물음들을 덜 중요한 것으로도 만들지 않는다. 과학자 집단이 다음과 같은 물음에 확고한 대답을 얻었다고 생각하기 전에는 효과적인 연구란 거의 시작되지 않는다. 즉, 우주를 구성하는 근본 물질은 무엇인가? 이것들은 어떻게 서로 상호 작용하며, 감각과 어떻게 상호 작용하는가? 이런 물질에 관해 어떤 합당한 물음을 던질 것이며 이에 대한 해답을 찾는 데 어떤 기술을 적용할 것인가?

4) 교과서 또는 고전으로서 : '정상 과학'은 하나 혹은 그 이상의 과거의 과학적 업적에 확고하게 기반을 둔 연구를 의미한다. 이 업적은 어떤 특정

한 과학자 집단이 당분간 이 집단의 계속적 연구에 필요한 기초를 제공해 주는 것으로 인정하는 업적이다. 오늘날 그러한 업적은 본래의 형태로는 아니지만 기초과학이나 응용과학 교과서에 수록되어 있다. 이 교과서들은 승인된 이론 체계를 설명하고 이 이론 체계가 성공적으로 적용된 많은 혹은 모든 사례들의 예시이며, 또 이런 적용 사례들을 표본적인 관찰이나 실험들과 비교한다. 이런 책들이 대중화되기 시작한 19세기 초 이전에는 (새로이 성숙된 과학에 있어서는 보다 최근까지) 유명한 과학의 고전들이 이와 비슷한 기능을 수행하였다. 아리스토텔레스의 《자연학》, 톨레미의 《알마게스트》, 뉴턴의 《프린키피아》와 《광학》, 프랭클린의 《전기학》, 라부아지에의 《화학》, 리엘의 《지질학》 등 이런 책들과 이외의 많은 책들이 뒤따라오는 과학자 세대를 위해 이들 연구 분야의 타당한 문제들과 방법들을 암묵적으로 정의하는 데 한동안 기여하였다.

이 책들은 두 가지 중요한 특징을 지니고 있었기 때문에 그렇게 할 수 있었다. 이런 책들의 업적은 경쟁하는 과학 활동의 유형들을 따돌리고 집요한 지지자 그룹의 마음을 사로잡기에 충분할 정도로 신기한 것이다. 동시에 그 업적은 새로이 정의된 과학자 집단이 해결해야 할 갖가지 종류의 문제들을 남길 만큼 충분히 개방적이었다. 이러한 두 가지 특징을 공유하고 있는 업적들을 나는 앞으로 '패러다임'이라고 부를 것이다.

5) 온건한 전통으로서 그리고 어떤 의미에서는 하나의 모델로서 : 현실적인 과학적 연구 활동 중 몇 가지 승인된 본보기들(법칙, 이론, 응용 및 도구 사용 등을 모두 포함하는 본보기들)은 그것들로부터 어떤 일관된 과학 탐구 전통이 도출되는 모델을 제공한다. 이러한 전통이란, 과학사가들이 '톨레미의 천문학'(또는 '코페르니쿠스의 천문학'), '아리스토텔레스의 역학'(또는 '뉴턴 역학'), '입자 광학'(또는 '파동 역학') 등과 같은 제목하에 묘사하는 전통이다. 위에서 예시적으로 명명된 것들보다 더욱 전문화된 많은 것들을 포함하여 패러다임들에 대한 연구는 특정 과학자 집단의 일원이 되어 장차 수행할 것을 학생들에게 준비시키기 위해 주로 이루어진다.

6) 과학 업적으로서 : 이 책에서 패러다임의 개념이 종종 여러 가지 친숙한 개념들을 대신할 것이기 때문에 그 개념을 도입하는 이유에 관해 좀 더 말할 필요가 있다.

왜, 구체적인 과학적 업적이 직업적 가입의 장소로서 이 업적으로부터 추출될 여러 가지 개념들, 법칙들, 이론들 및 관점들보다 우선적인가? 과학 발전을 연구하는 학생에게 어떤 의미에서 공통적 패러다임이 하나의 근본적 단위, 즉 이것 대신에 역할을 할 논리적으로 원자적인 요소들로 완전히 환원될 수 없는 하나의 단위가 되는가?

7) **유추로서** : 초기의 이론가 그룹은 17세기의 관례에 따라 마찰에 의한 발전과 인력(引力)을 근본적인 전기 현상이라고 생각하였다. 이 그룹은 척력을 모종의 역학적 반동에 의한 2차적 효과로 취급하였으며, 또한 그레이(Gray)가 새로이 발견한 전기전도 효과에 대한 논의와 체계적인 연구를 가능한 한 오랫동안 지연시키려 하였다. 다른 전기학자들은 인력과 척력을 똑같이 전기적 현상의 기본 증거로 받아들였고 따라서 이론과 연구를 수정하였다. 그러나 가장 간단한 전도 효과를 설명하는 데 있어서조차 그들도 첫 번째 그룹만큼이나 많은 어려움을 겪었다. 그렇지만 그러한 결과는 제3의 그룹을 위한 출발점을 제공하였는데, 이 그룹은 전기를 비전도체로부터 방사되는 '자기소(磁氣素, effluvium)' 라기보다는 전도체를 통해 흐를 수 있는 '유체(流體)' 라고 말하였다.

8) **성공적인 형이상학적 사변으로서** : 어떤 과학이 발전하는 초기 단계에서는 반드시 동일한 현상들은 아닐지라도 같은 범위의 현상들을 접하게 된 상이한 사람들은 그 현상들을 상이한 방식으로 기술하고 해석한다. 그리고 놀라운 것은 아마도 우리가 과학이라고 부르는 분야에서만 독특한 것은 이러한 초기의 차이점들이 대부분 사라지고 만다는 것이다. 하나의 패러다임으로 받아들여지기 위해서는, 어느 이론이 경쟁적인 이론들보다 훨씬 나은 것으로 보여야 하지만, 이 이론은 그 이론이 대결하게 될 모든 사실을 설명

할 필요는 없으며, 실제로 그렇게 한 경우도 결코 없다.

9) 불문율(不文律)로 받아들여진 장치로서 : 이미 확립된 용법에서 패러다임이란 하나의 받아들여진 모형 또는 패턴이며, 이런 의미의 측면을 더 좋은 말로 표현할 길이 없어서 여기에서는 내가 '패러다임' 이란 말로 표현하게 되었다. 그렇지만, 이런 사용을 허용하는 '모델' 과 '패턴' 의 의미는 '패러다임' 을 정의할 때 통상 사용되는 의미가 아니라는 것이 곧 분명하게 될 것이다.

이를테면, 라틴어 'amo, amas, amat' 는 문법상의 패러다임이다. 왜냐하면, 그것은 'laudo, laudas, ladat' 처럼 많은 라틴어 동사를 변화시키는 데 사용되는 패턴을 보여 주기 때문이다. 이러한 표준적 사용에서는 패러다임이란 예들의 되풀이를 허용함으로써 기능하는데, 이 예들 가운데 어떤 것도 원리적으로 패러다임을 대체하는 데 기여할 수 있을 것이다. 반면에 과학에 있어서 패러다임은 거의 되풀이를 위한 대상이 되지 않는다. 대신에 불문율에서 이미 받아들여진 하나의 관례처럼, 패러다임은 새롭다거나 좀 더 엄격한 조건하에서 더 이상의 명료한 표현과 사변을 위한 대상이다.

10) 도구들의 출처로서 : 패러다임은 개념적인 혹은 수단적인 도구들을 공급한다.

11) **표준적인 예시로서** : 어떤 시기에 주어진 전문 분야를 면밀하게 역사적으로 탐구해 보면, 여러 가지 이론들에 관한 일련의 반복적이며 준표준적인 예시가 개념적, 관찰적, 그리고 도구적 적용에 드러난다. 이 예시들은 그 공동체의 패러다임으로서 교과서, 강의, 실험실의 실습 등에 나타나게 된다. 그것들을 배우고 실습함으로써 해당 공동체의 구성원들은 그들의 직업을 익힌다. 물론 그 역사가는 그 지위가 아직 의심스러운 업적에 의해 점유된 어느 쪽도 아닌 부분들도 발견할 것이나, 해결된 문제와 기술의 핵심 부분은 통상 분명하게 될 것이다. 종종 애매하기도 하지만, 성숙된 과학과 공동체의 패러다임들은 비교적 쉽게 결정될 수 있다.

12) **장치나 기구 사용의 유형으로서** : 그들은 그들이 그 타이틀을 당연히 누릴 권리가 있는 기구 사용의 패러다임 유형들을 이전에는 부정하였다. 간단히 말해서, 특정한 한 가지 기계 장치를 택하여 특정한 방식으로 사용하겠다는 결심은, 의식적이든 무의식적이든 오직 특정한 종류의 상황들만 발생시키려 하는 가정을 수반한다. 이론적 기대뿐만 아니라 도구적 기대도 있으며, 이러한 기대들은 가끔 과학의 발전에 결정적인 역할을 수행하곤 했다. 이를테면, 산소 발견이 지연된 내막의 일부도 이런 기대 때문이다. '공기의 양질성'을 밝히는 표준검사를 사용하여 프리스틀리(Priestley)와 라부아지에(Lavoisier)는 둘 다 기체와 산화질소를 2:1의 부피 비율로 혼합하여 물 위

에서 흔들고 기체의 잔여 부분을 측정하였다. 이와 같은 표준검사 절차를 나오게 한 이전의 경험에 의하면 대기의 경우 잔여분의 부피가 1일 것이며, 다른 기체나 오염된 공기로 할 경우에는 잔여분이 더 클 것이라는 확신들을 그들에게 심어 주는 방향으로 진화되었다. 산소 실험에서 이 두 사람은 잔여 부분의 부피가 1에 가깝다는 것을 알았고 이에 따라 그 기체를 확인하였던 것이다. 훨씬 후일에 그리고 일부는 우연한 일로 프리스틀리는 표준검사 절차를 버리고 산화질소와 기체를 다른 비율로 혼합시켜 보았다. 그리고 나서 그는 산화질소를 4배로 하였을 때 잔여 부분이 거의 없다는 것을 발견하였다. 이전의 수많은 경험에 의해 시인되었던 본래의 표준검사 절차를 그가 고수했던 것은 산소와 같은 성질을 가진 기체란 존재하지 않는다는 입장을 그가 동시에 고수했다는 것이 된다. 이러한 종류의 설명은 예컨대 우라늄 분열을 뒤늦게 확인한 사례를 들어 봄으로써 그 수를 늘릴 수 있다. 왜 그런 핵반응을 인지하기가 특별히 어려웠는가에 대한 이유 중 한 가지는 우라늄을 파괴시킬 때 무엇을 기대할 수 있는가에 관하여 알고 있는 사람들이 주기율표 윗부분의 원소들만을 목표로 삼는 화학 검사를 택하였기 때문이다. 그러한 수단적 집착이 빈번히 우리를 오도했다고 판명되었다고 해서 과학이 표준적 검사와 표준적 장치를 포기해야 한다고 결론지어야 하는가? 이는 터무니없는 연구 방법을 낳을 것이다. 패러다임 실험 절차와 적용은 패러다임 법칙이나 이론만큼 과학에 필수적인 것이다.

13) 공작 기계를 만드는 공장으로서 : 하나의 패러다임이 공급하는 도구들이 그 패러다임이 정하는 문제들을 해결할 수 있다는 사실이 계속 증명되는 한, 과학은 자신 있게 그 도구들을 사용하여 가장 빠른 속도로 움직이며 가장 깊은 곳까지 스며든다. 그 이유는 분명하다. 제조 공장에서와 마찬가지로 과학에서도 도구를 다시 제작하는 것은 낭비이기 때문에 그것이 요구될 때까지는 보류되어야 한다.

14) 두 가지 방식으로 보일 수 있는 형태 그림으로서 : 처음에는 한 마리의 새로 보이던 종이 위의 도형이 이제는 한 마리의 양으로 보이고 또 그 역도 성립한다. 이러한 대비는 오도될 수 있다. 과학자들은 어떤 것을 다른 어떤 것으로 보는 것이 아니며, 그들은 단순히 그것을 본다. 과학자는 보는 방식을 이리저리 바꾸도록 형태 주관에게 자유를 허용하지 않는다. 그럼에도 불구하고 형태 전환은 특히 오늘날 매우 잘 알려져 있으므로, 전면적인 패러다임 전환에서 발생되는 것을 설명하기 위하여 매우 유용한 한 가지 기초적인 전형이 된다.

15) 일련의 정치적 제도로서 : 위기가 패러다임의 역할을 약화시킨다는 점을 우리가 이미 살펴본 바와 같이 위기만이 정치적 제도의 역할을 약화시킨다.

16) **유사 형이상학에 적용된 표준으로서** : 그리고 문제들이 바뀌는 것처럼 참된 과학적 해답을 단순한 형이상학적 사변이나 낱말 놀이 또는 숫자 놀이와 구별시켜 주는 표준도 종종 바뀐다.

17) **일반적인 인식론적 관점으로서** : 데카르트가 시작하고 뉴턴 역학과 같은 시기에 전개된 철학적 패러다임.

18) **새롭게 보는 방식으로서** : 과학자들은 종종 '딱지가 떨어져 눈이 뜨임'에 대해서 말하며, 혹은 이전의 애매한 수수께끼를 이 수수께끼의 구성 요소들이 새로운 방식을 보이게끔 '충만시키는' '섬광'에 대해서 이야기한다.

2. 정상 과학과 혁명적 과학

정상 과학은 보수적인 활동이다. 쿤은 그것을 '퍼즐 - 풀이 활동'이라고 규정한다. 정상 과학의 추구는 패러다임의 적용이 그것이 적용되는 현상을 만족스럽게 설명하는 한 흔들리지 않고 지속된다. 그러나 어떤 데이터는 처리하기 어려운 것이 증명된다. 만일 과학자들이 문제가 되고 있는 현상에 적합하도록 패러다임을 조장해야 한다고 믿기 시작할 때, 정상 과학의 프로그램에 대한 확신은 흔들리기 시작한다. 그러한 데이터를 가지고 기술된 하나의 현상의 유형은 하나의 변칙 사례(anomaly)로 여겨진다. 쿤은 다음과 같이 주장한다.

"정상 과학은 궁극적으로 변칙 사례와 위기에 대한 인식을 이끌어 낸다. 그리고 변칙 사례와 위기에 대한 인식은 사변과 해석에 의해서가 아니라, 게슈탈트-변이와 같이 상대적으로 갑작스럽고, 비구조화된 사건에 의해서 종결된다."

한두 가지 변칙 사례가 생긴다고 해서 그것이 기존의 패러다임을 포기하기에 충분하지 않다. 쿤은 패러다임을 거부하는 경우에, 반증 논리가 적용되지 않는다고 보았다. 패러다임은 그것의 귀결과 경험적 증거와의 비교에 기초하여 반박되지 않는다. 오히려 패러다임의 거부는 하나의 확립된 패러다임, 경쟁적인 패러다임, 그리고 관찰적 증거라는 3항 관계이다. 과학은 생존 능력을 가진 경쟁적인 패러다임의 출현을 말미암아 혁명적 분위기에 돌입한다.

3. 패러다임 사이의 통약불가능성

이러한 시기에서 요구되는 것은 양쪽의 패러다임과 관찰 결과 사이의 비교인 것으로 보인다. 그러나 그러한 비교는 관찰 결과를 기록하는 패러다임 - 중립적인 언어가 주어져 있을 때만 가능하다. 그러한 언어가 주어질 수 있는가? 쿤은 그러한 것은 주어질 수 없다고 생각했다. 그는 다음과 같이 주장했다.

"나는 어떤 의미에서 경쟁하는 패러다임의 지지자들은 각각 다른 세계에서 그들의 작업을 수행하고 있다는 것 이상으로 더 해명할 수는 없다. 한쪽은 천천히 떨어지는 자유 운동이 아닌 대상으로서의 진자를 다루고 있고, 다른 쪽은 그것들의 운동을 계속해서 반복하는 진자를 다루고 있다. 한쪽에서는 그 해답이 합성물이고 다른 쪽에서는 혼합물이다. 한쪽은 평평한 공간 행렬에 끼워지며, 다른 쪽은 휘어진 공간 행렬에 끼워진다. 서로 다른 세계에서 작업하기 때문에, 두 그룹의 과학자들은 같은 지점으로부터 같은 방향에서 볼 때에도 서로 다른 물체를 보게 된다."

논술 기출 문제로 보는 토머스 쿤

1. 《과학 혁명의 구조》 길잡이

보통 자연 과학은 다른 학문들과는 달리 과학자들이 주관적인 생각이나 사회적 요인의 영향을 받지 않는 가치중립적인 것이라고 받아들여진다. 그리고 과학의 발전은 과학자들의 발견과 발명이 하나하나 쌓여 가며 발전한다고 생각한다. 그 결과 과학에 의해 입증된 것은 합리적이고 객관적이며 믿을 수 있다는 생각이 널리 퍼져 있으며, 과학적인 것은 곧 진리라고 생각하기까지 한다.

그러나 이 책에서 토머스 쿤은 과학의 발전에 대한 그러한 생각이 잘못되었다고 비판하며, 과학 지식의 변천이나 발전도 혁명적으로 이루어진다고 주장한다. 그에 따르면 과학의 진보란 하나의 이론 구조의 포기와 그 자리를 양립 불가능한 다른 이론이 대체하는 혁명적 과정이며, 이 다른 이론의 수용은 마치 종교적 개종처럼 일어난다.

또한 과학은 반드시 객관적이거나 합리적으로만 진행되는 것이 아니며, 과학자 사회와 과학자 개인의 '주관적'인 신념이 큰 역할을 하고 있다. 쿤은 이러한 과학의 발전을 패러다임이라는 독특한 개념을 중심으로 '전 과학 → 정상 과학 → 위기 → 혁명 → 새로운 정상 과학 → 새로운 위기'가 되풀이되는 과정으로 설명한다.

이러한 새로운 과학관을 담은 《과학 혁명의 구조》는 1962년에 발표되자마자 많은 사람들의 눈길을 끌었으며, 과학자들뿐 아니라 역사·철학·정치학·사회학 등에도 매우 커다란 영향을 미쳤다. 마찬가지로 패러다임이라는 개념도 과학사뿐 아니라 여러 학문에서 매우 폭넓게 쓰이게 되었다.

쿤이 이 책을 통해 말하고자 하는 것은 과학도 인간의 여타 활동과 유사한 방식으로 변화하는 것이며, 보통 과학의 특성이라고 간주되었던 객관적·논리적·가치중립적 성격들이 다른 분야보다 정도가 더한 것은 사실이지만 본질적으로는 크게 다르지 않다는 사실이다. 이를 통해서 그는 근대 과학을 떠받치고 있었던 두 가지 신화, 곧 '가치중립성'과 '객관성'의 신화를 근본적으로 뒤집고 있다.

과학은 우리가 가져온 통념처럼 사회로부터 독립된 가치중립적이고 객관적이고 절대적인 지식이 아니라, 사회의 다른 부문과 밀접한 영향을 주고받으며 발전해 온, 인간 사회의 주관적이고 상대적인 지식 체계의 한 부분임을 밝히고 있는 것이다.

물론 쿤의 이러한 상대주의적 과학관에 대한 비판도 만만치 않게 제기되었다. 특히 패러다임들은 동일 기준으로 비교할 수 없으며, 낡은 패러다임이 버려졌다는 이유만으로 새 패러다임보다 열등하다고 평가할 수 없다는 주장은 많은 과학자들에게 과학에서 '진보'라는 개념을 포기해야 한다는 의미로 받아들여지기도 했다. 이런 점에서 출간된 지 벌써 40여 년이 지났지만, 이 책은 여전히 논쟁의 한가운데에 있다.

2. 생각거리

- 쿤이 제시하고 있는 '과학 혁명'의 과정을 '천동설'과 '지동설' 체계의 변화 과정과 같은 과학 이론의 대체 과정을 예로 들어 설명해 보자.
- 패러다임의 개념을 사회적인 문제들에 적용하여 설명해 보자.
- 특정한 세계관을 예로 들어 보고, 이러한 세계관이 각기 갖는 장단점을 밝혀 보자.
- 패러다임을 과연 비교할 수 없는지, 구체적인 예를 들어 설명해 보자.
- 현대 사회의 각 영역 중 하나를 선택하여 어떤 패러다임이 지배적인지 그리고 이를 대체할 대안적 패러다임을 제시해 보자.
- 과학 이론의 성장 과정이 축적적인지, 비축적적인지에 대한 자신의 견해를 서술해 보자.

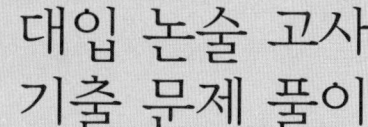

대입 논술 고사
기출 문제 풀이

2004학년도 고려대학교 정시 모집 논술 시험

[논제] 아래 네 개의 제시문은 모두 하나의 공통된 주제와 관련된 글이다. 제시문 간의 연관 관계를 밝히고, 공통 주제에 관한 자신의 생각을 논술하시오.

가 《젊은 베르테르의 슬픔》을 읽으며 괴테가 원래 의도했던 것이 무엇인지를 묻는 것은 자연스러운 일이다. 우리는 괴테라는 천재적인 작가의 정신의 행로를 따라가며 그의 삶과 문학을 간접적으로나마 체험하기를 원한다. 그래서 우리는 자신의 관점에서가 아니라 실제 괴테가 처했던 상황에서 그의 글을 읽는다. 이렇게 독자의 주관성을 배제하고 저자의 의도를 발견하는 것이야말로 예술 작품을 대하는 옳은 태도이다. 그렇지 않다면 각자의 입장에 따른 주관적 왜곡을 피할 길이 없을 것이다.

다른 시각에서 보면, 우리의 삶과 무관한 저자의 의도가 도대체 무슨 의미를 가지는지 물을 수 있다. 우리는 현대인으로서 나름의 관점과 기준을 가지고 《젊은 베르테르의 슬픔》을 읽는다. 모든 고전은 시대마다 고유의 관점에서 재해석되며, 거기에 새로운 의미가 더해진다. 해석은 자유로운 창조이다. 지금 우리의 삶에 아무런 의미를 보태지 못하는 저자의 원래 의도는 죽은 사실에 불과하다.

나 랑케는 오로지 실재했던 사실만을 기술하고자 했다. 사료(史料)에 대한 비판적 검증을 통해 그는 문헌 안에서 역사적 사실만을 가려내려고 했던 것이다. 랑케의 모든 저작에는 역사적 객관성을 향한 강한 의지와 동력이 엿보인다. 그는 언제나 무한히 풍부한 사건들로부터 객관적·역사적 연관을 찾되 형이상학적인 역사 구성의 우를 범하지 않는, 실증적인 탐구 방법을 추구했다. 즉 사실을 있는 그대로 파악하기를 원했던 것이다. 랑케는 자신의 현재에서 눈을 떼고, 불편부당하고 객관적인 과학으로서의 역사학을 정립하려고 노력했다.

다 일군의 과학 철학자에 의하면, 과학 지식은 객관적이고 보편타당한 진리가 아니라 특정의 '과학하는 방식'을 공유하는 과학자들이 만들어 낸 지식일 뿐이다. 여기서 과학하는 방식은 동일한 신념, 가치관, 연구 방법, 검증 방식 등의 집합을 말한다. 이 방식에 부합하는 가설만이 과학적 탐구의 대상 세계에 대한 정당한 설명으로 공인을 받는다. 즉 과학 지식은 과학자 공동체가 공유하는 패러다임 위에서 이루어진 일련의 합의 내용들이다.

라 검사 : 범죄 행위에 대한 증거는 실체적 진실을 밝히기 위한 것입니다. 이미 배심원 여러분이 알고 있는, 그리고 피고와 변호인도 인정하고 있는 증거만으로도 피고가 가해자라는 사실을 입증하기에 충분하다고 할 수 있습니다.

변호사 : 우리가 알고 있는 사실이라는 것은 매우 상대적인 것입니다. 예컨대 같은 사건을 목격한 증인들의 증언이 엇갈리는 경우도 드물지 않습니다. 이 사건에서 피고에게 불리한 증거들이 일부 제시되고 있지만, 그 증거들에 대한 최종적 평가는 배심원 여러분의 현명한 판단에 맡겨져 있는 것입니다.

검사 : 법정은 진실을 확인하기 위한 장소입니다. 현명하신 배심원 여러분이 합리적 이성으

로써 있는 그대로의 사실을 가려내고, 그에 기초하여 공정한 법적 책임을 묻는 것이 우리가 생각하는 정의의 실현이 아니겠습니까?

변호사 : 저 역시 실체적 진실을 중요하게 생각합니다. 그러나 과연 우리가 신(神) 앞에서 어느 정도까지 실체적 진실을 주장할 수 있겠습니까? 배심원 여러분은 오로지 자신의 현명한 판단을 통해 증거의 의미를 평가하고, 그에 기초해서 합의로써 사실을 올바르게 확정해 주시기 바랍니다.

(재판장이 배심원들의 평의를 위해 휴정을 선언한다.)

〈유의 사항〉

1. 답안에는 자신을 드러내는 표현을 쓰지 말 것

2. 답안은 한글로 작성할 것

3. 논술문의 제목은 쓰지 말 것

4. 분량은 띄어쓰기를 포함하여 1600±100자가 되게 할 것

논제 해설

2004학년도 고려대학교 정시 모집 논술 시험은 '사실과 해석'에 관한 것이다. 우리의 삶은 그야말로 끝없는 해석의 과정이다. 언어적 대화는 물론이고, 비언어적 예술 작품에 대한 감상이나, 과거로부터 전수된 여러 사료와의 만남, 그리고 법정 진술의 청취 역시 하나의 해석이다. 이 모든 해석의 과정을 통해 우리가 얻고자 하는 것은 사실 내지 진실이다. 즉 해석의 옳고 그름을 판별하는 기준은 해석과 사실 간의 일치인 것이다. '사실이 스스로 말하게 하라!' 바로 이것이 모든 객관적 해석과 실증주의 역사학, 그리고 정의를 구현하려는 법의 이념이다.

그러나 이 문제의 복잡성은 유한한 존재자로서의 인간은 옳은 해석과 그릇된 해석의 구분 기준으로서의 최후의 사실에는 결코 도달할 수 없다는 데에 있다. 우리는 객관적 해석을 통해 저자의 원래의 의도를 찾아낸다고 믿고, 사료 비판을 통해 과거의 사실을 있던 그대로 복원한다고 생각하고, 또 엄격한 법정 절차를 거쳐 진실이 해명되리라 믿는다. 그러나 저자의 원래 의도라고 믿는 것도 실은 우리 시대의 관점과 표상 방식에 의해 재해석된 것이고, 주어진 사료 역시 순수한 사실이라기보다는 하나의 해석된 자료이며, 법정의 판결도 배심원들의 주관적 의견을 반영한다. 이렇게 보면 사실은 없고 오로지 여러 주관의 다양한 해석만이 있을 수 있다는 극단적인 상대주의가 등장한다. 그러나 '절대적인 객관주의'나 '주관적인 상대주의' 모두 우리 인간에게는 지나치게 극단적인 가능성들이다. 오히려 순수한 사실을 추구하면서도, 늘 자신의 관점에서 해석할 수밖에 없고, 또 자신의 관점을 넘어설 수 없으면서도 순수한 사실에 대한 추구를 결코 포기하지도 않는 인간은 바로 이 두 극단적 가능성의 중간에 위치할 수밖에 없다.

이번 논술 시험은 바로 이와 같은 근본적인 문제 상황에 대해 수험생이 어느 한 극단에 치우치지 않고 얼마나 유연한 사고를 전개할 수 있는지를 물은 것이다. 실제로 4개의 제시문은 '사실과 해석'의 문제와 관련하여 이런 가능성들을 보여 주고 있다.

첫 번째 제시문은 문학 작품을 대하는 두 가지 태도에 관한 글이다. 첫 번째 태도는 타인의 문학적 표현을 대하며 각자의 주관적 입장에서가 아니라, 저자의 삶의 맥락에서 원래 저자가 표현하고자 했던 의도를 파악하려는 태도이다. 이것을 우리는 객관적 해석이라 부를 수 있다. 이러한 해석은 주관적인 곡해를 방지할 수 있다는 점에 뜻이 있지만, 그러나 어떤 문학 작품이 나에 대해 갖는 의미를 발견하지 못한다는 데에 한계가 있다. 그런 점에서 제시문에 드러난 두 번째 태도는 문학 작품을 나의 현재에 적용하는 창조적 해석의 가능성을 보여 준다. 즉 괴테의 《젊은 베르테르의 슬픔》보다는 나에 대한 《젊은 베르테르의 슬픔》을 읽어야 한다는 것이다. 그러나 중요한 것은 이때의 적용도 나 개인만의 전적으로 자의적인 해석이라기보다는 내가 속한 시대의 문화와 관점에 입각한 해석이라는 점이다. 즉 나의 창조적 해석은 동시대인들의 합의에 기초하는 것이 아니면 안 된다는 것이다. 학자들은 이런 해석을 객관적, 주관적 해석과 구분하여 '상호 주관적 합의에 입각한 해석'이라 부른다.

이 두 가지 태도의 전형적인 예를 제시문 (나)와 (다)가 보여 주고 있다. (나)는 순수한 사실 확정을 위해 노력하는 한 실증주의 역사학자의 엄격한 학문적 태도를 보여 주는데, 만일 수험생이 이 태도에서 단순한 사실 맹신주의를 넘어 부단히 사실을 추구하며, 사실에 다가가려는 역사학자의 성실한 태도를 발견한다면 출제 의도를 정확히 파악한 것이다. 한편 (다)는 흔히 외부 세계에 대한 보편타당하고 객관적인 진술의 체계로 알려진 과학적 지식조차도 과학자 공동체 내부의 상호 주관적 합의에 기초한다는 점을 보여 주고 있다. 그러나 중요한 것은 이러한 과학 철학적 입장이 허무주의적 상대주의라기보다는 여전히 상호 주관적 합의를 강조하고 있다는 점이다.

네 번째 제시문은 이 두 가지 가능성이 충돌하는 법정의 사례이다. 검사와 변호사는 각각 사실 자체가 말하게 하려는 입장과 사실은 상호 주관적 합의의 산물이라는 대립된 입장을 취하고 있다는 점을 발견하는 것은 어렵지 않을 것이다. 물론 제시문은 두 입장 중 어느 하나를 옹호하지는 않는다. 중요한 것은 이 두 입장의 배후에 숨은 철학적 함축인데, '인간의 근원적 한계에도 불구하고 사실에 대한 추구를 포기하지 말라는 요청'이 그 하나이고, '우리는 결코 순수한 사실 자체에는 도달할 수 없고, 다만 상호 주관적 합의를 통해 사실에 부단히 접근해 가고 있다는 지적 겸손'이 다른 하나이다. 이 두 가지는 주관적 상대주의의 허무성과 사실 맹신주의의 허구성을 동시에 경계해야 하는 인간적 존재자에게는 모두 중요한 철학적 교훈이다. 왜냐하면 유한한 존재자로서 사실을 추구하는 인간은 사실의 마지막 소유자도 아니지만, 또한 사실을 포기해서도 안 되기 때문이다.

'사실과 해석' 의 관계는 단순히 객관적 사실과 주관적 해석의 갈등의 문제는 아니다. 우리 인간은 요청으로서의 사실과 현실로서의 해석의 사이를 오가며 부단히 사실에로 접근해 가고 있기 때문이다. 따라서 이번 논술 문제를 객관적 사실과 주관적 해석의 갈등으로 보고 둘 간의 통속적인 절충을 꾀한 답안이 있다면 결코 좋은 점수를 받을 수 없다. 인간은 그 두 극단의 중간에 놓인 존재자이고, 이 가능성에 대한 유연한 사고야말로 출제진이 수험생에게 요구한 것이기 때문이다.

논술 문제

1강_ 패러다임이란 무엇인가?

case 1 아래의 사례 (가)~(라)와 제시문 (마)를 살펴보고 공통적으로 사용되는 '패러다임'이 무엇을 뜻하고 있는지를 통합하여 제시해 보고, 패러다임의 전환이 가져올 수 있는, 우리에게 미치는 영향이 무엇일지 서술해 보시오. (500자 내외)

가 **질문** 논술 문제의 경향이 어떻게 변화되고 있는지 그리고 논술이 중요해지는 이유는 뭐라고 생각하는지 말해 달라.

답변 논술 강의는 98년부터 본격화하기 시작했다. 2005년까지 무척 어려운 논술이었다. 심지어는 대학원생들이 보는 교재에서 지문이 출제되기도 했다. 2005년 서울대에서 통합 교과형 논술을 개발하겠다고 발표한 이후 논술 반영 비율이 점차 높아지는 추세다. 현재로서는 통합형 논술은 제시문이 쉬워질 것으로 예상하고 있다. 올해 문제도 통합형 냄새가 많이 난다. 하지만 이 정보를 어떻게 구성하느냐는 다른 문제다. 논술이 요구하는 논리력·사고력·창의력은 커뮤니케이션 능력의 증대가 요구되는 사회적 추세와 맞물려 있다. 논술 시험의 새로운 **패러다임**은 새로운 방식의 지식 구성 능력을 묻는 형태다. 이를테면 국어에는 하나의 어휘가 빈칸에 들어가지만 논술은 다양한 어휘가 들어갈 수 있는 가능성을 묻는 것이다.

나 제레미 리프킨에 따르면 인간의 생활양식인 문화는 인간의 가치를 창출하는 유일한 원천이다. 인간이 공유하는 경험으로서의 문화는 접속의 시대 이전까지 시장의 영향을 받기는 했으나 시장 경제에 흡수되었던 적은 없었다. 문화 영역은 역사적으로 늘 상업 영역에 앞서 있었으며 문화는 지역 공동체에 사회적 신뢰와 공감대를 형성하였다. 시장과 네트워크는 문화가 만들어 낸 사회 공동체의 파생물이었다. 접속의 시대는 디지털 통신 기술과 문화 상업주의의 새로운 **패러다임**이다.

다 주식 시장만큼 역동적인 곳은 없다. 또한 끊임없이 변하는 것이 주식 시세이다. 시대가 변하고 **패러다임**이 변하면 주가도 변한다. 경제가 급속한 성장기를 맞아서 주가가 장기간에 걸친 대세 상승기를 진행해 왔다고 하더라도, 경제가 하향 국면으로 돌입하면 역시 주가도 급락하면서 떨어질 수밖에 없다. 융통성이 없어 고집이 매우 세거나 사고의 유연성이 부족한 투자자들은 주가가 하락세를 거듭하고 있어도 과거의 화려했던 상승 폭발력에 대한 학습 효과에 심취해 막연한 고정관념만으로 하락 시세를 인정하지 않으려 하며, 이미 달라져 버린 현실을 애써 외면하려는 경향이 강하다.

라 현재 미디어 시장은 **패러다임** 격변의 물결 속에 있다. 아마추어리즘인 UCC에서 전문적인 콘텐츠를 생산하는 PCC(Professional Creative Contents)로 확대되는 양상이다. 동영상이나 블로거가 생산하는 콘텐츠와 광고를 결합하거나 매출 분배 등은 고전적 방식이지만 최근엔 전문 블로거들끼리 연합해 콘텐츠 연합을 추진하기도 한다.

마 **패러다임**은 방법들의 원천이요, 문제 영역이며, 어느 주어진 시대의 어느 성숙한 과학자 사회에 의해서 수용된 문제 풀이의 표본이다. 따라서 새로운 **패러다임**의 승인은 필연적으로 상응하는 과학을 재정의하도록 만드는 경우가 많다. 옛날 문제들은 더러 다른 과학 분야로 옮겨지거나 또는 완전히 '비과학적인' 것이라고 선언된다. 이전에는 존재하지 않았거나 또는 사소해 보였던 여러 문제들이 새로운 **패러다임**의 등장과 더불어서 유의미한 과학적 성취의 원형 바로 그것이 될 수도 있다. 그리고 문제들이 바뀜에 따라서 단순한 형이상학적 추론, 용어놀음, 또는 수학적 조작으로부터 참된 과학적 해답을 구별 짓는 기준도 바뀌는 일이 흔하다.

- 토마스 쿤《과학 혁명의 구조》 중에서

어휘 다지기

제레미 리프킨(Jeremy Rifkin, 1945~)
세계적인 경제학자이자 문명 비판가로 활동하고 있는 리프킨은 1989년 기계적 세계관에 근거한 현대 문명을 비판하고, 에너지 낭비가 가져올 인류의 재앙을 경고한 저서 《엔트로피 법칙》으로 세계적인 이름을 얻었다. 1995년에는 정보화 사회로 인해 머지않아 수많은 사람들이 일자리를 잃게 될 것을 경고한 《노동의 종말 The End of Work》을 출간하였고, 2000년에는 인터넷 접속으로 상징되는 정보화 시대에 사람들이 어떻게 살아갈 것인지 의문을 제기한 《소유의 종말 The Age of Access》을 출간하였다. 현재 리프킨은 미국의 경영 대학원들 가운데 정상급에 속하는 와튼 경영 대학원 최고 경영자 과정 교수로 재직하고 있다. 사회 · 문명 비평가로서도 이름이 높은 그는 전 세계 8개국 대통령과 지도층 인사들의 자문역을 맡을 정도로 제도권에서도 인정을 받는 면모를 지니고 있다. 그의 저서들은

16개국 언어로 번역될 정도로 전 세계적인 주목을 받고 있다.

형이상학(metaphysics)

형이상학이란 용어는 그리스어 메타(Meta: 저 너머 au-dela, 또는 다음에 또는 후에 apres)와 피시케(phusike: 물리 physique, 자연 nature)의 합성어이다. 형이상학이란 용어를 최초로 확립시킨 사람은 아리스토텔레스이다. 이 명칭은 아리스토텔레스가 '제일철학'이라 불렀던 것으로 신적인 것을 대상으로 삼는 제일원리와 제일원인의 학문으로 쓰인다. 시대가 지남에 따라, 이 용어 용법은 '형이상학'과 '제일철학' 사이에 동등한 의미로 고정되었다. 형이상학은 영역적 혹은 부분적인 지식이 아니라 보편적, 전체적인 지식을 탐구한다. 이것은 특수과학의 지식의 총화도 아니고 특수과학의 지식을 성립시키는 주관적인 근거(인식론적 근거)의 지식도 아니다. 그것은 모든 존재자에 근거를 부여하는 궁극적 실재근거(實在根據)의 지식이다. 따라서 특수한 영역과 시야를 넘은 초월의 시야에서 얻어지는 초월적 지식이다.

블로거(blogger)

블로그를 운영하는 사람을 뜻한다. 블로그란 웹(web)과 항해 일지를 뜻하는 로그(log)의 합성어를 줄인 신조어로, 웹사이트 주인인 블로거(blogger)가 발행인이자 편집국장이며 기자이기도 한 인터넷상의 일인 언론사를 말한다. 1997년 미국에서 처음 등장하였고, 새로 올리는 글이 맨 위로 올라가는 일지(日誌) 형식으로 되어 있어 이런 이름이 붙었다. 게시판 형식의 사이트에 자신의 일상적인 일기에서부터 사회적인 이슈까지 개인이 자유롭게 글과 사진, 동영상 등을 올려 디지털 논객 온라인 저널리스트로서 미디어 커뮤니티를 이끌어 간다. 일반적으로 보통 사람들이 자신의 관심사에 따라 자유롭게 글을 올릴 수 있는 웹 사이트를 지칭한다.

문제 해결의 길잡이

　　사례와 제시문을 통해 논술, 문화, 주식, 미디어, 과학 등의 영역에서 이제는 통상적으로 사용되는 '패러다임' 이란 용어의 의미를 파악해야 한다. 각 영역에서의 '패러다임' 이란 용어 사용에서의 공통점을 집어내고, 이를 통해 '패러다임' 의 변화가 우리에게 가져올 수 있는 영향은 무엇인지를 분석해야 할 것이다.

생각 쓰기

2강_ 내적 요인 vs 외적 요인

case 2 아래 제시문 (가), (나)를 참고하여 기술 선택과 과학 이론의 변화 과정에서 외부 환경적인 요소들이 미치는 영향을 분석하고, 이에 따라 제시문 (다)에 대한 자신의 생각을 비판적으로 서술해 보시오. (1000자 내외)

가   초기 자전거의 디자인은 다양했다. 자전거의 초기 발전 단계는 표준 자전거로의 단선적인 발전을 보여 주기보다는 오히려 사회 집단, 외부적인 요인들이 어떻게 반영되고 있는가를 보여 준다. 그 당시에는 아무도 공기 타이어가 자전거 설계에 없어서는 안 될 요소라고 생각하지 않았다. 기술자들에게 공기 타이어는 매우 골치 아픈 문제였고, 스포츠 자전거를 즐기는 사람들에겐 불필요한 것이었다. 큰 자전거를 타고 언덕을 오르내리는 스포츠 자전거를 타던 사람들에겐 타이어가 아닌 자전거의 용수철 프레임이 울퉁불퉁한 길을 지나는 문제를 해결해 주었다.

    그런데 자전거 경주가 당시 사람들의 관심을 끌면서 공기 타이어를 장착한 안전 자전거가 다른 자전거보다 빠르다는 것이 경주를 통해 입증되었고, 초기 자전거 설계에서 중요하게 고려되지 않았던 속도가 주목 받는 중요한 특징으로 부각되었다. 자전거 설계에서 속도가 다른 특징들보다 중요해지면서, 이제 기술은 속도를 더 낼 수 있는 안전 자전거 쪽으로 경쟁을 종결시키는 방향으로 나아갔다.

또한 자전거를 격렬한 스포츠로 여기던 남성들은 큰 앞바퀴가 있는 자전거를 선호했지만, 당시 주로 치마를 입었던 여성들은 앞바퀴가 작고 타이어가 쿠션 역할을 해 주는 안전 자전거를 선호했다. 그러므로 안전 자전거가 다른 자전거보다 우월하다는 결론은 효율이나 다른 객관적인 기술적 논리 때문이 아니라, 사회 집단 그리고 이들의 이해관계, 자전거라는 인공물 사이의 상호 작용에서 나온 여러 가지 우연한 사건들에 의해 도출되었다. 안전 자전거가 다른 자전거보다 더 효율적이라는 생각은 오히려 논쟁이 이미 마무리된 후에 재구성된 것이다.

나 코페르니쿠스 체계가 프톨레마이오스 체계를 대체하여 천문학의 혁명을 이룩한 과정을 살펴보자. 코페르니쿠스 체계가 프톨레마이오스 체계보다 우수했기 때문에 선택된 것은 아니었다. 지동설을 핵심으로 하는 코페르니쿠스 체계도 천체의 운동은 반드시 원의 형태를 가져야 한다는 점을 고수했기 때문에, 프톨레마이오스 체계를 괴롭혔던 주전원(epicycle)을 주로 사용해야만 성공적인 예측을 보장할 수 있었다. 그런 이유로 프톨레마이오스 체계보다 코페르니쿠스 체계가 절대적인 의미에서 단순했기 때문에, 더 우월하기 때문에 선택된 것은 아니었다.

게다가 아리스토텔레스 우주론을 뒤엎는 코페르니쿠스 체계의 혁신적인 특징과 그것을 뒷받침할 역학 체계가 없었다는 점을 살펴볼 때 코페르니쿠스 체계가 천체에 대한 기본 패러다임이 되었다는 데 의문이 들 수 있다. 여기에는 여러 이유가 있지만, 무엇보다도 코페르니쿠스 체계의 몇몇 특징들이 갈릴레오나 케플러, 그리고 뉴턴처럼 똑똑한 학문 후속 세대들에게 '미적으로' 강한 매력을 주었고, 그 결과 그들이 코페르니쿠스 체계를 더욱 더 매력적인 체계로 발전시켰다는 점을 들 수 있다. 이 과정에서 코페르니쿠스 체계를 발전시킨 뉴턴의 우주론은 프톨레마이오스 체계가 설명할 수 없었던 많은 현상들을 설명할 수 있었다. 그리고 엄청나게 큰 수정천구가 어떻게 하루에 한 번씩 돌 수 있는가와 같은 프톨레마이오스 체계에서의 문제들은 의미 없는 것으로 치부되어 더 이상 논의되지 않았다.

다 와인버그와 같은 과학자는 갈릴레오에서 뉴턴의 역학, 맥스웰의 장론, 아인슈타인의 상대론 · 양자역학 · 양자장론 · 입자물리학의 '표준 모델'에 이르는 물리학의 발전이 단순히 그 각각의 시기에 가능한 최상의 설명만이 아니라 궁극적인 진리를 향해 점진적으로 나아가고 있는 거대한 발전의 중간 단계라고 주장한다. 따라서 와인버그에 의하면 이 각각의 발전은 궁극적인 진리를 향해서 가는 과정에 존재하는 어떤 종류의 '필연성'을 보여 주고 있는 것이다.

어휘 다지기

프톨레마이오스 체계

서양에서의 우주관은 플라톤과 아리스토텔레스에 의해서 연구가 집대성되었고 프톨레마이오스에 의해서 완성되게 이른다. 이는 지구는 우주의 중심에서 움직이지 않으며, 그 둘레를 달 · 태양 · 5행성(行星)이 각기 고유의 천구를 타고 공전한다고 하는 우주관이다. 그리스인의 사상은 우주를 전지전능한 자가 만들어 낸 것이라 믿었으며, 완전하기 때문에 천체는 둥글고, 고귀하기 때문에 지구는 중심을 차지하며, 조화되어 있기 때문에 운동은 등속(等速)이라고 전제했다. 이 사조는 피타고라스나 플라톤을 잇는 주류이며, 지구 구형설(球形說)이나 지구 중심설은 여기에 뿌리를 두고 있다.

코페르니쿠스 체계

프톨레마이오스의 천동설은 코페르니쿠스의 논문 〈천체의 운동과 그 배열에 관한 주해서〉에 의해 반박당한다. 코페르니쿠스에 의해 나타나게 된 새 천체 구조를 코페르니쿠스 체계(Copernican system)라고 한다. 코페르니쿠스 체계가 이전의 프톨레마이오스 체계로 불리는 천동설과 다른 점은 프톨레마이오스 체계가 지구를 중심에 두고 태양이 지구 중심을 원운동한다고 생각하였던 데 비해 코페르니쿠스는 태양으로부터 가까운 순으로 수성·금성·지구·화성·목성·토성 등의 행성들이 배열되어 있으며, 각 행성들은 일정한 속도를 가지고 태양 주위를 원운동한다고 생각했다. 그러나 이 이론이 비록 그때까지의 지구가 우주의 중심이라는 생각을 바꾸어 놓을 수 있는 것이라 할지라도 이를 뒷받침할 관측 자료를 제시하지 못하였다.

양자역학(量子力學, quantum mechanics)

양자론의 기초를 이루는 물리학 이론의 체계로 원자·분자·소립자 등의 미시적 대상에 적용되는 역학이다. 거시적 현상에 보편적으로 적용되는 고전역학과 상반되는 부분이 많다. 양자역학의 등장으로 물성물리학을 비롯한 다양한 물리학 분야에서 큰 발전이 이루어졌다. M. 플랑크의 양자 가설을 계기로 하여 등장한 전기양자론(前期量子論)의 결함을 극복하여 E. 슈뢰딩거, W. K. 하이젠베르크, P. A. M. 디랙 등에 의하여 건설된 이론이다. 원자·분자·소립자(素粒子) 등의 미시적 대상에 적용되는 역학으로서 현재 가장 타당성을 지닌 이론 체계로 간주된다.

주전원(周轉圓, epicycle)

140년경 그리스의 천문학자 프톨레마이오스가 천구상에서 행성들의 역행과 순행을 설명하기 위해 제창한 행성의 운동 궤도로 아래 그림처럼 행성들은 각각 일정한 크기의 원(주전원)을 따라 일정한 속도로 돌고 이것의 중심은 이심원이라는 원 궤도를 따라 일정하게 돌게 하였다. 그러면 실제 행성들의 운동은 그림에서처럼 점선으로 나타난다. 지구는 이심원의 중심에서 조금 떨어진 곳에 두었다. 지구에서 바라본 행성들의 운동이 천구상에서 일정하지 않기 때문이다. 이러한 주전원 이론은 16세기 중엽에 폴란드의 천문학자 코페르니쿠스가 지동설을 제창할 때까지 계속 신봉되었다.

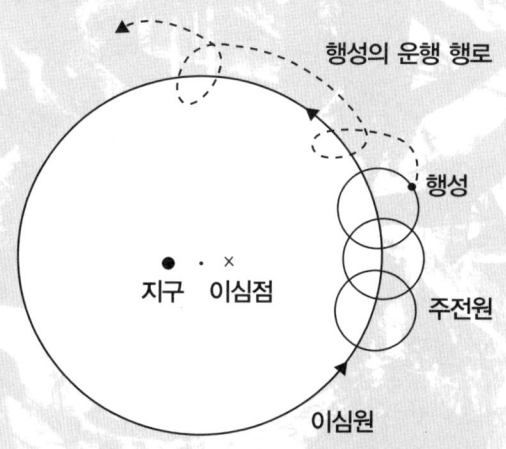

입자물리학(粒子物理學, elementary particle physics)

세상을 구성하는 가장 기본적인 입자들을 다루는 분야로 물질을 구성하고 있는 입자가 무엇이고 입자들 사이의 상호 작용을 알아내어 자연 현상의 본질에 대한 질문을 탐구하는 학문이다. 고에너지 물리학(high energy physics)이라 불리기도 한다. 입자물리학에서 연구하는 입자는 쿼크(quark)와 같은 입자들이다. 쿼크란 물질의 최소 단위인 소립자를 구성하는 기본 입자. 자연계의 모든 물체는 원자로 이루어지며 각각의 원자는 전자와 원자핵으로 구성된다. 다시 원자핵은 양성자와 중성자로 구성되며 양성자와 중성자는 더 작은 쿼크로 이뤄진다. 입자물리학은 1896년 프랑스 물리학자 베크렐(Becquerel)이 우라늄에서 방사선이 흘러나온다는 것을 발견하면서 시작됐다고 볼 수 있다.

문제 해결의 길잡이

　제시문 (가)는 오늘날 안전 자전거라는 기술이 선택되는 과정에서 단순히 기술이 갖는 내적인 장점과 효율성만이 아닌 기술 외부적인 요소가 어떻게 반영되었는가를 나타내고 있고, 심지어 그러한 외부적 요소가 기술 선택에 있어 주도적이었음을 알게 해 주는 사례를 보여 주고 있다. (나)는 과학 이론의 대체 과정에 있어 이론 내적인 우월성 때문이 아닌 이론 외적인 이유들에 의해 패러다임이 대체되는 사례를 코페르니쿠스 체계로의 선택 과정을 통해 보여 주고 있다. 이는 과학 이론의 변화 과정을 축적적인 발전 과정으로 볼 것이냐의 여부와 관련된다. (다)는 과학 이론의 변화 과정을 축적적인 발전 과정으로 보는 관점을 제시하고 있다. 앞서 분석한 관점을 (다)에 적용하여 비판적으로 검토해 보도록 한다.

생각 쓰기

3강_ 과학 이론의 객관성

case **3** 사례 (가)를 활용하여 제시문 (나)와 (다)에 대해 비판하고, 과학적 지식의 객관성에 대해 논술하시오. 가능한 한 본문에서 등장하는 구절 및 표현을 그대로 반복 사용하지 않도록 하고, 제시문 요약이 전체 분량의 1/3을 넘지 않도록 유의하시오. (1,000자 내외)

가 로버트 후크와 헨리 파워스 같은 과학자들이 파리나 개미와 같이 작은 곤충을 보기 위해 현미경을 사용했을 때, 서로 의견이 일치하지 않았다. 후크는 의견이 일치하지 않는 원인을 상이한 조명 때문이라고 생각했다. 그는 파리의 눈이 어떤 조명에서는 구멍으로 덮인 격자처럼 보이고, 어떤 조명에서는 옥수수로 덮인 곡면으로 보이며, 또 다른 조명에서는 피라미드로 덮인 곡면처럼 보인다는 사실을 발견했다.

그는 표본에 조명을 균일하게 비춤으로써 뒤섞인 강한 반사 때문에 생긴 잘못된 정보를 제거하려고 하였다. 이를 위해 염류 용액을 통해 산광된 촛불의 빛을 조명으로 사용했다. 또한 그는 다양한 방향에서 그의 표본에 조명을 비춤으로써 그러한 변화 가운데서도 변하지 않고 남아 있는 모습이 무엇인가를 알아내고자 하였다. 그는 어떤 곤충에는 브랜디를 먹여 완전히 취하게 함으로써 움직이지 못하게 하였고 손상을 전혀 주지 않으려고 하였다.

후크의 저서인 《마이크로그라피아》에는 그의 행위와 관찰에서 나온 많은 자세한 기술과 그림이 들어 있다. 이러한 기술과 그림은 사적인 것이 아니라 공적인 것이다. 이것들은 다른 사람들에 의해 검사될 수 있고, 비판될 수 있으며, 첨부될 수 있다. 만일 어떤 조명 아래서 파리의 눈이 구멍으로 덮인 것처럼 보이면, 파리 눈의 상태는 관찰자가 아무리 그의 지각에 주의를 기울인다고 할지라도 의미 있게 평가될 수 없다. 후크는 그런 경우 현상의 진정성을 점검하기 위해 무엇을 할 수 있는가를 보여 주었고, 적절한 의도와 기술을 가진 사람은 그가 추천한 절차를 수행할 수 있다.

나 '과학은 사실에서 유도되었다'라는 슬로건에서는 과학적 지식은 신뢰할 만한 기초, 관찰에 의해 확립된 확고한 사실에 기초하고 있기 때문에 부분적으로 특별한 지위를 지닌다는 것을 담고 있다. 그러나 앞서 살펴보았듯이 지각은 어느 정도 관찰자의 배경과 기대의 영향을 받기 때문에 어떤 사람에게는 관찰 가능한 사실처럼 보이는 것이 다른 사람에게는 그렇게 보이지 않는다는 것이다. 관찰은 이론 의존적이다. 관찰자가 어떠한 배경 지식과 기대를 갖고 관찰을 하느냐에 따라 그 결과가 달라진다. 과학자들의 전문성이란 그들이 과학적 지식을 단순히 '알고' 있다는 데에 있는 것이 아니라 그 지식을 적용하여 자연 현상을 적절하게 '관찰' 할 수 있다는 데에도 있는 것이다. 이러한 난점은 과학의 관찰적 기초가 전통적으로 널리 가정했던 것만큼 그렇게 간단하지도 신뢰할 만하지도 않음을 암시한다.

다 과학자가 실험실에서 행하는 조작과 측정들은 경험에서 '주어지는 것'이라기보다는 '공들여서 수집한 것'이다. 그것들은 과학자가 보는 그 무엇이 아니다 - 적어도 그의 연구가 상당한 수준으로 진전되고 그의 주의가 초점을 맞추기 전까지는 그렇지 못하다. 오히려 그것들은 보다 기본적인 지각 작용의 의미에 대한 구체적인 지표들이며, 수용된 패러다임의 유익한 정련화의 기회를 기약한다는 이유에 의해서만 정상 연구의 엄밀한 탐사 대상으로 선정된다. 조작과 측정은 부분적으로 그것들을 유도하는 직관적 경험에 비하여 훨씬 더 패러다임에 의해서 결정되는 정도가 두드러진다. 과학은 가능한 실험 조작을 모두 취급하지는 않는다.

실제에서 과학은 하나의 패러다임을 그 패러다임이 부분적으로 결정지어 준 직관적 경험에 병치시키는 데에 의미 있는 조작과 측정을 선별한다. 그 결과 상이한 패러다임을 신봉하는 과학자들은 서로 다른 구체적인 실험 조작들을 수행한다. 전자에 관해서 실행되어야 할 측정은 속박된 낙하 운동의 경우에 관련되는 측정들과는 달라지게 마련이다. 산소의 성질을 구별하는 데에 필요한 실험들은 플로지스톤이 빠진 공기의 특성을 고찰할 때 요구되는 조작과는 같을 수가 없다.

- 토마스 쿤 《과학 혁명의 구조》 중에서

어휘 다지기

이론 의존성(theory ladenness)
이론 중립적인 관찰이 과학의 확고부동한 토대를 제공한다는 과학관은 핸슨의 관찰의 이론 의존성에 의해 심각한 난관에 부딪힌다. 이론 의존성은 '순수한 관찰은 존재하지 않으며 관찰자의 지식·신념·기대·이론 등이 관찰에 영향을 미친다'로 정식화된다. 예를 들어 X-선 사진을 볼 때, 일반인은 검은색과 흰색의 얼룩을 볼 뿐이지만, 진단 방사선과 전문의는 동일한 사진에서 병의 징후를 발견한다. 그리고 같은 언덕에서 동시에 일출을 보고 있는 티코–브라헤와 케플러는 서로 다른 태양을 본다. 또한 우리에게는 이상스러운 그림에 불과한 이집트 상형 문자가 고고학자에게는 의미 있는 문장으로 보인다. 외견상으로는 동일한 것을 관찰하고 있음에도 불구하고 관찰에 대한 해석이 사람에 따라 상이한 이유는 관찰 결과를 해석하는 틀로서의 이론이 다르기 때문이다. 관찰은 더 이상 이론을 보증하는 확고한 토대일 수 없으며 오히려 이론이 관찰을 결정한다는 입장이다.

플로지스톤(phlogiston)

18세기 초에 연소를 설명하기 위해 상정하였던 물질로, 물질이 타는 것은 그 물질에서 플로지스톤이 빠져나가는 현상이라고 보았다. 17세기 말에서 18세기 초에 독일의 베허(Becher, J.J.)와 슈탈 등이 제창하여 널리 받아들여졌으나, 18세기 말에 라부아지에의 산화 반응 이론으로 부정되었다.

문제 해결의 길잡이

사례 (가)를 활용해서 제시문 (나)와 제시문 (다)를 비판하라는 요구는 제시문 (나)와 제시문 (다)의 주장과 근거가 무엇인지를 잘 파악하여 그 근거를 반박하라는 요구이다. 따라서 일차적으로 제시문의 논증을 정확히 파악해야 한다. 또한 이를 통해 과학적 지식의 객관성에 대한 자신의 생각을 논술할 것을 요구하고 있으므로 자신의 논지를 분명히 세워 이에 따라 관련 사례들을 적절히 활용해야 할 것이다.

4강_ 패러다임의 통약불가능성

case 4 제시문 (가), (나)에 나타난 쿤의 주장과 제시문 (다)에 나타난 파이어아벤트의 주장을 비교하여 과학적 지식에 대해 각각이 갖는 함축적 의미가 무엇인지 분석하고, 두 입장을 비교하여 서술해 보시오. (1500자 내외)

가 역사가들은 과거의 관찰과 믿음 속에 있는 '과학적' 요소를 그들 이전의 사람들이 '오류' 또는 '미신'이라고 딱지 붙였던 것으로부터 구별해 내는 데 점차 어려움을 겪고 있다. 예컨대 아리스토텔레스의 역학, 플로지스톤 화학 혹은 열역학 등을 주의 깊게 연구할수록 역사가들은 전에 통용되던 자연관이 전반적으로 오늘날 유행하는 자연관보다 덜 과학적인 것도 아니며 인간적인 특징을 더 많이 나타내는 것도 아니라는 사실을 보다 더 확실히 느끼게 된다. 만일 이러한 낡은 믿음들이 신화라고 불린다면, 신화는 오늘날 과학적 지식을 낳는 것과 같은 종류의 방법으로 만들어질 수도 있고 또 같은 종류의 이유로 성립될 수 있다.

반면에, 만일 그러한 낡은 믿음들이 과학이라고 불린다면, 과학은 오늘날 우리가 갖고 있는 신념들과 전혀 양립할 수 없는 믿음 체계들을 내포하고 있었던 것이다.

나 나는 어떤 의미에서 경쟁하는 패러다임의 지지자들은 각각 다른 세계에서 그들의 작업을 수행하고 있다는 것 이상으로 더 해명할 수는 없다. 한쪽은 천천히 떨어지는 자유 운동이 아닌 대상으로서의 진자를 다루고 있고, 다른 쪽은 그것들의 운동을 계속해서 반복하는 진자를 다루고 있다. 한쪽에서는 그 해답이 합성물이고 다른 쪽에서는 혼합물이다. 한쪽은 평평한 공간 행렬에 끼워지며, 다른 쪽은 휘어진 공간 행렬에 끼워진다. 서로 다른 세계에서 작업하기 때문에, 두 그룹의 과학자들은 같은 지점으로부터 같은 방향에서 볼 때에도 서로 다른 물체를 보게 된다.

- 토마스 쿤 《과학 혁명의 구조》 중에서

다 파이어아벤트는 우리 사회에서 과학에 부여하고 있는 높은 지위와 마르크스주의뿐만 아니라 흑마술이나 부두교와 비교하여 과학이 갖고 있다고 생각되어 온 우월성은 정당하지 않다고 주장한다.

파이어아벤트에 따르면 과학에 대한 높은 존경심은 위험한 교조이며, 그가 기독교가 17세기에 행사한 것으로 묘사하고 있는 억압적인 역할, 갈릴레오가 교회와 투쟁하면서 그의 마음에 교회가 수행하고 있다고 생각한 것과 같은 역할을 오늘날 과학이 수행하고 있다고 주장한다. 예를 들어 학교에서는 과학을 가르친다. 파이어아벤트의 《반방법론》에 따르면 다음과 같은 주장이 나타난다.

"따라서 미국에서는 그가 좋아하는 종교는 선택할 수 있지만, 여전히 그의 아이들이 학교에서 과학이 아니라 마술을 배워야 한다는 그들의 요구는 받아들여지지 않는다. 국가와 교회는 분리되었지만 국가와 과학은 분리되지 않았다."

"우리의 조상들이 유일하고 참되다고 주장된 종교의 억압으로부터 우리를 해방시켰듯이, 이데올로기적으로 화석화된 과학의 억압으로부터 사회를 해방시키는 것이다."

파이어아벤트는, 과학은 '원시' 사회의 신화와 같은 다른 꾸민 이야기들과 함께 하나의 역사 현상으로 연구될 것이라고 예측하고 있다.

어휘 다지기

파이어아벤트(Paul Feyerabend, 1924~1994)

오스트리아 출신의 과학 철학자로 과학 철학과 정치 철학에 걸쳐 수많은 논쟁을 불러일으켰다. '어떤 것이든 좋다(anything goes)' 라는 구호로 유명하다. 그는 과학을 다른 지적 활동과 구분 짓고 과학 연구를 진리로 인도해 주는 올바른 '과학적' 방법이란 존재하지 않으므로 과학자들은 각자가 해결하려는 문제에 적합한 방법을 그때그때 임시방편적으로 찾아 연구해야 한다는 방법론적 무정부주의를 주장한다.

문제 해결의 길잡이

제시문 (가), (나)에서의 쿤의 주장과 제시문 (다)에서 나타난 파이어아벤트의 주장을 잘 분석해야 할 것이다.

(가), (나)의 내용을 살펴보면 쿤은 서로 다른 패러다임을 동일한 기준으로 비교하는 것이 불가능함을 주장하고 있다. 그런데 (다)에서 파이어아벤트는 이를

한 개인이 선택하는 것은 어떤 패러다임이든 다 좋다라는 식의 주장으로 확대시
킨다.

　쿤의 입장을 파이어아벤트식으로 확대 적용할 수 있는 것인지에 대한 자신의
생각을 서술해 보도록 한다.

생각 쓰기

아비투어 철학 논술

예시 답안

case 1   사례와 제시문 각각에서 사용된 '패러다임'의 용어를 살펴보면 일종의 '세계를 바라보는 방식 혹은 시각'이라고 요약할 수 있다. 즉 '패러다임' 이란 문제 상황이 무엇인지를 인식하고 그 해법을 제시하는 사고틀을 말하고 있다. 어떤 패러다임을 택하느냐에 따라 문제를 인식하는 방식이 달라지고 그에 따른 해결 방법도 달라진다. 제시문을 통해 알 수 있듯이 과학 이론에서 지배적인 패러다임이 무엇이냐에 따라 자연을 인식하는 방식도 달라진다. 새로운 패러다임에 의해 유발된 전환으로 모든 자연의 현상은 이전에 그것들이 보여 왔던 방식과는 상이하게 보인다. 이를 사례들의 경우에 확대 적용하면 패러다임이 변하면 그에 따라 세계관도 달라진 다는 것을 알 수 있다. 그리고 이전의 패러다임과 대체된 패러다임 사이의 인식 변화 는 같은 잣대로 비교될 수 없는 세계관의 변화를 가져온다.

case 2   제시문 (가)를 통해 우리는 특정한 기술 디자인이 선택되는 것이 반드시 기 술 자체의 효용이나 유용성 때문이 아니라 다양한 디자인을 둘러싼 사회 집단 사이의 이해관계의 절충에 의해 '우연적으로' 이루어진다는 것을 알 수 있다. 즉, 기술이 사회를 만드는 것이 아니라 사회가 기술을 구성한다는 것이다.

이는 (나)에 나타난 과학의 사회적 구성과도 유사하다. 특정한 과학 이론이 선택되 는 과정은 반드시 그 이론 내적으로 다른 이론에 비해 갖는 장점이나 설명력이 아니라 이론 외부적인 이유로 선택되는 것을 프톨레마이오스 체계에서 코페르니쿠스 체계로 의 선택 과정에서 잘 알 수 있다.

(다)는 현대 입자물리학으로의 이행 과정에서 물리학 이론의 발전 과정이 필연적이었음을 주장하고 있다. 그러나 현대적 관점에서 물리학 이론들의 변화 과정을 정리할 때 앞선 이론의 문제점을 나중의 이론이 보완한 것처럼 기술함으로써 실제적인 과학 연구 과정에 대한 이해를 어렵게 만들고 있다. 마치 과학 연구가 어떤 문제가 주어지면 그 문제에 대한 해법이 무엇인지 그리고 그 해법을 어떻게 얻을 것인지에 대해 모든 연구자들이 항상 동일한 생각을 가지고 있으며 단지 그 해법을 누가 먼저 발견하는가가 중요할 뿐이라는 식의 사고방식을 갖게 한다.

그러나 실제적으로 과학 이론의 선택 과정에서 과학자들의 관심과 사회적 이해관계, 이론 외부적인 요소들의 개입과 같은 복잡성을 무시한다면, 자칫 과학 연구를 창조성이 결여된 기계적인 작업으로 만들고, 이는 과학 연구에 대한 올바른 이해를 어렵게 만든다. 실제로 과학 연구는 수많은 우연성과 노력 등이 어우러지는 방식으로 이루어진다. 과학 연구의 이러한 다양한 측면을 잘 이해할 때만이 과학 연구를 보다 '인간적인' 활동으로 여길 수 있을 것이다.

case 3 과학적 지식은 우리 외부 세계에 객관적으로 존재하는 사실들에 대한 지식이다. 과학은 이런 사실들을 관찰과 실험을 통해 밝혀낸다. 이런 점에서 관찰과 실험은 과학적 지식을 구성하는 토대라고 할 수 있다. 과학적 지식의 기초이자 토대인 관찰의 객관성 여부는 과학적 지식의 객관성을 결정하는 요소 중 하나이다. 오늘날 우리가 과학적 지식을 신뢰하고 과학에 권위를 부여할 수 있는 이유는 과학적 지식이 주관적이거나 편견에서 비롯된 것이 아니라 객관적인 지식이라는 생각 때문이다. 이런 점에서 과학적 지식의 객관성 여부를 따져 보는 것은 큰 의의가 있다.

제시문 (나)와 (다)의 핵심은 과학적 지식의 기초인 관찰과 실험이 이론 의존적이라고 주장하고 있다. 관찰은 우리의 시각 경험에 의존하고 있다. 그런데 사례 (가)는 시각 경험의 내용이 관찰자의 관점 혹은 배경 지식에 따라 다를 수 있다는 것을 보여 주고 있다. 만약 관찰이 이처럼 관찰자의 주관이 개입될 수밖에 없고, 관찰자의 배경 지식에 의존한다고 한다면 그 객관성을 확보하기 어렵다. 또한 제시문 (다)는 과학자들의 실험에서 조작과 측정이 특정 패러다임, 즉 그들이 배경으로 하는 과학 이론에 의존적임을 나타내고 있다.

그런데 사례 (가)를 살펴보면 파리 눈에 대한 로버트 후크와 헨리 파워스의 관찰 결과의 차이를 극복하는 방법이 제시되어 있다. 후크는 자칫 주관이 개입될 수 있는 관찰에서 실험 조건의 변화를 통해 변화하지 않고 남아 있는 것이 무엇인지를 알아냄으로써 의미 있는 관찰 결과가 무엇인지를 밝혀냈다. 즉 적절한 의도와 기술을 갖고 후크의 절차를 따르는 사람의 관찰 결과는 동일할 것임을 보여 주고 있다.

후크의 사례에서 알 수 있듯이 자칫 주관이 개입될 수 있는 관찰은 다른 사람에 의해 검사되고, 비판되며 첨부될 수 있는 것을 제시함으로써 그 객관성을 보장 받을 수 있다. 이로 볼 때 관찰은 공적이며 능동적이며 객관적이다. 과학적 지식의 토대인 관찰의 객관성을 보장할 수 있는 방법을 제시함으로써 과학적 지식의 객관성을 보장 받는 길이 열린 셈이다.

case 4 과연 경쟁하는 패러다임은 전면적으로 통약 불가능한 것인가? 어떤 특정한 문제가 주어졌을 때, 두 패러다임은 허용될 수 있는 대답의 유형에 있어서 서로 다를 수도 있다. 예를 들어 데카르트의 전통 가운데 어떤 물체에 작용하는 힘이 무엇인가를 묻는 것은 그 물체에 압력을 미치는 다른 물체들의 상세한 내용을 묻는 것이다. 그러나 뉴턴의 전통에서, 우리는 접촉 작용을 논의하지 않고도 힘에 관한 문제에 대답할 수 있다. 하나의 적절한 수학적 함수들을 자세히 쓰는 것만으로 충분하다. 더욱이 새로운 패러다임은 보통 낡은 패러다임으로부터 도출된 개념들을 포용하는데, 이렇게 빌려진 개념들은 때때로 새로운 방식으로 사용된다. 예를 들어 뉴턴 물리학으로부터 일반 상대성 이론으로의 전이에 있어서 '공간', '시간', '물질'은 광범위한 재해석을 받게 된다.

철학 체계의 역사와 달리 과학사는 기술적 적합성의 척도를 배경으로 해서 서로 비교될 수 있다. 경쟁 이론들이 간혹 동일한 대상에 대한 주장을 하기 때문에 과학에서 진보는 서로 비교될 수 있다. 분명히 경쟁하는 높은 수준의 이론들은 서로 다른 분류 체계를 갖지만, 결국 분류된 것이 동일한 대상인 경우가 자주 있다. 파이어아벤트는 쿤에 가장 가까운 과학 철학자이다. 그러나 쿤이 과학적 설명을 성취하려는 인간 존재의 전 과정 속에서 과학의 발생과 쇠망 둘 다에 관심을 가지고 있는 반면, 파이어아벤트는 단지 쇠망의 측면에만 관심을 갖는다. 파이어아벤트가 부정하는 것은 모든 과학이 따라야 하는 표준을 가지고 있는 보편적이고 비역사적인 과학의 방법이 존재한다는 주장에 반대하고 있는 것이다.

이렇듯 과학의 방법을 보편적이고 불변적인 것으로 이해해야 한다면 아무 문제없다. 그러나 보편적인 방법과 방법의 부재 가운데 어느 하나를 선택해야 하는 것은 아니다. 중도를 택하여 과학에는 여러 방법과 여러 기준이 존재한다고 할 수 있다. 곧 방법들과 기준들은 한 과학에서 다른 과학으로 가면 변할 수도 있고, 한 과학 안에서도 변할 수 있으며, 더 좋게 변할 수 있다. 파이어아벤트식의 인간의 자유는 개인적인 차원에서의 논의이다. 과학에서는 과학자 개인은 다양한 이론, 수학적 기법, 도구와 실험, 기법과 같은 과학의 현재 상황에서 출발해야 한다. 과학자 일반이 취할 수 있는 행동 방식은 객관적으로 존재하는 상황에 의해 제한을 받는 반면, 특정의 과학자가 취할 수 있는 방식은 과학자 개인이 실제로 접근할 수 있는 방식에 의해 결정된다. 오늘날 어떤 과학자도 아무 이론도 존재하지 않거나 혹은 너무 많은 이론들이 있어서 분명한 분야는 하나도 없는 그런 초기 단계로 되돌아간 적은 없다.

Abitur

철학자가 들려주는 철학이야기 **045**

박지원이 들려주는 이용후생 이야기

저자_박현정

전남대학교 국어국문학과를 졸업하고 조선대학교 교육대학원에서 석사 학위를 받았다. 일산에 있는 대화중학교 교사로 재직하고 있으며, 저서로는 《중학 교과서 속 논술》이 있다.

연암 박지원을 만나다

朴趾源

연암 박지원을 만나다

1. 연암 박지원의 사상

① 창조 정신의 결정체 - 연암의 문학

백성이 풍요롭게 살 수 있는 새로운 조선 사회로의 개혁을 위한 이용후생, 우리에게 이로움이 있다면 오랑캐의 것이라도 받아들여야 한다는 북학론, 하늘 아래 인간과 인간, 인간과 인간 아닌 것까지 모든 것이 다 동등하다는 평등 의식. 모두 아무런 의심 없이 내려온 과거의 인습을 타파하고 새롭게 창조하려는 창조 정신에서 비롯된다. 그리고 그 창조 정신의 결실은 그의 문학이다.

어떤 물건을 거울에 비춰 보면 좌우가 상반되게 보이고 물에 비춰 보면 본말(本末)이 전도되므로 같지 않다. 그렇다면 그 물건의 그림자는 같다고 할 수 있을까? 그림자는 수시로 모양을 바꾸기 때문에 같지 않다. 그림으로 그린다면 생명이 없으니 당연히 본래의 것과는 다르다. 그러므로 같음을 추구한다는 것 자체가 이미 다름과 가짜를 내재하고 있다. 완전하게 똑같은 것은 이 세상에 존재하지 않는다. 그러면 비슷하기를 바라기보다는 새롭게 창조해야 옳지 않을까.

당시의 글이란 도를 담는 그릇에 불과했다. 옛 성현들의 지식과 학문이 담겨 있는 글을 많이 가져다 쓸수록 좋은 글로 인정받았다. 고문(古文)을 전범(典範)으로 하여 그 정격(正格)에 맞추는 것이 중요한 과제였다. 그러나 연암은 그런 학풍에 반기를 들고 '연암체' 라 일컬어지는 자신만의 세계를 구축했다. 고문은 옛적의 일상적 언어를 기록한 것이다. 그러므로 참다운 문학의 길은 이미 화석화되어 버린 옛말과 경험을 답습하는 데 있지 않고, 그 진정한 의미를 음미하면서 자신의 시대와 경험을 살리는 데 있다. 그것은 인습을 거부하는 창조 정신이다.

연암의 문학은 시대와 현실을 날카롭게 진단한다. 소품문(小品文)을 경시하는 풍조 속에서 소설을 통해 보여 준 지배층에 대한 해학과 풍자는 가히 혁명이라 할 만하다. 몰락한 양반 허생을 '내하(奈何, 어떻게 하겠소)' 라는 변명밖에 못하는 무능한 사람으로 풍자한다. 또《양반전》에서는 나라의 환곡을 천 석이나 가져다 먹고 갚지 않는 뻔뻔한 사람으로 몰락시킨다. 한 술 더 떠서 그 아내의 입을 빌려 '한 푼어치도 안 되는 양반' 이라고 비웃는다.《호질》에 오면 북곽 선생으로 대표되는 인간의 사악함과 이기심, 그리고 도학자들의 위선적인 모습이 적나라하게 펼쳐진다. 소설을 위시한 모든 문학이 사회 문화적 상황을 재현하는 목적은 부조리한 사회의 모순을 인식하고 그것을 개선해 나가고자 하는 창조 정신이다.

연암의 창조 정신은 문학뿐만 아니라 그의 사상 전반을 흐르고 있다. 실학, 북벌론, 이용후생과 같은 그의 사상은 다른 사람들이 아무런 의심 없이 받아들이는 과거의 인습들을 거부하고 새로운 시대로의 발전을 추구했다. 연암의 사상과 문학, 그 모든 기(氣)의 저변에 흐르고 있는 창조의 이(理). 이는 연암이 후손들에게 남겨 준 소중한 유산이 아닐까. 우리에게는 연암이 보여 준 창조의 이(理)를 법고(法鼓)하여 창신(創新)해야 할 의무가 남겨져 있다.

② 실학과 북학

연암의 학문은 실학이다. 그의 철학은 내부적으로는 사농공상(士農工商)이 모두 평등하다는 가치와 대외적으로는 중국과의 평등한 위치로 설정하는 데에서 시작된다. 그리고 그 사상의 목표는 조선의 부국과 강병이었다. 조선의 통치 철학인 성리학(性理學)이 그 역할을 제대로 하지 못하자 그 대안으로 실질적인 백성들의 삶에 도움이 될 수 있는 학문을 주창한 것이다.

그리고 그 구체적인 방법으로 청의 선진 문물을 적극적으로 도입할 것을 주장하였다. 선진 문화와 문물을 받아들이고 발달된 과학 기술을 도입하며 그동안 천시되었던 상공업의 부흥을 통해 경제 발전을 꾀하였다.

　　18세기 후반이 되면 노론 안에서도 낙론의 인물성동론(人物性同論)과 성범심동론(聖凡心同論)을 발전적으로 수용한 일군의 학자들에 의해 현실 사회를 개혁해 보려는 새로운 학문 경향이 나타났다. 북학이 그것인데 대표적인 인물은 홍대용과 박지원, 그리고 서얼 출신인 박제가, 이덕무, 유득공 등이었다.

　　서울 지역을 중심으로 하나의 학파를 이루며 활동하였던 이들은 청에 사절로 가 청의 선진 문물을 접하고 조선의 낙후성을 인식하게 되면서 기존의 성리학적 명분론에 입각한 화이론을 극복하고 화(華)와 이(夷)가 차이가 없다는 인식을 가질 수 있었다. 여기에 도시의 성장과 상공업의 발달이라는 새로운 사회 경제적 변화에 맞닥뜨리면서 상공업 개혁을 통한 부국강병에 많은 관심을 기울였다.

　　이들은 청의 선진 과학 기술을 적극적으로 배워 와 상공업 발전의 기틀을 삼을 것을 강조하였다. 그리고 화폐의 유통과 수레의 이용, 시전 상인들의 독점적인 영업권 폐지를 통해 상업을 활성화시키고 선박 등을 이용하여 대외 무역을 확대해 나갈 것을 주장하였다. 아울러 수공업과 수산업을 발전시키고 광업을 개발하기 위한 여러 시책을 실시하여 재정 수입을 늘리고자 하였다. 이는 당시 성장하고 있던 상인층과 수공업자의 요구를 수용하는 것이었다.

　　이들은 상공업 발전론뿐만 아니라 신분제와 토지 제도, 농업 기술 등에 관한 개혁책도 제시하였다. 사농공상의 평등과 양반도 상업에 종사할 것을 주장한 것도 그 가운데 하나이다. 또한 소농민의 입장을 반영하여 토지 소유의 상한선을 규정한 한전론을 주장하기도 하였다.

- 고등학교 《국사》 교사용 지도서 참조

③ 평등에 대한 인식

연암은 인간과 사물이 하늘 아래 모두 동일하다는 이론을 펼쳤다. 그것은 사농공상의 신분 제도에 대한 근본적인 부정으로 연결된다. 농공상(農工商)을 사(士) 아래에 둔다면 어찌 상공업의 발달을 통해 부국강병을 꾀할 수 있겠는가.

연암의 개혁사상은 이렇게 평등사상과 맞닿아 있다. 그것은 그의 문학 작품에서 보다 분명하게 드러난다. 연암 자신은 비록 음서(蔭敍)로 벼슬을 얻을 정도로 명문가의 후손이었으나 그의 소설에 등장하는 주인공들은 다양하다.

《허생전》의 몰락한 양반 허생에서부터 당시 부농의 성장을 보여 주는 《양반전》의 부자, 위선으로 가득 찬 《호질》의 북곽 선생, 아버지가 다른 다섯 아들을 둔 《호질》의 열녀 동리자, 천한 일을 하는 《예덕선생전》의 엄행수, 천민을 예우하며 벗으로 사귀는 학자 선귤자, 《광문자전》의 비렁뱅이 광문, 남편을 따라 죽음을 택하는 《열녀함양박씨전》의 박씨 등등. 사회를 구성하고 있는 다양한 계층의 인물을 소재로 하였다.

이것은 연암의 다양한 계층에 대한 관심을 보여 준다. 더군다나 그동안 지배 계급으로서 위세와 명성을 떨쳤던 양반에 대해서는 그 실체와 위선을 날카롭게 비판하고 각성을 촉구한다. 반면 냄새 나는 똥거름을 치우는 엄행수가 제 분수를 지키며 성실하게 살아가는 훌륭한 인간형으로 제시되고, 거리의 비렁뱅이 광문은 성실한 행동으로 사람들로부터 신임을 얻게 된다. 즉 그동안 소외되고 멸시를 받았던 하층민들의 현실적이면서 진솔한 삶의 모습을 부각시킨다. 주변의 시선과 불합리한 사회 제도 때문에 스스로 목숨을 끊어 열녀의 반열에 오르는 박씨 이야기와 과부가 된 이후 혈기가 쇠약해질 때까지 10년을 굴려 윤곽도 글자도 없어진 동전 이야기를 통해 남녀가 서로 다르지 않음을 보여 준다.

연암은 《호질》에서 하늘의 소명으로 보자면 범이나 사람이나 다 같이 만물 중의 하나라고 말한다. 천지가 만물을 낳은 인(仁)으로 논하자면 범과 메뚜기·누에·벌·개미 및 사람이 다 같이 땅에서 길러지는 것으로 서로 해칠 수 없다. 연암의 평등 사상은 인간뿐만 아니라 동물에까지 이르고 있다.

어휘 다지기

음서(蔭敍)
아버지나 조부가 관직 생활을 했거나 국가에 공훈을 세웠을 경우에 그 자손을 과거에 의하지 않고 특별히 채용하는 제도로 혈통을 중시하는 문벌주의의 상징이다.

2. 교과서에서 만난 연암

① **고등학교《국어》**

《허생전》은 '정보의 조직과 활용'이라는 단원에서 모든 글이 사회 문화적 상황을 반영하고 있다는 전제하에 문학 작품 속에 나타난 사회 문화적 상황을 찾아내고 이해하는 과정의 텍스트로 선정되어 있다.

문학의 허구적 특성은 작가가 사회와 문화를 그대로 보여 주는 것이 아니라 작가의 관점에 비추어 상징적으로 표현하게 한다.《허생전》의 허생을 통해 보여 주는 조선의 사회 문화적 상황은 어떤 것인가? 그리고 조선 사회를 바라보는 연암의 철학에는 무엇이 숨어 있는가?

우선 명분과 실리 사이의 고민을 들 수 있다. 양반으로서의 명분은 끼니를 굶어도 오직 독서에 열중하는 것이다. 아내는 급하면 도적질이라도 해야 한다는 실리적인 태도를 보여 준다. 이 장면은 명분과 관념에 빠진 당시 양반 사회에 대한 통렬한 비판이다. 또 하나의 명분과 실리의 싸움은 북벌(北伐)과 북학(北學)에 대한 이완 대장과 허생의 대립 구도로 나타난다. 대의명분을 중시하는 당시의 사대부들은 북벌을 주장했고 허생은 실리의 차원에서 북벌의 허위성을 꾸짖는다. 연암은 진실로 북벌을 원한다면 먼저 북학이 우선이라는 실질적인 태도를 견지하고 있다.

"그야 가장 알기 쉬운 일이지요. 조선이란 나라는 배가 외국에 통하질 않고, 수레가 나라 안에 다니질 못해서, 온갖 물화가 제자리에 나서 제자리에서 사라지지요. 무릇, 천 냥은 적은 돈이라 한 가지 물종(物種)을 독점할 수 없지만, 그것을 열로 쪼개면 백 냥이 열이라, 또한 열 가지 물건을 살 수 있겠지요. 단위가 작으면 굴리기(운용)가 쉬운 까닭에, 한 물건에서 실패를 보더라도 다른 아홉 가지의 물건에서 재미를 볼 수 있으니, 이것은 보통 이(利)를 취하는 방법으로 조그만 장사치들이 하는 짓 아니오? 대개 만 냥을 가지면 족히 한 가지 물종을 독점할 수 있기 때문에, 수레면 수레 전부, 배면 배를 전부, 한 고을이면 한 고을을 전부, 마치 총총한 그물로 훑어 내듯 할 수 있지요. 뭍에서 나는 만 가지 중에 한 가지를 슬그머니 독점하고, 물에서 나는 만 가지 중에 슬그머니 하나를 독점하고, 의원의 만 가지 약재 중에 슬그머니 하나를 독점하면, 한 가지 물종이 한 곳에 묶여 있는 동안 모든 장사치들이 고갈될 것이매, 이는 백성을 해치는 길이 될 것입니다. 후세에 당국자들이 만약 나의 이 방법을 쓴다면 반드시 나라를 병들게 만들 것이오."

- 교육인적자원부, 고등학교 《국어》(하) 참조

또 하나 《허생전》에서 주목할 것은 연암의 경제 철학이다. 앞서 설명했듯이 연암은 이용후생을 주장했고 허생이 집을 뛰쳐나간 뒤에 종사한 직업도 상업이다. 위에 제시된 내용은 허생을 통해 유통 구조의 취약성을 꼬집고 상업의 중요성을 부각시키는 부분이다. 백성의 살림을 돌보기 위해서는 경제의 발전이 가장 시급한 문제라는 인식이 작품 속에 드러난다.

《허생전》에는 연암의 이상 세계 건설에 대한 철학도 드러난다. 연암이 말하는 이상 세계는 아이들에게 오른손으로 숟가락을 쥐게 하고 하루라도 먼저 난 사람이 먼저 먹도록 양보케 하는 정도, 즉 최소한의 도덕이 존재하는 곳이다. 글을 아는 자들이 화근이 되는 곳이며 돈은 별로 필요 없는 곳이다.

② 고등학교 《전통윤리》

유학의 경제관은 조선 후기에 이르러 크게 변화하였다. 임진왜란과 병자호란과 같은 국난은 조선 사회를 위기에 처하게 했으며, 백성들의 생활을 극도로 궁핍하게 만들었다. 사회가 어려움에 처하자, 개혁적인 성향의 학자들은 새로운 학풍, 즉 실학을 주장하였다. 그들은 종래의 성리학과는 달리, 현실 문제에 대한 관심이 높았고, 그러한 문제를 해결하는 것이 자신들의 과제라고 생각하였다. 그들은 성리학의 비실용적인 이론 체계에 대해 반발하며, 정치와 경제 제도에 대한 체계적인 개혁안을 내놓기도 하였다. 다소간의 차이는 있지만, 그들은 당시의 기반 산업이었던 농업 혁신들을 통해 민생 안정과 사회 발전 등의 현실 문제에 대한 해결책을 모색하고자 하였다. 아울러, 빈농층의 입장에 서서 토지 개혁을 통해 국가 경제의 현실을 개선하고자 하였다. 특히, 북학파로 불리는 일군의 실학자들은 적극적으로 이용후생(利用厚生)을 주장하였다.

박지원의 《열하일기》, 박제가의 《북학의》 등은 이들의 주장을 담은 대표적인 저작이라 할 수 있다. 그들은 청나라의 선진 문물을 받아들여 상공업을 발전시킴으로써, 경제 성장과 사회 복지를 달성해야 한다고 역설하였다. 또, 베이징을 왕래하면서 선진 문물을 적극적으로 수용하여 기술의 혁신, 생산과 유통의 선진화를 꾀하였다. 이로써 종래의 성리학적 가치관에 바탕을 둔 농업 경제관, 사·농·공·상으로 서열화된 산업관과는 구분되는 실용적 경제관이 싹트게 되었다.

- 교육인적자원부, 고등학교 《전통윤리》 참조

고등학교 《전통윤리》에서는 '국가 사회에 이바지하고 자연을 아끼는 삶'이라는 대단원에서 조상들의 경제 생활과 대동 사회에 대해 알아본다. 그리고 도덕적 삶과 경제적 삶에 대한 철학으로 전통 윤리에서 경제적 이익 추구를 부정했는가? 하는 물음으로 시작된다.

지금까지 우리가 알고 있는 전통적인 가치관에서는 '군자는 의(義)에 밝지만 소인은 이(利)에 밝다' 라는 논어의 말처럼 도덕과 경제를 완벽하게 구분하고 도덕을 우위에 두었다. 부귀는 누구나 원하는 것이지만 도(道)로써 얻는 것이 아니면 거기에 처하지 않는다고 하여 도덕의 중요성만을 강조하였다. 그렇다면 전통 윤리는 자본이 경쟁력이 되는 현대 자본주의 사회에서는 아무런 가치가 없는 것일까?

본래 다스리고 건져 낸다는 경제(經濟)는 세상을 다스리고 백성을 구제한다는 의미에서 시작되었다. 백성들이 가진 것이 적은 것을 걱정하기보다 가진 것이 고르지 못한 것을 걱정해야 한다는 《논어》나 '백성들이 떳떳이 살수 있는 항산(恒産)이 없으면 그로 인해 떳떳한 마음(恒心)이 없어진다(무항

산무항심’ 는 《맹자》와 같이 전통 윤리에서도 분배의 균등 문제를 중요하게
여겼다.

> 옳다! 이렇고 난 후에야 이용이라 말할 수 있을 것이요, 이용이 있은 후에야 비로소 후
> 생이 될 것이요, 후생이 있은 후에야 그 질서를 바로잡을 것이다. 물건을 이롭게 쓸 줄 모
> 르고 그 생활을 넉넉하게 할 수는 없는 법이다. 물건을 이롭게 쓸 줄 몰라 생활 자료가 근
> 본 부족하면서 억지로 잘 살겠다고만 한다면 어떻게 그 도덕과 질서를 바로잡을 것인가?
>
> *- 박지원, 《열하일기》 중에서*

경제 철학은 실학자들에게서 가장 분명하게 드러난다. 연암을 비롯한
실학자들은 경제 문제의 중요성을 강조하여 물자의 생산과 소득의 분배에
많은 관심을 가졌다. 백성의 살림에 유용한 물자가 풍부하고 그것이 모든
백성에게 고르게 돌아갈 때 살림이 넉넉해지면서 도덕이 바로 선다고 주
장했다.

③ 고등학교 《윤리와 사상》

> 16세기 중엽 이후, 조선 사회는 임진왜란과 병자호란을 겪으면서 쇠퇴의 길을 걷기
> 시작하였고, 이에 따라 사회 전반에 걸쳐 개혁과 반성의 소리가 다양하게 터져 나왔다.
> 모름지기 모든 학문은 민중의 실생활에 도움을 줄 수 있는 현실적이고 실질적인 문제를

대상으로 해야 하고 구체적인 성과를 거둘 수 있어야 한다는 사회적 분위기가 대두되었고, 그 속에서 공리공론으로 흐른 당시 조선의 학문적 풍토에 대한 반성이 요구되었다. 아울러 청(淸)나라 고증학(考證學)의 영향과 서학(西學)과 같은 서구 문물의 유입 등은 근대 지향적이고 사회 개혁적인 경향을 가진 실학(實學)을 낳게 하는 배경이 되었다. 이러한 실학사상은 전개된 양상에 따라서 경세치용(經世致用)과 이용후생(利用厚生) 그리고 실사구시(實事求是)의 경향을 띠게 되었다.

- 교육인적자원부, 고등학교 《윤리와 사상》 참조

우리가 마땅히 지키고 따라야 할 윤리 사상의 뿌리를 알기 위해서는 먼저 윤리와 사상의 흐름과 특징을 알아야 한다. 동양 윤리와 한국 윤리, 서양 윤리는 그 시대의 생활 양식 속에서 발전해 왔다. 현대의 세계 윤리는 그 연장 선상에 서 있다.

현대 사회의 한국인에게 필요한 규범과 덕목들을 설정하기 위해서는 전통 윤리에 대한 이해가 필요하다. 전통 윤리의 연원은 토속 신앙과 단군의 건국에서 찾는다. 전통 윤리의 전개는 동양 윤리의 근간인 유교, 불교, 도교의 전개와 그 맥을 같이한다. 그 중 유교 윤리의 전개 과정에 연암이 있다. 민중의 실생활과는 유리되어 공리공론을 일삼던 성리학에 대한 반성에서 출발한 실학은 민중의 실생활에 도움을 줄 수 있는 실질적이고 현실적인 문제에 관심을 둔다. 학문이 현실에 발을 딛지 못하고 도움이 될 수 없다면 그것은 학문으로서의 가치가 없다. 성리학이 도를 논하고 이기를 논하던 관념적인 철학에서 벗어나 점차 백성들의 현실적인 삶을 돌보고 사회 문제에 적극적으로 개입하려는 현실적인 철학으로 전환되는 과정에 연암이 있다.

3. 기출 문제에서 만난 연암

① 학문하는 사람이 지녀야 할 태도

2000년 경희대학교 수시 논술은 '정자(亭子)'와 '연암의 문집' 중에서 학문하는 방법에 대한 논의의 일부를 제시하고 그 관점을 비교하여 학문하는 사람이 지녀야 할 태도에 대해 묻고 있다.

지식을 습득하고 펼쳐 나가는 태도에 대하여 정자는 '학문은 수양과 성찰을 통해 얻어진다'고 주장한다. 성인의 학문하는 태도는 올바름을 추구해야 하며 밖에서 찾지 말고 안에서 찾아야 한다. 정자의 자득(自得)이란 자아 성찰을 통해 얻는 학문의 가치를 말한다.

그런데 연암은 실제의 경험을 바탕으로 한 학문 탐구를 주장한다. 수박의 겉만 핥고 후추를 통째로 삼켜서는 그 맛을 알 수 없다. 수박을 쪼개고 후추를 갈아서 그 맛을 본 연후에야 비로소 맛을 알았다고 할 수 있다. 학문은 경험에서 나온다. 마찬가지로 시절에 맞지 않는 옷을 입었다는 것은 실용과

거리가 멀다는 뜻이다. 자신이 알고 있는 일부를 전부라고 말하는 것도 올바른 학문의 자세가 아니다.

따라서 연암의 학문하는 태도는 실증적이고 경험적이다. 눈으로 하늘을 보아야 그것을 파랗다고 느낄 수 있으며 하늘을 보지 않은 채 '하늘 천(川)' 자만 외는 것은 진실한 학문이 아니다. 그런 이치에서 학문하는 선비가 농공상이 무엇인지 알지도 못하면서 천시하고 배격하는 것은 까마귀와 백로를 본 적도 없으면서 비웃는 것과 마찬가지로 어리석은 일이다.

우주의 질서는 도덕뿐만 아니라 농업, 상업, 공업의 이치가 함께 맞물려 조화를 이룬다. 그러므로 학문하는 선비는 책뿐만 아니라 실질적이고 현실적인 학문에도 함께 힘써야 한다. 책 속에 파묻혀 지내던 《허생전》의 허생을 시장으로 뛰쳐나가게 만든 이유도 연암의 경험적이고 현실적인 학문을 중요하게 여기는 철학의 상징적 표현이다.

② 사물에 대한 올바른 인식

2005년 서울대학교 정시 논술에는 연암의 《열하일기》 중 '일야구도하기'가 외국 잡지의 한 우화, '개구리 세 마리' 이야기와 함께 제시되었다. 두 개의 제재를 통해 사물에 대한 올바른 인식에 도달하는 방법을 묻는 문제였다.

사물에 대한 인식이란 '큰 의심을 품지 않은 사람은 큰 깨달음이 없다. 의심나는 것을 쌓아 놓고 모호하게 두는 것은 캐묻고 따지는 것만 못하다'는 홍대용의 말처럼 의심에서 출발한다. 알고자 하는 욕구와 의지이다. 그렇다면 안다는 것은 무엇인가?

공자는 아는 것을 안다고 하고 모르는 것을 모른다고 하는 것이 진정으로 아는 것이라고 설명했다. 자신의 인식 정도를 분별할 수 있느냐가 인식의 도달 여부를 판가름해 준다는 것이다.

그렇다면 어떻게 알게 되는 것일까? 객관적인 실재를 경험으로 알게 되는 것인가, 아니면 주관적으로 내부에서 인식하는 것인가?

예문으로 나왔던 J. 로크는 《인간 오성론》에서 어떤 사람의 지식도 그 사람의 경험을 초월하는 것은 아니라고 설명한다. 개구리 세 마리의 이야기가 그것을 설명해 준다. 어느 날 개구리 한 마리가 바깥세상의 태양을 보고 와서는 크고 빛나는 것을 보고 왔다고 말한다. 다음 날 다른 개구리가 그 '크고 빛나는 것'을 보러 나갔으나 그 개구리가 본 것은 '부드럽고 고운 것'이었다. 결국 세 마리가 함께 하늘을 보러 나간다. 그들은 지평선 위로 넘어가는 해를 보게 되고 또 떠오르는 찬란한 태양도 보게 된다. 그들은 경험을 통해 알게 되는 것이다. 인식이란 경험에서 나온다.

반대로 연암은 객관적인 실재보다는 주관적 인식을 강조한다. '일야구도하기'는 제목 그대로 하룻밤에 아홉 번 강을 건너면서 깨달은 점을 술회한 것이다. 밤중에 강을 건너면서 들리는 모든 소리는 올바른 소리가 아니라 다만 자기 흉중(胸中)에 품고 있는 뜻대로 귀에 들리는 소리를 받아들인 것에 지나지 않는다. 눈으로 보고 듣고 하는 것은 내 마음에 달린 일인즉, 같은 사물도 보는 사람과 듣는 사람에 의해서 달라진다. 사실인 것은 존재하지 않으며 다만 존재하는 것은 해석뿐이라는 니체의 명제와 관련된다.

어휘 다지기

연암과 홍대용

홍대용은 연암과 같이 북학을 주장한 실학파이다. 그의 이론 중 가장 대표적인 것은 《의산문답》에 실려 있는 '지전설'과 '무한 우주론'이다. 연암의 《열하일기》에도 땅이 한 바퀴를 돌아 하루가 된다는 지전설과 우주에는 끝이 없다는 무한 우주론이 소개되고 있다. 중심에 중국이 있고 주변에 오랑캐가 있다는 천원지방설(天圓地方說)과 화이(華夷) 사상을 거부한 혁신적인 이론으로 주목받았다.

《인간 오성론》

경험론 철학의 원조로 일컬어지는 로크의 저서로 '마음속에 천성적인 원리가 발견되지 않는다'고 하며 오성의 직접 대상은 관념이고, 관념은 모든 경험에서 유래한다고 하였다. 이에 따라 신학적 형이상학의 기본 개념을 이루던 실체 개념은, 인간 의식에 의하여 지향되는 대상 개념으로 바뀌었다.

1강_ 이용후생(利用厚生)

생계형 범죄가 날로 늘어 심각한 수준이라고 한다. 연암 박지원의 논리대로라면 물자가 풍부해지면 백성의 삶이 풍요로워지고 도덕이 바로잡혀야 한다. 현대 사회는 과학의 발전으로 생활이 편리해졌고 우리의 경제 규모는 세계 수위에 드는 나라로 성장했다. 그런데도 먹을 것이 없어 물건을 훔치는 범죄가 급증하는 원인은 무엇일까? 연암의 경제 철학에서 우리는 중요한 의미 하나를 간과하고 있다.

case 1 연암은 '이용이 있은 후에 후생이 있고 후생이 있은 후에 정덕이 있다'고 주장했다. (가)에 나타난 사회 문제의 원인을 (나)에서 찾고 그 개선 방안을 (다)와 (라)에서 찾아 논술하시오. (1,000자 내외)

가 먹고 사는 문제로 자살하거나 물건을 훔치는 '생계형 범죄'가 갈수록 늘고 있다. 40대 가장이 아들 병원비를 마련할 길이 막막하자 목숨을 끊는가 하면 아이가 먹을 것을 달라고 보채는 걸 보다 못해 할인 마트에서 아이스크림을 훔친 40대 엄마도 있다. 정부가 눈앞에 다가왔다고 선전하고 있는 '국민소득 2만 달러 시대'의 그늘이다.

2만 달러 시대의 과실을 누리는 사람들이 있는 한편에는 더 팍팍해진 생활고에 절망하는 서민들이 있다. '국민소득 1만 달러 시대 때보다 더 어렵다'는 서민들의 하소연이 엄살만은 아니다. 지난 4일 서울 남대문 경찰서. 잔뜩 겁먹은 표정의 한모씨(45·여)가 조사를 받고 있었다. 서울역 부근의 대형 할인 마트에서 먹을거리를 몰래 훔친 혐의였다. 검거 당시 한씨는 한 손에 아이스크림과 딸기가 든 봉투를 들고 있었고, 다른 손으로는 네 살배기 아들의 손을 꼭 쥐고 있었다. 훔친 액수는 4만5천 원어치. 한씨는 '아이가 먹을 것을 달라고 보채는데 도저히 구할 수가 없어서……'라며 고개를 떨어뜨렸다. …(중략)…

이처럼 '생활비'를 이유로 한 범죄는 2002년 4만 852건, 2003년 4만 2100건이었으나 2004년엔 5만 4856건, 2005년'엔 4만 9708만 건으로 증가 추세다.

- 〈경향신문〉 2007·1·28일자 중에서

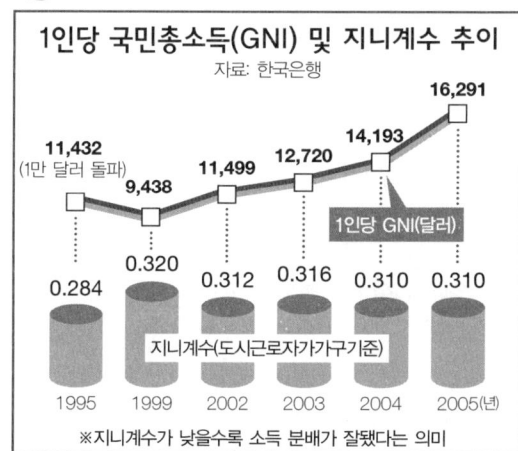

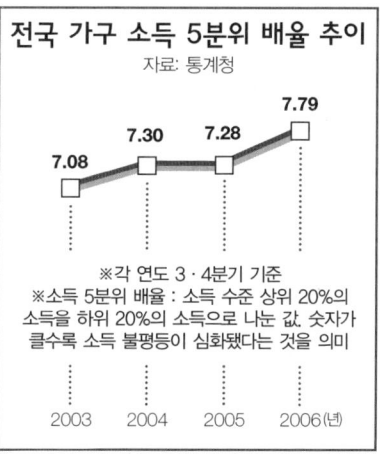

- 〈경향신문〉 2006·12·7일자 중에서

다 　제레미 리프킨은 《엔트로피》라는 책에서 자연에서는 생태계의 한 요소가 다른 요소들과의 기능적 관계를 정상적으로 유지하는 데 필요한 수준 이상으로 증식되면, 이들은 다른 생명체가 살아가는 데 필요한 유용한 에너지를 그들로부터 빼앗아 버린다고 설명한다. 한 종족이 필요 이상으로 증식되는 것은 생태계 전체로 볼 때는 그 전체를 위협하는 무서운 존재가 될 수 있다는 것이다.

이것은 인간 사회에서도 마찬가지이다. 소수의 개인이나 집단이 사회 전체 중 너무 많은 부분을 독점하는 것은 결국 다른 구성원의 유용한 에너지를 빼앗는 결과를 낳는다. 그리고 이런 상황이 계속되어 에너지를 빼앗긴 구성원이 생존의 위협을 느끼는 상황까지 지속된다면 그 사회는 붕괴되거나 혁명이 일어난다.

자연은 자연적 원리에 의해 에너지의 분배가 이루어지지만 사회는 스스로 정화하는 능력이 없다. 따라서 모든 사람이 경제 정의의 원칙에 합의하여 그 문제를 합리적으로 해결해 나가야 한다.

라 　또 이야기하였다. 변승업이 병들었을 때 돈을 얼마나 벌었는지 한번 알아보려고 점원 서기들을 다 모으고 장부를 맞춰 본 결과 은으로 50만 냥이었다. 그의 아들이 재산을 널어 놓은 지 오래되어 번폐롭고 축도 나겠으니 즉시 거둬들이는 편이 좋겠다고 했더니 변승업은 나무라는 말로 이렇게 말했다.

"이는 서울 안 만 호의 명맥이나 다름없다. 어떻게 하루아침에 이를 끊고 서둘러 돌려받을 것인가?"

또, 승업은 노경에 그 자손들을 경계하여 말하였다.

"내가 섬긴 대관들이 많았지마는 국가의 여론을 한 손으로 틀어쥠으로써 가계를 삼은 자 치고 삼대를 내려가는 집을 보지 못했다. 지금의 여론은 국내에서 재물 만지는 사람으로서는 우리 집에 드나드는 것으로써 높고 낮은 층하를 삼는다고 한다. 이것도 역시 여론이다. 그러므로 재물을 헐지 않으면 재앙이 미칠 것이다."

- 박지원,《열하일기》

어휘 다지기

정덕이용후생

《서경》 대우모편 '德惟善政 政在養民 …… 正德利用厚生惟和(오직 덕으로 참된 정치를 할 수 있고 그 참된 정치란 백성을 보양하는 데 있다. 정덕과 이용과 후생이 조화되어야 한다)'에서 유래된 말이다. 덕을 쌓아야(정덕) 경제의 발전(이용)이 이룩되고 그것이 사회의 복지(후생)를 창출한다는 논리이다.

연암의 이용후생

《서경》의 '정덕이용후생'을 당시 조선의 현실에 맞게 재배치한 것이다. 백성들의 살림을 살피는 것이 가장 시급한 문제이니만큼 이용이 최우선의 가치가 되었다.

제레미 리프킨(Jeremy Rifkin)

제레미 리프킨은 미국의 경제학자이며 미래학자, 환경학자, 문명 비평가로 알려져 있으며 저서로 《엔트로피》《소유의 종말》《노동의 종말》 등이 있다. 그는 과학 기술의 변화가 경제, 노동 시장, 사회, 그리고 환경에 어떤 영향을 미치는가를 연구하였다. 《엔트로피》는 인간이 에너지를 소비할수록 무용한 에너지의 총량인 엔트로피가 증가하므로 인류의 역사는 발전이라고 할 수 없다는 논리를 펼치고 있다. 또한 《소유의 종말》에서는 빠른 산업의 발전과 사회의 변화는 이제 소유하는 것보다 접속이 중요한 시대로 전환되고 있음을 보여 준다.

생각 쓰기

2강_ 법고창신(法古創新)

21세기 국가 경쟁력의 핵심은 문화라고 한다. 스크린 쿼터나 한류 열풍이 화두가 되고 있는 것도 문화의 중요성을 보여 주는 현상들이다. 세계가 하나의 네트워크를 형성하고 있는 현대 사회에는 다양한 문화들이 서로 접촉하고 또 충돌하면서 발전해 나간다. 문화 발전의 과정에서 가장 핵심적인 요소는 무엇일까? 연암 박지원의 '법고창신론'은 우리에게 문화 발전의 지침을 제시하고 있다.

case 2 제시문 (가), (나)를 바탕으로 알 수 있는 '문화 발전의 원동력'은 무엇인지 논술하시오. (다)를 예로 들어 논술하시오. (1,000자 내외)

가 전통은 물론 과거로부터 이어 온 것을 말한다. 이 전통은 대체로 그 사회 및 그 사회의 구성원(構成員)인 개인(個人)의 몸에 배어 있는 것이다. 그러므로 스스로 깨닫지 못하는 사이에 전통은 우리의 현실에 작용(作用)하는 경우(境遇)가 있다. 그러나 과거에서 이어 온 것을 무턱대고 모두 전통이라고 한다면, 인습(因襲)이라는 것과의 구별(區別)이 서지 않을 것이다. 우리는 인습을 버려야 할 것이라고는 생각하지만, 계승(繼承)해야 할 것이라고는 생각하지 않는다. 여기서 우리는, 과거에서 이어 온 것을 객관화(客觀化)하고, 이를 비판(批判)하는 입장에 서야 할 필요를 느끼게 된다. 그 비판을 통해서 현재(現在)의 문화 창조(文化 創造)에 이바지할 수 있다고 생각되는 것만을 우리는 전통이라고 불러야 할 것이다. 이같이, 전통은 인습과 구별될뿐더러, 또 단순한 유물(遺物)과도 구별되어야 한다. 현재에 문화 창조와 관계가 없는 것을 우리는 문화적 전통이라고 부를 수가 없기 때문이다.

- 교육인적자원부, 고등학교 《국어》(하), '민족 문화의 전통과 계승' 중에서

나 문장은 어떻게 써야 하는가? '반드시 옛것을 모범으로 삼아야 한다' 라고 사람들은 말한다. 그리하여 세상에는 마침내 옛것을 모방하면서도 부끄러운 줄 모르는 사람들이 생겨나게 되었다. 이는 주나라의 제도를 본떴던 역적 왕망이 예악을 수립했다는 격이며, 공자와 얼굴이 닮은 양화가 만세의 스승이 될 수 있다는 격이다. 그러니 어찌 옛것을 모범으로 삼을 수 있겠는가?

그렇다면 새것을 만들어야 하겠지. 그리하여 세상에는 마침내 괴상하고 허황되고 지나치고 치우친 글을 쓰면서도 두려워할 줄 모르는 이들이 생겨나게 되었다. 이는, 임시 조처로서 세 길 높이의 나무를 옮기게 함이 통상의 범령보다 중요하다는 격이고, 이언년의 새로 만든 간드러진 노래가 종요의 음악으로 연주되어도 좋다는 격이다. 그러니 어찌 새것을 만들겠는가? 그렇다면 어찌해야 좋단 말인가?

아아! 옛것을 모범으로 삼는 사람은 낡은 자취에 구애되는 것이 병이고 새것을 만들어 내는 사람은 상도에서 벗어나는 것이 탈이다. 참으로 옛것을 모범으로 삼되 변통할 줄 알고, 새것을 만들어 내되 법도가 있게 할 수 있다면 지금 글이 옛날 글과 같을 것이다.

- 《초정집》 '서문' 중에서

다 두터비 파리를 물고 두엄 위에 치다라 앉아

건넌 산 바라보니 백송골이 떠 있거늘

가슴이 끔찍하여 풀떡 뛰어 내리닫다가 두험 아래 자빠졌구나

모쳐라, 날랜 나이기에 망정이지 에헐질 번 하괘라

- 작자 미상, 〈청구영언〉 중에서

어린 염소	부리 긴 물총새가
등 가려운	느낌표로
여우비도	물고 가는
지났다.	
	피라미
목이 긴	은빛 비린내
메아리가	문득 번진
자맥질을	둑방길
하는 곳	
	어머니
마알간	마른 손 같은
꽃대궁들이	조팝꽃이
물빛으로	한창이다.
흔들리고	

유재영, 〈둑방길〉- 교육인적자원부, 중학교 《국어 3-1》 중에서

나 보기가 역겨워

가실 때에는

말없이 고이 보내 드리오리다.

영변(寧邊)에 약산(藥山)

진달래꽃,

아름 따다 가실 길에 뿌리오리다.

가시는 걸음 걸음

놓인 그 꽃을

사뿐히 즈려 밟고 가시옵소서.

나 보기가 역겨워

가실 때에는

죽어도 아니 눈물 흘리오리다.

– 김소월, 〈진달래꽃〉 중에서

어휘 다지기

법고창신(法古創新)

'옛것을 거울삼아 새로운 것을 창조한다' 는 의미이다.

연암에 따르면 문장에는 고문(古文)과 금문(今文)의 구별이 있는 게 아니다. 중요한 것은 자신의 글을 쓰는 것이다. 한유나 구양수의 명문을 모방하고 반고와 사마천의 글을 본뜨는 것이 중요한 것이 아니라, 귀로 듣고 눈으로 본 바를 고스란히 드러내는 것이 진정한 문장의 도(道)라고 보았다.

생각 쓰기

3강_ 인물성동론(人物性同論)

인간과 동물은 어떤 차이가 있을까? 또 인간과 인간은 어떤 차이가 있을까? 인간의 역사는 스스로를 만물의 영장이라 하여 인간 아닌 것을 마음대로 지배하고 파괴한 역사이다. 물론 동양의 전통 윤리는 자연을 자연 그대로 둘 것을 강조했다. 하지만 현대 사회의 인간은 소의 배 속에 물줄기를 들이붓고 거위에게 사료를 쏟아 붓는다. 또 인간끼리도 서로 우열과 차등을 두어 경계하고 대립한다.

> **case 3** (가)와 (나)를 참고하여 (다)에 나타난 연암의 사상이 '북학론'의 설득력에 어떤 영향을 미치는지 논술하시오. (1,000자 내외)

가 성리학에서는 인간의 본성을 '본연지성'과 '기질지성'으로 설명한다. 본연지성의 측면에서는 인간은 모두 동일한 존재이며, 기질지성의 측면에서는 사람들이 각각 기질에 따라서 구별된다. 여기에서 하나의 의문이 제기된다. 인간이 본연지성을 갖춘 존재라면, 과연 인물(人物)의 관계, 인간과 동식물도 모두 본연지성으로 설명할 수 있는가?

인간은 본래 하늘과 같은 존재로 파악된다. 그리고 동식물도 모두 하늘의 기운을 받고 난 것이다. 그렇다면 인간과 동식물도 같은 존재인가, 다른 존재인가? 그것이 조선 후기 노론을 중심으로 일어난 '인물성동이논쟁'이다. 인물성동이논쟁이란 인성과 물성이 서로 동일한 것인가, 다른 것인가에 대해 각각의 서로 다른 입장을 주장한 것이다.

'인물성이론'의 입장은 본연지성이 기에 내재되어 있기 때문에 기질지성이 실제로 작용한다. 따라서 인간과 인간이 모두 다르고 인간과 동식물도 다르다.

반대로 '인물성동론'은 사람과 사물의 제각기 타고난 본성은 본래 같은 것이다. 다만 기품이 다를 뿐이다. 인간과 인간 상호간에 서로 다르고 사람과 동물이 다른 것도 서로 기질의 차이에서 비롯된 것일 뿐, 그 본연지성은 모두 같다고 파악한다. 즉, 차이를 인정하되, 그 본질적 측면을 중요하게 여긴다.

나 어떤 사람이 내게 말했다.

"어제 저녁, 어떤 사람이 몽둥이로 돌아다니는 개를 때려죽이는 것을 보았네. 그 모습이 불쌍해 마음이 너무 아팠네. 그래서 이제부터는 개고기나 돼지고기를 먹지 않을 생각이네."

그 말을 듣고 내가 말했다.

"어제 저녁, 어떤 사람이 화로 옆에서 이(蝨)를 잡아 태워 죽이는 것을 보고 마음이 무척 아팠네. 그래서 다시는 이를 잡지 않겠다고 맹세를 하였네."

그러자 그 사람은 화를 내며 말했다.

"이는 하찮은 존재가 아닌가? 내가 큰 동물이 죽는 것을 보고 불쌍한 생각이 들어 말한 것인데, 그대는 어찌 그런 사소한 것이 죽는 것과 비교하는가? 그대는 지금 나를 놀리는 것인가?"

나는 좀 구체적으로 설명할 필요를 느꼈다.

"무릇 살아 있는 것은 사람으로부터 소, 말, 돼지, 양, 곤충, 개미에 이르기까지 모두 사는 것을 원하고 죽는 것을 싫어한다네. 어찌 큰 것만 죽음을 싫어하고 작은 것은 싫어하지 않겠는가? 그렇다면 개와 이의 죽음은 같은 것이겠지. 그래서 이를 들어 말한 것이지, 어찌 그대를 놀리려는 뜻이 있었겠는가? 내 말을 믿지 못하거든, 그대의 열 손가락을 깨물어 보게나. 엄지손가락만 아프고 나머지 손가락은 안 아프겠는가? 우리 몸에 있는 것은 크고 작은 마디를 막론하고 그 아픔은 모두 같은 것일세. 더구나 개나 이나 각기 생명을 받아 태어났는데, 어찌 하나는 죽음을 싫어하고 하나는 좋아하겠는가? 그대는 눈을 감고 조용히 생각해 보게. 그리하여 달팽이의 뿔을 소의 뿔과 같이 보고, 메추리를 큰 붕새와 동일하게 보도록 노력하게나. 그런 뒤에야 내가 그대와 더불어 도(道)를 말할 수 있을 걸세."

- 교육인적자원부, 중학교 《국어 2-1》 '슬견설' 중에서

다   내 앞에 가까이 오지 말아라. 내 듣건대 유(儒)는 유(諛)라 하더니 과연 그렇구나. 네가 평소에 천하의 악명을 죄다 나에게 덮어씌우더니, 이제 사정이 급해지자 면전에서 아첨을 떠니 누가 곧이듣겠느냐? 천하의 원리는 하나뿐이다. 범의 본성(本性)이 악한 것이라면 인간의 본성도 악할 것이요, 인간의 본성이 선(善)한 것이라면 범의 본성도 선할 것이다. 너희들이 떠드는 천 소리 만 소리는 오륜(五倫)에서 벗어난 것이 아니고, 경계하고 권면하는 말은 내내 사강(四綱)에 머물러 있다. 그런데 도회지에 코 베이고, 발꿈치 잘리고, 얼굴에다 자자(刺字)질하고 다니는 것들은 다 오륜을 지키지 못한 자들이 아니냐? …… 범이 노루나 사슴을 잡아먹을 때는 사람들이 미워하지 않다가, 말이나 소를 잡아먹을 때는 사람들이 원수로 생각하는 것은 사람들에게 노루나

사슴은 은공이 없고 소나 말은 유공(有功)하기 때문이 아니냐? 그런데 너희들은 소나 말들이 태워 주고 일해 주는 공로와 따르고 충성하는 정성을 다 저버리고 날마다 푸줏간을 채워 뿔과 갈기도 남기지 않고, 다시 우리의 노루와 사슴을 침노하여 우리들로 하여금 산에도 들에도 먹을 것이 없게 만든단 말이냐? 하늘이 정사를 공평하게 한다면 너희가 죽어서 나의 밥이 되어야 하겠느냐, 그렇지 말아야 할 것이겠느냐? …… 너희가 이(理)를 말하고 성(性)을 논할 적에 걸핏하면 하늘을 들먹이지만, 하늘의 소명(所命)으로 보자면 범이나 사람이나 다 같이 만물 중의 하나이다. 천지가 만물을 낳은 인(仁)으로 논하자면 범과 메뚜기 · 누에 · 벌 · 개미 및 사람이 다 같이 땅에서 길러지는 것으로 서로 해칠 수 없는 것이다. 그 선악을 분별해 보자면 벌과 개미의 집을 공공연히 노략질하는 것은 홀로 천지간의 거대한 도둑이 되지 않겠는가?

- 박지원, 《호질》 중에서

어휘 다지기

호락 논쟁

한원진(韓元震)은 인성(人性)과 물성(物性)은 다른 것이라 주장하였다. 그러나 성즉리설(性卽理說)에 근거하여 이간(李柬)은 인성과 물성이 동일한 이를 본체로 하는 것이므로 그것은 같은 것일 수밖에 없다고 주장, 다만 인성과 물성에 차이가 있는 것은 형기(形氣)에 의한 것일 뿐이라 하였다. 호서(湖西)에서 거주하고 있던 남당(南塘) 한원진과 서울에 거주하고 있던 외암(巍巖) 이간 사이에 벌어진 논쟁으로 호락 논쟁이라 부른다. 호락 논쟁은 이후 100년 동안 지속되어 호론은 위정 척사의 사상으로, 낙론은 북학 사상으로 전개되었다.

생각 쓰기

4강_ 패러다임의 전환

　'패러다임'은 '사례·예제·실례' 등을 뜻하는 그리스어(語)에서 유래된 말이다. 이 말을 처음 사용한 사람은 토머스 쿤(Thomas S. Kuhn)이다. 그는 패러다임을 한 시대를 지배하는 과학적 인식·이론·관습·사고·관념·가치관 등이 결합된 총체적인 틀 또는 개념의 집합체로 정의하였다. 그리고 그 패러다임은 고정된 것이 아니라 생성되고 쇠퇴하며 다시 새로운 패러다임으로 교체된다.

case 4-1 (가)의 내용을 요약하시오.

가 　토머스 쿤이라는 과학 철학자는 과학 발전도 하나의 체계가 조금씩 수정·보완을 거듭하며 완성되어 가는 것이 아니라, 마치 혁명이 일어난 것처럼 전혀 다른 체계로 교체되는 과정이라고 주장합니다. 기존의 과학이 여러 가지 문제를 해결하기에 모자람이 없는 동안에는 그것을 '정상 과학'이라는 이름의 진리 체계로 여기며, 정상 과학을 이루는 공통의 규칙을 비롯한 사고의 틀 전체를 패러다임(paradigm)이라 부릅니다. 그런데 언제나 그랬듯이 정상 과학의 수정·보완으로는 해결할 수 없는 새로운 문제가 발생합니다. 그런 심각한 문제에 이른 상태를 '정상 과학의 위기'라고 합니다. 과학이 이 위기를 벗어나는 발전은 패러다임을 기존의 것과는 전혀 다른 것으로 교체하여 새로운 정상 과학을 이룸으로써 가능하다는 것입니다. 이처럼 한 패러다임에서 다른 패러다임으로 바뀌는 것을 '혁명적인 과정'이라고 부르지요. 과학 혁명은 한 패러다임 내의 과학이 모순으로 부글부글 끓다가 위기에 닥쳐 뉴턴이나 아인슈타인 같은 혁명가에 의해 새로운 패러다임으로 전환하는 과정인 것입니다.

그 흐름을 요약하면 다음과 같습니다.

옛 과학→패러다임 출현→정상 과학→위기→혁명→경쟁적 패러다임 출현→새 정상 과학

쿤의 주장이 충격적인 이유는 상식과도 같은 '과학이 절대 진리를 향해 나간다'라는 과학의 일방적 진보 개념을 부정하는 것이기 때문입니다. 그것은 다시 말해 과학적 연구에 있어 보편적인 원칙(혹은 원리)은 없다는 주장인 것입니다. 과학은 어떤 우주적인, 보편적인, 혹은 영구 불변의 진리를 제시하는 것이 아니라 역사와 사회의 부산물이라는 것이지요. 따라서 역사적 상황이나 사회적 여건이 변하면 진리의 내용도 변한다는 것으로서, 이런 쿤의 입장은 '상대주의'라는 비판을 받기도 합니다.

-《토머스 쿤이 들려주는 패러다임 이야기》 중에서

생각 쓰기

----

case 4-2 위의 (가)를 바탕으로 (나)~(라)에 나타난 패러다임의 전환을 설명하시오.

나 조선은 고려보다도 상업 활동에 대한 통제를 강화하였다. 한양으로 천도하면서 종로 거리에 상점가를 만들었다. 여기에 개경에 있던 시전 상인을 한양으로 이주시켜 장사하게 하는 대신에 점포세와 상세를 거두었다. 시전 상인은 왕실이나 관청에 물품을 공급하는 대신에 특정 상품에 대한 독점 판매권을 부여받았다. 이들 시전 중에서 명주, 종이, 어물, 모시, 삼베, 무명을 파는 점포가 가장 번성하였는데, 후에 이를 육의전이라 하였다. 또, 이들의 불법적인 상행위를 통제하기 위하여 경시서를 두었다.

15세기 후반부터 등장하기 시작한 장시는 서울 근교와 지방에서 농업 생산력의 발달에 힘입어 증가하였다. 농민이 농업을 버리고 상업에 몰릴 것을 염려한 정부에서는 장시의 발전을 억제하였으나, 일부 장시는 정기 시장으로 정착해 갔다. 16세기 중엽에 이르러 장시는 전국적으로 확대되었다. 보부상은 장시에서 농산물, 수공업 제품, 수산물, 약재 등을 판매하여 유통시켰다.

한편, 정부는 조선 초기에 저화, 조선통보 등을 만들어 유통시키려 하였으나 부진하였다. 농민은 화폐로 쌀과 무명을 사용하였다.

- 고등학교 교과서 《국사》 중에서

다 비유하건대, 재물은 대체로 샘과 같다. 퍼내면 차고, 버려두면 말라 버린다. 그러므로 비단 옷을 입지 않아서 나라에 비단 짜는 사람이 없게 되면 여공(女工)이 쇠퇴하고, 쭈그러진 그릇을 싫어하지 않고 기교를 숭상하지 않아서 공장(工匠)이 도야하는 일이 없게 되면 기예가 망하게 되며, 농사가 황폐해져서 그 법을 잃게 되므로, 사농공상의 사민이 모두 곤궁하여 서로 구제할 수 없게 된다.

- 박지원, 《북학의》 중에서

라 중국이 재산이 풍족하고 한 곳에 지체되지 않으며 고루고루 유통되는 것은 모두 수레를 쓴 이익이다. …… 영남 어린이들은 새우젓을 모르고, 관동 백성들은 아가위를 절여서 잘 대신 쓰며, 서북 사람들은 감과 감자의 맛을 분간하지 못하며, 바닷가 사람들은 새우나 정어리를 거름으로 밭에 내건만 서울에서는 한 움큼에 한 품을 하니, 이렇게 귀함은 무슨 까닭일까?

…… 이것은 오로지 멀리 운반할 힘이 없기 때문이다. 사방이 겨우 몇천 리밖에 안 되는 나라에 백성들의 살림살이가 이렇게 가난한 것은 국내에 수레가 다니지 못한 까닭이다.

- 박지원, 《열하일기》 중에서

생각 쓰기

아비투어
철학 논술

case 1   2007년의 대한민국은 연암의 이론에 비추어 보면 이용만 이루어졌고 후생과 정덕은 아직도 먼 이야기이다. 물자의 생산이 풍부해지면 복지가 이루어지고 도덕이 바로 선 나라가 성립된다고 주장했는데 왜 시대는 거꾸로 가고 있는 것일까?

연암 시대의 경제 규모는 단돈 만 냥으로도 충분히 한두 가지 물품을 매점매석하여 최고의 이익을 낼 수 있을 만큼 취약하였다. 하지만 지금의 우리 경제는 (나)의 통계에서도 알 수 있듯이 급속도의 성장을 거듭하여 국민 소득 2만 달러 시대를 눈앞에 두고 있다. 그러나 높은 지니계수는 소득의 격차가 벌어지고 있음을 보여 준다. 전국 가구 소득 5분위 배율이 높아지는 현상 역시 소득 불평등으로 인한 빈부 격차가 갈수록 심화되고 있음을 보여 준다.

이는 후생이 제대로 되고 있지 않는 것이다. 보다 엄밀히 말하면 이용을 누리는 사람과 이용을 누리지 못하는 사람이 따로 존재하고 있는 것이다. 그러니 경제 규모의 성장에도 불구하고 일부에서는 여전히 먹고살기 어려운 시대가 계속되고 (가)의 경우처럼 경제적 빈곤이 도덕적 가치관을 무너뜨리는 결과를 낳게 되었다.

도덕이 바로 서기 위해서는 우선 모든 사람이 후생을 누릴 수 있도록 빈부 격차를 줄여야 한다. (다)의 주장처럼 소득과 부의 재분배가 필수적이다. (라)의 변승업은 재산이 한 곳에 집중되면 재앙이 미친다 하여 백성에게 재산의 일부를 나누어 주었다. 여기서 알 수 있는 소득 불균형 해결의 한 가지 방법은 기업이 그 사회적 책임을 다하려고 노력해야 한다는 것이다. 기업의 사회적 책임이란 기업 활동으로 이윤을 얻는 기업가뿐만 아니라 근로자와 소비자, 지역 사회 등에 모두 이익이 돌아갈 수 있도록 책임을 지는 의식이다. 다시 말하면 근로 환경 개선, 소비자에 대해 투명하고 공정한 태도, 지역 사회 발전을 위한 투자와 같이 기업의 이윤을 사회 발전을 위해 환원하는 자세가 필요하다. 최근 기업의 기부금이 늘어나고 유엔의 글로벌 콤팩트(기업의 사회적 책임에 관한 국제 협약)에 가입하는 기업들이 늘어나는 현상 등이 사회적 책임을 다하려는 노력의 일환이다.

연암의 주장은 모든 백성이 함께 잘사는 복지 국가와 도덕이 바로 선 나라를 건설하기 위한 이용후생이었다. 우리는 가장 중요한 '정덕'이라는 이용후생의 최종 목표를 간과한 채, 물질의 풍요와 규모의 성장만을 위해 달려 왔던 것이다.

case 2 21세기 국가 경쟁력의 핵심은 문화라고 한다. 한 문화는 그 민족의 역사와 함께 전개되고 또 다른 문화와 접촉하고 교류 혹은 충돌하면서 발전해 나간다. 그렇다면 문화 발전의 핵심 요소는 무엇일까?

우선 전통의 개념을 명확히 해야 한다. 과거에서 내려온 것을 전통이라고 했을 때 모든 것이 전통이 될 수는 없다. 잘못된 전통, 그것은 현재 문화 창조에 아무런 도움이 될 수 없는 인습이다. 그렇기 때문에 과거의 것을 주체적인 시각 없이 그대로 답습하거나 모방하는 것은 발전을 가져올 수 없다. 옛것의 법도를 따르되 따를 만한 가치가 있는 것에서 더 나아가 새로운 것을 창조하여야 한다. 여기서 창조란 생경한 것을 모두 가리키는 것은 아니다. 새로운 것일지라도 그것은 다시 다음 세대의 전통이 될 수 있는 법도가 있어야 한다.

시문학의 전개 과정을 보면 창조 정신의 가치를 알 수 있다. 고려 말에 나타나 조선 시대를 풍미했던 시조는 우리의 대표적인 시가 문학의 한 형태이다. 하지만 기존의 정격화된 틀에 맞추어 계속 답습만 했다면 그것은 그냥 시조일 수밖에 없었을 것이다. 시조는 조선 후기에 와서 (다)와 같은 사설시조로 확대 발전된다. 사설시조는 시조의 엄격한 틀을 거부하면서 새롭게 창조되었다. 틀이 무너지면서 일반 평민들도 작가의 대열에 참여하게 되었다. 사대부의 전유물로 유교적 관념 일변도였던 주제도 평민들의 생활 모습과 감정, 현실에 대한 풍자에 이르기까지 다양화되었다. 그렇게 시조는 평시조뿐만 아니라 사설시조와 같은 다양한 모습으로 재창조되고 발전하면서 현대에까지 이어질 수 있게 된 것이다.

(다)의 현대 시조는 시조의 틀을 유지하여 절제된 아름다움과 정적인 분위기를 자아내고 행과 연의 배치에 변화를 주어 동적인 이미지를 형성하여 법고창신의 묘를 보여 준다. (다)의 김소월의 〈진달래꽃〉 역시 우리 시가의 전통인 민요적 율격 3음보의 형식을 이어받았고 전통적 정서인 이별의 정한을 표현하였다. 그러나 그것이 전혀 진부하지 않고 현대적 정서에 어울림에도 손색이 없다.

가장 한국적인 것이 가장 세계적인 것이라고 한다. 전통의 가치를 소중히 여기되 늘 새로운 것을 향한 부단한 창조 정신을 발휘하는 것이 문화 발전의 밑거름이고 원동력이 된다.

case 3 인간과 동물은 같은가, 다른가? 그것에 대해 성리학자들은 호락 논쟁으로 맞섰다. 인간의 본성을 본연지성과 기질지성으로 설명하는 (가)의 호락 논쟁은 인간과 동물이 같다는 '낙론'과 인간과 동물은 다르다는 '호론'으로 설명된다. 연암은 어떤 입장에 서 있는가?

연암의 《호질》을 보면 그의 인물성동론을 볼 수 있다. 그에 따르면 천하의 원리는 하나뿐이다. 범의 본성이 선한 것이라면 인간의 본성도 선하고 범의 본성이 악한 것이라면 인간의 본성도 악하다. 본질적으로 인간과 동물은 같다.

인물성동론은 연암의 북학론의 사상적 뒷받침이 된다. 당시의 지배층에 만연해 있던 사상은 북벌론이다. 명을 중화로 떠받들기 때문에 청은 오랑캐이고 문명국으로 인정할 수 없다. 여기에는 당시 팽배해 있던 '중화 사상', 사람과 사람 사이의 차이, 사람과 사람 아닌 것의 차이가 있다는 전제하에 명을 떠받들고 조선은 '소중화'가 되며 그 밖의 민족들은 모두 오랑캐로 치부되는 불평등 사상이 깔려 있다.

하지만 연암은 비록 오랑캐의 것이라도 그것이 제 나라의 부국강병을 위해 도움이 된다면 얼마든지 배워야 한다고 주장한다. 인간의 본성이 만물과 같으며 또 각각의 인간이 모두 근본적으로 같은 존재이다. 인간이 근본적으로 선한 본성을 지닌 동일한 가치를 가진 존재라고 주장한다면 명이나 청, 그리고 조선 모두 평등하게 인식된다. 따라서 그들에게도 배울 것이 있다는 논리가 가능하다. 그것은 그동안 조선 사회를 지배해 왔던 뿌리 깊은 중화 사상과 화이론을 극복하고 주체적이고 자주적인 태도로 나아가는 사상적 기반으로 작용한다.

북학론이란 표면적으로는 청의 문물을 받아들여 부국강병을 꾀하려는 실용 정신에 있었지만 그 내부적으로는 그동안 스스로를 작은 중화로 폄하했던 조선이 누구와도 동등한 주체로 성장하게 됨을 의미한다.

case 4-1 패러다임이란, 한 시대 특정 분야의 학자들이나 사회 전체가 공유하는 이론이나 법칙, 지식, 가치를 의미한다. 넓게는 가치관이나 사고방식을 의미하기도 한다. 하나의 패러다임이 그 틀을 사회적으로 인정받게 되면 그것은 '정상 과학'이라는 이름의 진리로 받아들여진다. 그러나 그 공통의 규칙은 그 이론으로 설명할 수 없는 현상을 만나거나 시대의 변화에 따라 위기를 맞게 된다. 그리고 혁명처럼 새로운 경쟁적 패러다임을 만나면서 또 하나의 새로운 정상 과학, 즉 새 패러다임으로 전환된다.

case 4-2 (나)는 조선 전기 경제 패러다임을 보여 준다. 조선은 사농공상의 위계가 엄격한 사회로 선비인 사(士)와 생활의 근간이 되는 농(農)을 제외한 공(工)과 상(商)을 천시하였다. 그리고 나라에서 시장에서 일어나는 모든 상행위를 엄격하게 통제하였다. 그러나 양란을 겪으면서 조선 사회는 신분제의 질서가 흔들리게 되었다. 따라서 상업과 공업에 종사하던 평민들이 부를 축적하여 기반을 잡게 되고 반대로 양반은 공리공론만을 일삼다가 변화하는 시대에 발맞추지 못하였다. 기존의 탄탄한 신분 질서라는 패러다임이 전쟁을 겪으면서 흔들리기 시작하였다.

(다)와 (라)는 새로운 패러다임으로의 전환을 예고한다. 성리학이 더 이상 사회의 안정을 가져오지 못한다면 이제 조선 사회를 제도할 수 있는 새로운 철학이 필요하다. 그렇게 대두된 것이 실학이다. 경제 구조의 취약성이 결국 조선 전체를 흔들리게 하고 있으므로 이제 국가의 인위적인 규제가 아닌 새로운 경제 정책이 필요하게 되었다.

(다)의 박제가의 우물론은 소비의 중요성을 일깨워 주었다. 성리학적 관점에서는 성인이란 언제나 청백리여야 하며 재물을 탐하는 것을 수치로 알았다. 그러나 합리적이고 긍정적인 소비는 경제 발전의 원동력이 될 수 있다. 물건을 쓰는 사람이 있어야 만드는 사람이 활성화되고 사는 사람이 있어야 파는 사람도 생긴다. 성리학적 패러다임에서는 경제의 취약성을 해결하지 못하므로 소비를 권장하는 박제가의 새로운 패러다임이 등장한 것이다. 마찬가지로 나라에서 상업과 유통을 철저하게 관리하다 보니 경제의 규모가 사회 발전의 속도를 따라가지 못하고 있다.

중세의 봉건 사회에서는 나라에서 일어나는 모든 일을 국가가 관장하였지만, 이제 근대 시민 사회로 나아가기 위해서는 국가의 규제는 철폐되어야 한다. (라)의 연암은 그런 의미에서 유통 구조의 활성화를 위해 수레의 역할을 중요하게 생각하였다. 수레가 전 국토를 다니며 바쁘게 물건을 실어 나를 때 경제가 원활하게 돌아가고 백성들이 물자를 편리하게 이용할 수 있으며 부의 생산이 이루어진다.

실학은 과거 성리학적 경제 패러다임이라는 정상 과학이 경제 규모의 발전과 성장이라는 과제를 해결하지 못하면서 일어난 혁명이다. 이 실학이라는 경쟁적 패러다임은 결국 근대 사회라는 새로운 패러다임, 새 정상 과학을 탄생시켰다.

철학자가 들려주는 철학이야기 046

사르트르가 들려주는 실존 이야기

저자_**박민수**

연세대학교 독문과를 졸업하고 동대학원에서 석사 학위를 받았다. 지금은 독일 베를린 자유대학에서 〈근대 미학에서 미적 가상의 개념〉이란 주제로 박사 논문을 준비하고 있다. 전문 번역가로도 활동하고 있으며, 저서로는 《아비투어 철학 논술: 칸트가 들려주는 순수 이성 비판 이야기》《아비투어 철학 논술: 니체가 들려주는 슈퍼맨 이야기》《아비투어 철학 논술: 헤겔이 들려주는 정신 이야기》 등이 있고, 역서로는 《우리의 포스트모던적 모던》《데리다―니체, 니체―데리다》《신의 독약》《책벌레》《크라바트》 등이 있다.

사르트르와 실존주의 사상

Jean Paul Sartre

사르트르와 실존주의 사상

1. 사르트르의 생애

장 폴 사르트르(Jean Paul Sartre, 1905~1980)는 20세기의 주요 사상인 실존주의의 대표적 사상가이다. 사르트르는 프랑스 파리에서 출생했으며, 그가 태어나고 2년 후에 해군 장교였던 아버지가 사망했다. 조부모 슬하에서 지낸 어린 시절에 사르트르는 '꼬마 풀루' 라 불렸고 일찍부터 천재적인 면모를 보여 주었지만, 친구가 별로 없어 책 읽기와 글쓰기에만 탐닉했다. 그는 8세 때 중등학교에 입학했지만 학교 생활에 흥미를 느끼지 못해 중퇴했으며 2년 후에 다른 중등학교에 다시 입학했다.

1917년 어머니가 어느 사업가와 재혼하자 사르트르는 잠시 의붓아버지와 함께 살았으나 얼마쯤 지나자 학교 기숙사로 옮겨 생활하기 시작했다. 중등학교 시절 사르트르는 학과 공부를 하는 틈틈이 마르셀 프루스트와 앙드레 지드 등 당대 유명한 작가들의 작품을 탐독했다. 이런 독서의 영향으로 그는 열여덟 살 때인 1923년에 첫 소설 《죽음의 천사》를 썼다.

1924년에 사르트르는 명문 대학인 파리 고등 사범학교에 합격했으며 4년간 고등 사범학교의 기숙사 생활을 하면서 레몽 아롱, 폴 니장, 모리스 메를로 퐁티 등과 친구가 되었다. 이들은 모두 나중에 유명한 작가와 사상가가 된 인물들이었다. 1929년 사르트르는 졸업 시험을 수석으로 통과했으며, 같은 해에 시몬 드 보부아르라는 지적으로 뛰어난 여성을 만나 결혼했다.

사르트르는 1931년부터 르아브르란 곳의 중·고등학교 교사로 일하기 시작했다. 하지만 1933년 그는 잠시 직장을 그만두고 독일의 베를린으로 가서 독일 철학을 열심히 공부했다. 당시 그가 관심을 갖고 연구한 철학은 후설의 현상학이었다. 1934년 프랑스로 돌아온 사르트르는 르아브르 중·고등학교의 교사직으로 복귀했으며 1936년부터는 파리 북동부의 한 중·고등학교에서 근무했다.

파리에서 교사 생활을 하는 동안 사르트르는 《상상력》이란 철학서를 쓰고 첫 장편소설 《구토》를 출간했다. 이 작품은 작가 알베르 카뮈와 모리스 블랑쇼 등의 찬사를 받았고 프랑스의 대표적 문학상인 콩쿠르상의 후보가 되기도 했다.

1939년 독일이 폴란드를 침공하자 프랑스와 영국은 독일에 선전포고를 했고 사르트르 역시 프랑스 포병대의 기상 관측병으로 징집되었다. 군복무 기간 동안 사르트르는 《상상적인 것: 상상력에 관한 현상학적 연구》를 출간했다. 이즈음 사르트르의 절친한 친구였던 폴 니장이 독일군의 총탄을 맞고 전사했으며, 사르트르는 크게 상심했다고 한다.

1940년 프랑스가 독일에 항복했고 파리는 독일군에 의해 함락되었다. 사르트르는 전쟁 포로가 되어서 독일의 트리어란 곳의 포로수용소로 이송되었다. 포로수용소에 있는 동안 사르트르는 자신의 대표적 철학 저서가 될 《존재와 무》를 거의 완성했다.

1941년 파리로 돌아온 사르트르는 교사로 다시 일하기 시작하는 한편 '사회주의와 자유' 라는 비밀조직을 결성했다. 친구

들과 함께 결성한 이 레지스탕스 조직을 통해 사르트르는 주로 문화적이고 이념적인 차원에서 저항 운동을 전개했다. 이런 와중에서도 사르트르는 《존재와 무》를 완성해서 출간했으며 레지스탕스적인 희곡 《파리떼》를 써서 상연했고 방대한 소설 작품인 《자유에의 길》 1부와 2부도 집필했다.

1945년 사르트르는 〈현대〉라는 잡지를 창간했으며, 그의 반려자인 보부아르와 오랜 친구 메를로 퐁티, 레몽 아롱 등이 이 잡지의 발행에 함께 참여했다. 전후 시기 동안 사르트르는 《실존주의는 휴머니즘이다》 《문학이란 무엇인가?》 등의 실존주의적 이론서와 《더러운 손》 등의 다양한 문학 작품을 발표하여 프랑스 지성계의 대표적 인물이 되었다. 그는 다양한 사회 활동과 정치 활동에도 관여했는데 이념적으로는 젊은 시절부터 심취했던 공산주의

계열을 지지했고 우파 정권이나 미국에 대해서는 강한 반감을 드러냈다.

그러나 1956년 소련이 헝가리의 민주화 운동을 무력으로 탄압하자 사르트르는 소련 정권을 맹비난했고 프랑스 공산당과의 연대도 깨 버렸다. 물론 이로 인해 사르트르가 좌파적 견해를 버린 것은 아니었다. 그는 자신의 바람직하게 생각하는 마르크스주의의 형태를 실존주의 사상과 통일시키려 했으며 이런 입장에 근거해서 1960년《변증법적 이성 비판》을 출간했다.

사르트르는 1964년 노벨문학상 수상자로 선정되었으나 자신의 정치적 입장과 맞지 않는다는 이유로 수상을 거절했다. 말년에 그는 공산주의에 대한 입장을 다소 수정했지만 평화 운동과 환경 운동 등 사회·정치 활동에 대한 열성은 잃지 않았다. 1970년대 들어 건강이 악화된 사르트르는 시력을 잃고 병환에 시달리다 1980년 4월에 사망했다.

2. 사르트르의 실존주의 사상

① 즉자 존재와 대자 존재

사르트르의 실존주의 사상은 철학적 저서인《존재와 무》와《실존주의는 휴머니즘이다》에 자세하게 서술되어 있다.《존재와 무》에서 사르트르는 우선 이 세상에 있는 모든 것의 존재 양식을 두 가지로 구분한다. 이때 구분의 기준이 되는 것은 '의식' 의 유무, 즉 '의식' 이 있는가, 없는가이다. 사르트르는 이 기준에 따라서 세상의 존재를 '즉자 존재(卽自 存在)' 와 '대자 존재(對自 存在)' 로 나눈다. 다시 말해 존재 양식에는 즉자 존재와 대자 존재라는 두 가지가 있다.

즉자 존재란 '자기 자신에 즉(卽)해 있는 존재' '단순히 자기 자신으로 머물러서 그 자체로 있는 존재' 를 뜻한다. 그리고 대자 존재란 '자기 자신에 대(對)해 있는 존재' , 즉 '자기 자신에 대해 의식하고 있는 존재' 를 의미한다. 그런데 이 세상에서 의식을 가진 존재는 인간뿐이다. 따라서 대자 존재는 인간을 뜻하며, 즉자 존재는 인간 이외의 모든 생명체와 사물을 가리킨다.

대자 존재로서의 인간은 세상의 사물을 의식하며 자기 자신의 그런 의식 활동도 의식한다. 예를 들어 인간은 눈앞에 책상을 보면서 '이것은 책상이다' 라고 의식하며 그런 의식 활동을 하는 자신을 의식한다. 또 다른 예를 들면, 인간은 죽어 가는 동물을 보면서 안쓰럽게 생각(의식)하며 자신이 안쓰러운 마음을 품고 있다는 사실 역시 의식한다.

그런데 이런 반성은 어떤 '부정' 을 포함하고 있다. 위의 예를 다시 들어서 설명하자면, 눈앞의 책상을 의식하고 또 그런 의식을 다시 의식하는 과정에서 인간은 자신이 책상이 '아니다' 라는 사실을 확인한다. 즉 인간은 세상의 사물들, 즉자 존재들을 의식할 때 자기 자신이 그런 즉자 존재가 아니라는 점을 의식한다.

　다시 위의 두 번째 예를 다뤄 보면서 이 설명을 보충해 보자. 인간이 죽어 가는 동물에게 안쓰러운 마음을 가진 자기 자신을 의식하다 보면 어떤 의문이 생기기 마련이다. 예를 들어 '나의 이 안쓰러움은 어디서 비롯되는 것일까?' '죽음은 누구에게나 찾아오는 것인데 굳이 안쓰러워할 이유가 있을까?' 혹은 '잠시 후면 친구들과 만나 웃고 떠들 것이 분명한데, 그렇다면 지금 안쓰러워하는 이 감정은 너무 얄팍한 것이 아닐까?' 등의 의문이 생길 수 있다. 이는 애초 자신의 감정(의식)에 대해 의심이나 회의를 품고 질문을 하고 모종의 평가를 내리는 행위이며, 결국은 애초의 감정에 대해서 어떤 제한 내지 부정을 가하는 행위이다.

　바로 이런 맥락에서 사르트르는 의식적 존재가 된다는 것, 즉 대자 존재가 된다는 것은 '존재의 세계 속에 끝없이 무(無)를 가져오는 것'이라고 말한다. 의식적 존재가 된다는 것은 자신을 의식 대상으로부터 분리시키고 사물의 영역과 인간의 영역을 구분하며 질문을 하고 의심하는 존재가 된다는 것을 뜻한다. 그런데 분리와 구분, 의심, 의문의 제기, 어떤 가능성이나 결점을 생각하는 행위 등은 모두 '어떤 것이 아님' 혹은 '부정'을 포함하는 행위이다. 바로 이런 의미

어휘 다지기

부정
철학에서는 주로 어떤 존재 자체 혹은 그 존재의 가치를 인정하지 않는 것을 의미한다.

에서 사르트르는 의식적 존재, 즉 인간의 의식 활동은 세계 속에 부정적 요소를 가져온다고 말하는 것이다.

이 세상에 즉자 존재만 있다면, 즉 모든 존재에게 의식이 없다면 '부정'이란 것도 없을 테지만, 의식 있는 존재, 즉 대자 존재로서의 인간이 있기에 이 세상에 '부정'이란 요소도 나타나게 된다는 얘기이다.

② 인간 = 자유

그런데 이러한 무와 부정은 다름 아닌 인간의 자유를 의미하기도 한다. 즉 부정하고 무화시키고 거부하고 저항하고 의심하는 의식의 힘은 대자 존재로서의 인간에게 자유가 있다는 것을 뜻한다. 인간은 이런 의식의 능력이 있기에, 다시 말해 자유가 있기에 현재의 모습과 다른 자신의 모습을 부단히 선택하고 자신을 새롭게 규정하면서 지속적으로 변화를 도모할 수 있다. 이런 이유에서 사르트르는 '인간이라는 것'과 '자유롭다는 것'은 의미상으로 아무 차이가 없다고 말한다.

그리고 인간은 죽어 시체가 되지 않는 한 대자 존재, 의식 있는 존재에서 탈피해서 즉자 존재가 될 수는 없기 때문에 항상 자유로울 수밖에 없다. 다시 말해 인간에게는 자유롭지 않을 자유가 없다. 인간이 자유롭다는 것은 대자 존재라는 존재 양태에서 필연적으로 주어지는 결과인 것이다.

의식적 존재로서의 인간은 전적으로 자유롭기 때문에 다른 무엇이 인간을 규정할 수는 없다고 사르트르는 말한다. 인간은 오로지 자신의 의식 활동에 의해서만 끝없이 부정하고 동시에 끊임없이 스스로를 규정해 나갈 뿐이다. 인간은 늘 새로운 가능성 속에서 자신이 가진 자유의 힘을 전개한다.

③ 자유라는 형벌

그런데 인간은 자신이 자유롭다는 사실을 고통스럽게 느끼기도 한다. 인간은 자신의 자유로운 선택과 결정에 의해서만 자신의 삶을 채워 나가야 하기 때문이다. 즉 인간은 전적으로 자유로운 존재로서 자신의 선택에 홀로 책임을 져야 한다. 그렇기 때문에 인간은 순간순간 이뤄지는 의식적 선택과 결정의 상황에서 늘 불안과 고뇌를 경험할 수밖에 없다. 이런 의미에서 대자 존재는 자유로운 형벌 내지 저주를 받은 존재이다.

그렇기에 인간은 고통과 불안을 완화시키려는 목적으로 견고한 은신처 내지 도피처를 구하기도 한다. 은신처 내지 도피처란, 인간의 삶이 외적 조건이나 요인에 의해 미리 규정되어 있다고 해석하는 다양한

어휘 다지기

결정론
세상의 모든 일이 개인의 자유로운 선택과 의지에 의해 결정되는 것이 아니라 개인을 넘어서 존재하는 힘에 의해 인과 관계에 따라 정해진다고 보는 견해

형이상학
우리가 경험하는 세계를 넘어서 존재한다고 여겨지는 본질에 관한 궁극적 원인과 근거에 관해 체계적으로 탐구하는 철학의 분야

형태의 결정론을 말한다. 종교 역시 이러한 결정론의 한 가지이다. 이런 결정론은 인간이 어떤 절대자의 계획과 의도와 목적 아래 특정한 본질이나 사명을 갖고 태어난다고 보거나 아니면 생물학적 조건에 의해 미리 프로그래밍된 존재라고 생각하거나 아니면 어떤 형이상학적인 근거를 바탕으로 인간에게 특정한 목적이나 본질이 내재되어 있다고 추정한다. 그러나 사르트르에 따르면 이러한 결정론은 모두 허구에 불과하며 이에 의지하는 것은 그릇된 믿음이다.

인간은 그저 의식을 가진 존재, 다시 말해 자유로운 존재로 태어나는 것뿐이며, 그 이후 삶의 내용은 모두 개별 인간의 몫으로 남겨진다.

"그럼 어디서부터 시작할까. 아이스크림에서부터 시작할까. 아까 아이스크림 고를 때 어떤 것을 골라야 할지 어려웠지? 무엇을 고르든 제 자유였는데 말이야."

"네, 정말 고문도 그런 고문이 없었어요. 무시무시한 형벌 자체였다고요."

베이스 형은 킥킥 웃더니 아이스크림을 하나 더 사다 주었어요. 아까랑은 다른 세 가지 맛으로요. 나는 정말 지금 이 순간 죽어도 여한이 없다고 생각했지요. …(중략)… "자유는 언제나 중요한 문제이지. 우리는 자유로운 존재이기 때문에 늘 선택의 순간에 놓이고 자신의 선택에 책임을 져야 하기 때문에 고독하고 불안해. 사르트르는 인간을 자유 그 자체라고 보았단다."

두 번째 아이스크림이 바닥을 보이기 시작할 무렵 베이스 형은 나지막한 목소리로 이야기를 시작했습니다.

"인간인 이상 자유를 피하거나 거부할 수는 없지. 자신이 선택한 것은 결국 자신의 의지로 한 거니까. 자신의 선택은 곧 삶의 내용이며 의미가 된단다. 결국 자유, 선택, 책임은 떼려야 뗄 수 없는 관계가 되는 거야. 자유는 인간의 운명이면서 동시에 형벌이라고 할 수 있지."

나는 자유가 운명이면서 형벌일 수도 있다는 걸 알 것도 같았어요. 어떤 아이스크림을 고를지는 내 자유이지만 그중에서 골라야 하는 건 엄청 힘들거든요. 이럴 때 누군가가 '이것 먹어!' 라고 골라 준다면 차라리 마음이 편할 것도 같아요.

내 눈앞의 모든 것 중 단 하나만 먹을 수 있다면 말이죠.

- 《사르트르가 들려주는 실존 이야기》 중에서

인간은 자유의 선고를 받은 셈이라는 말로 표현은 끝난다. 인간은 자신을 창조한 것은 아니므로 선고를 받는 것이라 할 수 있다. 그리고 세상에 한 번 내던져지자마자 자신의 모든 행동에 대해 책임을 져야 하기 때문에 자유로울 수밖에 없다.

- 사르트르, 《실존주의는 휴머니즘이다》 중에서

④ 실존은 본질에 앞선다

의식적 존재, 대자 존재로서의 인간은 오직 자신의 자유로운 선택에 의해서만 자신의 삶을 결정하고 그 책임 또한 전적으로 자신에게 속한다. 인과적으로나 형이상학적으로 혹은 종교적으로 미리 결정되어 있는, 인간의 객관적 본질이란 존재하지 않는다.

이런 의미에서 사르트르는 '실존은 본질에 앞선다'고 말한다. 실존하는 인간은 절대자가 창조한 것이 아니고 진화에 의해 프로그래밍된 것도 아니며 특정한 목표나 객관적 본질을 갖지도 않는다. 인간은 순수하고 무한한 자유를 갖고 있는 존재이다. 인간은 존재하고 있다는 사실, 실존하고 있다는 사실 이외에 특정한 본질 따위를 갖고서 태어나지 않는다. 따라서 인간은 무한한 가능성의 자유를 기반으로 모든 것을 스스로 결정해야 하는 존재이다. 이것이 바로 '실존은 본질에 앞선다'는 표어의 의미이다.

그런데 바로 이런 의미에서 인간은 모든 것이 미정인 상태에서 자기 자신을 홀로 책임지고 돌볼 수밖에 없는 불안한 상태로 내던져져 있다. 사르트르는 이처럼 내던져져 있는 인간의 상황을 부조리하다고 말한다. 다시 말해, 인간이 실존하게 된 데에는 아무런 조리도, 합리적 근거도 없다는 것이다. 그리고 인간의 불안은 외부의 대상들 때문이기보다는 자신의 선택과 결정의 결과를 전혀 예측할 수 없다는 사실에서 비롯된다.

그러므로 인간은 자신의 순전한 자유를 의식할 때 고통스럽기도 하다. 하지만 앞서 말했듯 이런 불안에서 벗어나기 위해 종교 등으로 도피하는 것은 자기기만에 불과하다. 사르트르는 인간이 이런 자기기만 내지 그릇된 믿음으로 도피해서는 안 되며 인간 삶의 부조리한 상황과 조건을 정면으로 응시하고 대응해야 한다고 말한다. 늘 자신의 자유를 분명하게 의식하고 매순간 새로운 선택을 감행하고 또 어떤 결과가 나오든 감내해야 한다는 것이다. 이것이 사르트르가 말하는 '실존적 삶'이다.

신이 없다면 적어도 본질보다도 앞선 하나의 존재, 또는 어떠한 개념으로도 정의되기 전에 실존하는 하나의 존재가 있게 된다. 그렇다면 그 존재는 인간이거나…… 인간의 실체일 것이다. 여기에서 실존이 본질보다 선행한다는 것은 무엇을 의미하는 것인가? 그것은 인간이 먼저 있어서 세상에 존재하고 세상에 나타난다는 것을 의미하며, 또 인간에 대한 정의는 나중에 이뤄진다는 것을 의미한다. 실존주의가 생각하는 인간이란 정의될 수 없는 존재이다. 이 인간은 처음에는 아무것도 아니기 때문이다.

인간은 나중에야 비로소 무엇이 되며, 그런 식으로 스스로를 창조해 나가게 된다. 그처럼 인간성이란 미리 주어져 있는 것이 아니다. 그런 인간성을 상상하는 신이 존재하지 않기 때문이다. 인간은 그저 스스로 자신을 생각하는 대로의 모습일 뿐이며, 더욱이 스스로가 원하는 대로의 모습이다. 그리고 인간은 존재하고 난 후에 스스로를 원하는 것이다. 따라서 인간은 스스로를 만들어 나가는 존재 이외에는 아무것도 아니다. 바로 이것이 실존주의의 제1원리이다.

- 사르트르, 《실존주의는 휴머니즘이다》 중에서

⑤ 타자의 의미

그런데 인간은 태어나서 혼자 살지는 않는다. 그렇기 때문에 사르트르는 이 세계의 존재를 인간의 사물의 두 영역으로, 즉 대자 존재와 즉자 존재의 영역으로 나누고 나서 또 하나의 존재 영역을 제시한다. 이 존재 영역은 '대타 존재'의 영역이다.

'대타 존재'란 '타자(타인)에 대해 있는 존재'란 뜻이며, 개개의 인간을 대자 존재와는 다른 측면에서 본 것이다. 모든 인간은 서로에 대해서 타자로 존재하며, 그렇게 본다면 모든 인간은 항상 '나'와 '타인'을 구분하고 있다. 그리고 인간은 언제나 타자를 의식하고 타자와 관계 맺으면서 실존한다. 다시 말해서 모든 대자 존재는 동시에 대타 존재로서도 이 세상에서 살아간다.

이처럼 대자 존재로서의 인간은 타자에게 보이는 것을 의식하는 존재라는 의미에서 대타 존재, 다른 말로 사회적 존재이다. 그런데 모든 개인에 대해서 타자는, 즉 자신과 구별되는 다른 모든 대자 존재들은 두 가지 의미로 다가온다. 이 점은 사르트르의 레지스탕스 경험을 예로 해서 쉽게 설명될 수 있을 것이다.

사르트르 같은 레지스탕스들은 독일 점령하의 프랑스에서 적대적인 타인들의 시선에 노출되어 있었다. 독일 비밀 경찰인 게슈타포와 친독 괴뢰 정부의 경찰 등은 반독 투쟁에 나선 사람들을 잡아내느라 혈안이 되어 있었다. 이러한 현실에서 사르트르는 타자를 나와 상극인 존재로 파악했다. (물론 이런 적대적 타자에 대한 사르트르의 철학적 설명은 아주 복잡하고 난해하다. 하지만 여기서는 그에 대한 설명을 생략하기로 한다.) 사르트르는 심지어 타자란 우리의 삶을 지옥으로 만드는 장본인이라는 말도 하였다.

> 지옥, 그것은 타인들이야.
>
> *- 사르트르의 희곡 《닫힌 문》 중에서*

그러나 다른 한편으로 사르트르는 레지스탕스 동지들과 생사를 건 투쟁을 함께하는 동안 강한 연대감도 경험했다. 당시는 혹시라도 동지 한 명이 체포되고 그가 고문을 못 이겨 비밀을 누설하면 전체 조직원이 나치에 체포되어 죽음을 당할 수도 있는 상황이었다. 이런 급박한 상황에서 사르트르와 동료들은 강한 연대 의식과 서로에 대한 절대적 책임감을 가질 수밖에 없었다.

그렇기 때문에 사르트르는 타인이란 우리에게 지옥 같은 존재라는 생각에 머물지 않고 인간은 타자에 대한 사회적 책임을 지닌 존재라는 점 역시 강조하였다. 물론 인간은 그때그때 주어진 역사적 상황에서 다양한 입장을 취할 수 있다. 누군가는 레지스탕스가 되고 누군가는 독일군의 밀정이 되며 또 누군가는 그저 방관자적인 입장을 취할 수 있다. 그러나 이 모든 선택에는 당연히 책임이 따르기 마련이며, 일정한 시점에 이르면 각자 자신의 선택에 대해 적절한 대가를 치르게 된다.

중요한 것은 그러한 선택이 언제나 타자들에게 영향을 미치고 있음을 생각해야 한다는 것이다. 즉 자신의 선택은 그저 개인적인 차원에 머무는 것이 아니라 인류 전체에 영향을 미치는 행위임을 생각해야 한다고 사르트르는 말하고 있다. 이런 맥락에서 사르트르는 개인의 자유뿐만 아니라 책임감과 연대 의식의 측면을 강조하고 있는 것이다.

> 그러나 정말로 실존이 본질에 앞선다면 인간은 자신이 어떤 존재인가에 대해서 책임이 있다. 그래서 실존주의의 첫 단계는 모든 인간으로 하여 자신의 존재에 대해 주인이 되게 하고 자신의 존재에 대해 전적인 책임을 지게 하는 것이다. 따라서 인간이 자기 자신에 대해 책임이 있다고 말한다면, 이는 인간이 자신의 엄밀한 개성에 대해 책임이 있다는 뜻이 아니라 모든 타인에 대해 책임이 있다는 뜻이다.
>
> - 사르트르, 《실존주의는 휴머니즘이다》 중에서

⑥ 사르트르 실존주의의 의의와 한계

사르트르의 실존주의는 제2차 세계대전 후 유럽은 물론 전 세계에서 주요한 사상적 조류로 등장했다. 이는 특히 인류가 파시즘이라는 전체주의적 사고 체계를 경험한 것과 연관이 있다. 개인의 존엄을 무시하고 집단주의적·인종주의적 억압과 폭력을 일삼았던 파시즘을 경험한 유럽 사회는 이에 대한 반발로 개인의 무한한 자유와 해방을 표방한 실존주의를 흔쾌히 받아들였던 것이다.

또한 사르트르의 문학적인 천재성과 적극적인 사회적·정치적 참여 활동은 실존주의에 대한 사람들의 관심을 증폭시켰다. 그리하여 전후 시기 유럽에서는 사르트르로 대표되는 실존주의가 철학뿐 아니라 문학 작품과 연극, 영화, 사회 운동 등에서 결정적인 영향력을 행사했다.

그러나 사르트르의 실존주의 사상에 대한 반발도 만만치는 않았다. 특히 가톨릭교회와 동구권의 공산당은 사르트르의 실존주의에 강한 반감을 표시했다. 가톨릭은 전통적 기독교 사회에서 신의 부재를 주장하는 실존주의에 호감을 가질 수 없었다. 또 공산당은 사회적 존재로서의 인간의 지위를 무시하고 그릇된 개인주의를 전파시킨다는 이유로 사르트르를 맹공격했다. 하지만 주어진 상황에서 자유롭고 진실되고 책임감 있게 행동하고 도덕적 결단을 내리며 살 것을 가르치는 실존주의는 우리 인간의 관념사에서 중요한 획을 그은 사상이라 할 수 있을 것이다.

그렇지만 사르트르의 실존주의, 특히 인간의 자유에 관한 사상은 어려운 선택의 기로에 처한 사람들이 도덕적 결단을 내리느라 고민할 때 '네가 자유롭게 선택하라'는 답 이외에 아무것도 제시하지 못하는 한계를 갖고 있다. 이는 물론 미리 규정되어 모든 사람이 받아들여야 하는 도덕 원칙이나

가치 상대주의
옳고 그름, 선하고 악함, 아름답
고 추함 등의 가치는 절대적인
것이 아니라 상대적인 것이라고
보는 견해

도덕적 허무주의
인간이 따라야 할 도덕적 규범이
나 윤리 등은 전혀 존재하지 않는
다고 생각하는 입장

권위 따위는 존재하지 않는다는 실존주의
의 입장에 근거한 것이다. 다시 말해 사르
트르의 실존주의는 일정한 기준에 따라 옳
고 그름을 구분하는 적극적 도덕 철학 내
지 윤리학은 포함하고 있지 않은 것이다.

그러나 하나의 사상 체계에서 인간에게
일정한 기준점을 제시하는 것은 중요한 문
제이다. 사르트르의 실존주의는 이 부분을
빠뜨리고 있으며, 따라서 한 개인이 나치
즘에 동조하든 공산주의에 호감을 갖든,
사람을 죽이는 일에 가담하건 살리는 일에
가담하건 모든 것을 개인의 결정에 맡겨 버린다. 그 결과, 사르트르의 실존
주의는 인간이 선택한 모든 행위에 정당성을 부여하는 극단적인 가치 상대
주의 내지 도덕적 허무주의로 귀결될 위험을 안게 된다.

다음 글에 나타난 사르트르의 입장을 살펴보고서 방금 지적한 실존주의
의 한계에 관해 좀 더 생각해 보기 바란다.

인간은 누구든지 간에 자신이 이루어야 할 미래, 그를 기다리는 미래가 있다는 말은
옳다. 하지만 그렇다면 인간은 고독하다. 고독이라는 것을 좀 더 잘 이해할 수 있기 위해

한 가지 예를 들어 보자. 그것은 나를 만나려고 찾아왔던 내 제자의 경우이다. 그 제자의 아버지는 어머니와 사이가 벌어진데다 독일에 찬동하는 경향으로 기울고 있었다. 그의 형은 1940년 독일이 침공할 때 살해되었고, 그 때문에 그는 다소 원시적이기는 하지만 형의 원수를 갚고 싶어 했다. 그 제자는 어머니와 함께 살고 있었는데, 어머니는 아버지의 배신과 형의 죽음으로 슬픔에 잠겨 있었다. 어머니는 오직 그에게서만 위안을 얻고 있는 상황이었다.

당시 그 청년은 영국으로 떠나든가 프랑스에 남아 저항 세력에 가담하든가 한 가지 선택을 해야 했다. 즉 어머니를 포기하느냐 아니면 어머니 곁에 남아 생활을 돕느냐의 기로에 섰던 것이다. 그는 어머니가 자신에게만 의지해 살고 있으며 자신의 실종 ― 아마도 죽음 ― 이 어머니를 절망에 빠지게 하리라는 것을 잘 알고 있었다. 또 그는 영국으로의 출발과 투쟁을 위해 취할 자신의 모든 행동이 모래에 물 붓는 격으로 아무 소용없는 결과에 이를지도 모른다는 것을, 모든 것이 애매한 행동에 불과하다는 것을 잘 알고 있었고, 반면에 어머니를 위한 행동은 모두 뚜렷한 반응과 결과가 있는 행동이라는 점도 잘 알고 있었다.

예컨대 영국으로 떠난다면 스페인을 통과하려다 스페인 당국에 잡혀 난민 수용소에서 무기한 머물지도 모르고, 또 무사히 영국이나 알제리에 도착한다 해도 사무실에 갇혀 펜대나 놀리게 될지도 몰랐다. 따라서 그는 전혀 다른 두 가지 행동의 기로에 서 있었다. 하나는 구체적이고 직접적이지만 한 개인만을 위한 행동이었고, 또 하나는 무한히 넓은 전체, 즉 국가 전체를 위한 행동이지만 바로 그런 이유로 해서 애매할 수밖에 없고 도중에 중단될 수도 있는 행동이었다.

동시에 그는 두 가지의 윤리 사이에서 주저하고 있었다. 하나는 공감에 근거한 윤리, 즉 한 개인에 대한 헌신이었고, 다른 하나는 더 넓지만 효과가 의심스러운 윤리였다. 그는 양자택일을 해야만 했다. 그러나 누가 그의 선택을 도울 수 있는가?…… 막연하지만 전체 속에서 투쟁하는 것과 한 확실한 존재의 생활을 분명하게 돕는 것 중 어느 것이 더 큰 효용성을 갖는가? 누가 이를 선험적으로 결정할 수 있는가? 아무도 없다. 규정되어 있는 어떤 윤리도 그것을 결정할 수 없다.

- 사르트르, 《실존주의는 휴머니즘이다》 중에서

쉬어가는 페이지 – 사르트르에 관한 유머

1980년 4월 5일 사르트르가 죽자, 천국에서는 그를 받아들일 것인가 아니면 지옥으로 보낼 것인가를 결정해야 했다. 하나님이 재판관으로 나서고 변호인과 검사도 모였다.

하나님이 먼저 입을 열었다.

"사르트르는 철학자인가 본데, 아래 세상에서 뭐라고 지껄였나?"

그러자 검사가 이렇게 대답했다.

"사르트르는 이 세상에 하나님은 안 계시고, 인간이 무한정으로 자유롭다는 해괴망측한 주장을 폈습니다."

하나님의 표정이 굳어졌다. 하지만 다음 순간 변호인이 얼른 나섰다.

"꼭 그런 것은 아니고 …… 사르트르는 하나님의 은총이 없으면 인간에게 자유란 것도 형벌과 같은 것이라고 말했습니다."

변호인이 임기응변으로 잘 대처했던 것이다.

하나님은 잠시 생각하는 표정을 짓다가 결정을 내렸다.

"그 친구 제법 쓸 만한 말을 했구먼. 천국으로 부르게나."

횡! 죽음의 천사가 날아가서 사르트르를 데려왔다.

천국의 문 앞에 발을 디딘 사르트르는 먼저 떠난 친구들을 만나게 되어 설레는 마음이었다. 제2차 세계대전에서 전사한 폴 니장 그리고 많지 않은 나이에 병으로 사망한 메를로 퐁티가 생각났다.

사르트르는 소리쳤다.

"어이 니장, 나 왔네!"

하지만 니장은 천국에 없었다. 실망한 사르트르는 다른 친구의 이름을 불렀다. 하지만 메를로 퐁티도 천국에는 없었다. 그 순간 사르트르는 자신이 예전에 한 말이 생각났다.

"지옥이란 타자이다."

친구를 포함한 타자는 모두 지옥에 가 있던 것이다. 천국에는 타자가 전혀 없었다.

가 　동·서양을 막론하고 예로부터 많은 사람들은 인간의 본성이나 개인의 일생이 이미 선천적으로 결정되어 있다고 생각했기 때문에, 자아실현에 대해서는 제한된 의미밖에 부여하지 않았다. 우리나라의 성리학에서도 자아실현이란 인간에게 본래 주어진 인간성을 회복하는 것이라고 보았다. 여기에서 사람이 할 수 있고 또 마땅히 해야 하는 것은, 자신의 본성이나 운명에 순응하면서도 타고난 가능성을 최대한 실현시키는 것이었다. 그렇게 할 때에 사회가 안정되고 평화로우며, 개인은 가장 보람을 느끼고 행복하다고 믿었다. 그리스 시대의 철학자들도 씨가 자라서 꽃을 피우고 열매를 맺는 것은 이미 씨눈 속에 그러한 가능성이 들어 있기 때문이며, 개인의 자아실현도 그와 같은 가능성이 현실화된 것으로 이해하였다.

　아직도 우리 사회에는 이러한 세계관에 입각하여, 새로운 것을 창조하기보다는 주어진 제약과 조건에 순응하면서 본성에 충실함으로써 행복과 평화를 추구하려는 사람들이 적지 않다. 그런데 오늘날 우리는 이러한 생각을 그대로 받아들일 수는 없지만, 우리 사회나 개인에게 독특한 조건과 가능성이 있다는 사실을 부인하기는 어렵다. 그리고 우리에게 주어진 조건에 잘 적응하면서도 동시에 잠재적인 가능성을 실현하고 자기가 설정한 삶의 목적을 성취한다는 것은 매우 바람직한 일이다. 그렇게 할 수 있을 때에 그것은 각 개인에게 만족과 성취감을 가져다주고, 결과적으로 사회 전체에도 도움을 주게 된다.

주어진 조건이나 제약에만 너무 수동적으로 얽매여 자유와 창의성을 발휘하지 못한다면, 그것은 바람직한 일이 아니다. 그러나 그것을 완전히 무시해 버리는 것도 지혜롭지 못한 일이다. 인간은 사회의 구성원으로서, 그 사회가 필요로 하는 역할을 자기의 적성과 능력에 따라 분담하여 사회의 발전을 위해 기여할 때만이 진정한 삶의 의미와 보람을 찾을 수 있다.

인간은 완성된 존재가 아니라, 늘 자아를 형성해 가는 존재이다. 인간이 된다는 것은 자유로운 결단에 의해서 이룩되며, 역사와 사회 속에서 성장해 가면서 자아실현을 하는 것이다.

- 고등학교 교과서 《윤리와 사상》 중에서

나 만일 신이 존재하지 않는다면 모든 것이 허용될 것이다. 이것이 바로 실존주의의 출발점이다. 정말로 신이 존재하지 않는다면 모든 것이 허용될 것이며, 그 결과 인간은 자신의 내부와 외부에 의지할 곳이 없어 고독하게 되어 버린다. 아무런 핑계도 찾을 수 없다. 만약에 실제로 존재가 본질에 앞선다면 인간은 절대로 일정하고 응고된 인간성을 토대로 설명될 수가 없을 것이다. …(중략)… 인간은 자유로우며, 인간은 자유 그 자체이다.

…(중략)… 인간은 자유의 선고를 받은 셈이라는 말로 표현은 끝난다. 인간은 스스로를 창조하지 않은 까닭에 선고를 받은 것이요, 세상에 한번 내던져진 후 자신의 모든 행동에 책임이 있는 까닭에 자유로울 수밖에 없다.

- 사르트르, 《실존주의는 휴머니즘이다》 중에서

다 인간의 삶에서 교육은 인간의 특성과 관련되어 큰 의미를 갖는다. 인간의 특성이란 '가능성과 성장의 존재'라는 점이다. 교육은 인간이 인간으로서 성장하고 발전하고 인간답게 살기 위한 필요조건이다.

그런데 인간에 대한 관점의 차이는 교육에 대한 관점의 차이도 낳는다. 그리고 인간에 대한 견해뿐 아니라, 사회와 개인의 관계에 대한 견해 그리고 사회가 추구할 목적에 대한 견해에 따라 교육에 대한 관점은 달라질 수 있다.

case **1-1** 제시문 (가)와 (나)를 참고하여 사르트르가 생각하는 '실존주의의 출발점'이 어떤 것인지 설명하시오.

생각 쓰기

case 1-2 제시문 (가)와 (나)에 근거해서 개인의 자유와 책임의 관계에 관해 서술하시오.

---

case 1-3 제시문 (다)는 인간에 대한 관점의 차이가 교육에 대한 관점의 차이도 낳는다고 말한다. 사르트르의 실존주의 사상을 교육에 적용할 경우 어떤 교육관이 나올 수 있을지 서술하시오.

가 이미 헤겔은 다음과 같은 사실을 지적하고 있다. 다른 사람과의 첫 번째 관계는 그가 자신과 다르기 때문에 거부한다는 것이며, 그를 자신의 욕망의 대상으로 삼기 때문에 그를 ㉠ '사물화한다' 는 것이다. 왜냐하면 욕망이 우리의 의식을 사물들과 그것들의 저항 사이에 자리 잡게 만들기 때문이다. 이로부터 사르트르가 강조하는 시선의 중요성이 부각된다. 시선은 타자를 주체로서 존재할 수도 있고, 혹은 반대로 타자를 사물화하여 부정할 수도 있다. 사르트르는 《닫힌 문》에서 죽어서 지옥에 가 있는 세 인물을 그리고 있다. 그 지옥에는 영원히 타는 불도 없고 고문 도구도 없다. 그러나 그곳의 세 인물은 거울이 없는 방에 영원히 함께 갇혀 있게 된다. 이들 각자는 다른 인물들의 시선에 끊임없이 노출되어 있으며, 또한 이들 각자는 과거의 삶에 온갖 정당성을 부여해 보려고 하지만 여전히 타인의 시선에 갇혀 있게 된다. 이것은 우리 모두가 체험할 수 있는 경험인데, '자신이 잘 알고 있는 자신의 모습대로' 평가받지 못하는 경험이다.

이런 이유에서 사르트르는 《닫힌 문》의 마지막에서 ㉡ '지옥, 그것은 바로 타자들이야' 라고 말한다.

- 《바칼로레아 논술 대비 철학 수험서 - 강의편》 중에서

나 대니얼 디포의 유명한 소설《로빈슨 크루소》의 교훈은 바로 이런 것이다. 그는 외딴섬에 홀로 좌초되어 혼자서라도 하나의 사회적 공간을 구축해 보려고 한다. 다시 말해 그는 '방드르디(금요일)'라는 타자를 만나기 전부터 다른 사람이 있다고 가정하고 일을 시작한다. 이러한 주제는 소설가 미셸 투르니에에 의해 다시 이루어진다. 그는 디포의 로빈슨 테마를 그의 작품《방드르디, 태평양의 끝》에서 새롭게 다루고 있다. 그는 외딴섬에 갇혀 있는 주인공(로빈슨)의 입을 통해 이렇게 말한다.

"타자는 나의 세계의 가장 중요한 부분 …(중략)… 나는 매일 나의 세계에 다른 틈을 만들면서 내가 타자에게 빚지고 있는 것을 헤아려 본다. 나는 내가 언어 사용법을 잃게 되면 나에게 어떤 위험이 초래될 것인가를 알고 있다. 그래서 나는 혼신의 힘을 다해 최후의 파멸에 맞서 싸우고 있다. 그러나 사물들과 나와의 관계는 나의 고독에 의해 변질되어 나타난다."

로빈슨은 고독 속에서 세계에 대한 자의식은 저절로 형성되는 것이 아니라 자신과 환경에 대한 자신의 관점과는 다른 수많은 관점들의 전체적인 망을 통해서 형성된다는 것을 깨닫는다. 요컨대, 자신뿐 아니라 타자를 위해 존재한다는 것은 나를 그대로 드러내는 것이 아니라 실제의 나와 겉으로 드러나는 꾸며진 나를 이중으로 드러내는 것이다. ⓒ사실 타자가 없는 세계는 비인간적인 세계이며, 그런 세계는 불가능하다. 왜냐하면 하이데거의 말대로, 우리는 ⓓ'타인을 위한 존재'로 만들어져 있기 때문이다. 우리는 타자의 의식을 위해서, 그리고 타자에게 인정받게 됨으로써만 존재할 수 있다.

- 《바칼로레아 논술 대비 철학 수험서 - 강의편》 중에서

다 　자아 발견이란, 단순히 자신이 존재한다는 사실을 아는 것만이 아니다. 자기 자신이 어떤 조건에 처해 있고, 어떤 가능성과 이상을 가지고 있으며, 다른 사람들과는 어떤 관계를 맺고 있는가에 대하여 올바로 아는 것이다. 또, 자신의 삶을 의미 있고 보람 있다고 생각하며 살아가는 것이다. 즉, 타인이 나에 대하여 어떻게 평가하느냐도 중요하지만, 나 자신이 스스로를 어떻게 평가하느냐가 더욱 중요하다.

- 고등학교 교과서 《윤리와 사상》 중에서

case 2-1 제시문 (가)에서 ㉠의 의미를 설명하시오.

생각 쓰기

생각 쓰기

생각 쓰기

----

case 2-4 제시문 (가), (나), (다)에 근거해서 나와 타자의 바람직한 관계와 진정한 자아 발견이 어떤 것이어야 할지 논하시오.

생각 쓰기

case 1-1 예전부터 동양과 서양에서는 신에 의해서든 미지의 운명에 의해서든 아니면 타고난 가능성이나 본성에 의해서든 인간의 삶의 양태가 미리부터 결정되어 있다는 견해가 지배적이었다. 이에 따르면, 개인이 신의 뜻이나 운명 등에 거스르는 것은 스스로 불행을 초래하는 일로 여겨졌다.

그러나 사르트르는 이러한 생각이 모든 헛된 믿음이라고 여긴다. 사르트르는 신은 존재하지 않는다고 주장하며, 이때 신이란 타고난 운명이나 본성, 가능성 등으로 바꿔 말할 수 있을 것이다. 사르트르는 이런 것들을 '본질'이라고도 표현한다. 신은 존재하지 않고 인간의 본질은 미리 결정되어 있지 않기에 사르트르의 실존주의가 제시하는 제1원리는 '존재는 본질에 선행한다'이다.

인간은 고정되지 않은 존재, 미완의 존재, 달리 말해 무(無)와 같은 존재로 태어나 스스로의 결단과 노력, 창조적 활동을 통해 본질을 만들어 나간다. 이러한 생각이 바로 실존주의의 출발점이다.

case 1-2 사르트르에 의하면, 개인은 철저히 자유로운 존재로 이 세상에 태어난다. 즉 인간은 미완의 존재로 태어나며 살아 있는 동안 창조적 활동과 결단을 통해 자신의 자아를 형성해 나간다. 인간은 어떤 절대적 존재나 운명, 미지의 힘 등에 의해 조종되는 존재가 아니므로 자유로운 만큼 자신의 모든 선택과 결정, 행동 등에 스스로 책임을 져야 한다. 간단히 말하면 개인의 삶은 모두 개인에게 달려 있으며 전적으로 그의 책임이라는 뜻이다. 더불어 모든 개인은 오로지 사회 속의 개인이므로,

그의 행동과 선택은 타인들에게 영향을 주기 마련이다. 따라서 개인은 자신의 선택과 행동에 있어서 늘 타인을 배려해야 하며 타인에게 미친 영향에 대해서도 책임을 져야 한다.

case 1-3 사르트르의 실존주의에 따르면, 인간은 신이나 초자연적인 힘에 의해 미리 결정된 어떤 불변의 본질을 갖고 태어나지 않는다. 인간은 아무 본질이 없는 존재, 즉 무와 같은 존재로 이 세상에 우연히 던져질 뿐이다. 따라서 인간은 자신의 자유로운 선택과 행위에 의해서 자신의 본질을 창조해 가는 존재이다.

이러한 실존주의 인간관에서 중요한 것은 세 가지 측면이다. 첫째로, 인간은 자유로운 존재로 태어난다. 둘째로, 인간은 불완전한 존재로 태어나며 자발적인 선택과 노력에 의해 완전과 완성을 향해 나가야 하는 존재이다. 마지막으로, 인간은 자신의 삶을 스스로 창조하며, 이러한 창조적 활동에 대해서 스스로 책임을 진다.

따라서 실존주의적 인간관에 입각한 교육은 자유로운 인간이 스스로의 삶을 가치 있게 창조해 나가도록 도와야 한다. 즉 틀에 박힌 인간이나 타율적 인간, 책임을 회피하는 인간, 비주체적인 인간이 아니라, 항상 자신의 자유를 의식하며 동시에 강한 책임감을 지니고 적극적인 창조 활동을 통해 삶을 개척해 나가는 주체적 인간을 육성하는 것이 실존주의적 관점에서 바라본 교육의 목표이다.

case 2-1 '사물화한다'는 것은 상대방을 자신과 같은 인격체로 여기지 않고 사물처럼 취급한다는 것을 뜻한다. 즉 한 인간을 그 생명성과 존엄성 등에서 자신과 똑같이 존중 받고 보호 받아야 할 존재로 취급하지 않고, 한갓 욕망의 대상, 즉 자신의 욕망 충족의 대상으로 간주하는 것이 사물화이다. 상대방을 자신의 성적 욕망의 대상으로 삼거나 파괴 욕구의 대상으로 삼아 괴롭히거나 죽이는 것, 증오의 대상으로 삼는 것 등은 모두 사물화라 할 수 있다. 더 나아가, 살아 있는 인간을 스쳐 지나가는 풍경처럼 간주하고 무관심으로 일관하려 하는 것 혹은 막연한 적대감을 갖고 대하는 것 역시 사물화이다. 도시 생활에서 우리는 서로 이런 감정을 품은 채 익명적 존재로서 공존하는 경우가 많다. 즉 서로를 사물화하며 살아가는 것이다.

case 2-2 인간은 사회적 존재이며, 사회 속의 인간은 언제 어디서나 타자에 의해 둘러싸여 있다. 이는 인간이 타자와 떨어져 혼자 있는 경우에도 마찬가지이다. 우리 인간의 의식에는 타자가 내재화되어 있으며 눈앞에 있건 있지 않건 늘 타자를 의식하며 살 수밖에 없는 것이다. 즉 우리가 윤리적 책임감을 느끼거나 자신의 태도를 반성하는 것 혹은 수치감이나 자랑스러움 등을 느끼는 것은 모두 타자 내지 타자의 시선을 의식하고 있는 의식 상태이다. 이런 의미에서 사르트르는 타자를 '내게 시선을 향하고 있는 자'라고 정의한다.

타자의 시선은 순전한 관찰의 시선도 있고 애정의 시선도 있으며 증오나 멸시의 시선, 혹은 적대의 시선도 있다. 그런데 어떤 종류의 것이든 타자의 시선은 우리의 선택과 행동 등에 제한을 가하는 것이다. 타자의 증오나 멸시의 시선 그리고 관찰의 시선은 당연히 우리를 압박하며, 애정의 시선 역시 우리의 삶에 근본적인 제한을 가해 오는 것이라 설명할 수 있다. 즉 타자의 시선은 우리의 자유를 제한하는 작용을 한다. 이런 부자유의 순간에서 벗어나기 위해 우리는 가능하면 타자를 맞봄으로써 우리의 자유를 획득하려 한다. 그런데 우리가 타자에게 시선을 던진다는 것은 마찬가지로 타자의 자유에 제한을 가하는 행위이다. 그렇기에 사르트르는 인간관계의 본질이란 서로를 시선에 의해 부자유스럽게 만드는 관계, 달리 말해 사물화하려는 관계일 수밖에 없다고 말했다. 그리고 바로 이런 의미에서 사르트르는 우리 개개인에게 '지옥은 바로 타자'라고 규정한다. 우리는 타자와 함께 살 수밖에 없는 운명인데 이런 타자와의 관계 속에서 우리는 언제나 자유의 박탈을 강요당한다는 것이다.

물론 '지옥은 타자들'이라는 것이 사르트르가 인간관계를 규정하는 유일한 말은 아니다. 사르트르는 이러한 실존 조건에서도 인간은 서로 연대 의식을 갖고 상대방의 실존에 도움을 주려고 노력할 필요가 있다고 말하기 때문이다.

case 2-3 사르트르의 주장처럼 우리 인간은 타자의 시선에 의해 압박을 느끼며, 그런 의미에서 타자는 우리에게 지옥을 만드는 존재라는 설명은 물론 가능하다. 하지만 사회적 존재로서의 인간의 삶은 다르게, 즉 긍정적인 의미에서 해석될 수도 있다.

우리는 언제나 타자의 시선을 의식하고 타자의 인정에 얽매이는 존재이다. 이런 의미에서 우리 인간은 '타인을 위한 존재'로 만들어져 있다고 볼 수 있다. 이는 사회 속에 태어나 사회화 과정을 거치는 우리 인간의 피할 수 없는 운명이다. 그러나 바로 이런 점 때문에 인간은 인간다워지는 것이기도 하다.

사실 흔히 말하는 인간성, 인간의 존엄, 인간의 양심, 인간의 지성, 인간의 윤리 의식 등은 모두 인간이 사회 속에서 서로를 의식하기 때문에 존재하는 것이다. 달리 말해, 인간이란 존재는 사회가 있기에 가능한 것이다. 사회란 나와 나 이외의 무수한 타자들이 함께 이루는 세계이며, 이 안에서만 인간이란 개념을 출현할 수 있다. 타자가 없다는 것은 사회가 없다는 것이며, 이는 곧 인간이란 존재가 성립되지 못한다는 의미가 된다. 이런 의미에서 '타자가 없는 세계는 비인간적인 세계'이며, 그런 세계는 사실상 '불가능하다'.

case 2-4 사회 속에서 인간은 타자를 의식하며 살 수밖에 없다. 사실 인간은 타자를 의식하는 가운데 인간으로서 존재하게 되는 것이기도 하다. 그러나 타자의 인정에 너무 목말라하고 타자의 비난이나 질시에 지나치게 얽매이는 것은 개인의 삶에서 바람직하지 못한 결과를 가져오기도 한다. 타자와의 공존을 도모하는 것은 당연히 중요하지만, 타자의 시선이나 견해가 절대적 선의 의미를 갖는 것은 아니기 때문이다.

타자의 시선이 자기 반성이란 의미에서 긍정적으로 작용하게 하는 것은 개인의 자아 발견과 자유로운 전개에 긍정적인 영향을 미칠 것이다. 그러나 타자의 견해가 나의 견해를 완전히 대체하게 하는 것, 즉 타자의 시선의 노예가 되는 것은 자아의 발견이 아니라 자아의 상실로 나아간다. 다시 말해 주체적 인간으로 존재할 수 없게 되는 것이다.

Abitur

철학자가 들려주는 철학이야기 **047**

베이컨이 들려주는 우상 이야기

저자_최지윤

고려대학교 철학과 박사 과정을 수료하였고, 어린이철학연구소 강사로 교재 집필을 했으며, 현재 대진대학교에 출강하고 있다. 저서로는 《아비투어 철학 논술: 쇼펜하우어가 들려주는 의지 이야기》《아비투어 철학 논술: 벤담이 들려주는 최대 다수의 최대 행복 이야기》《아비투어 철학 논술: 홉스가 들려주는 리바이어던 이야기》 등이 있다.

프랜시스 베이컨을 만나다

고전 펼치기— 주요 개념 중심으로

일상에서 만나는 베이컨의 사상

Francis Bacon

프랜시스 베이컨을 만나다

1. 베이컨은 어떤 인물인가?

프랜시스 베이컨(Francis Bacon, 1561~1626)은 관직에 봉사한 영국의 한 나이트작(爵)의 아들이며, 또 세실가(家)의 벌리경(卿)의 조카이기도 하다. 변호사 면허를 얻었으며 세실가의 인색한 도움으로 관직 자리를 얻게 된 그는 엘리자베스 여왕 밑에서는 천천히, 그리고 제임스 1세의 통치 기간에는 급속히 승진하여 1618년에는 마침내 대법관이 되었다. 1603년 나이트의 작위를 받았고, 1618년에는 세인트 앨반스 자작의 작위를 받았다. 1621년 그는 그의 법원 기소자들로부터 뇌물을 받았다는 혐의로 재판을 받게 되자, 죄를 자백하여 많은 액수의 벌금형과 오랜 세월의 징역형을 언도 받았다. 그러나 실제로는 벌금은 면제되고 감옥살이도 며칠밖에는 하지 않았다. 다만 관직으로부터는 영원히 추방당했다.

베이컨은 그가 받은 재판과 그 선고에 대하여 다음과 같이 논평하였다.

"나는 최근 50년 동안 영국에 있어서 가장 공정한 재판관이었다. 그러나 나에 대한 재판은 최근 200년 동안의 영국 국회에 있어서 가장 공정한 견책이었다." (아마 이것은 공정하고 객관적인 논평일 것이다.)

베이컨은 영국 문학에 있어서 위대한 수필가 중 한 사람이다. 그는 1597년에 《수필집 The Essays》 한 권을 내놓았으며, 1618년과 1625년에 그 증보판을 출간하였다. 그의 철학적 주서는 1605년에 발표한 《학문의 진보 The Advancement of Learning》와 1620년의 《노붐 오르가눔 Novum Organum》이다. 그는 이 두 저작을 그가 계획한 과학과 철학의 종합적인 체계인 《대부흥 Great Instauration》의 일부로 썼던 것이며, 그 체계의 다른 부분도 단편적으로 저술하였다. 철학적 중요성을 지닌 미완성의 환상 《신아틀란티스 The New Atlantis》는 1627년에 《숲, 가도 가도 숲 Sylva Sylvanum》 끝머리에 발표되었다.

2. 베이컨의 사상은 어떤 배경에서 나왔나?

베이컨은 근대 경험론의 선구자라고 불리는 인물이다. '경험론' 이라는 말은 베이컨의 것이 아니다. 아마 베이컨은 그의 철학적 입장을 경험론이라고 부르는 데 찬성하지 않았을지 모른다. 왜냐하면 베이컨의 시대에서 '경험주의자' 라고 하면 학식이 있는 사람이라기보다는 놀이 삼아 학문을 만지작거리는 사람, 거의 사이비 학자를 가리키는 말이었기 때문이다. 즉 주먹

구구식의 학자로 자기의 수법을 정당화할 원리를 모르는 사람을 일컫는 말이었다. 그러나 19세기와 현대에 이르러 '경험론'이라는 말은 새로운 의미를 갖게 되었다. 그것은 데카르트가 옹호한 바와 같은 '합리론'에 맞서는 인식론적인 학설을 가리키는 말이 되었다.

경험론이란 인간의 지식이 관찰과 실험을 통한 경험의 과정에서 점차적으로 생긴다고 주장하는 인식론적 입장을 말한다. 그리고 경험론자들이 보통 생각하는 경험은 본래 감각 경험을 말한다. 경험론자들은 일반적으로 '제일원리' '본유관념', 그리고 이성의 구성처럼 경험 이전에 아는 것들, 혹은 인간이 조건 지워진 것들에 대해 회의적이다. 대체로 그들은 사물의 진상을 파악하는 가장 적절한 길은 그 사물을 관찰하고 만져 보며, 그 사물에 대한 지각을 믿는 것이라는 견해에 호의적이다. 그들은 이성의 관념들을 그것들이 관찰된 사실에 의해서 확증되기 이전에는 상상에서 온 허구라고 생각하는 경향이 있다. 그러므로 경험론에 대한 이러한 의미에서 베이컨을 경험론의 선구자라고 부를 수 있다.

베이컨은 경험론적 전통의 창시자라기보다는 선구자라고 불릴 수 있다. 왜냐하면 그는 이 입장을 충분히 발전시키는 데 성공하지 못했으며, 경험론의 바탕에 깔린 의미와 나중에 드러난 경험론의 난점들을 분명히 이해한 것 같지는 않기 때문이다. 그러나 베이컨이 그동안의 연역적 사고에 대한 선입견을 버리고 관찰할 수 있는 세계의 여러 가지 사실에 관한 생생한 고찰로 시선을 돌리도록 했다는 것은 분명하다.

베이컨은 학문을 목적이라기보다는 수단이라고 생각하였다. 그는 지적 생활의 즐거움을 찬양하기보다는 지식이 실생활에 미치는 결과를 더욱 강조하였다. 그의 최초 저서인 《학문의 진보》에서 베이컨은 자신의 태도를 다음과 같이 진술하였다.

> 도덕 철학은 …(중략)… 명상적인 생활과 행동적인 생활 중에서 어느 편이 더 값지냐는 문제를 해결하는데, 그 해답은 아리스토텔레스와는 반대의 방향을 취한다. 왜냐하면 명상적인 생활에 우위를 인정하는 이유로서 아리스토텔레스가 제시한 것은 모두 개인적이며, 그 개인 자신의 쾌락과 존엄성을 존중하는 따위의 것이기 때문이다. …… 그러나 이 인생이라는 극장에 있어서 관람객의 자리에 앉을 수 있는 것은 오직 신과 천사뿐이라는 사실을 알아야 한다.
>
> *- 베이컨, 《학문의 진보》 중에서*

《노붐 오르가눔》의 부제목은 '자연과 인간 세계의 해석에 관한 교훈'으로 되어 있다. 베이컨은 신학적인 문제는 다루지 않는다. 그것은 철학의 관심사가 아니라고 생각했기 때문이다. 그는 종교를 믿는다고 공언하였다. 그러나 모든 종교적 신앙은 철학의 범위에서 제외하였다. 그는 이런 말을 한 적이 있다.

"우리는 신에 관한 지식을 가지고 있지 않다. 다만 우리는 감탄하고 숭배할 뿐이다."

종교에 대한 그의 태도를 읽게 하는 대목이다. 반면 철학은 눈에 보이는 세계와 인생을 그 대상으로 삼는다.

만약 우리가 지식의 탐구와 응용에 있어서 효과를 거두려면, 수많은 과학의 일꾼들이 협조적인 노력을 해야 한다는 것을 베이컨은 잘 알고 있었다. 그는 여러 권이 될 저술을 시도하면서 일부는 자신이, 다른 부분은 조예 깊은 다른 학자들로 하여금 쓰게 할 계획을 세웠다. 베이컨은 이 거창한 합동 저술을 《대부흥》이라고 부를 것을 제안한 동시에 계획된 첫 부분을 위한 머리말과 서론을 자기 손으로 직접 썼다. 책의 첫머리에서 그는 '나는 모든 지식을 내 영역에 포함시켰다' 라고 말하였다. 그러나 그것은 자기 단독으로 연구한다는 뜻이 아니었다. 다른 사람들이 함께 참여하고 같이 관찰하고 관찰한 사실을 기록하며 또 그 사실들을 중요성과 가치에 따라 일람표로 작성하는 일에 협력할 것을 원했다. 베이컨은 《학문의 진보》 안에서 당시의 학문의 결점과 미비한 점을 밝히는 동시에 장차의 노력을 가장 필요한 보충적 연구에 기울이기 위하여 그 당시의 학계 상황을 검토하기도 하였다. 결국 그는 다른 학자들을 연구와 실험의 공동 사업에 참여시키는 데 성공하지 못했으며, 또 성공의 방안도 몰랐었다. 그러나 인간의 지식 영역을 확대하고 실생활의 개선을 위한 지식의 응용을 목표로 하는 공동 노력에 학자들을 결합시킬 학회에 관해서는 선견지명을 가졌다고 평가할 수 있다.

베이컨의 철학적 환상을 그린 《신아틀란티스》는 큰 폭풍을 만나 해도에 없는 바다로 떠내려간 영국의 배 한 척이 어떤 섬을 발견한 이야기를 그린 것이다. 이 섬에서 영국의 선원들은 주민들의 행복을 증진할 여러 가지 방도를 가진, 훌륭하게 조직된 사회를 발견한다. 이 섬의 문화의 중심은 '솔로몬의 집'이라는 이름의 거대한 실험 연구소이다. 선원들이 그 연구소의 사명을 물었을 때, 그들에게 주어진 것은 다음과 같은 웅변적 답변이었다.

"우리 연구소의 목적은 사물의 원인과 보이지 않는 운동을 밝히는 것이며, 또 모든 가능한 일을 성취하기까지 인간 제국의 국경을 넓히는 것이다."

이 전형적인 베이컨의 발언은 정열적이면서도 냉정한 면이 있다. 그것은 과학적 지식의 엄청난 진보와 그에 따르는 인간 생활의 개선을 꿈꾸는 점에 있어서 정열적이다. 그러나 인간의 업적을 자연적으로 가능한 범위 내에 국한한다는 점에 있어서는 냉정하다. 이 발언은 인간의 업적을 소망되는 모든 것, 또는 상상할 수 있는 모든 것에까지 과대망상으로 확대하지는 않는다. 베이컨은 인간이 모든 일을 이룰 것이라고 기대하는 것이 아니라, 자연의 법칙에 인간이 순응할 줄만 안다면 많은 일을 이룩할 수 있다고 기대하는 것이다. 자연 과학의 영향과, 자연 과학이 실생활에 미치는 보람찬 결과와, 그리고 과학 연구의 귀중함을 베이컨보다 더 웅변적으로 찬양한 사람은 역사상 없을 것이다.

3. 베이컨 사상에 대한 비판 및 그가 미친 영향

베이컨은 경험론의 선각자임이 분명하다. 그러나 경험론적 방법 또는 경험론적 방법이 암암리에 제기하는 인식론적 및 형이상학적 문제들에 관한 유능한 해설자는 아니었다. 이상하게도 베이컨은 그 자신의 시대의 과학자들이 사용하고 있었던 방법에 관해서조차도 충분한 이해가 없었다. 그는 코페르니쿠스를 경멸에 가득 찬 어조로 평하면서, '비록 그의 계산이 정확했다 하더라도, 그는 자기가 자연 속으로 끌어들이는 허구에 대하여는 조심하는 바가 없다'고 말하였다. 그는 아마 케플러의 저술에 관해서는 별로 아는 바가 없었던 모양이다. 그는 망원경을 완성했다는 이유로 갈릴레이를 찬양하였다. 그러나 갈릴레이의 방법이 안고 있는 이론적 난점을 찾아낸 데카르트의 날카로움은 그에게서는 찾아볼 수 없었다. 베이컨의 큰 결점 중 하나는, 그가 과학적 사고에 있어서 수학의 중요성에 대해 잘 알지 못했다는 사실이다. 베이컨은 자연 과학을 양적인 측정의 관점에서 이해하지 않고, 사물에 관한 질적인 서술이라는 관점에서 이해하였다. 또 질은 양과 수에 상관 관계시킬 수 있다는 것, 또는 양과 수에 의해서 가장 잘 표현될 수 있다고 보는 근대 물리학의 기본 원리를 전혀 모르고 있었다. 베이컨의 총명함과 기지, 그리고 탁월한 상상력에도 불구하고 그는 인간의 정신생활에 있어서의 과학의 임무를 제대로 이해하지 못하고 있었다. 또한 베이컨은 사물을 바라보기만 함으로써 그것에 관한 지식을 얻을 수 있다고 상상했으며, 단편적인 사실들을 주워 모아 그것을 일람표로 정리만 하면 거기서 자연의 법칙이 저절로 솟아나올 것으로 기대했다.

역사가들은 근대 경험론의 예고를 베이컨에게서 발견할 수 있다. 그런데 베이컨의 경험론은 그의 의도가 그렇지 않다고 하더라도 적극적이라기보다는 소극적이다. 사실 과학자들은 경험론을 주장하는 철학자들에 의해 지도를 받는 점이 별로 없었다. 그러나 진심으로 과학을 인정한 철학자들은, 과학자들이 제시한 견해를 일반적으로 받아들이는 것을 가로막는 장애물들을 제거하는 데 도움을 주었다. 베이컨이 그동안의 연역적 사고에 대한 선입견을 버리고 우리가 관찰할 수 있는 세계의 여러 가지 사실에 관한 생생한 고찰로 시선을 돌리는 데 도움을 주었다는 것은 분명하다.

고전 펼치기 - 주요 개념 중심으로

    인간 지식의 발전을 위한 베이컨의 경험적 방법론은 크게 두 부분으로 나뉜다. 즉 사람을 종종 그릇된 판단으로 이끌기 쉬운 위험한 요소들을 지적한 소극적(부정적) 측면과 과학자들이 따라야 할 올바른 방법의 윤곽을 제시한 적극적(긍정적)인 측면이 그것이다. 이를 다루기에 앞서 베이컨의 학문 방법론을 먼저 살펴보기로 한다.

1. 학문 방법론

"Scientia est Potentia." (Knowledge is power, 아는 것이 힘이다.)

    이는 자연 현상에 대해 법칙적으로 아는 것을 말한다. 즉 자연 법칙을 알고 자연 법칙을 따를 때 자연을 내 힘으로 이용할 수 있다는 것이다. 학문은 실용적이어야 하고, 인간의 후생 복지에 사용되어야 한다는 생각을 그 바탕에 깔고 있다. 이는 영국 학문 기풍이 쌓이는 데 큰 기여를 했다. 학문은 이

제까지 알고 있었던 것, 그것으로 인해서 관찰, 실험했던 것에서 출발하여 인간 지성을 얽매고 잘못되게 한 것을 제거해야 한다고 주장한다. 그런데 인간을 편견에 쌓이게 하는 것이 있다. 편견이 그것인데, 경험에 입각하지 않은, 실험과 검증을 거치지 않은 편견은 인간의 지성을 얽매고 잘못되게 하는 우상으로 드러나고, 베이컨은 이러한 우상의 종류를 네 가지로 분류하고 있다.

2. 베이컨의 소극적(부정적) 가르침 — 마음의 우상들

베이컨의 가장 탁월한 점은 그의 부정적인 가르침에 있다. 그는 너무나 자신만만한 합리론자들의 오만함과 조급한 결론의 어리석음을 비판했다. 그는 영국 문학의 유산으로 남은 일련의 비유로써 자신의 견해를 나타내었다.

> 내가 주로 과학의 저술과 과학의 활발한 분야에 종사하고 있음은 사실이다. 나는 추수의 계절을 기다리되, 이끼를 떼거나 푸른 곡식을 거두어들이려고 덤비지 않는다. 왜냐하면 일단 올바른 공리(公理)가 발견된 다음에는, 그 공리는 연구를 전체적으로 이끌어가는 동시에 여기서 하나 저기서 하나 산발적인 열매를 맺지 않고 한꺼번에 많은 열매를 맺

는다는 사실을 잘 알고 있기 때문이다. 그리고 마음이 조급한 나머지, 손이 닿는 첫 열매를 따려고 덤비는 시기상조이며 미숙하기 짝이 없는 성급한 태도를 나는 전적으로 비난하고 배격한다. 그것은 경주의 장애물이 된 '아탈란타의 사과'와 같은 것이기 때문에.

- 《대부흥》의 서론 중에서

같은 논점을 베이컨은 그가 말하는 '자연에 대한 예측'과 '자연에 대한 해석'을 대립시켰을 때에도 다시 강조하였다. 그는 이렇게 말하고 있다.

인간은 자연의 하인이요, 해석자인 까닭에 자연의 진행을 사실에 있어서 또는 사유에 있어서 관찰하는 한계 안에서만 행위하고 이해할 수 있다. 이 한계를 넘어서서는 인간은 아무것도 모르고 아무 일도 못한다.

- 《노붐 오르가눔》 중에서

자연을 '사유에 있어서' 관찰하라 함이 무슨 뜻인지 베이컨은 설명한 일이 없다. 아마 그는 자연으로 하여금 말을 시키고 인간은 그 소리를 듣게 하기를 원했던 것 같다. 그러나 그 구체적인 뜻은 밝혀 주지 않았다. 여하튼 우리가 너무 조급한 나머지 사실을 곡해하고 오직 우리 자신의 선입견만을 주장하는 일이 없도록 베이컨이 경고한 것만은 분명하다. 그가 자연에 대한 예측을 배척한 이유도 여기에 있다. 그러나 베이컨은 '자연에 대한 해석'에 관한 자기의 구절을 충분히 소상하게 설명한 일은 없었다. 만약 우리가 사실을 사실대로 관찰하기를 원한다면, 마음을 수동적인 상태로 유지해야 한다는 것을 권고하고 있는 것으로 보인다. 그는 일람표로 작성되고 또 우리 '사유 속에' 저축된 무수한 사실들 그 자체로부터 자연에 대한 해석이 그런대로 나올 수 있다고 생각한 것 같다.

베이컨이 쓴 비유 중 가장 유명한 것은 '마음의 우상'을 논한 대목이다. 우상(偶像: idols)이라 함은, 그것을 그대로 내버려 두면 사람을 거짓으로 말려들게 하는 마음의 모든 경향을 뜻한다. 베이컨은 그러한 우상을 네 가지로 구별하고 정의하는 동시에, 그 각자에게 독창적이고 재미있는 이름을 붙였다.

① 종족의 우상(The idol of the tribe)

'종족의 우상'은 인간이란 종족에 고유한 것으로서 사람을 오류로 이끄는 위험한 충동을 통틀어 일컫는 말이다. 베이컨에 따르면, 인간의 오성(悟性), 지성(知性)은 항상 감정과 의지로 말미암아 자칫하면 그릇된 판단으로 끌려가기 쉽다. 인간의 감각은 착각에 의해 착오를 일으킬 수 있고, 따라서 감각에만 의존하는 것은 올바른 사물 인식에 지장을 초래한다. 예를 들어 단순함을 좋아하는 성질 때문에 사람들은 유성들의 궤도가 원형이라고 자연스럽게 믿게 되었다. 그리고 인간의 지성은 지나친 추상화로 인해 너무나 목적적인 원리를 찾고자 한다. 즉 절대로 변함없는, 틀림없는 그러한 것을 알고자 함으로써 한 번 그렇다고 생각하면 좀처럼 고치려 하지 않는 성질이 있다. 예를 들어 사람들은 자신들이 목적을 추구하고 있다는 사실로 미루어 자연도 궁극적인 목적을 추구하는 것처럼 믿는다. 또한 인간의 상상력은 냉철한 판단을 내리기 어렵게 한다. 사람들은 자신들의 소원과 공포심이 강한 탓으로, 자신들의 기도가 효과를 보고 대답을 얻을 것이라고 믿는다. 이처럼 '종족의 우상'은 우리가 인간이기 때문에 가질 수밖에 없는 오류들을 말한다. 인간이면 누구나 갖고 있는 편견이라고 할 수 있다.

② 동굴의 우상(The idol of the cave)

'동굴의 우상'은 어느 정도 각 개인의 특수성에서 오는 오류의 특별한 경향을 말한다. 즉 개개인의 선입관으로 자신만의 고유한 편견, 선입관을 말한다. 베이컨의 설명에 의하면, 모든 사람은 자기의 고유한 동굴을 가지고 있다. 그리고 사람이 자기의 동굴에 틀어박힐 때에는 자연의 빛이 비쳐 들어가기는 하겠지만, 그 빛은 일정한 모양으로 변색하기 쉽다. 베이컨이 지적한 바와 같이 이 우상에 관해서는 일률적인 원칙을 말할 수가 없다. 사람이란 태어나면서부터 소질이나 체질이 각기 다르고, 교육과 환경 등에 의해서 나타나는 차이로 인해 사물 그 자체를 인식하지 못할 수 있다. 또한 사람이란 각각 자기가 속한 당파가 있고, 읽는 책이 다르며, 또 취미도 가지가지이다. 그래서 이런 우상에 빠지지 않기 위해서 각자는 자기 자신을 연구하고 자기 자신의 주관적 경향을 삭제해야 한다.

③ 시장의 우상(The idol of the market)

'시장의 우상'은 우리가 언어에 의해 기만당하기 쉬운 경향을 말한다. 즉 언어에 의해서 인간의 지성이 지배되고 조정당한다는 것이다. 인간은 실제 사물의 존재와 상관없이 언어 습득이 먼저 이루어지고, 그래서 언어를 먼저 배운 사람은 경험에 바탕을 둔 것이 아니어서 현실에 어둡고 신뢰성을 가질 수 없게 된다. 사람들은 시장에 가서 사고팔기만 하는 것이 아니라 이야기를 주고받고 잡담을 일삼기도 한다. 이런 과정에서 사람이란 모든 언어와 일치하는 실재가 있다고 믿기 쉽다. 그래서 사람들은 때로는 '운명의 여신'을 실재하는 신으로 숭배하고, '제일질료'니 '부동(不動)의 원동자(原動者)'니 하는 것에 관한 쓸데없는 공론의 체계를 세우며, 또 공허한 논쟁을 일삼곤 하였다. 언어는 존재하지 않는 것을 존재하는 것으로 묘사하고, 너무나 다의적이어서 정확한 의미 규정이 안 되면 의미를 파악할 수 없다. 언어는 애당초 무지와 성급함에 의해서 만들어졌으므로 주의해야 한다고 베이컨은 말하고 있다.

④ 극장의 우상(The idol of the theater)

'극장의 우상'은 사람의 판단을 잘못되게 하고 사람을 편당적(偏黨的) 인물로 만들기 일쑤인 역사적 전통에 대한 충성을 가리킨다. 즉 역사나 종교, 사상 등에서 주장하는 것을 그대로 믿고 따르는 데서 나오는 편견을 말한다. 아마 베이컨은 셰익스피어의 작품에 나오는 왕과 귀족들이 무대 위를 거니는 것을 보았을 것이며, 그 광경을 염두에 두고 '극장의 우상'이라는 표현을 만들어 냈을 것이다. '일반인이 승인하고 있는 체계들은 모두 무대 연극에 불과하며, 사실과는 관계없이 연극적으로 꾸며진 작가 자신들의 창작 세계에 해당하는 것들이다'라고 베이컨은 서술하고 있다. 학문은 여러 시대 속에서 생긴 것이므로 일면적 지식에 불과하다. 종교나 학파는 일면적이고 제한적인데 언제나 일반적으로 보편타당하다고 주장하는 것이 문제이다. 예를 들어 아리스토텔레스처럼 연역적 논리를 중시하면 학문은 궤변이 된다고 베이컨은 말하고 있다. 그리고 길버트와 같은 르네상스 시대의 자연학자는 소수의 실험에 의존하는 비논리적인 나쁜 경험주의에 빠져들었듯이 말이다.

3. 베이컨의 적극적(긍정적) 가르침 — 귀납적 방법

경험적 방법에 관한 베이컨 학설의 적극적인 측면은 그의 귀납법의 이론이다. 우리가 믿을 수 있는 결론은 마음속에 간직한 관념들의 전제로 삼는 삼단논법 또는 연역 추리를 통해서 나오는 것이 아니라, 관찰된 사실들의 크고 잘 정리된 집합이 주는 교시를 통해 나온다. 우리는 싸리 가지들을 적당한 형태로 묶어 줄 끈이 없는 빗자루로 마루를 깨끗이 쓸 방법이 없다. 그와 마찬가지로 우리는 적절한 조직의 원리가 결여된 단편적인 경험들의 집합을 가지고 자연을 충분히 조사할 수는 없다. 베이컨에 의하면 과학적 방법의 비결은 자연에 관한 진리가 명백히 드러나도록 관찰한 사실을 정리하는 수법에 있다. 그리고 귀납법이 바로 그 수법이라고 확신한다.

베이컨은 열(熱)의 성질에 관한 장황한 설명으로 귀납적 방법을 소개한다. 첫째로 우리는 열의 존재표(存在表), 예를 들어 태양광선·유성·낙뢰, 그리고 불꽃 등과 같이 열을 발산하는 것들에 관한 목록 내지 일람표를 작성해야 한다. 둘째로 우리는 열의 부재표(不在表), 즉 위에 말한 첫째 일람표의 경우와 될 수 있는 대로 비슷하면서도 그러나 열은 존재하지 않는 사례들에 관한 목록 내지 일람표를 준비해야 한다. 이 둘째 목록에 들어갈 것의 예로서 베이컨은 달빛·북극광, 그리고 어둠 속에서 빛나는 고기의 비늘을 들고 있다. 그리고 마지막으로 우리는 정도표(程度表), 즉 조건의 변화에 따라서 여러 가지 정도로 열이 발견되는 사례에 관한 목록 내지 일람표를 필요로 한다. 셋째 목록에 들어갈 예로는 말라리아열, 같은 동물의 신체 부분에 따라 다른 체온, 타는 석탄이나 목탄이 발산하는 여러 가지 정도의 열 등이 있다. 이상 세 가지 경우의 일람표를 근거로 하여, 열이란 중심에서 변두리로 퍼지며, 위로 급하게 움직이는 일종의 운동이라는 결론을 내렸다. 또는 마치 그 세 가지 일람표에서 그런 결론이 나온 것처럼 주장하였다.

열에 관한 베이컨의 장황한 논설은 대부분의 독자들에게 확신을 주지 않는다. 대부분은 베이컨이 그 결론을 좀 더 유능한 과학자들로부터 빌려 오고서, 그 결론을 뒷받침할 만한 적절한 예를 찾아내기에 실패한 것이라고 생각한다. 그렇지만 베이컨의 세 가지 일람표에 놓인 생각은, 나중에 귀납법의 규준(規準)으로 발전하고 경험적 방법론의 기본 원리가 될 어린 싹이었다.

세 가지 일람표에 관한 말을 마친 다음에 현상들이 가지는 증거물로서의 가치는 사례에 따라 크게 다르다는 것을 베이컨은 애써 주장한다. 어떤 현상은 마음으로 하여금 명백한 결론을 이끌어 내도록 돕지만, 어떤 것은 그렇지 못하다. 그러므로 우리는 '특출한 사례'를 수집하도록 주의해야 한다고 역설한다. 그리고 그는 어떤 곳에서 특출한 사례를 찾아볼 수 있을까에 관하여 명세서를 제시하였다. 예를 들어 공중을 나는 물고기(물고기와 새의 중간), 또는 박쥐(새와 길짐승의 중간), 또는 원숭이(짐승과 사람의 중간) 따위와 같은 '경계선상의 사례' 들이 있는데, 이러한 사례들은 모두 생명의 형태를 올바로 분류함에 빛을 던져 줄 것이다. 다음에 '이동성 있는 사례들' , 예를 들어 부서진 유리 가루나 요동하는 물결 거품의 흰빛 등은 색채의 본질을 확인하는 데 도움이 될 것이다. 그 밖에 또 망원경이나 현미경을 통한 관찰과 같은 '입구의 사례들' 이 있는데, 이런 사례들은 범상한 관찰보다도 빨리 관찰자가 자연의 비밀 속으로 뚫고 들어갈 것을 허락한다.

요약하자면 베이컨은 귀납법이 첫째, 자기가 구하는 법칙과 관계있는 사례를 모으는 절차와 둘째, 모든 것을 비교 검토해서 자연에 관한 진리가 드러나는 법칙을 찾는 절차가 필요하다고 주장한다. 그리고 첫 번째 절차와 관련해서는 세 가지 일람표를 제시한다. 존재표는 원하는 성질을 현재 갖고 있는 것, 부재표는 원하는 성질을 갖고 있지만 보이지 않는 것, 마지막으로 정도표는 사상이 여러 가지로 나타나는 것이고, 이러한 세 일람표로 정리하는 절차의 필요성을 역설한다. 법칙을 찾는 절차는 비교를 통해 우연적, 비본질적인 요소를 제거하는 절차로 이는 관계적으로, 계속적으로 일어나야 함을 요구하는 절차이다.

4. 귀납적 방법과 과학적 창조성

현대 과학, 특히 자연 과학이 자연 세계에 대한 신뢰할 만한 지식을 얻어 냄에 있어서 눈부신 성공을 거두고 있음은 누구도 부인하기 어렵다. 많은 사람들은 현대 과학이 이러한 성공을 거두고 있는 이유가 독특한 '과학적 방법(scientific method)'에 있다고 믿는다. 예를 들어 몇몇 학자들은 사회 과학이 자연 과학에 비해 상대적으로 눈에 띄는 성공을 거두지 못하고 있는 이유를 사회 과학자들이 사회 현상에 적합한 연구 방법론을 미처 정립하지 못했기 때문이라고 생각한다.

과학적 방법과 과학적 지식 사이의 연관성은 근대 과학이 막 형성되던 시기에도 강조되었다. 근대 과학의 '귀납적 방법(inductive method)'을 정립한 것으로 유명한 프랜시스 베이컨은 이 귀납적 방법을 차근차근 적용함으로써 과학 지식을 체계적으로 축적해 나갈 수 있다는 근대적 낙관론을 대표한 사람이라고 할 수 있다. 베이컨의 귀납법은 자연 세계에 대한 일차적 지식을 얻기 위해서 다양한 대상을 다양한 조건하에서 관찰할 것을 요구한다.

베이컨 이후 귀납법은 과학적 방법의 대표적인 것으로 간주되었다. 귀납법이 과학적 창조성에 대한 우리의 논의에 중요한 점은 그것이 어느 정도 '기계적인' 방식으로 자연 현상에 적용 가능하다는 것이다. 즉 '다양한 상황하에서 P라는 현상을 관찰했다면, P가 참이다' 라고 결론 내리는 귀납적 방법은 이 방법을 올바로 적용하거나 잘못 적용하거나 둘 중의 하나일 뿐, 다른 과학자보다 귀납법을 좀 더 '잘' 적용할 수 있는 가능성은 별로 없다. 그러므로 귀납법을 사용하여 지식을 생산하는 과정에서 중요한 요소는 얼마나 '뛰어난' 과학자들이 연구를 수행하는가보다는, 얼마나 '많은' 과학자들이 연구를 수행하는가이다. 베이컨은 과학적 방법론에 숙달된 과학자들이 '솔로몬의 집' 에 함께 모여 연구를 수행함으로써 과학 지식을 차근차근 축적해 나가는 상황을 가정했는데, 여기서 우리는 베이컨이 과학 지식의 성장을 위해서 개별 과학자의 능력보다는 얼마나 많은 과학자들이 귀납법을 정확히 적용하는가를 중요시했음을 알 수 있다.

그런데 귀납적 방법이 과학 지식의 형성 과정에서 가지는 중요성을 강조하다 보면 자연스럽게 과학적 창조성의 중요성을 평가절하하게 된다. 그 이유는 귀납법을 올바르게 익힌 사람이면 누구나 과학 지식을 산출하는 데 있어서 원칙적으로 거의 동등한 능력을 갖게 되기 때문이다. 물론 여기에 개인차가 없을 수 없다. 가령 어떤 과학자는 다양한 조건하에서 특정 현상을 보다 '빨리' 관찰할 능력을 가지고 있을 수 있다. 또한 어떤 사람은 다른 사람보다 서로 다른 관찰 조건을 보다 '많이' 만들어 내는 재주를 가지고 있을 수 있다. 그러나 이런 모든 차이는 궁극적으로 정도의 차이에 지나지 않는다.

그러므로 귀납법을 제대로 익힌 과학자들은 과학 지식의 생산에 있어서 원칙적으로 서로 동등한 능력을 갖춘 셈이고, 결국 원칙적으로 서로 대체 가능할 것이다. 그러므로 과학적 지식이 형성되는 과정이 귀납법을 정확하게 적용하여 차근차근 지식을 축적해 나가는 과정 이상이 아니라면, 이 과정에서 필요한 것은 과학적 창조성이라기보다는 오히려 귀납법을 올바르게 이해하고 정확하게 적용하며, 그 적용 결과를 체계적으로 정리해 내는 능력일 것이다. 물론 이러한 능력이 성공적인 과학 연구를 위해 꼭 필요한 것은 사실이지만 이를 과학적 창조성과 동일시하기는 어렵다.

실전 논술

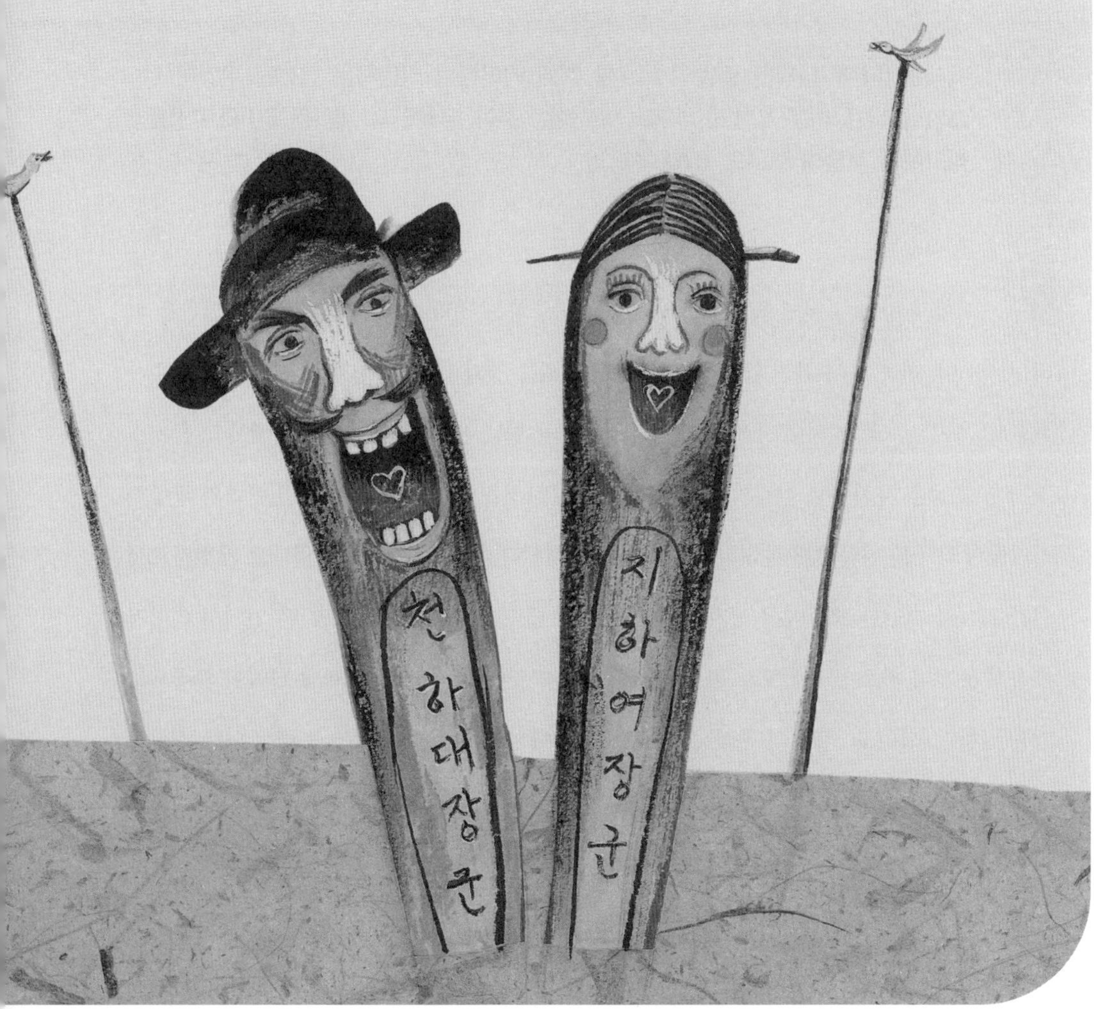

1강_ 아는 것이 힘이다?

case 1 제시문 (나)에 나타난 꿀벌의 비유를 통해 베이컨이 비판하는 입장은 무엇이고, 그가 올바른 학문 방법론이라고 제시하는 것이 무엇인지 제시문 (가)와 (다)를 참고하여 서술해 보시오. (1,000자 내외)

가 과학적 방법의 첫째 필요조건은 자연을 탐구하는 철학자 자신의 편견과 선입관을 버리는 것이다. 이는 마치 자연 앞에 선 어린아이가 되는 것과 같다. 자연을 탐구하는 사람의 마음은 네 가지 '우상'에 의해 방해 받고 있다. '종족의 우상'은 인간의 본성 자체에서 그 근거를 찾는다. 오성은 자연에서 실체의 현상 이상으로 규칙성을 가정하고, 성급한 일반화와 확증적 사례들의 가치를 지나치게 과대평가하는 경향을 지닌다. '동굴의 우상'은 반대로 개별자로서 인간 교육과 그러한 교육에서 생겨난 경험에 대한 태도이다. '시장의 우상'은 언어의 의미가 세속적 용법의 최소 공통분모로 환원되어 결국은 그것에 의해 과학적 개념 형성이 왜곡되는 것을 말한다. 그리고 '극장의 우상'은 철학자들의 다양한 방법론과 교조 속에서 나타나는 우상이다.

나 지금까지 학문에 종사한 사람들은 경험에만 의존했거나 독단을 휘두르는 사람들이었다. 경험론자들은 개미처럼 모으기만 하고, 독단론자들은 거미처럼 자기 속을 풀어서 집을 짓는다. 그러나 꿀벌은 중용을 취해서 들에 핀 꽃에서 재료를 구해 자신의 힘으로 변화시킨다. 참된 철학의 임무는 바로 이와 같다. 참된 철학은 정신의 힘에만 기댈 것도 아니요, 자연이나 기계적 실험을 통해 얻은 재료를 가공하지 않은 채로 비축할 것도 아니다. 그것을 지성의 힘으로 변화시켜 소화해야 하는 것이다. 우리가 하고자 하는 일은 인간의 지성 안에 세계의 모형을 세우는 것이다. …(중략)… 그러기 위해서는 먼저 사람들이 철학적 공상으로 날조해 놓은 어리석은 세계의 모상부터 철저히 파괴해야 한다.

다 학문을 하는 것은 즐거움과 장식(裝飾)과 능력을 위해 도움이 된다. 즐거움을 위한 효용은 혼자 한가하게 있을 때 나타난다. 장식으로서의 효용은 다른 사람과 대화를 나눌 때 나타나고 능력을 위한 효용은 사물을 판단하고 처리할 때 나타난다. 학문에 지나친 시간을 소비하는 것은 나태다. 그것을 지나치게 장식용으로 쓰는 것은 허세다. 하나에서 열까지 학문의 법칙으로 판단하는 것은 학자의 버릇이다. 학문은 천성을 완성하고, 경험에 의하여 학문 그 자체가 완성된다. 학문이 경험에 의하여 한정되지 않으면, 학문은 너무나 막연한 지시를 주는 데 지나지 않는다. 실제적인 사람은 학문을 경멸하고, 단순한 사람은 학문을 숭배하며, 현명한 사람은 학문을 이용한다. 왜냐하면 학문은 그 자신의 사용법을 가르쳐 주지 않기 때문이다. 그것은 학문 바깥에 있는, 학문을 초월한 관찰로써 얻어지는 지혜이다.

어휘 다지기

연역법(deduction)

연역법은 일반적으로 인정된 전제들로부터 논리적으로 유도된 결론을 받아들일 수밖에 없게 만드는 추리 방법이다. 참이라고 받아들이는 전제로부터 필연적으로 그 참이 보장되는 결론을 이끌어내는 추리로 확실성을 보장하는 추리이다. 연역 논증을 잘 따져 보면 결론이 이미 전제 안에 포함되어 있다는 것을 알 수 있다.

독단(dogma, 獨斷)

원래 의미는 인간의 구제를 위해서 신(神)이 계시한 진리를 말하며, 교회가 신적 권위를 부여한 신앙신조(信仰信條)로 이루어진 것을 의미한다. 그러나 일상적인 의미로는 주관적인 편견에 의해 무비판적으로 특정한 교리나 원리에 의존하여 판단하는 것을 뜻한다.

중용(中庸)

이는 사람들이 모든 행동에서 본받아야 할 원칙이며, 넓은 의미로는 나라를 다스리는 근본이라고 할 수 있다. 여기서 중용의 중은 치우치지 않음, 지나치지도 모자라지도 않음, 감정이 겉으로 드러나지 않은 상태를 뜻하고, 용은 변함없음을 뜻한다.

문제 해결의 길잡이

베이컨은 이전의 학문 방법론들을 비판하고 새로운 학문 방법론을 제시하고 있다. 제시문 (가)는 과학적 방법이 배제해야 하는 것이 무엇인가를 나타내고 있고, 제시문 (나)에서는 올바른 학문 태도를 거미와 개미, 꿀벌의 비유를 통해 제시하고 있으며, 제시문 (다)는 학문하는 태도가 어떠해야 하는지를 제시하고 있다. 각각에서 드러나는 학문 방법론의 공통점을 찾아보고, 이를 간략하고 분명하게 나타내야 한다. 핵심적인 내용을 군더더기 없이 잘 표현해야 할 것이다.

생각 쓰기

2강_ 과학적 지식

CASE 2 제시문 (가)에 나타난 과학적 지식의 성격과 그 객관성에 대해 (나)와 (다)의 관점에서 비판적으로 검토해 보시오. (1,000자 내외)

가   통제 실험은 현재 과학적 지식을 얻는 주요한 방법이다. 자연 세계에서 일어나는 현상들은 일반적으로 수많은 원인과 결과들의 중첩을 통해 발생한다. 예를 들어 어떤 금속의 온도가 올라가는 현상이 관찰되었을 때 그 현상은 빛을 쬐어 주어서 발생했을 수도 있고 전기나 그 밖의 다른 원인에 의해서일 수도 있다.

    일반적으로 자연적인 상황에서는 이들 원인들이 모두 조금씩 한꺼번에 작용하게 된다. 그러나 근대 과학은 특정한 인과관계를 다른 인과관계와 고립시켜서 연구하고 나중에 이를 종합하여 자연 현상을 설명한다는 특징을 갖는데, 이를 분석적 방법(analytic method)이라 한다. 예를 들어, 앞의 사례에서 전기만 흘려주었을 때 금속의 온도 변화는 어떠할까를 연구하는 것이 분석적 방법이 적용된 경우이다. 그러나 전기만 통하고 빛이나 다른 열은 금속에 전혀 가해지지 않은 상황은 자연 상태에서는 잘 일어나지 않으므로, 금속에 통해 준 전기의 세기와 금속의 온도 변화 사이의 정량적 인과관계를 알기 위해서는 인공적으로 그런 상황을 만들어서 실험을 할 필요가 있다. 즉, 금속의 온도 변화에 영향을 줄 수 있는 모든 원인 중에서 오직 전기만 남겨 두고 나머지를 모두 제거한 '통제된' 상황에서 실험을 수행하고 그 결과에 기반해서 과학 지식을 생산하게 되는데, 이런 통제 실험의 사용은 베이컨의 제안 이후 과학 연구의 주요한 특징이 되었다.

나 우선 설명하거나 이해하고자 하는 현상을 도출해 낼 수 있는 가설을 찾는다. 이런 가설들은 일반적으로 하나 이상 존재하므로, 어떤 하나의 가설로부터 우리가 설명하려고 하는 현상을 얻어 낼 수 있다고 해서 자동적으로 그 가설이 참이 되는 것은 아니다. 그러나 그 가설이 원래 설명하고자 했던 현상 이외에 또 다른 현상을 찾아내어 설명해 준다면 우리는 그 가설을 더 신뢰하게 될 것이다. 이런 식의 '새로운 현상에 대한 예측 → 관찰이나 실험을 통한 검증'이 반복되면 우리는 그 가설을 믿을 만한 과학 지식으로 간주할 수 있게 된다.

다 과학자가 실험실에서 행하는 조작과 측정들은 경험에서 '주어지는 것'이라기보다는 '공들여서 수집한 것'이다. 그것들은 과학자가 보는 그 무엇이 아니다. 적어도 그의 연구가 상당한 수준으로 진전되고 그의 주의가 초점을 맞추기 전까지는 그렇지 못하다. 오히려 그것들은 보다 기본적인 지각 작용의 의미에 대한 구체적인 지표들이며, 수용된 패러다임의 유익한 정련화의 기회를 기약한다는 이유에 의해서만 정상 연구의 엄밀한 탐사 대상으로 선정된다. 조작과 측정은 부분적으로 그것들을 유도하는 직관적 경험에 비하여 훨씬 더 패러다임에 의해서 결정되는 정도가 두드러진다. 과학은 가능한 실험 조작을 모두 취급하지는 않는다. 실제에서 과학은 하나의 패러다임을 그 패러다임이 부분적으로 결정지어 준 직관적 경험에 병치시키는 데에 의미 있는 조작과 측정을 선별한다. 그 결과 상이한 패러다임을 신봉하는 과학자들은 서로 다른 구체적인 실험 조작들을 수행한다. 전자에 관해서 실행되어야 할 측정은 속박된 낙하 운동의 경우에 관련되는 측정들과는 달라지게 마련이다. 산소의 성질을 구별하는 데에 필요한 실험들은 플로지스톤이 빠진 공기의 특성을 고찰할 때 요구되는 조작과는 같을 수가 없다.

- 토머스 쿤의 《과학 혁명의 구조》 중에서

문제 해결의 길잡이

　　이는 과학적 지식의 성격과 객관성에 대해 비판적으로 검토해 보라는 요구이다. 제시문 (가)에서 나타난 과학적 지식의 성격을 잘 분석하고 이로부터 외부 객관 세계에 대한 지식으로서 과학의 성격을 잘 분석해 봐야 한다. 제시문 (나)는 가설의 역할에 대해 서술하고 있다. 관찰과 경험을 통해 법칙을 도출하는 과정과 달리, 가설을 세우고 이를 통한 관찰과 실험이 행해진다는 것이다. (다)는 실제 과학 연구에서 연구자가 의존하는 이론의 역할에 대해 다루고 있다. (나)와 (다)는 관찰과 실험을 통한 법칙의 도출이란 베이컨의 과학 연구의 구조에 대해 반성해 보게 하는 내용을 담고 있다. 과학적 탐구 방법에서 관찰과 실험의 역할과 객관성의 확보에 대해 비판적으로 따져볼 수 있을 것이다.

어휘 다지기

가설(hypothesis)

어떤 현상을 설명하기 위한 원리, 이론으로 증거 자료를 통해 입증될 경우 특정한 이론으로 자리 잡을 수 있다. 가설 연역법(hypothetical deductive method)은 몇 개의 일반적인 가설로부터 연역적으로 추리된 명제 체제에 의하여 경험적인 현상을 설명하는 방법이다. 즉 그 체제의 근본적 전제인 가설은 실험 혹은 경험에 의해 증명될 수 없기 때문에 그 가설로부터 연역될 수 있는 결과를 경험적으로 관찰 혹은 실험하여 본래 가설의 참, 거짓을 검증하는 일종의 과학 탐구 방법이다. 연역법은 전제를 참으로 가정하고 출발하나, 가설 연역적 방법은 전제가 된 가설의 진위에 탐구의 관심을 둔다.

패러다임(paradigm)

이는 일종의 '세계를 바라보는 방식 혹은 시각'이라고 요약할 수 있다. 즉 '패러다임'이란 문제 상황이 무엇인지를 인식하고 그 해법을 제시하는 사고틀을 말하고 있다. 패러다임이란 용어를 정확히 규정하기는 어렵지만 과학에서 패러다임은 구체적으로 어느 과학 분야의 기본 이론과 개념, 지식 등이 그 요소를 이루는데, 과학도들은 실례 문제 풀이로부터 패러다임을 익히게 되므로 이런 예제들도 그 요소가 된다. 기본 법칙을 적용하는 표준적 방법, 법칙들과 자연 현상을 연관시키는 데에 필요한 실험 기술과 장치 또한 패러다임의 구성 요소로 포함된다. 뿐만 아니라 정규적 연구의 방향을 제시하는 형이상학적 원리들도 패러다임의 기본 요소를 이룸으로써, 예컨대 이론의 정확성·간결성·세계성 등을 중시하는 그 분야의 가치관, 과학자 사회의 공유된 관념, 관습까지도 패러다임에 포함된다.

3강_ 마음의 우상

case 3 제시문 (가)에 나타난 사물의 '이름'과 '본질'의 문제를 (나)와 관련해서 분석해 보고, 이를 통해 사물에 대한 올바른 인식을 위해 경계해야 할 것이 무엇인지 서술해 보시오. (1,000자 내외)

가 道可道 非常道 名可名 非常名 無名天地之始 有名萬物之母

도를 도라고 할 수 있지만 언제나 도는 아니다. 이름으로 이름할 수 있으나 언제나 그 이름은 아니다. 이름이 없이 천지가 시작되었고, 이름은 만물을 낳는 어미이다.

故 常無欲而觀其妙 常有欲而觀其徼 此兩者 同 出而異 名 同謂之玄 玄之又玄 衆妙之門

고로, 늘 어떤 이름을 붙이고자 하지 않으면 그것의 묘함을 보고, 언제나 이름을 붙여 놓고자 하면 그것의 요를 본다. 이 두 가지는 같은 것이지만 다르게 나타나는 것은 이름이다. 같다고 말할 수 있는 것은 그것들이 가물하기 때문이다. 이것도 가물하고 저것도 가물하다. 여러 묘함 이 나오는 문이다.

- 노자 《도덕경》 중에서

나 17세기에 영국의 베이컨은 '우상론'을 제시하며, 인간 정신에는 여러 가지 편견이 도사리고 있어 객관적 사실을 올바르게 인식하는 데 걸림돌로 작용한다고 경고한 적이 있다. 그는 그 편견들을 '우상(idols)'이라 부르며 그 중의 하나를 바로 '시장의 우상(idols of market-place)'이라 규정하였다. 이 '시장의 우상'은 주로 인간과 인간의 만남, 접촉, 교제 등에서 비롯하는 것이고 또 시장은 사람들이 거래하고 교제하는 곳이기 때문에, 이것을 시장의 우상이라 불렀다.

베이컨의 견해는 대략 다음과 같다. 사람들을 교류시키는 것은 언어이고, 언어는 일반적 이해력에 따라 형성되기 때문에 언어가 잘못되어 부당하게 형성되면, 오성은 상당한 자극을 받을 수 있다. 그래서 학자가 어떤 문제에 대해 자기를 방어하기 위해 사용하는 개념의 규정이나 설명도 결코 이 장애를 제거할 수 없다. 언어는 명백하게 오성을 강제하고 좌우하기 때문에 모든 것을 혼란 속으로 밀어 넣고, 사람들을 온갖 공허한 논쟁과 무가치한 공상으로 끌고 가는 것이라는 비판이었다. 시장은 사익을 위해 흥정하는 곳이라 이를 수 있다. 이를테면 공허하고 혼란스러운 이기주의가 활개 치는 공간이라는 말이다.

어휘 다지기

노자(老子)

이름은 이이(李耳)이고, 자는 담(聃)이며 노담(老聃)이라고도 한다. 초(楚)나라 고현에서 태어났고 중국 춘추시대(春秋時代) 말기 주(周)나라의 장서실 관리인을 지냈다. 주나라의 쇠퇴를 한탄하고 은퇴할 것을 결심한 후 서방(西方)으로 떠나던 도중 관문지기의 요청으로 상하(上下) 2편의 책을 써 주었다고 한다. 이것을 《노자》라고 하며 《도덕경 道德經》 (2권)이라고도 하는데, 도가 사상의 효시로 일컬어진다. 그러나 이 전기에는 의문이 많아, 노자의 생존을 공자보다 100년 후로 보는 설이 있는가 하면, 그 실재 자체를 부정하는 설도 있다.

도덕경(道德經)

BC 4세기부터 한초(漢初)에 이르기까지의 도가 사상을 모은 책으로 알려져 있다. 선진 시대(先秦時代)에 원본 《노자》가 있었다고 하지만 현행본의 성립은 한초로 보는 것이 통설이다. 그 후 남북조 시대(南北朝時代)에 상편 37장, 하편 44장, 합계 81장으로 정착되어 오늘날에 이르렀다. 노자 사상의 특색은 형이상학적인 도(道)의 존재를 설파하는 데 있다. '무위(無爲)함이 무위함이 아니다'라는 도가의 근본 교의, 겸퇴(謙退)의 실제적 교훈, 포화적(飽和的) 자연 관조 등 도가 사상의 강령이 거의 담겨 있어 후세에 끼친 영향이 크다. 노자가 말하는 도는 천지(天地)보다도 앞서고 만물을 생성하는 근원적 존재이며, 천지간의 모든 현상의 배후에서 이를 성립시키는 이법(理法)이다. 다시 말하면 대자연의 영위(營爲)를 지탱하게 하는 것이 도이며 그 도의 작용을 덕(德)이라 한다.

문제 해결의 길잡이

　제시문 (가)는 노자의 《도덕경》이다. 노자의 《도덕경》에서 사물의 이름과 본질의 문제는 제시문 (나)에 나타난 베이컨의 우상론 중 '시장의 우상'에 비유해 볼수 있다. 사물의 명칭의 올바름성이 우리 인식에 어떤 영향을 미치는지 고민해보고, 명칭의 올바름성이 갖는 의의가 무엇인지를 서술해야 할 것이다.

생각 쓰기

4강_ 베이컨의 과학관

case **4** 제시문 (가)에 나타난 베이컨의 과학관과 자연관이 무엇인지 따져 보고 제시문 (나)와 (다)가 비판하는 것이 무엇인지를 분석한 후, 과학적 지식의 객관성과 신뢰성에 대한 자신의 견해를 비판적으로 서술해 보시오. (1,500자 내외)

가 역사적으로 중세에서 근대로 넘어가는 과도기였던 당시에도 중세에 비해 크게 약화되기는 하였지만, 교회의 권위는 여전히 인간의 자연에 대한 올바른 이해를 가로막고 있었다. 따라서 인간의 자연에 대한 지식은 미약했으며, 그나마 지식의 대부분은 신과 연결되어 있어서 자연은 막연한 두려움의 대상이었다. 이러한 상황에서는, 예를 들면 번개가 신의 노여움의 표현이라고 생각하는 사회에서는 신과 가장 가까운 인간이나 집단이 권력을 행사하는 것이 당연하다고 할 것이다. 그러나 번개가 수증기를 머금은 구름에서 생기는 전기적 현상이라는 사실을 알게 되면, 사람들은 이제 번개가 쳐도 더 이상 신이 노여워하고 있다고 생각하지 않게 된다. 이와 같이 전에는 알 수 없었던 자연 현상이 일어나는 원리를 하나씩 알게 되면, 교회는 더 이상 사회를 지배할 수 없으며, 자연 또한 두렵거나 신비로운 대상이 아니게 된다. 즉 참된 지식을 통해서 인간은 부당한 사회 구조와 자연에 맞설 수 있는 힘을 갖게 되는 것이다. 이것이 '아는 것이 힘이다' 라는 말의 진정한 의미이다.

그는 전통적인 학문은 쓸모없는 말의 연속에 지나지 않으며, 내용적으로는 공허하다고 하면서 올바른 인식은 자연의 관찰과 실험에 의해 얻어진다고 주장하였다. 그때 올바른 인식을 얻기 위해서는 먼저 편견을 버리지 않으면 안 된다고 하였다. 즉 참된 지식을 얻기 위해서는 진리 탐구에 방해가 되는 모든 편견을 제거해야 한다는 것이다. 그는 이러한 편견을 우상이라고 하고, 네 가지 우상을 지적하였는데 종족의 우상, 동굴의 우상, 시장의 우상, 극장의 우상이 그것이다.

나 앎들을 규율화하고, 학문의 내적 기능인 철학적 담론과 보편 수학의 내적 기획을 몰아내는 엄청난 변화를 통해 18세기는 이성의 진보라는 형식으로만 자의식을 획득할 수 있었다. 그러나 소위 이성의 진보 밑에서 실제로 일어났던 것이 다형적·이질적 앎들의 규율화였다는 것을 알아야만 우리는 뭔가를 이해할 수 있다는 생각이다. 베이컨(F. Bacon)이 '아는 것이 힘'이라고 했을 때, 이는 과학적 지식이 자연을 지배할 수 있음을 의미한 것이었다. 이러한 주장의 배경에는 과학이 예술이나 종교와는 달리 주관적 가치 판단에서 벗어나서 사물의 본질과 현상의 구조를 객관적으로 파악할 수 있다는 과학관이 깔려 있다. 그의 원대한 계획은 자연에 대한 지식, 즉 자연 위에 군림하는 힘의 형태인 지식을 통해서 자연을 마음대로 주무를 수 있는 '오만한' 상태에 도달하는 것이었다.

베이컨의 생각은 그 후의 많은 과학 기술자들에게서 조금씩 형태를 달리하기는 했지만 계속 재생산되며 이어져 왔다. 공학자나 응용 연구자들은 말할 것도 없고 실생활과는 전혀 관계없을 것 같은 기초 연구를 하는 과학자들조차도 왜 그런 연구를 하느냐고 물으면 그들은 거의 하나같이 자신의 연구가 언젠가는 인류의 복지를 위해서 사용될 것임을 믿기 때문이라고 대답한다. 베이컨에게는 모든 것의 중심이 인간이었고, 인간 이외의 모든 것은 인간을 위해 존재하는 것이었다. 그러므로 그가 보기에는 인간을 제외한 나머지 것들은 모두 인간을 위한 기술적인 수단이 될 수 있다. 이러한 생각은 칸트(Immanuel Kant)를 거쳐서 현재까지도 자연과 인간에 대한 지배적인 생각으로 남아 있다.

그러나 오늘날 많은 과학 철학자들이나 과학사가들은 자연 과학자들도 가설을 설정할 때 예술가적 상상력을 동원하며, 종교 지도자들처럼 어느 특정한 신조를 고집하기도 한다고 주장한다. 또한 과학적 지식도 과학자들의 공동체 안에서 합의되어야만 그 객관성을 확보할 수 있다고 한다. 만약 이것이 사실이라면 베이컨이 말한 과학적 지식의 객관성과 우월성은 심각하게 도전 받을 뿐만 아니라, 과학적 진리도 예술적 직관이나 종교적 영감과 엄밀하게 구분되기 어렵다는 문제가 제기될 수 있다.

다 파이어아벤트에 따르면 역사가들은 과거의 관찰과 믿음 속에 있는 '과학적' 요소를 그들 이전의 사람들이 '오류' 또는 '미신'이라고 딱지 붙였던 것으로부터 구별해 내는 데 점차 어려움을 겪고 있다. 예컨대 아리스토텔레스의 역학, 플로지스톤 화학 혹은 열역학 등을 주의 깊게 연구할수록 역사가들은 전에 통용되던 자연관이 전반적으로 오늘날 유행하는 자연관보다 덜 과학적인 것도 아니며 인간적인 특징을 더 많이 나타내는 것도 아니라는 사실을 보다 더 확실히 느끼게 된다. 만일 이러한 낡은 믿음들이 신화라고 불린다면, 신화는 오늘날 과학적 지식을 낳는 것과 같은 종류의 방법으로 만들어질 수도 있고 또 같은 종류의 이유로 성립될 수 있다. 반면에, 만일 그러한 낡은 믿음들이 과학이라고 불린다면, 과학은 오늘날 우리가 갖고 있는 신념들과 전혀 양립할 수 없는 믿음 체계들을 내포하고 있었던 것이다.

문제 해결의 길잡이

제시문 (가)에서 과학은 자연과 세계에 대한 참된 인식을 가능하게 하는 도구로서 기능한다. 즉 관찰과 실험이란 탐구 방법을 통해 축적된 지식은 세계에 대한 올바른 지식을 가져온다는 것이다. 이러한 과학적 지식을 바탕으로 할 때 자연은 극복되어야 하고 통제되어야 하는 대상이라고 할 수 있다. (나)는 베이컨의 사상에 나타난 과학관과 자연관에 대해 비판적으로 서술하고 있다. 과학적 지식만이 세계에 대한 올바른 앎을 가져다준다고 할 수 있는지, 과학적 지식의 객관성에 대한 근본적인 의심을 드러내고 있다. (다)는 과학적 지식이 여타 지식에 비해 갖는 우월성에 대해 비판적이다. 이는 과학적 지식의 객관성 그리고 축적적인 성장에 대해 부정하고 있기 때문이다. 따라서 세계에 대한 인식을 제공하는 패러다임은 각기 다를 수 있고, 어느 것이 어느 것보다 비교적으로 우월할 수 없다는 견해이다. 제시문의 요지를 잘 분석해서 과학적 지식에 대한 자신의 견해를 선택하여 서술해 보도록 한다.

어휘 다지기

칸트(Immanuel Kant, 1724~1804)

동프로이센의 쾨니히스베르크에서 태어난 독일의 유명한 철학자이다. 1781년 《순수이성비판》이란 그의 삼대 비판서 중 하나를 발표하였고 이후 《실천이성비판》《판단력비판》을 발표하였다. 순수이성비판으로 시작된 칸트의 비판 철학은 경험론과 합리론을 비판하면서 오랫동안 계속된 근대 철학의 논쟁과 대립을 종합하여 근대 자연 과학의 결실과 합치될 수 있는 철학의 기초를 닦았다. 칸트의 사상은 이후 피히테, 셸링, 헤겔로 이어지는 독일 관념론에서부터 신칸트학파와 현대 주요 철학에 이르기까지 철학사에 지대한 영향을 끼쳤다.

파이어아벤트(Paul Feyerabend, 1924~1994)

오스트리아 출신의 과학 철학자로 과학 철학과 정치 철학에 걸쳐 수많은 논쟁을 불러일으켰다. '어떤 것이든 좋다(anything goes)'라는 구호로 유명하다. 그는 과학을 다른 지적 활동과 구분 짓고 과학 연구를 진리로 인도해 주는 올바른 '과학적 방법'이란 존재하지 않으므로 과학자들은 각자가 해결하려는 문제에 적합한 방법을 그때그때 임시방편적으로 찾아 연구해야 한다는 방법론적 무정부주의를 주장한다.

생각 쓰기

case 1 베이컨은 경험과 관찰에 기반한 귀납법이야말로 자연에 대한 올바른 탐구 방법이라고 생각하고, 이전의 학문 방법은 잘못된 우상과 편견들에 사로잡혀 있다고 평가한다. 베이컨이 비유하고 있는 거미는 연역적 방법에 집착하고 있는 학자들을, 개미는 단순 매거에 의한 귀납에 집착하고 있는 학자들을 대표한다.

거미와 같은 학자들은 외부로부터 별도로 추가되는 증거를 무시하고 자신의 사고 속에 이미 있는 것만을 사용하여 정교한 이론적 체계를 만들어 내는 사람들이다. 이러한 방법론에 집착하고 있는 사람들은 정교한 이론적 체계를 만들어 내는 데는 성공하지만, 세계에 대한 어떠한 설명도 제시하지 못한다. 반면에 개미와 같은 학자들은 외부의 사물들을 수집하여 분류하는 데 그치는 사람들이다. 이들은 세계에 관한 많은 자료들을 축적하여 보관하기는 하지만, 실제로는 세계에 대해 어떠한 설명도 제시하지 않고 있는 것이다.

베이컨은 세계에 대한 설명은 꿀벌과 같은 학자들만이 제시할 수 있다고 보았다. 꿀벌들은 꽃에서 단순히 꿀과 꽃가루를 따서 저장하는 데 그치지 않고, 그것을 소화시켜 꿀과는 비교할 수 없을 정도로 영양분이 풍부한 로열젤리를 만들어 낸다. 베이컨은 꿀벌과 같은 학자들을 위한 새로운 방법론이 필요하다고 생각한 후 그러한 방법론을 개발한다. 그 방법론은 귀납법이지만, 기존의 단순 매거에 의한 귀납은 아니다.

베이컨은 학문은 실용적이어야 하고, 인간의 후생 복지에 사용되어야 한다는 생각을 그 바탕에 깔고 있다. 즉 베이컨은 학문은 이제까지 알고 있었던 것, 그것으로 인해서 관찰·실험했던 것에서 출발하여 인간 지성을 얽매고 잘못되게 한 것을 제거함으로써 실제 삶에 유용하게 적용되어야 한다고 주장하는 것이다.

case 2 우리는 '과학'이라고 하면 객관성, 합리성, 가치중립성, 발전성 등을 떠올린다. 여기서 과학의 객관성이란 관찰과 실험을 통해 실증적인 방식으로 확보된다. 그런데 실제로 전제 없는 관찰은 불가능하고 실증적인 방법만으로는 이론을 구상하기 힘들다. 또한 상상력과 형이상학적인 사변 없이는 창의력 있는 이론을 기대하기 힘들다. 그리고 이런 과학은 가치중립적으로 생각되지만 전제와 사변이 개입되는 순간 가치중립의 환상은 깨지고 만다.

제시문 (나)는 과학 연구에 있어서 가설의 역할을 강조하고 있다. 제시문 (다)는 통제된 관찰과 실험이 배경 이론에 얼마나 의존적인가를 나타내고 있다. 이는 단순히 관찰과 실험을 통한 실증적인 방법만으로 과학 연구가 진행되는 것은 아님을 보여주는 것이다.

case 3 인간은 언어를 통해 의사소통을 한다. 언어는 혼란과 사물에 대한 인식을 혼란에 빠뜨리는 요소가 되기도 한다. 언어의 그릇되고 부적절한 사용이 인간의 오성을 사로잡기 때문이다. 그러나 인간은 언어를 사용하지 않을 수가 없다. 또한 인간은 고립되어 살아갈 수가 없다. 결국 인간은 시장이란 언어를 사용해서 의사소통을 하는 공간에 모일 수밖에 없고 그 속에서 세계에 대한, 사물에 대한 인식을 가질 수밖에 없다.

노자의 《도덕경》 1장에 나타난 '도가도 비상도 명가명 비상명'은 익숙한 글귀이지만, 음미할수록 새로운 깨달음을 던져 준다. 어떤 것에 이름을 부여하는 것에 우리는 큰 의미를 둔다. 사람의 이름을 짓는 것은 물론, 제품의 이름을 지을 때도 고심하는 것은 그만큼 명칭이 인간에게 중요한 것이기 때문일 것이다. 그러나 우리는 눈에 보이는 이름에 사로잡혀 정작 본질을 바로 보지 못하는 과오를 범할 때가 많다. 즉, 명칭이 곧 본질을 드러낸다고 쉽게 믿어 버리는 것이다.

베이컨은 이러한 언어의 사용에 따른 사고의 혼란을 '시장의 우상'이라고 부르고 있다. 이는 언어적 혼란에 따라 사물의 본질을 올바로 인식하지 못하는 것을 경계하기 위함이다. 사실 조금만 주위를 살펴보면, 이름은 그럴듯하나 그 이름과는 어울리지 않는 모양을 지닌 것들을 발견할 수 있다. 언어는 인간에게 뗄 수 없는 중요한 요소이지만, 언어가 주는 편견에 사로잡혀 정작 그 본질을 바로 보지 못한다면 이 또한 삶에 대한, 인간에 대한, 오해를 불러올 수 있다. 따라서 언어를 통해 의사소통을 할 수밖에 없는 우리 인간이 사물과 세계에 대해 올바로 인식하기 위해서는 언어 사용에서의 편견, 선입견을 경계해야 할 것이다.

case 4 과학적 지식은 우리 외부 세계에 객관적으로 존재하는 사실들에 대한 지식이다. 과학은 이런 사실들을 관찰과 실험을 통해 밝혀낸다. 이런 점에서 관찰과 실험은 과학적 지식을 구성하는 토대라고 할 수 있다. 과학적 지식의 기초이자 토대인 관찰의 객관성 여부는 과학적 지식의 객관성을 결정하는 요소 중 하나이다.

오늘날 우리가 과학적 지식을 신뢰하고 과학에 권위를 부여할 수 있는 이유는 과학적 지식이 주관적이거나 편견에서 비롯된 것이 아니라 객관적인 지식이라는 생각 때문이다. 베이컨은 자연과 세계에 대한 참된 지식을 제공하는 것은 과학적 탐구 방법을 통해서라고 주장한다. 과학적 탐구 방법을 통한 앎은 세계에 대한 참된 앎이며, 이러한 앎을 통해 우리는 자연을 통제하고 규율할 수 있다고 생각한다. 따라서 과학적 지식은 여타 지식에 비해 우월성을 갖는다.

이러한 과학적 지식의 우월성은 그것이 여타 지식에 비해 갖는 탐구 방법에서의 우월성을 통해 마련된다. 이러한 사고의 바탕에는 과학만이 세계에 대한 올바른 앎을 제공할 수 있다는 신뢰가 놓여 있다. 그러나 관찰과 실험에 있어서의 객관성을 확보하기 어렵고, 세계에 대한 인식 방식에 따른 앎의 내용이 각기 다르다면 과학적 지식이 여타 지식에 비해 우월성을 갖는다고 말하기 어려울 것이다. 뿐만 아니라 과학적 지식을 얻는 방법에 있어서, 과학 내적인 논리 외에 외부적인 요소들이 개입된다고 한다면, 과학적 지식이 다른 지식들과 차별되는 독특한 성격을 갖는다고 말하기 어렵다. 과학의 신화시대에 살고 있다는 파이어아벤트의 지적은 그러한 점에서 과학적 지식에 대한 무조건적인 신뢰를 경계하게 만든다. 우리 사회는 다양한 집단이 등장하고 있으며 각 집단은 그들 스스로의 담론을 만들어 내며 다양한 가치를 드러내고 있다. 오늘날 우리에게 필요한 자세는 절대적으로 옳은 단 하나의 탐구 방법이 아니라 보다 열린 자세로 다양한 탐구 방식을 인정하고 그에 따른 가치 체계를 수용하는 태도라고 할 수 있다.

Abitur

철학자가 들려주는 철학이야기 **048**

신채호가 들려주는 자강론 이야기

저자_박현정
전남대학교 국어국문학과를 졸업하고 조선대학교 교육대학원에서 석사 학위를 받았다. 일산에 있는 대화중학교 교사로 재직하고 있으며, 저서로는 《중학교과서 속 논술》이 있다.

단재 신채호를 만나다

申采浩

단재 신채호를 만나다

1. 단재를 만나다

① 식민 사관과 민족 사관

　《조선상고사》의 총론에 보이는 신채호의 역사 이론에는 역사학의 객관성을 매우 중시하고 있는 점이 확인된다. 신채호에 있어 역사학이란 모순 관계의 상극 투쟁을 통하여 사회가 진보하는 과정을 객관적으로 서술하는 것이었다. 역사는 역사 기술자의 뜻에 따라 변개되거나 첨삭되어서는 안 되는 것이었다. 이렇게 역사를 객관적으로 서술하기 위해서는 사료의 수집과 선택, 그리고 이에 대한 비판이 수반되어야 한다고 보았다. 그는 이러한 이론에 입각하여 전사(前史)를 비판하였다. 신채호의 비판은《삼국사기(三國史記)》등 한국 사서와《위서(魏書)》등 중국 사서에도 걸쳤으며, 김부식과 안정복 등 전통 시대 한국 역사가뿐만 아니라 근대적인 역사 이론을 도입했다는 일본인 역사가들에 이르기까지 엄격하게 비판하였다. 특히 과거의 사대주의 사가들에 대하여는 역사의식의 결핍과 자기 문화와 전통에 대한 주체적 확신이 없었기 때문에 민족사의 실체를 크게 왜곡시켰다고 비판한다. …(중략)…

　기존의 사서에 대한 신채호의 이러한 태도는 기존의 사서를 토대로 구축된 그 전의 한국사 이해와는 달리 특이한 고대사 인식을 형성하였다. 신채호는 종래의 고대사 인식이 신라 중심이었는데 그것을 부여 · 고구려 중심의 역사 인식으로 전환하였다. 이것은 역사를 '아와 비아의 투쟁'으로 보는 그의 사학 정신과도 상통한다. 고구려 중심의 역사 인식이란 곧 고구려의 대외 항쟁을 강조하는 것이었으며, 이것은 한말 · 일제하의 식민지적 상황의 철폐하고자 하는 민족적 과제와도 연결되는 것이다. 또한 고구려 · 부여 중심의 역사 인식은 과거 유교적 사가나 식민 사관론자들이 강조해 온 한반도 중심의 역사 무대를 만주 · 요동 및 요서 지방까지 확대하였다.

- 고등학교 《국사》 교사용 지도서

역사는 본질적으로 주관을 배제할 수 없다. 역사가의 관점과 인식의 시야가 역사 전반에 미치지 못하는 한계 때문이다. 따라서 역사적인 사실들은 역사가의 선택에 의해 선택되거나 걸러지며 과거의 사실이라도 현대적인 관점으로 조명된다. 이것을 사관이라 한다.

근대 한국사학은 불행하게도 식민 사관의 영향을 가장 크게 받았다. 식민 사관이란 일본이 식민 통치의 일환으로 일제의 제국주의를 합리화하기 위해 역사를 작위적으로 선택하고 해석 평가하는 사관이다. 앞서 밝혔듯이 역사는 역사가의 선택에 의해 써진다. 그러나 일본의 식민 사관은 역사학이 어쩔 수 없이 갖게 되는 주관적 성격이 아니라 다분히 현실적인 목적이 내재되어 있는 정치적 의미를 지닌다.

일제는 침략을 용이하게 하고 그 합리성을 조작하기 위해 조선의 역사를 연구하면서 동시에 한국사의 연구와 공부를 금지시켰다. 3·1운동 이후에 박은식의 《한국통사》가 유포되어 큰 반향을 일으키자 위기를 느낀 일제는 재빨리 《조선사》를 간행하였다. 《조선사》에 나타난 조선의 역사는 단군 대신 기자를 내세웠다. 또한 조선의 중국, 몽고, 만주, 일본에 대한 입조, 입공을 강조하여 결국 한국 역사의 주체성을 부정하려는 야욕을 드러내었다.

식민 사관의 사상적 기반은 크게 두 가지이다. 그 하나는 타율성 이론이다. 타율성 이론은 한국사의 전개 과정에 있는 모든 사실들이 자주적 선택과 결정이 아니라 외세의 간섭과 압력에 의해 타율적으로 이루어졌다고 주장한다. 한국 역사의 독자성과 자주성을 부정하고 '한국은 반도이다'라는 명제를 바탕으로 한국 역사의 활동 무대를 한반도에 국한하고 폄하하였다.

또 하나는 정체성 이론이다. 한국 사회는 여러 차례 왕조의 교체를 겪었지만 정치적인, 사회적인 변화에도 불구하고 사회 경제 구조에 아무런 발전이 없었다고 주장한다. 조선 사회가 중세 봉건 사회를 경험하지 못한 채 전근대적 단계에 머물러 있다고 진단하면서, 그렇기 때문에 한국의 근대화를 위해서는 일본의 힘이 필요하다는 논리로 귀결된다.

식민 사관은 조직적으로 은폐되고 철저하게 조작된 역사관을 대표한다. 그것은 한국 침략과 그 지배를 정당화하려는 일본의 야욕이 바탕이 되어 객관적이고 합리적인 하나의 역사라고 할 수 없다. 그리고 애석하게도 그 여파는 현재에도 일본의 독도에 대한 욕심과 위안부에 대한 망언, 극우파의 역사 교과서 왜곡 문제 등으로 이어지며 끊임없이 우리의 역사를 괴롭히고 있다.

그런 상황에서 단재의 사학은 일본 제국주의의 식민 사관을 극복하려는 강건한 의지의 발현이었다. 단재는 일본의 식민 사관에 대해 정면으로 반기를 들었다. 철저한 고증을 바탕으로 역사를 연구했던 단재는 역사가로서 객관적인 자세를 견지하려는 노력을 보여 주었다. 정치적 목적을 위해 역사를 의도적으로 왜곡하는 역사학과 달리, 단재의 민족주의 역사학은 역사의 의미와 책임을 분명하게 인식한 결과였다. 민족의 흥망과 역사가 불가분의 관계에 있음을 명확하게 인식한 단재는 민족 역사의 흐름과 전개 과정을 적확하게 알림으로써 역사를 통해 민족의 구심력을 되찾기 위해 노력하였다.

뿐만 아니라 그는 역사가의 주관을 분명히 하였다. 그의 고대사에 대한 독특한 해석은 고증과 타당한 논리를 통해 충분한 설득력을 갖는다. 그는 본래 만주 일대를 호령했던 웅혼한 우리 민족의 역사를 다각도로 증명해 보임으로써 역사가의 객관과 주관을 확실하게 정립하였다.

또한 그는 과거 우리 민족의 역사를 되살리면서 기존의 사가(史家)들이 범했던 누를 지적하였다. 유교와 중화사상에 물든 사학자들이 스스로 역사의 가치를 훼손했다고 지적하면서 그 대표적인 예로 김부식을 들고 있다. 단재는 김부식이 우리 민족의 고유한 사상을 무시하고, 중국에 대해 자주적인 외교와 동등한 지위를 지키기 위해 노력했던 역사를 축소하고 사장시켜 버렸다고 평가하였다.

단재의 민족주의 사학은 과거의 우리의 역사를 비판하고 당시 자행되고 있던 식민 사관을 극복한, 역사가의 책임과 의무를 성실히 수행하려는 노력으로 점철되어 있다.

② 고대사 연구

단재는 조선의 상고사를 새롭게 체계화하였다. 우선 단군의 존재를 역사 속으로 명확히 하였다. 일제의 식민 사관이 단군 대신 내세운 기자를 정면으로 부정하고, 단군의 나라가 만주와 한반도의 광활한 영토를 다스리던 대국이며, 부여와 고구려로 계승되었다는 정통성을 부여하였다.

고대사는 부여와 고구려를 중심으로 재편하였다. 부여와 고구려를 중심으로 고대사를 편성하게 되면 만주가 우리 영토였음이 설득력을 얻게 된다. 또한 중국에 대한 뿌리 깊은 사대주의 사상을 극복할 수 있다. 이렇게 되면 부여뿐만 아니라 가야와 발해의 역사까지 새롭게 조명된다.

고대사에 대한 단재의 독특한 설정은 전후삼한설(前後三韓說)의 체계를 공고히 하였다. 단재는 중국 동북 지역에 삼한이 있었다고 주장하여 그것을 전삼한이라 칭하였다. 그리고 한반도 내에 존재했던 삼한을 후삼한이라고 하였다.

또한 한사군의 존재가 한반도에 있었다는 설을 전면으로 부정하였다. 이를 중국의 지배가 이미 고대에서부터 있었다는 식민 사관의 그릇된 학설이라고 설파하였다.

단재의 고대사 연구의 목적은 우선 사대주의의 극복이었다. 단재는 유교와 사대사상에 물든 사학자들에 의해 스스로 왜곡된 우리의 역사를 바로잡기 위해 노력하였다. 우리의 역사가 사대주의에 물들어 있었던 사실은 일본의 식민 사관에 빌미를 제공하기 때문이다. 그리고 최종 목표는 식민 사관을 극복하고 민족의 자주성을 되찾는 것이었다.

③ 낭가 사상

단재는 우리 민족의 사상과 철학을 우리 민족의 역사에서 찾으려 하였다. 단재는 부여의 영고, 고구려의 동맹, 동계의 무천, 삼한의 소도와 같은 제천의식에서 민족정신의 뿌리를 찾으려 하였다. 그리고 그것이 신라의 화랑정신으로 면면히 이어져 왔음을 역설하였다.

낭가 사상(娘家思想)이란 이 화랑의 정신과 사상을 말한다. 많은 고기(古記)에서도 증명되는 바, 왕검(王儉)이 국선의 시조이며 고구려의 선배 제도, 조의선인(皂衣先人)이 왕검 국선의 철학을 이어받았으며 그것이 다시 화랑으로 전개되었다. 고려사에 기록된 화랑을 중흥시키고자 한 노력과 사성의 유적을 더욱 영예롭게 하라는 고려 예종의 조서, 국선이 관리로 등용되는 길을 넓게 열라고 했던 의종의 노력을 보면 고려 때까지 그 명맥이 이어지고 있음을 볼 수 있다. 그리고 한국 고대사에 대외 항쟁에서 승리하고 삼국이 통일을 이룩하게 되는 원동력도 낭가 사상에서 그 근원을 찾았다. 이 최고의 발현자로서 연개소문과 을지문덕을 들었다.

그런데 오랜 세월 그 철학적 위치를 굳건히 해 온 낭가 사상의 흔적을 지금 찾을 수 없는 이유는 무엇인가? 단재에 따르면 낭가 사상이 우리 민족 철학의 원류와 발흥의 기저였음에도 불구하고 사라져 버린 것은 김부식 때문이라 주장하였다. 낭가 사상의 발현인 묘청의 난을 김부식이 진압하면서 낭가 사상은 유가 사상에 밀리기 시작하였다.

또한 김부식은 《삼국사기》를 저술하면서 신라 철학의 핵심이고 신라 발흥의 원동력이었던 화랑에 대한 이야기는 한마디도 하지 않았다. 이 역사를 서술하던 시기는 비록 고려라고는 하나 아직 화랑의 명칭이 아주 끊어진 것도 아니고 그에 대한 사적 기록이 많이 남아 있던 시기였다. 그런데도 김부식은 우리 고유의 사상을 다 제외한 채 오직 유교와 사대사상에 입각하여 편협한 역사를 기술하였다고 통탄하였다.

이렇듯 화랑의 철학은 유학자들의 중화를 떠받드는 학문적 경향이 자리 잡게 되면서 백성들의 사상 속에서 완전히 소멸해 버리고 대신 유학을 중심으로 한 사대주의 사상이 대신 차지하게 되었다.

낭가는 항상 국체상의 독립, 자주, 칭제(稱帝), 건원(建元)을 주장하며 정책상으로는 군사를 일으켜 북벌하여 압록강 이북의 옛 강토를 회복하고자 역설했다. 단재는 이런 낭가 사상을 강조하고 그 철학이 사라진 것을 조선 역사의 가장 큰 사건으로 여겼다. 그 이유는 낭가 사상의 부재가 오늘날과 같은 식민지 현실을 초래했다고 믿기 때문이다. 자주적이고 진취적이었던 민족의 철학이 사라지고, 나약하기만 하고 큰 나라의 속국임을 자처해 왔던 근세의 사상 때문에 일본의 제국주의 침략을 막아 내지 못했다고 판단한 것이다.

④ 묘청과 김부식과 단재

이자겸의 난 이후, 인종은 실추된 왕권을 회복하고 민생을 안정시키며 국방력을 강화하기 위한 정치 개혁을 추진하였다. 이 과정에서 김부식을 중심으로 한 보수적 관리들과 묘청, 정지상을 중심으로 한 지방 출신의 개혁적 관리들 사이에 대립이 벌어졌다.

묘청 세력은 풍수지리설을 내세워 서경(평양)으로 도읍을 옮겨, 보수적인 개경의 문벌 귀족 세력을 누르고 왕권을 강화하면서 자주적인 혁신 정치를 시행하려 하였다. 이들은 서경에 대화궁이라는 궁궐을 짓고, 황제를 칭할 것과 금을 정벌하자고 주장하였다.

반면, 김부식이 중심이 된 개경 귀족 세력은 유교 이념에 충실함으로써 사회 질서를 확립하고자 하였다. 묘청 세력은 서경 천도를 통한 정권 장악이 어렵게 되자 서경에서 난을 일으켰으나(1135), 김부식이 이끈 관군의 공격으로 약 1년 만에 진압되고 말았다.

묘청의 서경 천도 운동은 문벌 귀족 사회 내부의 분열과 지역 세력 간의 대립, 풍수지

> 리설이 결부된 자주적 전통 사상과 사대적 유교 정치사상의 충돌, 고구려 계승 이념에 대한 이견과 갈등 등이 얽혀 일어난 것으로, 귀족 사회 내부의 모순을 드러낸 것이었다.
>
> - 고등학교 《국사》

묘청은 고려 중기 승려로 서경 사람이다. 승려이면서 도교 사상에 심취하여 풍수지리와 도참(圖讖) 사상을 바탕으로 서경 천도를 주장하며 반란을 일으켰다. 당시는 밖으로는 금의 압력이 거세지고 안으로는 왕실의 권위가 땅에 떨어지고 경원 이씨 외척이 세도를 누리며 독점적 정치 세력으로 자리 잡았다. 이에 묘청은 서경 천도와 금의 정벌을 주장하였다. 민심이 동요하는 가운데 인종의 호응으로 서경에 대화궁을 창건하는 등 거사가 이루어지는 듯하였으나 서경 천도를 반대하는 문신들의 탄핵이 계속되고 일이 진행되지 않자 급기야는 서경에서 난을 일으켰다. 하지만 묘청의 난은 김부식에 의해 진압되었다.

단재는 묘청의 난을 김부식이 진압한 사건을 조선 역사의 가장 큰 사건으로 들었다. 그 이유는 묘청과 김부식의 대립은 문벌 귀족 사회 내부의 갈등과 그 해소라는 단순한 정치적 사건이 아니기 때문이다. 단재는 묘청과 김부식의 대립을 낭가와 유가의 싸움, 국풍파(國風派)와 한학파(漢學派)의 싸움, 독립당과 사대당의 싸움, 진취 사상과 보수 사상의 싸움으로 규정하였다. 단순한 정치적 대립이 아닌 철학적 대립으로 인식한 것이다. 그리고 그

싸움에서 독립적이고 진취적인 철학이 사대적이고 보수적이며 속박적인 철학에 패배하였다고 한탄하였다.

김부식의 승리는 사대사상의 승리로 이어지며 후대의 사상과 철학에까지 지대한 영향을 끼치게 된다. 김부식이 《삼국사기》를 편찬한 목적은 무엇이었을까? 고대의 많은 나라들이 모두 사관을 두고 역사를 기록하였으나 우리나라에 역사서가 없음을 개탄한 인종은 김부식에게 역사서의 편찬을 명하였다. 진삼국사기표에서 김부식은 《삼국사기》 편찬의 목적을 삼국의 오랜 역사를 기록하고, 남의 나라 역사는 잘 알면서 우리나라 역사는 무지한 사실을 시정코자, 우리나라 역사적 사실을 자세하게 기술하고자, 현전 '고기'의 불완전함을 보완하고자, 왕・신하의 잘잘못과 국가 안위, 백성의 치란 등을 드러내 후세에 교훈을 보이고자 편찬한다고 하였다.

그러나 단재는 김부식의 역사서를 전면 부정하였다. 민족 철학의 존재는 김부식에 와서 위기를 맞고 결국 소멸해 버리고 말았다는 것이다. 고려의 김부식은 《삼국사기》를 저술하면서 우리 민족 고유의 사상을 모두 배제하고 철저하게 중화적 사대사상에 입각하여 역사를 기술하였다. 단재에 따르면 자주적이었고 우리 민족 중심이었던 역사는 김부식 이래로 침몰을 거듭하였고, 급기야 일제 시대에는 일본의 식민 사관에 의해 무참히 훼손되었다.

⑤ 무정부주의

무정부주의는 모든 정치 조직이나 권력, 사회적 권위를 모두 부정하는 사상이다. 즉, 국가가 없는 사회를 추구한다. 개인의 자유를 최상의 가치로 내세우며 그에 반하는 모든 억압적인 힘을 부정하는 것으로 스토아 철학의 제논과 훔볼트 밀의 사상에서도 그 근원을 찾아볼 수 있다.

인간은 본래 선한 존재인데 관습이나 제도, 권력이 인간을 타락하게 한다. 사회적 존재인 인간은 서로 자발적으로 협력할 때 가장 바람직한 것이고, 국가는 그에 반하는 가치이다. 결국 국가의 존재는 제도를 만들게 되며 통치나 경제에 있어 개인을 억압하게 된다. 이런 이유로 무정부주의자들은 국가의 존재를 전면 부정한다.

우리나라의 무정부주의 운동은 독립 쟁취의 수단으로 전개되었다. 단재는 나약한 지식인의 관념적인 독립 운동이 아닌 적극적이고 강한 실천으로서의 독립 운동을 지향한 바, 나라를 빼앗긴 국민 모두가 함께 힘을 모아 제국주의에 대항하자는 이론을 전개하였다. 실제로 단재는 중국 천진에서 7개국의 무정부주의자들이 연맹을 결성하고 운동 방향을 모색하였다. 조국의 독립을 갈망하던 단재가 무정부주의를 택한 것 역시 독립 획득의 한 방편을 모색한 것으로 이해된다.

⑥ 근대 사학의 기틀 마련

일제 식민지하 민족의 국학 운동은 국어 연구와 국사 연구로 이어졌다. 왕조 중심의 사료를 정리하는 중세의 사학은 이 시기에 이르러 근대 사학으로 한 걸음 나아가게 된다. 일제의 식민 사관을 극복하고 민족주의 사학과 사회경제 사학, 실증 사학으로 근대 사학의 기틀을 마련하였다.

민족주의 사학의 대표적인 학자가 단재와 박은식이다. 이들에게 국사 연구는 독립 운동의 일환이었다. 역사 연구를 통해 민족 고유의 문화 전통과 정신을 강조하여 독립의 발판이 되고자 노력하였다.

사회경제 사학은 일제의 식민 사관에서 주장했던 정체성 이론을 부정하는 데에서 출발하였다. 우리의 역사가 왕조가 교체되고 정치적인 변혁기를 여러 차례 거쳤는데도 불구하고 사회나 경제 구조는 변함이 없이 정체되어 있으며 봉건 사회를 경험하지 못한 조선이 근대로 나아가기 위해서는 일본의 힘이 필요하다는 정체성 이론에 반발하였다. 그리고 한국사가 세계사의 흐름에 함께 발맞추

> **어휘 다지기**
>
> **랑케(Leopold von Ranke)**
> 독일의 역사학자로 '역사학의 아버지'로 불린다. 그의 역사 서술은 본래의 사료(原史料)에 충실하면서 사실(史實)의 개성을 객관적으로 기술한다. 랑케는 사실을 있는 그대로 기술할 것을 강조하였다. 역사란 많은 사상(事象)이 상호 관련되어 발전된 그대로를 기술해야 하며, 또 각 시대에 존재하는 독자적인 개성 가치를 간파해야 한다고 주장하였다.

어 보편성을 지니면서 발전해 왔음을 역설하였다.

실증 사학은 랑케의 객관적 역사 서술, 즉 사료의 엄격한 고증을 통한 역사 연구의 방법을 학문의 목표로 삼았다. 그들은 조선인에 의한 조선 문화의 연구를 위해 진단 학회를 창립, 개별적인 사실을 객관적으로 밝히려는 학술 활동을 펼쳤다.

2. 교과서에서 만난 단재

① 고등학교 한국근현대사

역사로써 애국심을 고취하자.

오호라, 어떻게 하면 우리 이천만 동포의 귀에 애국이란 단어가 못이 박히도록 할까? 오직 역사로서 해야 할 것이다. 오호라, 어떻게 하면 우리 이천만 동포의 눈에 항상 애국이란 단어가 어른거리게 할까? 오직 역사로써 해야 할 것이다……. 성스럽다 역사여! 위대하다 역사여! 일곱 겹, 여덟 겹의 화려한 누각으로 일국 산하를 장엄하게 수놓을 자, 역사가 아닌가?

- 역사와 애국심의 관계

이 부분은 사상적 측면에서 역사가 얼마나 중요한가를 다루고 있다. 일제 식민지하에서 민족의 자긍심을 고취시키고 독립의 의지를 굳건히 하기 위한 노력은 다각도로 이루어졌다.

식민지 시대 지식인들은 교육으로 독립을 가져올 수 있다고 확신하였다. 그리고 그 교육의 내용을 국학으로 채워 갔다. 국학 연구의 일환으로 그동안 언문이나 암글이라 하여 무시해 오던 한글에 대한 연구를 활발히 진행하여 우리말과 우리글에 대한 자부심을 통해 나라 사랑하는 마음을 일깨우려 하였다. 주시경이 우리의 문자에 '한민족의 크고 바르고 으뜸가는 글'이라는 뜻으로 '한글'이라는 이름을 붙인 것도 이런 취지에서였다.

민족 문화의 핵심으로 국사를 빼놓을 수 없다. 종래의 사학이 왕 중심의 유교적 역사 인식을 바탕으로 하였다면 식민지 시대의 사학은 민중을 계몽하는 성격이 짙은 계몽 사학의 성향을 띠었다. 식민지 조국의 가슴 아픈 현실과는 전혀 다른 과거의 찬란하고 웅혼했던 우리 역사를 강조하고, 나라가 위태로울 때 구국의 전열에 앞장섰던 영웅들의 일대기를 통해 오랜 식민 생활로 나약해져 가는 민족정신을 확고히 하자는 취지였다. 역사와 애국심을 동일한 것으로 인식하는 단재의 논설과 외세를 물리친 위인전은 애국 계몽 운동의 일환으로 주목된다. 이런 구국 위인전들이 당시 학교의 교재로 쓰였던 사실은 국사 교육의 위상을 엿볼 수 있게 한다.

강도 일본을 쫓아내려면 오직 혁명만으로 가능하며, 혁명이 아니고는 강도 일본을 쫓아낼 방법이 없는 바이다. …… 우리의 민중을 깨우쳐 강도의 통치를 타도하고 우리 민족의 신생명을 개척하자면 양병 10만이 폭탄을 한 번 던진 것만 못하며, 천억 장의 신문, 잡지가 한 번의 폭동만 못할지니라. 민중은 우리 혁명의 대본영(大本營)이다. 폭력은 우리 혁명의 유일한 무기이다. 우리는 민중 속으로 가서 민중과 손을 맞잡아 끊임없는 폭력 - 암살, 파괴, 폭동 - 으로써 강도 일본의 통치를 타도하고, 우리 생활에 불합리한 일체의 제도를 개조하여 인류로써 인류를 압박하지 못하며, 사회로써 사회를 박탈하지 못하는 이상적 조선을 건설할지니라.

- '조선혁명선언' 중에서

단재는 의열단의 김원봉의 요청에 따라 '조선혁명선언' 이라는 의열단의 행동 강령을 작성하였다. 일제의 횡포가 더욱 더 강해지자 애국지사들은 의열단을 결성하여 독립 의지를 구체적 행동으로 옮기기 시작하였다. 단재는 독립 의지를 실천으로 옮기려 했던 독립 운동가들에게 사상적 기반을 마련해 주었다.

② 고등학교 국사

조선 후기 실학의 전통에서 비롯된 국학 연구는 대한 제국 말기인 애국 계몽 운동 시기에 더욱 발전하였다. 특히, 국어와 국사를 연구하여 민족의식을 높이고, 제국주의 침략에 맞서 민족 문화를 지키려 하였다.

국어 분야에서는 갑오개혁 이후 공문서가 국·한문 혼용으로 제도화되고 학교 교육에서 국·한문체 교과서가 사용되면서 언문일치의 문자 생활이 가능해졌다. 유길준의 《서유견문》도 국·한문 혼용체 보급에 기여하였다. 1907년에는 국문 연구소가 만들어져 주시경, 지석영 등의 주도로 국문의 정리와 국어의 이해 체계가 확립되기 시작하였다.

애국 계몽 운동 시기에 신채호, 박은식 등의 활약에 힘입어 근대 계몽 사학이 성립되었다. 이들은 민족의식과 애국심을 키우고, 민족의 주체성을 세우고자 역사 연구를 활발히 진행하였다. 특히, 나라를 구한 위인의 전기를 써서 보급하고, 외국의 건국과 흥망의 역사서를 번역하여 민족의 독립 의지와 역사의식을 높이려 하였다.

신채호는 대한매일신보에 '독사신론'을 연재하여 일본의 식민 사관에 대항할 수 있는 민족주의 사학의 발판을 마련하였다. 한편, 최남선, 박은식 등은 조선 광문회를 조직하여 실학자의 저서를 비롯한 고전을 다시 간행하여 보급하였다.

- 교육인적자원부, 고등학교 《국사》

17세기 이후 실학자들은 청과 서양의 과학 기술과 문명을 받아들여야 한다고 주장했다. 그것은 기존의 사대주의와는 그 성격이 다르다. 사대주의는 스스로를 약소국으로 인정하고 큰 나라에 예를 다하는 것이지만 청의 선진 문물을 받아들여야 한다는 실학자들의 주장은 조선의 힘을 기르기 위한 실리 추구였다. 외국과 통하는 문을 닫고 통상을 거부했던 흥선대원군이 서양의 문물에 대해 관심을 보인 것도 같은 맥락이다.

애국 계몽 운동은 자강을 목적으로 하였다. 우리나라가 스스로 잘 사는 길을 택한 것이다. 그런 흐름의 바탕에는 사회 진화론이 있다. 국제 사회에서 생존 경쟁에서 살아남기 위해서는 어떻게든 힘을 길러야 했기 때문이다.

민족의 자강과 애국 계몽의 한 방법으로 국학 연구가 활발히 진행되었다. 단재는 민족의 역사 연구와 구국 영웅을 통해 민족의 힘을 기르고자 노력하였다.

어휘 다지기

사회 진화론

대한 제국 말기의 애국 계몽 운동가들에 의해 적극적으로 수용된 서양의 학문과 사상 중에서도 사회 진화론은 지식층 사이에서 널리 확대되었다. 본래 사회 진화론은 다윈이 주장한 생물학적 진화론을 인간 사회와 국제 관계에 적용한 사회 이론으로, 영국의 스펜서 등이 주장하였다. 이 이론은 약육강식과 적자생존의 국제 사회에서 제국주의 열강의 약소국 지배를 정당화하는 논리로 이용되었다. 그런데 애국 계몽 운동가들은 우리나라가 생존 경쟁에서 살아남기 위해서는 실력을 길러야 한다는 논리적 근거로 사회 진화론을 받아들였으나, 일제의 대한 제국 침략을 합리화시키는 구실을 제공하는 등 부정적 영향을 끼치기도 하였다.

- 교육인적자원부, 고등학교 《국사》

3. 기출 문제에서 만난 단재

① 민족주의의 여러 가지 이름

1999년 서울대학교 정시 논술에서는 민족주의의 필요성과 의의와 그 한계에 대한 문제를 지적하는 것이었다.

동물의 세계는 각 개체가 이익을 추구하며 사회를 진화시켜 왔다. 자신의 이익을 포기하고 희생하고 협력하는 행동이 개체에게는 손해이지만 그 혈족을 보존하는 데 큰 도움이 되기도 한다. 꿀벌 사회에서 일벌은 자손을 직접 생산하기보다는 여왕벌이 낳은 자매를 열심히 키우고 먹여 살리는 것으로 꿀벌의 혈족 보존에 기여한다. 단체를 위해서 개인이 희생하는 것이다.

그런 의미에서 단재의 '대아(大我)'와 '소아(小我)'는 우리에게 민족주의의 전형을 보여 준다. 물질적 육체적인 아를 '가아(假我)', '소아'로, 정신적 영혼적인 아를 '대아', '진아(眞我)'로 단정한다. 그리고 일제 식민지 조국을 구하기 위해 '소아'를 버리고 '대아'를 따를 것을 강조한다. 조국 독립이라는 공동의 선을 위해 개인의 희생을 강조하였다.

그런데 민족주의는 그 진정한 가치가 왜곡될 가능성이 있다. 민족을 앞세워 사회 구성원들의 자유와 행복을 억압하거나 희생을 강요한다면 그것은 그릇된 민족주의이다. 그리고 민족주의는 때로는 민족 밖으로 확대되어 자민족의 이익을 위해 타민족을 침범하는 제국주의로 변용될 우려도 있다. 전체주의처럼 일부 강력한 집단의 권력을 위한 도구로 사용될 가능성도 배제할 수 없다.

따라서 민족주의란 자기 민족을 향한 공동의 선(善)이 다른 민족에게 해악을 끼치지 않는 범위 내에서 민족 구성원의 자발적이고 자율적인 참여에 의해 이루어져야 한다. 인류의 보편적 가치에 위배되는 선을 넘어서면 위험하다.

1강_ 민족 문화와 세계 문화

세계에는 여러 민족이 어우러져 살아간다. 그들은 자국의 전통과 문화를 보호하고 발전시키며 또 다른 민족과 나라의 문화를 받아들이고 공유하기도 한다. 또 자국의 문화를 다른 나라에 전파시키기도 한다. 다른 나라의 문화가 우리나라에 들어올 때 우리는 어떤 자세를 견지해야 할까?

case 1 다음의 제시문들이 공통적으로 강조하고 있는 내용을 찾아 각각을 설명하시오.

가 옛날의 도덕이나 금일의 주의란 것이 그 표준이 어디서 났느냐? 이해에서 났느냐? 시비에서 났느냐? 만일 시비의 표준에서 났다면 《청구리담집》에 보인 것과 같이 나무의 그늘에서 삼복의 더위를 피하고는 겨울에 그 나무를 베어 불을 때는 인류며, 소를 부리어 농사를 짓고는 그 소를 잡아먹는 인류며, 박지원의 《호질문》에서 말한 것같이 벌과 황충이의 양식을 빼앗는 인류니, 인류보다 더 죄악 많은 동물이 없은즉 먼저 총으로 폭탄으로 대포로 세계를 습격하여 인류의 종자를 없애 버려야 할 것이 아니냐. 그러므로 인류는 이해 문제뿐이다. 이해 문제를 위하여 석가도 나고 공자도 나고 예수도 나고 마르크스도 나고 크로포트킨도 났다. 시대와 경우가 같지 아니하므로 그들의 감정의 충동도 같지 않아서 이해 표준의 크고 작고 넓고 좁음은 있을망정 이해는 이해이다. 그의 제자들도 스승의 참뜻을 잘 이해하여 자기편의 이익을 구함으로, 중국의 석가가 인도와 다르며, 일본의 공자가 중국과 다르며, 마르크스도 카우츠키의 마르크스와 레닌의 마르크스와 중국이나 일본의 마르크스가 다 다름이다.

우리 조선 사람은 매양 이해 밖에서 진리를 찾으려 함으로, 석가가 들어오면 조선의 석가가 되지 않고 석가의 조선이 되며, 공자가 들어오면 조선의 공자가 되지 않고 공자의 조선이 되며, 무슨 주의가 들어와도 조선의 주의가 되지 않고 주의의 조선이 되려 한다. 그리하여 도덕과 주의를 위하는 조선은 있고 조선을 위하는 도덕과 주의는 없다.

- 《낭객의 신년만필》 중에서

 〈독립신문〉 창간사

우리 신문이 한문은 아니쓰고 다만 국문으로만 쓰는거슨 샹하귀쳔이 다보게 홈이라 또 국문을 이러케 귀졀을 쎄여 쓴즉 아모라도 이신문 보기가 쉽고 신문속에 잇는말을 자셰이 알어 보게 홈이라 각국에셔는 사롭들이 남녀 무론ᄒᆞ고 본국 국문을 몬져 비화 능통ᄒᆞᆫ 후에야 외국 글을 비오는 법인디 죠션셔는 죠션 국문은 아니 비오드리도 한문만 공부 ᄒᆞ는 까둙에 국문을 잘 아는 사롭이 드물미라 죠션 국문ᄒᆞ고 한문ᄒᆞ고 비교ᄒᆞ여 보면 죠션국문이 한문보다 얼마가 나흔거시 무어신고ᄒᆞ니 첫지는 비호기가 쉬흔이 됴흔 글이요 둘지는 이글이 죠션글이니 죠션 인민 들이 알어셔 빅스을 한문디신 국문으로 써야 샹하 귀쳔이 모도보고 알어보기가 쉬흘터이라 한문만 늘써 버릇ᄒᆞ고 국문은 폐ᄒᆞᆫ 까둙에 국문만쓴 글을 죠션 인민이 도로혀 잘 아러보지못ᄒᆞ고 한문을 잘알아보니 그게 엇지 한심치 아니ᄒᆞ리요 또 국문을 알아보기가 어려운건 다름이 아니라 첫지는 말마디을 쎼이지 아니ᄒ고 그져 줄줄녁려 쓰는 까닭에 글ᄌ가 우희 부터는지 아리 부터는지 몰나셔 멧번 일거 본후에야 글ᄌ가 어ᄃ 부터는지 비로소 알고 일그니 국문으로 쓴편지 흔쟝을 보자ᄒ면 한문으로 쓴것보다 더듸 보고 ᄯᅩ 그나마 국문을 자조 아니 쓰는 고로 셔툴어서 잘못봄이라 그런고로 정부에서 니리는 명녕과 국가 문젹을 한문으로만 쓴즉 한문 못ᄒᄂᆞᆫ 인민은 나모 말만 듯고 무슴 명녕인줄 알고 이편이 친이 그글을 못 보니 그사롬은 무단이 병신이 됨이라 한문 못 ᄒᆫ다고 그사롬이 무식ᄒᆫ 사롬이 아니라 국문만 잘ᄒᆞ고 다른 물졍과 학문이 잇스면 그사롬은 한문만ᄒ고 다른 물졍과 학문이 업는 사롬 보다 유식ᄒ고 놉흔 사롬이 되는 법이라 죠션 부인네도 국문을 잘ᄒ고 각식 물졍과 학문을 비화 소견이 놉고 힝실이 정직ᄒ면 무론 빈부 귀쳔 간에 그부인이 한문은 잘ᄒ고도 다른것 몰으는 귀죡 남ᄌ 보다 놉흔 사롬이 되는 법이라 우리 신문은 빈부 귀쳔을 다름업시 이신문을 보고 외국 물졍과 ᄂᆡ지 ᄉ졍을 알게 ᄒ랴는 ᄯᅳᆺ시니 남녀 노소 샹하 귀쳔 간에 우리 신문을 ᄒ로 걸너 멧둘간 보면 새지각과 새 학문이 싱길걸 미리 아노라

- 고등학교서 《국어》(하) 중에서

다 나는 우리나라가 세계에서 가장 아름다운 나라가 되기를 원한다. 가장 부강한 나라가 되기를 원하는 것은 아니다. 내가 남의 침략에 가슴이 아팠으니 내 나라가 남을 침략하는 것을 원치 아니한다. 우리의 부력(富力)은 우리의 생활을 풍족히 할 만하고 우리의 강력(强力)은 남의 침략을 막을 만하면 족하다. 오직 한없이 가지고 싶은 것은 높은 문화의 힘이다. 문화의 힘은 우리 자신을 행복하게 하고 나아가서 남에게 행복을 주겠기 때문이다.

지금 인류에게 부족한 것은 무력도 아니요, 경제력도 아니다. 자연 과학의 힘은 아무리 많아도 좋으나 인류 전체로 보면 현재의 자연 과학만 가지고도 편안히 살아가기에 넉넉하다. 인류가 현재에 불행한 근본 이유는 인의(仁義 - 어짊과 의로움)가 부족하고 자비가 부족하고 사랑이 부족한 때문이다. 이 마음만 발달이 되면 현재의 물질력으로 20억이 다 편안히 살아갈 수 있을 것이다. 인류의 이 정신을 배양하는 것은 오직 문화이다. …(중략)…

　최고 문화 건설의 사명을 달한 민족은 일언이폐지(一言以蔽之 - 한마디로 그 전체의 뜻을 말함)하면 모두 성인(聖人)을 만드는 데 있다. 대한 사람이라면 간 데마다 신용을 받고 대접을 받아야 한다. 우리의 적이 우리를 누르고 있을 때에는 미워하고 분해하는 살벌, 투쟁의 정신을 길렀었거니와, 적은 이미 물러갔으니 우리는 증오와 투쟁을 버리고 화합의 건설을 일삼을 때다. 집안이 불화하면 망하고 나라 안이 갈려서 싸우면 망한다. 동포 간의 증오와 투쟁은 망조(亡兆)다. 우리의 용모에서는 화기(和氣)가 빛나야 한다.

　우리 국토 안에는 언제나 춘풍이 태탕(駘蕩)하여야 한다. 이것은 우리 국민 각자가 한번 마음을 고쳐먹음으로 되고 그러한 정신의 교육으로 영속될 것이다. 최고 문화로 인류의 모범이 되기로 사명을 삼는 우리 민족의 각원(各員)은 이기적 개인주의자여서는 안 된다. 우리는 개인의 자유를 극도로 주장하되, 그것은 저 짐승들과 같이 저마다 제 배를 채우기에 쓰는 자유가 아니요, 제 가족을, 제 이웃을, 제 국민을 잘 살게 하기에 쓰이는 자유다. 공원의 꽃을 꺾는 자유가 아니라 공원에 꽃을 심는 자유다.

- 고등학교 《국어》(상) 중에서

라 예전엔 청개구리가 울던 연못에 요즘은 미국에서 건너온 황소개구리가 들어앉아 이것 저것 닥치는 대로 삼키고 있다. 어찌나 먹성이 좋은지 심지어는 우리 토종 개구리들을 먹고 살던 뱀까지 잡아먹는다. 토종 물고기들 역시 미국에서 들여온 블루길에게 물길을 빼앗기고 있다. 이들이 어떻게 자기 나라보다 남의 나라에서 더 잘 살게 된 것일까?

도입종들이 모두 잘 적응하는 것은 결코 아니다. 사실, 절대 다수는 낯선 땅에 발도 제대로 붙여 보지 못하고 사라진다. 정말 아주 가끔 남의 땅에서 들풀에 붙은 불길처럼 무섭게 번져 나가는 것들이 있어 우리의 주목을 받을 뿐이다. 그렇게 남의 땅에서 의외의 성공을 거두는 종들은 대개 그 땅의 특정 서식지에 마땅히 버티고 있어야 할 종들이 쇠약해진 틈새를 비집고 들어온 것들이다. 토종이 제자리를 당당히 지키고 있는 곳에 쉽사리 뿌리내릴 수 있는 외래종은 거의 없다.

제 아무리 대원군이 살아 돌아온다 하더라도 더 이상 타문명의 유입을 막을 길은 없다. 어떤 문명들은 서로 만났을 때 충돌을 면치 못할 것이고, 어떤 것들은 비교적 평화롭게 공존하게 될 것이다.

결코 일반화할 수 있는 문제는 아니겠지만 스스로 아끼지 못한 문명은 외래 문명에 텃밭을 빼앗기고 말 것이라는 예측을 해도 큰 무리는 없을 듯싶다. 내가 당당해야 남을 수용할 수 있다.

영어만 잘 하면 성공한다는 믿음에 온 나라가 야단법석이다. 한 술 더 떠 일본을 따라 영어를 공용어로 하자는 주장이 심심찮게 들리고 있다. 영어는 배워서 나쁠 것 없고, 국제 경쟁력을 키우는 차원에서 반드시 배워야 한다. 하지만 영어보다 더 중요한 것은 우리말이다. 그러나 우리말을 제대로 세우지 않고 영어를 들여오는 일은 우리 개구리들을 돌보지 않은 채 황소개구리를 들여온 우를 또다시 범하는 것이다.

영어를 자유롭게 구사하는 일은 새 시대를 살아가는 필수 조건이다. 하지만 우리말을 바로 세우는 일에도 소홀해서는 절대 안 된다. 황소개구리의 황소울음 같은 소리에 익숙해져 청개구리의 소리를 잊어서는 안 되는 것처럼.

- 고등학교 《국어》(상) 중에서

생각 쓰기

2강_ 역사 왜곡의 영향

일본과 중국의 역사 왜곡이 날로 심각해지고 있다. 독도를 두고 혹은 고구려사를 두고 끝없는 싸움을 벌이고 있다. 일본과 중국의 역사 왜곡은 우리 민족의 역사를 마음대로 훼손하고 있다. 그 역사 왜곡이 장기적으로 우리 문화에 어떤 영향을 미치게 될까?

case 2 제시문을 바탕으로 중국의 역사 왜곡이 장기적으로 우리 문화에 끼칠 영향을 전망하시오.

가 당당한 고구려의 유민으로 고구려의 옛 땅에 자립한 발해국을 우리 동국 역사에 기재하지 않고 압록강 이서의 천지는 어떤 사람들이 점유하든 우리가 불문하였기 때문에, 수백 년 이래 동국인의 마음과 눈에는 자기 나라의 강토는 오직 이 압록강 이동의 강토가 그것이고, 자기 민족도 오직 이 압록강 이동의 민족이 그것이고, 자기의 역사도 오직 이 압록강 이동의 역사가 그것이라 하고, 사업도 오직 이 압록강 이동의 사업이 그것이라 하였다. 그리고 이때의 사상은 압록강 밖으로 한 걸음이라도 넘어 건너가는 것을 경계하였으며, 꿈속에서라도 압록강 밖으로 한 걸음이라도 넘어갈까봐 겁을 내었던 것이다. …(중략)…

그 후 강감찬, 강민첨이 거란과 싸워 20만 대병을 격파하고 추격하여 압록강에 이르렀을 때,

발해 유민들이 이 소식을 듣고는 일제히 분발하여 말하기를 "우리 조국의 병력이 이와 같으니, 우리가 마땅히 이때를 이용하여 우리 조국의 마지막 불꽃에 의지하여 거란을 격파하고 대씨의 사직을 재건할 때가 바로 이때로다. 바로 이때로다." 하고는 즉시 발해의 동경을 회복하고 국호를 재건하였다. 그리고는 전후로 수십 번이나 사자를 보내어 고려에 도움을 요청하였으니, 이야말로 우리 부여 민족이 승승장구하고 내외가 하나로 단합하여 단군의 옛 강토를 회복할 시대였거늘, 이때에도 여전히 압록강 이동만 지키고 앉아서 앞으로 나아갈 사상이 없었으니, 그 원인이 무엇인가 하면, 즉 김문열이 발해를 우리의 역사에 기재하지 않아서 압록강 밖의 민족 역시 우리의 동족인 줄을 알지 못하였기 때문이다.

- 〈독사신론〉 중에서

나 동북공정이란 현재 중국의 국경 안에서 전개된 역사를 모두 중국의 역사로 인식하는 작위적 시각에서 시작된다. 특히 중국의 동북쪽 변경 지역의 역사에 관한 연구가 진행된다.

동북공정은 동북변강역사여현상계열연구공정(東北邊疆歷史與現狀系列硏究工程)의 줄임말로 '동북 변경 지역의 역사와 현상에 관한 체계적인 연구 과제(공정)'이다. 간단히 말해 중국의 국경 안에서 전개된 모든 역사를 중국의 역사로 편입하려는 연구 프로젝트이다.

실질적인 목적은 중국의 전략 지역인 동북 지역, 특히 고구려·발해 등 한반도와 관련된 역사를 중국의 역사로 만들어 한반도가 통일되었을 때 일어날 가능성이 있는 영토 분쟁을 미연에 방지하는 데 있다.

다 〈중국의 고구려사 왜곡의 핵심 내용과 우리의 반박〉

중국의 왜곡	핵심 쟁점	우리의 반박
*고구려 종족은 고대 중국 소수 민족의 하나	종족 문제	*우리 민족은 한족(漢族) 문화권과는 구별되는 동방문화권을 이룩한 별개의 민족 *중국 정사에서도 고구려 건국 주체 세력을 예맥족으로 기술, 예맥족은 한민족 구성종족
*고구려는 중국 영토 내에서 건국됐고 시종일과 중국 영역 내에서 존재 *고구려 건국지는 한군현에 속함	건국과 영역	*고구려의 성장으로 한군현이 퇴출됐을 뿐만 아니라 군현과의 전쟁을 통해 성장
*고구려는 중국에 조공을 바치던 속국	조공 문제	*조공은 외교형식에 불과 *광개토대왕비에 나타나는 천하관은 고구려의 독자성을 보여주는 증거 *백제, 신라, 왜도 조공관계였음에도 불구하고 고구려만 중국 지방정권이라고 주장하는 것은 논리적 모순
*수·당의 전쟁은 중국 국내의 통일전쟁	수·당과의 전쟁	*고구려의 수·당 전쟁은 대외전쟁
*고구려 유민은 중국에 귀속됐음	계승 문제	*자진해 신라로 내려온 고구려 유민을 주목해야 함 *신라의 일통삼한(一統三韓) 의식이나 발해의 고구려 의식 *고려는 국호에서부터 고구려 계승의식을 표방 *삼국사기, 삼국유사에서 보듯이 고구려에 대한 역사의식은 고려만 가짐

자료: 김현숙 고구려연구재단 연구위원

- 〈세계일보〉 2004. 8. 7일자

라 　중국의 신문과 방송 등 언론들은 '동북공정'에 대해 침묵한다. 하지만 사이버 공간은 중국 네티즌들의 주장으로 와글와글하다. 한국의 동북공정 관련 언론보도를 실시간으로 지켜보면서 일일이 토를 달고 반박한다.

13일 중국 최대 검색엔진 바이두(百度)닷컴의 '고구려 카페'에는 중국 네티즌이 올린 2,750건의 주장과 2만 9,329건의 댓글이 달려 있다.

젊은 층이 주류인 이들 네티즌은 중국 사회과학원이 추진하고 있는 동북공정의 주장을 그대로 답습하거나, 국수주의적인 상상력까지 보태고 있다. 한반도 북부를 중국 땅으로 가져오는 한반도 공정을 펴야 한다는 과격한 주장도 서슴지 않는다. 고대사 왜곡을 주도하는 것은 중국이 아니라 한국이라는 주장도 나온다. 중국의 젊은 네티즌들은 인터넷 공간의 익명성에 기대 더 과격하고, 중화민족주의적인 주장을 쏟아내고 있다.

대체로 중국 네티즌들은 한국의 잘못된 역사 교육으로 한국 사람들이 중국 동북 지방을 과거 자기네 조상 땅이라고 오해하고 있다고 주장했다. 백두산에 올라온 일부 한국 관광객들이 '우리 땅을 돌려 달라'는 내용의 머리띠를 하고 있다거나 고구려 유적인 오녀산성에 들른 한국 사람들이 산성의 나무에 '고구려는 우리 땅'이라는 내용을 적은 손수건을 거는 행동은 문제가 많다는 설명이다.

ID가 '초급중국맹남(超級中國猛男)'인 네티즌은 제법 논리를 갖춰 동북공정을 옹호했다. 현대 한국인의 조상은 한반도 남쪽 삼한(三韓) 부락이라고 주장했다. 삼한이 발전한 백제와 신라는 한반도 절반, 남부 절반을 차지하고 있었을 뿐이며 이들과 동시대인 고구려는 중국 민족인 고구려족(高句麗族)이 세운 국가라는 주장이다. 그는 '고구려'라는 나라 이름이 한(漢)나라 관할이던 고구려현에서 따온 것이라면서, 당시 한반도 북부는 한나라 영토였고 고구려는 한나라 속국이었다고 지적했다.

이어 그는 고구려는 서진(西晉)이 차지했던 한반도 북부 영토를 접수했고 당나라가 다시 고구려를 멸망시켜 한반도 북부를 차지한 만큼 한반도 북부는 왕건(王建)이 세운 고려가 차지할 때까지 2천 년 동안 중국 민족이 차지했다고 주장했다. 그는 한국에 이씨 조선이 있지만 이는 명나라가 하사한 국호일 뿐, 이전에 있었던 고조선과는 아무런 관련이 없다고 주장했다. 왕건이 세운 고려도 고구려의 기상을 잇겠다는 상징적인 의미일 뿐 고구려와는 아무런 관련이 없다는 '주장'을 폈다.

'호협(豪俠)'이라는 네티즌은 한국사가 반만년이라는 것은 사실이 아니며 날조된 것이라고 목소리를 높였다. 한국의 역사 날조는 한국 국력의 증강과 민족주의 의식의 고양 때문이라는 분석이다. 그는 중국은 역사 기술을 존중해 삼황(三皇)과 하(夏)나라는 전설이며 자국 역사 시작을 상나라로 보고 있는 반면 자존심이 강한 한국 사람들은 신화의 인물인 단군을 역사에 집어 넣었다고 지적했다. 이러한 날조를 통해 중국 문화에 부속된 작은 나라의 역사를 세계에서 가장 오래된 문화대국으로 만들려고 시도하고 있다는 설명이다. 한국 사람들은 20세기 이전만 해도 국가가 약소하고 대륙 왕조의 선진 문화를 열심히 받아들였으나 일본 통치를 벗어난 뒤 민족주의가 일어나고 그들은 중국 왕조와의 유대관계를 없애기 위해 5천 년 역사를 '날조' 했다는 것이다.

- 〈경향신문〉 2006. 9. 13일자

생각 쓰기

3강_ 언론의 역할

단재는 힘 있는 필치로 민족의 현실을 진단하고 해석하는 언론인이었다. 단재는 〈대한매일신보〉의 주필로 활동하면서 많은 논설을 통해 민족의 독립에 대한 의지를 고취시켰다. 그의 저작인《조선상고사》역시 〈조선일보〉에 게재되었다.

언론은 진실을 보도할 의무가 있다. 하지만 언론의 자유가 없던 일제 강점기하에 단재의 논설은 어떻게 진실을 보도할 수 있었을까?

case **3** 다음 (가), (나) 글이 말하는 진실을 보도하는 언론의 관점에 대해 말하고 있다. 두 제시문의 차이를 비교하고 (다)의 기사가 말하는 진실 보도의 역할에 대해 논술하시오.

가 윤봉길 의사가 1931년, 중국 상하이에서 일본 시라카와 대장 등을 폭사시킨 사건을 예로 들어 보자. 만약, 정확한 보도라는 것이 주관을 전혀 개입시키지 않고 거울처럼 보이는 그대로를 보도하는 것을 의미한다면, 윤 의사는 일본군의 엄숙한 대식전을 피바다로 물들인 엄청난 사건의 '테러리스트'일 수밖에 없을 것이다. 신문은 마땅히 윤 의사를 규탄하는 보도를 하지 않을 수 없게 될 것이다. 그러나 이러한 보도가 사건을 정확히 알리는 보도가 될 수 없다는 것은 분명하다. 윤 의사의 장거는 우선 역사적으로 이해하지 않으면 안 된다. 일본이 한국을 식민지로 삼고 있으며, 식민지 제도라는 것이 인류 역사상 배격, 규탄돼야 할 역사적 유제라는 판단이 앞서야 한다. 또, 윤 의사의 장거 당시 우리 삼천만 동포가 일제의 착취와 탄압 아래에서 얼마나 신음하고 있었느냐를 윤 의사의 행위와 관련시켜 보아야 한다. 사건을 전체적, 역사적 근거와 조건을 식별하는 입장에서 보지 않으면 안 된다. 이러한 판단이 서야만 이 사건의 핵심이 어디에 있는가를 비로소 파악할 수 있는 것이다.

윤 의사의 폭탄 투척을 정확히 이해하기 위해서는 이 사건에 위와 같은 수많은 사실이 횡적으로 종적으로 얽혀 있다는 점을 우선 알아야 한다. 한 사건을 정확히 보도하는 데 만약 이와 같은 풍부한 지식이 필요하다면, 어떤 의미에서는 주관적 보도라고 하지 않을 수 없다. 정확한 보도를 하기 위해서는 고도의 사회 과학적 소양과 문화적, 철학적 소양이 필요하다.

나 신문은 오직 사실만을 보도하면 그의 임무를 완수한 것이다. 신문이 사실 이상으로 기자의 주관이 개입된 기사를 내보내는 그 순간부터 신문은 신문이기를 포기하는 것이다. 신문은 오직 객관적인 사실만을 보도하고, 그에 대한 판단은 전적으로 독자에게 맡겨야 옳다.

…(중략)…

선진국의 언론인들은 사회적 사건에 대한 사실이 자신의 선험적인 사건 이해보다 중요하다고 생각했다. 여기서 '사실'은 관찰하고 조사할 수 있으며, 객관적으로 이해할 수 있는 대상으로 여겨졌다. 따라서 기사를 쓸 때에도 자신의 감정과 의견을 배제하고 사실 자체를 반영해야 한다고 믿었다. 왜냐하면, 사실은 의견과 달리 누구에게나 받아들여지고 공유될 수 있는 것이기 때문이다.

그러므로 언론인은 특정 정치적 입장을 주장하여 대중을 계몽시키려 하기보다는 사건을 직접 관찰하고, 그 사실을 대중들에게 보도하는 데 충실해야 한다.

- 교육인적자원부, 중학교 《국어》 3-2 중에서

다 영국 정부에서 일본 정부의 청구에 의하여, 본사 전 사장 겸 소유주 배설 씨에 대한 소송이 있었는데, 그것에 관하여, 일본에서 발간되는 각종 일인들 신문에 게재된 것을 읽어 보면, 재미도 있으려니와 경악을 금치 못할 점도 없지가 않다.

그 중에서도 특히 〈日本〉이라 하는 신문에는 장황한 논설을 써서, "한국은 한인의 무식함을 이용하여, 국제상의 정략을 간섭하고 나서는 모 외국인 등의 일종의 사냥터와 같은 것을 만들어 놓았는데, 그 때문에 일본에 대하여 다대한 방해와 곤란을 낳게 한다⋯⋯"라고 했다.

그런가 하면 또 "상해에 있는 외국인 하나가 지난번에 일본의 명예를 손상시키는 사건을 폭로했다⋯⋯"라고 했고, 또 해아에 갔던 한국의 대표와 협력했다고 하는 흘섭 씨의 일도 논하여 "해아 사건으로 인하여, 한국의 태황제폐하가 선위되었다"라고 했다.

그런가 하면 또 "〈대한매일신보〉를 발행하고 있는 배설 씨는 한국 내의 일본 행정을 황당한 설로 강경하게 비평하여 세계에 간행, 전파시키는 일에 종사했다" 하고 말했다.

이런즉, 이상 말한 것이 물론 거짓된 허황한 설에 지나지 않으나, 본보가 한국 내에서의 일본의 행정을 비평했다 하는 것만은 과연 틀림없는 사실이다.

그러나 그것은 일본의 행정이 좋지 못한 때문에 비평한 것이지, 만약 일본의 행정이 잘만 했다면 의당 찬양했을 것이다.

잘못한 것은 다름 아닌 일본이다. 따라서 그 일본의 잘못한 점을 명백하게 밝힌 것뿐인데, 그것을 본보가 한국 내에서의 일본의 행정을 비평하여 세계에 간행, 전파했다고 하는 설은 틀림없이 거짓된 말이다.

일본 정부의 아무런 지급도 받지 않고, 그들의 은총이나 그들의 보호도 원하지 아니하는 한인들 중의 상등인들과 한국에 있는 외국인들은 모두 어떤 누구를 막론하고 일본이 한국에서 어떻게 행동을 했는가? 하고 묻게 되면 서슴없이 머리를 좌우로 내저을 것이다.

그리하여 이내 한숨을 짓고, "일본이 한인들을 가까이 하려는 일에 대해서는, 그것은 한마디로 나쁘게 해 왔을 뿐이오!' 하고 대답하리라. (중략)

그러나 우리들이 실제 눈으로 보는 것은 그렇지가 않다. 다만 촌락이 불에 타 없어진 것과 전답이 황폐된 것과 사망한 자가 수가 없는 것, 그러한 것들뿐이다.

잔인한 행위와 압제의 행동으로 승리를 거두는 나라는 하나도 없다. 오직 정직하고, 어질고 착하고, 관대하고 후하고, 그리하여 백성들을 자유롭게 해 주어야만 한다는 것, 그것이 바로 승리를 거둘 수 있는 도라 하리라!

- 〈대한매일신보〉 1908. 7. 2일자

4강_ 혁명의 의미

역사는 크고 작은 무수한 사건들의 연속이다. 역사는 그 사건들을 통해 발전하기도 하고 퇴보하기도 한다. 지금 이 시간에도 일어나고 있는 수많은 역사적 사건 중에서 어떤 것이 역사를 발전시킬 수 있을까? 단재의 철학은 무엇이 역사를 이끄는가에 대한 해답을 준다.

case 4 (가)의 내용으로 보아 제시문 (나)에 나타난 한글 창제가 혁명이 될 수 있는 근거를 논술하시오. (1,000자 내외)

가 옛날부터 역사가들은 성패(成敗) 흥망(興亡)으로 그 사람의 낫고 못함을 정하고, 또 유가(儒家)의 윤리관으로도 남의 잘잘못을 논란하는데, 연개소문은 성공하였지만 못난 아들들이 그가 끼친 업적을 지키지 못하였으므로 춘추필법을 본받는 자의 배척을 받고 흉악한 적이라 하여 헐뜯고 욕함을 당해 왔다.

그러나 어떠한 것이 혁명인가 하면 반드시 역사상 진화(進化)의 의의를 가진 변화가 그것이다. 역사란 것이 어느 날 어느 때에 변화의 과정으로 나아가지 않는 때가 없으니 또한 어느 날 어느 때에 혁명 없는 때가 없을 것이다. 그러면 역사 전부를 혁명이라고 일컫는 것이 옳겠지마는 역사가들이 특히 혁명이라는 명사를 귀중히 여겨 문화상 혹은 정치상 두드러지게 시대를 구분할 만한 진화의 의의를 가진 인위적(人爲的) 대변혁을 가리켜 혁명이라 일컬은 것이니, 이런 의미로 정치상의 혁명을 구하자면 우리 조선 수천 년의 역사에 몇이 못 될 것이다.

한양(漢陽)의 이씨(李氏)로 송도(松都)의 왕씨(王氏)를 대신한 것이나 이조(李朝)의 이시애(李施愛) · 이괄(李适) 등의 반란이 그 성패는 다르지마는 실상은 다 정권 쟁탈의 행동에 지나지 아니하니 그것은 내란이라 역대(易代)라 일컫는 것은 옳지마는 혁명이라 일컬음은 옳지 않다.

그런데 연개소문은 그렇지 아니하여 봉건세습(封建世襲)의 호족공치제(豪族共治制)의 정치를 타파하여 정권을 한 곳에 집중시켰으니 이는 분립의 대국(大局)을 통일로 돌리는 동시에 그 반대자는 군주나 호족을 묻지 않고 한꺼번에 소탕하여 영류왕 이하 수백 명 대관을 죽이고, 침노해 온 당태종을 격파하였을 뿐 아니라 도리어 당을 진격하여 지나 전국을 놀라 떨게 하였으니 그는 다만 혁명가의 기백(氣魄)을 가졌을 뿐 아니라 또한 혁명가의 재능과 지략을 갖추었다고 함이 옳겠다.

- 《조선상고사》 중에서

나 최근 최만리 등 일부 사대부들이 정부가 고심하여 연구한 끝에 발표한 우리 글 훈민정음에 대해 반대하는 내용의 상소문을 올린 것은 정부의 본뜻을 이해하지 못한 처사로 심히 유감스러운 일이다.

우선, 그들은 앞으로 관리들이 훈민정음 때문에 학문을 소홀히 할 것이라고 하는데 이는 전혀 이치에 맞지 않는 말이다. 한문에 대한 표준음이 정해져 있지 않아 여러모로 불편해한 엄연한 사실을 그들은 애써 외면하고 있다. '牧丹'을 두고 어떤 이는 '목단'으로, 어떤 이는 '모란'

으로 발음한다. 이러니 똑같이 한문을 공부하고도 서로 뜻이 통하지 않는 결과가 된 것이다.

또 그들은 훈민정음만 가지고 관리를 뽑으면 아무도 성리학을 공부하지 않을 것이라고 하는데 이는 사실을 왜곡한 것이다. 유교 경전에 대한 학습과 연구는 국가에서 정한 공부의 핵심 요소이다. 시험 과목에 훈민정음을 추가한다는 것이지 훈민정음만으로 관리를 뽑는다고 한 적이 없다.

그리고 장차 한자를 아는 사람이 적어지면 사회 기강이 무너진다고 주장하는데 이것은 지나친 생각이다. 지금까지 우리 사회에서 한자는 배우기가 너무 어려워 극히 일부 사람들만 사용해 왔고, 나머지 대부분의 사람들은 글자를 모르고 살아 왔다.

끝으로, 훈민정음 창제는 유교 정신의 실천과 사회 질서 확립에 어긋나는 것이 아님을 밝혀두는 바이다.

- 교육인적자원부, 중학교 《국어》 1-2

생각 쓰기

5강_ 폭력의 정당성

오야마 마스다츠라고 불리며 일본 가라데를 평정한 최영의의 일대기를 다룬 영화 〈바람의 파이터〉에는 '힘없는 정의는 무능력이요, 정의 없는 힘은 폭력일 뿐이다' 라고 하였다. 정의를 이루기 위해서 힘이 반드시 필요하다고 믿었던 것이다. 정의 없는 힘이 폭력일 뿐이라면 정의를 위한 폭력은 정당화될 수 있을까?

case 5 단재는 조국 독립의 한 방법으로 폭력 혁명을 주장하였다. 폭력이 정당성을 획득할 수 있는 것인지에 대한 자신의 생각을 제시문을 바탕으로 논술하시오.

가 그런즉 파괴적 정신이 곧 건설적 주장이라. 나아가면 파괴의 '칼' 이 되고 들어오면 건설의 '기(旗)' 가 될지니, 파괴할 기백은 없고 건설할 치상(癡想)만 있다 하면 오백 년을 경과하여도 혁명의 꿈도 꾸어 보지 못할지니라. 이제 파괴와 건설이 하나이오 둘이 아닌 줄 알진대, 민중적 파괴 앞에는 반드시 민중적 건설이 있는 줄 알진대, 현재 조선 민중은 오직 민중적 폭력으로 신조선 건설의 장애인 강도 일본 세력을 파괴할 것뿐인 줄을 알진대, 조선 민중이 한편이 되고 일본 강도가 한편이 되어, 네가 망하지 아니하면 내가 망하게 된 '외나무다리 위' 에 선 줄을 알진대, 우리 이천만 민중은 일치로 폭력 파괴의 길로 나아갈지니라.

민중은 우리 혁명의 대본영이다.

폭력은 우리 혁명의 유일한 무기이다.

우리는 민중 속에 가서 민중과 휴수(携手)하여

불절(不絶)하는 폭력 - 암살, 파괴, 폭동으로써

강도 일본의 통치를 타도하고,

우리 생활에 불합리한 일체 제도를 개조하여

인류로써 인류를 압박치 못하며

사회로써 사회를 박삭(剝削)치 못하는

이상적 조선을 건설할지니라.

- '조선혁명선언' 중에서

나 비폭력주의와 물레 — 얼핏 보아서 별 상관이 없을 것 같은 이 양자 간의 유기적 관계를 해명하는 것은 간디 사상의 근본에 이르는 첩경일 수도 있다.

말할 것도 없이 비폭력 · 비협력주의는 영국 식민당국을 불구화시키기 위한 투쟁적인 방책으로 기능하였다. 그러한 투쟁의 한 수단으로서 영국에서 수입되는 직물을 거부하고 인도의 민중이 그동안 잊히었던 전통적인 가내 수공업을 부활시켜 스스로의 생활필수품을 자급자족하는 길이 있었다. 그렇게 함으로써 식민지적 착취 구조로부터 이탈의 가능성도 실험할 수 있는 것이었다. 그러나 이와 같이 현실 정치 및 경제적 이해관계의 차원에서만 간디의 비폭력 · 비협력주의를 본다는 것은 너무나 피상적인 관점이다.

간디 사상의 요체인 비폭력주의는 하나의 유효한 정치적 투쟁 수단이기 이전에 근원적으로 만유의 법칙을 사랑으로 파악하는 위대한 종교적ㆍ철학적 전통에 뿌리를 두고 있는 것이다. 따라서 비폭력주의 운동은 결코 수동적인 저항인 것은 아니었다. 그것은 악에 대한 보답을 악으로 하지 않고 사랑으로 해야 한다는, 거의 불가사의하게 깊고 부드러운 영혼 속에서 우러나오는 실천적 행동이었다.

간디는 절대로 몽상가는 아니다. 그가 말한 것은 폭력을 통해서는 인도의 해방도, 보편적인 인간 해방도 없다는 것이었다. 민족 해방은 단지 외국 지배자의 퇴각을 의미하는 것일 수는 없다. 참다운 해방은 지배와 착취와 억압의 구조를 타파하고 그 구조에 길들여져 온 심리적 습관과 욕망을 뿌리로부터 변화시키는 일 — 다시 말하여 일체의 '칼의 교의(敎義)'로부터의 초월을 실현하는 것이다.

간디의 관점에서 볼 때, 무엇보다 큰 폭력은 인간의 근원적인 영혼의 요구에 대해서는 조금도 고려하지 않고, 물질적 이득의 끊임없는 확대를 위해 착취와 억압의 구조를 제도화한 서양의 산업 문명이었다. 근대 산업 문명은 사람들의 정신을 병들게 하고, 끊임없이 이기심을 자극하며, 금전과 물건의 노예로 타락시킬 뿐만 아니라 내면적인 평화와 명상의 생활을 불가능하게 만든다. 그로 인하여 유럽의 노동 계급과 빈민에게 사회는 지옥이 되고, 비서구 지역의 수많은 민중은 제국주의의 침탈 밑에서 허덕이게 되었다. 여기에서 간디 사상에 물레의 상징이 갖는 의미가 드러난다. 간디는 모든 인도 사람들이 매일 한두 시간만이라도 물레질을 할 것을 권유하였다. 물레질의 가치는 경제적 필요 이상의 것이라고 생각한 것이다.

- 고등학교 《국어》(하) 중에서

아비투어
철학 논술

민족 문화와 세계 문화는 어떤 관계에 있을까? 각 민족의 고유한 문화는 서로 교류하고 어우러지면서 세계 문화를 형성한다. 21세기 세계가 하나의 네트워크를 형성하고 있는 시대에는 특히 문화의 교류가 활발하게 전개된다.

(가)에서 단재는 문화의 중요성을 강조하였다. 식민지 조국의 독립을 위해서는 민족 문화의 부흥이 중요하다는 인식 때문이었다. 그가 평생을 두고 역사를 연구했던 목적이 바로 거기에 있었다. 단재는 우리 민족 역사의 잘못된 점을 신랄하게 비판하였다. 외국의 문화를 받아들일 때 그 외국의 문화가 우리 문화에 자연스럽게 스며들지 않고 오히려 그 새로운 문화에 우리 민족이 동요되는 상황을 우려하였다.

그런 단재의 사상은 민족 문화와 세계 문화 사이에서 우리가 어떤 태도를 지녀야 하는지에 대한 해답을 제시한다. 문제는 주체성이다. 외국의 문화를 받아들일 때 그것을 우리의 것으로 흡수하는 노력이 필요하다. 그렇게 하기 위해서는 우선 우리 문화의 우수성을 인식하는 자긍심이 필요하다.

(나)는 한문을 귀하게 여기고 국문을 천하게 여기던 세태를 비판하며 한글의 우수성을 주장한다. 우리말의 가치를 중요하게 생각하여 한글로 된 신문을 발행하는 일은 그동안 스스로 멸시해 왔던 우리 문화의 우수성과 주체성을 바르게 인식한 예이다.

(다)는 민족의 흥망과 문화의 관계를 보여 준다. 우리 민족이 문화가 발달한 민족이 되기를 바란다는 김구의 주장은 민족의 성쇠가 문화의 창달에 달려 있다는 믿음에 기인한다.

(라) 역시 영어 공용화론에 대한 글쓴이의 비판적 시각을 볼 수 있다. 국제화 시대는

영어를 배우고 의사소통 능력을 키워야 하는 것은 사실이다. 하지만 영어가 국어의 자리를 대신해서는 안 된다. 황소개구리의 유입으로 토종 개구리가 사라져가는 현실에서 볼 수 있듯이 우리말에 대한 애정과 책임감이 없는 사람들에게 영어를 들여오는 일은 위험한 일이다. 영어를 배우는 것보다 우리말을 바로 세우는 일이 더 시급하다.

결국 이 네 개의 제시문은 모두 민족 문화의 주체성을 강조하였다는 공통점이 있다. 현대 사회는 언어뿐만 아니라 역사, 사상, 철학 등 모든 분야를 공유한다. 그 과정에서 우리 스스로 주체적인 자리를 확고히 하지 않는다면 쏟아지는 외국 문화의 홍수 속에서 우리의 민족 문화는 설 자리를 잃게 된다.

case 2 중국은 고구려와 발해의 역사를 중국의 역사로 편입하려는 의도로 우리 민족의 역사를 왜곡하고 있다. 당장 북한 땅을 내놓으라는 것도 아닌데, 과거에 일어난 일을 어떤 방향으로 해석하든 문제가 되지 않는 것일까?

역사 왜곡의 문제는 그것이 장기적으로 끼치게 될 영향이 더욱 심각하다. 단재는 김부식이 발해를 우리 역사에 기재하지 않은 것을 문제 삼았다. 그 때문에 훗날 우리 민족이 잃어버린 옛 땅에 대한 아무런 인식이 없어 그 땅을 찾으려는 노력을 기울이지 않았다고 통탄한다. 즉 이미 왜곡된 역사에 의해, 또는 무지에 의해 우리 스스로를 한반도 남쪽에 묶어 두었던 것이다.

일제 시대 식민 사관 역시 그런 결과를 의도한 것이었다. 일제는 우리 민족의 역사를 한반도에 국한시켰다. 그런 역사 교육을 통해 일제는 우리 민족 스스로 가치를 폄하하고 일본의 제국주의 이념을 받아들이도록 조장하였다.

지금 중국의 동북공정은 고구려와 발해의 역사를 자기의 역사로 편입하여 과거 우리 민족의 호령하에 있었던 땅에 대한 주도권을 강하게 하려는 의도로 해석된다. 그리고 이대로 간다면 중국이 역사를 왜곡한 사실은 세월이 흐르는 동안 사람들에게 잊힐 것이고, 결국 발해와 고구려의 역사가 처음부터 중국의 역사인 것처럼 인식되고 말 것이다. 이미 중국 국민들도 그들의 왜곡된 역사를 사실로 받아들이면서 오히려 우리가 역사를 왜곡하고 있다는 주장을 펼치고 있으니 통탄할 일이 아닐 수 없다.

case 3 (가)와 (나)는 진실을 보도하는 언론의 자세가 어떠해야 하는지에 대한 상반된 의견을 보여 준다. (가)는 지극히 주관적인 보도의 예이다. 윤봉길 의사가 일본의 대장을 폭사시킨 사건은 객관적으로 말하면 테러이다. 그러나 당시 일본의 제국주의에 의해 강압적으로 나라를 빼앗긴 식민지 백성인 윤 의사는 당연히 해야 할 일을 하였다. 따라서 그 역사적 의미를 고찰해 볼 때 윤 의사의 행동은 테러가 아니라 의거이다. 그런 의미에서 진실 보도는 사건을 전체적이고 역사적으로 보아야 하는 지극히 주관적인 행위이다.

그와 반대로 (나)는 언론인이 어떤 편에 서서 대중을 계몽시키려는 목적으로부터 벗어나야 한다고 주장한다. 이러한 입장에서 사건의 전체적 역사적 의미를 판단하는 것은 신문을 읽는 사람의 몫이다. 신문은 다만 일어난 사건을 가장 객관적으로 보도하면 그것으로 소임을 다했다고 할 수 있다.

(다)의 단재는 진실 보도의 주관성을 보여 준다. 일본의 제국주의는 언론의 자유를 인정하지 않았다. 언론을 철저하게 관리하였으며 불리한 기사가 나가는 것을 허용하지 않았다. 그러나 단재는 그 언론의 탄압 앞에서 굴하지 않았다. 그는 일본의 허위와 잘못을 분명하게 따지고 밝혔다. 일본의 만행과 압제가 전체적, 역사적 관점으로 바라볼 때 비판의 대상이 된다면 비록 그것이 언론이 자유가 없는 상황에서 목숨이 위태로운 위험한 일이라 할지라도 그 잘잘못을 분명하게 따져 보도하는 것이 진정한 언론인의 자세이다.

case 4 역사는 다양한 사건들의 연속으로 이루어진다. 단재에 따르면 역사를 이루는 수많은 사건 중에서 혁명은 진화의 의의를 가진 변화이다. 여기에서 진화란 왕조의 교체나 정치적 싸움에서 승자와 패자가 뒤바뀌는 등의 단순한 변화가 아니다. 사회 전체의 사상과 철학에 영향을 미칠 수 있을 때 그것이 비로소 혁명이며 진화를 가져올 수 있다.

그런 의미에서 연개소문이 봉건 세습의 호족공치제를 타파하고 왕권의 강화를 이룩한 공적은 혁명이라 할 수 있다. 뿐만 아니라 중국과의 관계에서도 동등한 위치에서 당당하게 맞서 싸웠으니 혁명 중에서도 역사에 큰 획을 긋는 대단한 사건이다.

단재의 혁명 사상에 의거하였을 때 한글 창제는 혁명이라 할 수 있을까? 한글 창제는 그동안 중국의 문자를 가져다 쓰던 우리 민족이 우리 민족 고유의 문자를 갖게 되는 혁명적 사건이다.

세종 이전 고유의 문자가 없었던 시절에 우리 민족은 중국의 한자를 빌려다 문자 생활을 하였다. 물론 이두와 향찰과 같이 우리의 것으로 소화하려는 노력이 없었던 것은 아니지만 한자가 온전히 우리의 문화가 될 수는 없었다. 그리고 가장 큰 문제는 지배층과 식자층만 문자 생활을 할 수 있었다는 점이다. 일반 백성들은 어려운 한자를 배우지 못하고 그럴 기회조차 주어지지 않았기 때문에 문자 생활을 영위할 수 없었다. 세종은 그런 문제점을 정확히 파악하고 백성들의 편리를 위한 훈민정음을 창제하기에 이르렀다.

민족의 언어란 민족의 문화와 얼을 대표한다. 따라서 민족 고유의 문자가 없던 시절의 민족 문화는 반쪽짜리에 불과하다. 세종의 훈민정음이 창제된 다음에야 비로소 민족 구성원 누구라도 우리 민족의 사상과 감정을 정확하게 표현할 수 있게 되어 민족 문화가 온전하게 제 모습을 드러낼 수 있게 되었다. 물론 창제 당시에는 언문이라 하여 그 파급 효과가 미약하였지만, 세종의 훈민정음 창제는 훗날 민족 문화 발달의 초석이 된, 진화의 의의를 가진 변화였다.

case 5 단재는 의열단을 조직한 김원봉의 요청으로 '조선혁명선언'을 작성하였다. 그것이 이른바 의열단 선언이다. 의열단 선언은 만주에서 조직된 항일 무력 독립 운동 단체인 의열단의 행동강령 및 투쟁 목표를 밝히는 선언문이다.

선언에 표명된 민족 해방 운동 방략의 핵심은 '민중 직접 폭력 혁명론'이다. 이 선언문에서 단재는 민중이 일제의 이민족 통치에 항거하고 더 나아가 세계를 지배하는 약탈적, 불평등적인 제국주의를 타파해야 한다고 주장한다. 제국주의에 저항하는 세력으로 민중을 들었다. 그리고 그 구체적 방법으로 폭력 혁명을 주장하였다. 민족주의 우파 세력에 의해 주창되던 외교론(外交論)·준비론(準備論)·문화 운동론·자치론 등을 신랄하게 비판하고 민중 중심의 철저한 반일 민족 해방 투쟁의 전개를 강조하였다.

어떤 경우에 폭력이 정당성을 획득할 수 있을까? 물론 단기적으로 폭력 혁명을 통해 일본의 제국주의를 몰아낼 수 있었을지도 모른다. 하지만 폭력은 또다시 폭력을 부르며 그것은 일시적이다.

(나)에서 볼 수 있는 것처럼 민족의 해방이란 제국주의의 퇴각에서 얻어지지 않는다. 민족의 해방이란 지배와 착취와 억압의 구조 자체에서 벗어나야 이루어진다. 그런 의미에서 폭력은 결국 착취와 억압으로 다시 귀결되는 결과를 낳는다.

일제의 탄압이 심해지고 백성의 고통이 날로 심해져 가는 당시 상황에서 단재는 폭력 혁명이 조국의 독립을 앞당길 수 있다고 확신하였다. 그러나 그가 말했듯이 역사적인 혁명이란 진보의 의의를 가져야 하며 역사란 상속성과 보편성을 가져야 한다고 정의했을 때, 폭력 혁명은 그 정당성을 획득하기 어렵다.

Abitur

철학자가 들려주는 철학이야기 049

콩트가 들려주는 실증주의 이야기

저자_권상

서울대학교 정치학과를 졸업하고(법학 부전공), 북한 대학원에서 정치, 통일을 전공하고 있다. 한국법학원과 고려대학교, 국민대학교 등에서 헌법학을 강의 했으며, 현재는 강남구청 수능 방송과 종로학원에서 사회탐구 과목을 강의하고 있다. 북한법연구회와 북한학회 그리고 민족공동체포럼에서 활동하고 있다. 저서로는《백두헌법》《여성과 법률》《윤리와 사상》《전통윤리》《파사쥬 실전 모의고사 윤리》《정치》《파사쥬 실전 모의고사 정치》등이 있다.

감정(感情)이 먼저인가, 이성(理性)이 먼저인가?

동양의 사상과 인물 탐구

동서양의 인간관 비교 분석

소피스트 & 소크라테스의 사상

현실적 삶을 중시한 현대 철학

Auguste Comte

감정(感情)이 먼저인가, 이성(理性)이 먼저인가?

인간의 사유 체계인 철학을 고찰하다 보면 감정(마음, Le coeur)이 우선인가, 아니면 이성(정신, L'esprit)이 우선인가 하는 문제에 부딪히게 된다. 콩트의 경우 초기에는 이성의 우위를 주장하다가 클로틸드 드 보라는 여성을 만난 후에는 사회에 대한 이성적 분석을 극복하고 인간 생활에서 가장 중요한 것이 감정적 요인이라고 생각하게 된다.

원래 콩트는 이성과 이를 기초로 한 과학을 통해 인간 사회를 재조직하고자 했는데, 한 여인의 죽음을 계기로 이성에 대한 감정의 우위를 주장하게 된다.

콩트에 따르면 인간의 생활은 이성과 감정 그리고 행동을 통해 고찰될 수 있다. 그러므로 인간을 고찰하는 철학은 이 세 가지의 삼중의 영역을 반드시 포괄하여야 한다. 그러나 인간의 감정생활만이 인간 본성의 다른 두 부분에 지속적인 자극과 방향을 제시해 줄 수 있다. 진정한 인간의 통합과 이를 통한 사회의 통합은 오직 감정의 역할이라고 주장한 콩트는 감정 속에서도 진정한 진리를 발견할 수 있다고 하였다. 콩트에 있어 감정에 대한 이성의 종속은 실증주의의 주관적 원칙이다. 사회적 문제의 제기는 이성의 역할이 아니라 항상 감정의 역할이다. 왜냐하면 주관적인 영감 없이는 정신적 측면에서건 사회적 측면에서건 인간의 발전이 불가능하기 때문이다.

감정과 이성에 대한 콩트의 관계 설정은 여러 가지 논쟁을 야기하고 있지만 이는 동서(東西)를 막론한 철학의 쟁점이었다. 우선 서양 철학도 감정을 중시한 소피스트의 거대한 흐름이 상존하고 있고, 이성을 중시한 소크라테스의 철학도 면면히 흐르고 있기 때문이다. 동양 철학의 경우도 이(理)를 중시하는 주리론적 입장(주자학, 이황)과 기(氣)를 중시하는 주기론적 입장(이이)이 현존하고 있으며, 마음을 중시하는 양명학(왕수인)도 공존하고 있다.

그러나 인간은 정신과 육체의 종합이고, 우주 만물은 이와 기의 묘합(妙合)이기 때문에 어느 한쪽만을 강조하는 것은 바람직하지 않다고 본다. 많은 경우 인간과 사회를 바라보는 관점의 차이는 감정이 우위인가, 이성이 우위인가라는 논쟁과 무관하지 않다. 인간을 바라보는 동서

어휘 다지기

Lèsprit & Le coeur
Lèsprit는 이성(理性), Le coeur는 감정(感情)으로 번역할 수 있다. 이성이란 인간 활동 가운데 지적인 면을 가리키고, 감정이란 인간의 정서적인 마음을 가리킨다.

양의 다양한 인간관이 많지만, 감정과 이성의 조화적 고찰을 통해서만 인간과 사회를 정확하게 바라볼 수 있을 것이다.

이성을 중시하는 서양의 합리주의적인 문화가 근대화와 산업화를 선도하였다면 21세기 정보화 시대는 인간의 감정과 이성을 모두 중시하는 동양의 사상이 그 선도적 역할을 담당할 것이다. 이는 이미 아시아적 가치로서 평가된 바 있다.

이하에서는 인간의 감정과 이성을 강조한 각 철학의 입장을 도표로 정리해 보고자 한다. 이는 고등학교 윤리와 사상에 대한 전반적 이해를 전제로 하므로 고교 윤리에 대한 선행 학습이 요구되는 테마이다.

인물 탐구

클로틸드 드 보

콩트는 1825년 마생(Caroline Massin)이란 여인과 결혼하지만 그들의 관계는 원만하지 못하여 1842년 이혼하고 만다. 그 이후 만난 여자가 클로틸드 드 보인데, 그녀 또한 공금을 횡령하고 벨기에로 도망간 전직 공무원과 이혼한 상태였다. 이들은 환상적 사랑을 나누었으며, 급기야는 콩트가 제창한 인류교에서 그녀는 성녀(聖女)로 등장하게 된다.

동양의 사상과 인물 탐구

성리학(性理學)

① **유학의 재정립**(신유학): 도가 사상과 불교 철학의 영향을 받음

② **주자의 성리학**

  ㉠ 맹자의 성선설과 앞선 도학자들의 성즉리(性卽理)설을 집대성 → 주자학

  ㉡ 인간의 순수한 본성을 바탕으로 한 인격의 수양과 실천을 강조

  ㉢ 도덕의 기초가 되는 인륜의 이치에 대해서 형이상학적 체계를 갖추어 설명

이기론(理氣論)	우주의 존재 문제를 탐구. 이는 우주 만물을 관통하는 이성적이며 원리적 존재이며 순선하다. 기는 재료로서 가선가악하며(감정적) 발한다.
심성론(心性論)	인간의 내면적 구조와 본질을 분석
거경궁리론(居敬窮理論)	도덕을 실천하는 방법 → 마음의 경건성을 유지하면서 사물의 이치를 깊이 연구
경세론(經世論)	정치와 사회 문제 해결

③ **성리학의 수양론: 성인(聖人)이 되기 위한 방법**

격물치지(格物致知)	자기 자신을 포함한 세계의 참모습에 대하여 밝게 알아야 함 → 외적 수양
존양성찰(存養省察)	양심을 보존하고 본성을 함양하면서 나쁜 마음이 스며들지 않도록 잘 살펴서 단호하게 물리쳐야 함 → 내적 수양
존천리거인욕(存天理去人慾)	천리(선한 본성)를 보존하고 인욕(사사로운 욕망)을 제거해야 함

이기론

理	형이상의 도(道)	원리	본연지성 (本然之性)	사단(四端)	도심(道心), 이성
氣	형이하의 기(器)	재료	기질지성 (氣質之性)	칠정 (喜怒哀懼愛惡欲)	인심(人心), 감정

사단과 칠정

사단	인간의 본성에서 우러나오는 마음씨, 즉 선천적이며 도덕적인 능력으로 《맹자》에 나오는 불쌍히 여기는 마음, 자신의 불의를 부끄러워하고 남의 불의를 미워하는 마음, 양보하는 마음, 잘잘못을 분별하여 가리는 마음이다.
칠정	인간의 본성이 사물과 만나면서 표현되는 자연적인 감정으로 《예기》에 나오는 기쁨(喜)·노여움(怒)·슬픔(哀)·두려움(懼)·사랑(愛)·미움(惡)·욕망(欲)의 일곱 가지이다.

인물 탐구

주자(朱子, 1130~1200)

중국 송대의 유학자로 주자학을 집대성하였다. 그는 우주가 형이상학적인 '이(理)'와 형이하학적인 '기(氣)'로 구성되어 있다고 보았다. 인간에게는 선한 '이'가 본성으로 나타나지만 불순한 '기' 때문에 악하게 되며, '격물(格物)'로 이 불순함을 제거할 수 있다고 하였다. 주자는 14세 때 아버지가 죽자 그 유언에 따라 호적계(胡籍溪)·유백수(劉白水)·유병산(劉屏山) 등에게 사사하면서 불교와 노자의 학문에도 흥미를 가졌으나, 24세 때 이연평(李延平)을 만나 사숙(私淑)하면서 유학에 복귀하여 그의 정통을 계승하게 되었다.

그는 육상산과 상호 절차탁마(切磋琢磨)하며 자신의 학문을 발전 심화시켜 중국 역사상 공전(空前)의 사변 철학(思辨哲學)과 실천 윤리(實踐倫理)의 체계를 확립하였다.

저서로는 《논어요의 論語要義》《자치통감강목 資治通鑑綱目》《근사록 近思錄》《효경간오 孝經刊誤》《소학서 小學書》《대학장구 大學章句》《중용장구 中庸章句》 등이 있다.

이황 · 이이 · 정약용의 사상

1. 이황(주리론)

理	절대적으로 선한 원리적 개념, 기를 움직이는 실체 → 이가 발하면 사단(善)
氣	선과 악이 섞여 있는 현상적 개념 → 기가 발하면 칠정(善+惡)
관계	이기호발설(理氣互發說): 이가 발하면 기가 이를 따르고, 기가 발하면 이가 기를 탄다(理發而氣隨之 氣發而理乘之).

2. 이이(주기론)

불교나 도교 등에 대해서도 조예가 깊었고, 정치 · 경제 · 교육 · 국방 등에 대한 전반적인 개혁을 도모 → 실학 사상의 형성에 영향

理	보편적이며 통하는 것, 이는 실체가 아니라 하나의 법칙이나 원리	인간이나 사물은 모두 동일
氣	특수하며 국한되는 것	인간을 포함한 모든 사물의 특성이 제각기 다르게 됨
관계	기발리승일도설 (氣發理乘一途說)	'기가 발하면 이가 탄다'는 명제는 맞지만, '이가 발하면 기가 이를 따른다'는 주장은 옳지 못함
	이통기국(理通氣局)	'이'란 보편적인 것이고, '기'는 특수한 것 → '이'와 '기' 양자가 서로 의존하여 보완 관계를 유지하면서 조화됨을 강조

3. 정약용(성기호설)

정약용에 의하면 인간에게는 두 가지 기호(嗜好)가 있다. 그 하나는 영지(靈知)의 기호, 즉 영성적(靈性的)·지성적(知性的)으로 즐기고 좋아하는 것이고, 다른 하나는 형구(形軀)의 기호, 즉 육체적·감각적으로 즐기고 좋아하는 것이다.

영지의 기호란 우리가 선을 즐거워하고 악을 미워하며 덕행을 좋아하고 더러움을 부끄럽게 여기는 마음이다. 이것은 인간만이 가지고 있는 도의의 성품이라 한다. 형구의 기호란 인간의 눈이 좋은 빛깔을 좋아하고 입이 맛있는 요리를 즐겨하며, 따뜻하게 입고 배부르게 먹는 것을 좋아하는 것을 말한다. 이것은 동물도 가지고 있는 성품이므로 동물의 성품 또는 기질(氣質)의 성품이라 한다.

정약용의 이러한 인성론은 인간의 성(性)을 현실의 구체적인 사물에 대한 성향, 즉 기호로 보기 때문에, 성기호설(性嗜好說)이라고 일컫는다. 이 주장은 기존의 전통적인 성리학의 인성론과 차이점이 있다. 정약용은 인간의 심성은 선이나 악으로 결정되어 있는 것이 아니라, 행위의 구체적 실천을 통하여 결단을 촉구하는 자유 의지라고 규정한다. 따라서 선악 행위의 선택은 인간 자신의 자주권(自主權)에 속한다는 것이다.

인물 탐구

이이(李珥, 1536~1584)

조선 중기의 학자·정치가로 신사임당의 아들이다. 19세에 금강산에 들어가 불교를 공부하다가, 다음해 하산하여 성리학에 전념하였다. 23세에 예안의 도산(陶山)으로 이황(李滉)을 방문하였다. 그해 별시에서 〈천도책 天道策〉을 지어 장원하고, 이때부터 29세에 응시한 문과 전시(殿試)에 이르기까지 아홉 차례의 과거에 모두 장원하여 '구도장원공(九度壯元公)'이라 일컬어졌다. 29세 때 임명된 호조좌랑을 시작으로 관직에 진출하여 40세 무렵 정국을 주도하는 인물로 부상하였다. 성혼과 '이기 사단칠정 인심도심설(理氣四端七情人心道心說)'에 대해 논쟁하기도 하였다.

이이는 자신이 살던 16세기의 조선 사회를, 건국 뒤 정비된 각종 제도가 무너져 가는 '중쇠기(中衰期)'라고 진단하고서, 시급한 국가의 재정비를 위해 일대 경장(更張)이 요구된다고 하였다. 이를 위해서는 변통(變通)을 통한 일대 경장이 필요하다는 생각에서 《동호문답》《만언봉사》 등의 저술을 통하여 안민(安民)을 위한 국정 개혁안을 선조에게 제시하였는데, 이것이 '경장론(更張論)'이다.

《만언봉사》에 의하면 '정치에 있어서는 때를 아는 것이 소중하고 일에 있어서는 실질적인 것에 힘쓰는 것이 중요하다'고 하면서 '때에 알맞게 한다(時宜)는 것은 때에 따라 변통을 하고 법을 마련하여 백성을 구제하는 것'이라고 주장하였다. 즉 시대가 바뀌면 법제도 맞지 않기 때문에 현실에 맞게 제도를 개혁해야 하며, 이러한 변통을 통해 경장이 이루어져야 안민이 가능하다고 하였다. 경장의 구체적인 방법은 국가의 통치 체제 정비를 통해 기강을 확립하고, 공안(貢案)과 군정(軍政) 등 부세(賦稅) 제도의 개혁을 통해 백성의 고통을 덜어 주어야 한다는 것이었다. 기를 중시한 그의 사상은 후대의 실학의 성립에도 영향을 주었다.

이황(李滉, 1501~1570)

조선 중기의 학자 · 문신으로 주자를 계승한 정통 성리학자이다. 호는 퇴계(退溪) · 도옹(陶翁), 시호는 문순(文純)이다. 경상북도 예안(禮安) 출신으로 12세 때 숙부 이우(李堣)에게 사사하다가 1523년(중종 18) 성균관(成均館)에 입학, 1528년 진사가 되고 1534년 식년문과(式年文科)에 을과(乙科)로 급제하였다. 1566년 공조판서에 오르고 이어 예조판서를 지내고, 1568년 (선조 1) 우찬성을 거쳐 양관대제학(兩館大提學)을 지내고 이듬해 고향에 은퇴, 학문과 교육에 전심하였다. 이언적(李彦迪)의 주리설(主理說)을 계승, 주자(朱子)의 주장을 따라 우주의 현상을 이(理)·기(氣)로 설명하는 이기이원론(理氣二元論)을 완성하였다.

그는 이기호발설(理氣互發說)을 주장하였는데, 즉 이가 발하여 기가 이에 따르는 것은 4단(端)이며 기가 발하여 이가 기를 타(乘)는 것은 7정(情)이라고 주장하였다. 사단칠정(四端七情)을 주제로 한 기대승(奇大升)과의 8년에 걸친 논쟁은 조선의 지성사에서 보기 드문 고급 논쟁의 표본이 되었다. 인간의 성을 본연(本然)의 성과 기질(氣質)의 성으로 나누고 본연의 성을 가진 지배자가 기질의 성을 가진 피지배자를 통치하는 것이 정당하다고 주장하여 조선 시대 양반 지배를 합리화하기도 하였다.

그의 학설은 유성룡(柳成龍)·김성일(金誠一) 등에게 계승되어 영남학파(嶺南學派)를 이루었고, 이이(李珥)의 기호학파(畿湖學派)와 대립, 동서 당쟁의 축이 되기도 하였다. 그의 학설은 임진왜란 후 일본에 소개되어 그곳 유학계에 큰 영향을 끼쳤다.

저서에 《퇴계전서 退溪全書》가 있고 작품으로는 시조에 《도산십이곡 陶山十二曲》, 글씨에 《퇴계필적 退溪筆迹》이 있다.

정약용(丁若鏞, 1762~1836)

호는 다산(茶山)·여유당(與猶堂), 가톨릭 세례명은 안드레아로 경기도 광주(廣州) 출신이다. 1789년 식년문과에 갑과로 급제하고 검열(檢閱)이 되었으나, 가톨릭 교인이라 하여 같은 남인인 공서파(功西派)의 탄핵을 받고 해미(海美)에 유배되었다. 10일 만에 풀려 나와 지평(持平)으로 등용되고 1792년 수찬으로 있으면서 서양식 축성법을 기초로 한 성제(城制)와 기중가설(起重架說)을 지어 올려 축조 중인 수원성(水原城) 수축에 기여하였다.

그를 아끼던 정조가 세상을 떠나자 1801년(순조 1) 신유교난(辛酉敎難) 때 장기(長鬐)에 유배, 뒤에 황사영 백서사건(黃嗣永帛書事件)에 연루되어 강진(康津)으로 유배되었다.

그곳 다산(茶山)에서 풀려 날 때까지 18년간 학문에 몰두, 합리주의적 과학 정신에 기초하여 정치 기구의 전면적 개혁과 지방 행정의 쇄신, 농민의 토지균점과 노동력에 의거한 수확의 공평한 분배, 노비제의 폐기 등을 주장하였다. 이러한 학문 체계는 유형원(柳馨遠)과 이익을 잇는 실학의 중농주의적 학풍을 계승한 것이며, 또한 박지원(朴趾源)을 대표로 하는 북학파(北學派)의 기술 도입론을 받아들여 실학을 집대성한 것이었다. 《목민심서 牧民心書》《경세유표 經世遺表》《흠흠신서 欽欽新書》《마과회통 麻科會通》 등 약 501권의 저서가 있다.

명나라의 양명학

① **왕수인(1472~1528):** 주자의 성즉리설 비판 → 심즉리, 치양지(致良知) 및 지행합일을 내세우는 양명학의 창시자.

② **개념**

心卽理說	㉠ 인간에게는 누구나 윤리적으로 착한 사람이 될 수 있는 순수한 양심이 있음
	㉡ 이론적인 학습 과정을 거치지 않아도 인간의 본질이 구현될 수 있음
	㉢ 본래부터 타고난 참된 앎(良知)을 근거로 양심을 바르게 깨닫고 그에 따라 실천할 것을 강조
知行合一說	앎은 행함의 시작이요, 행함은 앎의 완성 → 인식으로서의 지(知)와 실천으로서의 행(行)이 본래부터 하나
致良知說	㉠ 양지를 구체적이고 적극적으로 발휘하는 것
	㉡ 사욕을 극복하고 인간의 순수한 본래성만을 유지하면, 누구나 지선(至善)의 경지에 이를 수 있음 → 도덕적 실천과 함께 이론적 탐구로써 지식을 확충할 것을 주장하는 주자학과의 차이점

이(理)를 강조한 주자와 심(心)을 강조한 왕수인의 격물치지(格物致知)

주자	세상 만물은 나무 한 그루, 풀 한 포기에 이르기까지 모두가 그 이치를 지니고 있다. 이 '이치'를 하나하나 궁구(窮究 속속들이 깊이 연구함)해 나가면 어느 땐가는 만물의 겉과 속, 그리고 세밀함(精)과 거침(粗)을 명확히 알 수가 있다. 다시 말하면 격물의 '격(格)'은 도달한다는 것이니 격물은 즉, 사물에 도달한다는 말이다. 만물이 지닌 이치를 추구하는 궁리(窮理)와도 같은 뜻이라 하겠으며 세상 사물에 이르고 이치의 추궁으로부터 지식을 쌓아 올려서 지(知)를 치(致 도달한다)한다는 것이다.
왕양명	격물의 물이란 사물을 가리키는 것이니 사(事), 즉 일이다. 일이란 어버이를 섬긴다든가 임금을 섬긴다든가 하는 마음의 움직임, 곧 뜻이 있는 곳을 말한다. '사'라고 한 이상에는 거기에 마음이 있고, 마음 밖에는 '물'도 없고 '이'도 없다. 그러므로 격물의 '격'이란 '바로잡다'라고 읽어야 하며 일을 바로잡고 마음을 바로잡는 것이 '격물'이다. 악을 떠나 마음을 바로잡음으로써 사람은 마음속에 선천적으로 갖추어진 양지(良知)를 명확히 할 수가 있다. 이것이 지(知)를 이루는(致) 것이며 '치지'이다.

동서양의 인간관 비교 분석

동양의 인간관

구분	유교	불교	도교
특 징	인간은 만물의 영장으로서 하늘의 기품과 땅의 형상을 부여 받은 (중간적) 존재로 봄	인간의 심성은 본래 맑고 깨끗하나 인생은 무지(無知)와 탐욕에 의해서 고통(苦痛)으로 나타남	인간과 자연을 구분하지 않으며, 유교처럼 규범적 측면에서 인간다움을 찾으려 하지 않음. 무위자연의 삶이 인간의 본질이다.
바른 삶 (극복방법)	사욕(邪慾) 또는 육욕(肉慾)이 선한 본성을 가려 유혹에 넘어가는 수도 있기 때문에 수양, 수기(修養, 修己)가 필요함	고통의 원인을 깨닫고, 탐욕을 버려야 함 (행복을 누리며 올바른 삶을 영위함)	인위(人爲)와 반대되는 무위(無爲)의 자연스러움 속에서 자연과 하나가 되어 살아감
이상적 인간상	인과 예를 갖춘 군자(君子) 또는 성인(聖人), 대장부	위로는 깨달음을 구하고 아래로는 중생을 가르쳐 자비(慈悲)를 구현하는 보살(菩薩)	자연의 흐름에 내맡기고 살아가는 지인(至人), 신인(神人), 또는 천인(天人)
인간관	윤리적 인간관	고통을 극복하는 인생론적 인간관	자연적 인간관

서양의 인간관

① 이성 중심적 인간관 → 합리주의적 인간관으로 발전

ㄱ 인간은 일종의 동물이면서도, 한편으로는 동물과 근본적으로 다른 존재 → 주변 환경이나 자기 자신에 대해서 알며 생각하는 힘, 즉 이성을 가지고 있다.

ㄴ 이성이 직접적이고 일차적인 감각이나 감정의 차원에서 벗어나게 해 줌

ㄷ 이성이 외부의 자극에 대하여 창조적으로 반응할 수 있게 해 줌 → 학문과 제도, 기술 등 발전

② 합리주의적 인간관

ㄱ 사람은 이성에 따라 생각하고 행동할 때에 가장 사람다운 사람이 된다.

ㄴ 이성은 인간이 자연을 이용하는 도구가 되기도 함 → 인간이 자연을 정복(征服)할 권리를 가진 것처럼 잘못 생각

③ 그리스도교적 인간관

ㄱ 인간은 신(神)의 모사(模寫) → 자유 의지와 창조 능력을 가지며 문화를 창조하고 도덕적 책임이 있는 존재

ㄴ 인간은 자연보다 존엄하며, 자연을 정복하고 이용할 권리가 있음

어휘 다지기

합리주의

비합리적 · 우연적인 것을 배척하고, 이성적 · 논리적 · 필연적인 것을 중시하는 태도를 말한다. 실천의 기준으로서 이성적인 원리만을 구하는 생활 태도를 가리킬 경우도 있다. 이

러한 합리주의에 의하면, 인간은 태어나면서부터 인식할 수 있는 이성을 지니고 있다. 이성은 분명하게 증명될 수 있다는 입장으로, 그 대표적인 주창자로서는 데카르트, 스피노자, 라이프니츠 등을 들 수 있다.

일반적으로 합리주의는 이른바 대륙의 합리론에서 전형적인 모습을 찾아볼 수 있으며, 감각적 경험을 소홀히 하는 대신 논리적 지식을 중시한다.

그리스도교적 인간관

하나님의 자기 형상, 곧 하나님의 형상대로 사람을 창조하시되 남자와 여자를 창조하시고 하나님이 그들에게 복을 주시며 그들에게 이르시되 생육하고 번성하며 땅에 충만하라. 땅을 정복하라. 바다의 고기와 공중의 새와 땅에 움직이는 모든 생물을 다스리라 하시니라.

- 《창세기 1장 27~28절》

한국의 인간관

① **홍익인간(弘益人間)의 인간관**: 단군의 건국 이야기에서 비롯됨 →

　　　　　　전통적인 윤리 사상의 원류

　㉠ 풍요로운 삶과 선량한 인심, 화평한 사회를 추구하는 인도주의적 이념

　㉡ 인간 존중, 이타주의, 평등사상을 담고 있으며, 천지조화라는 묘합(妙合)의 원리를 토대로 함

② **불교적 인간관**: 삼국 시대로부터 고려 시대를 거쳐 발전

　㉠ 인간은 내적으로 불성을 지니고 있으므로 모두 존귀하고 평등한 존재

　㉡ 서로 다른 의견이 있더라도 화(和)를 통해서 조정할 수 있음

　㉢ 끊임없는 수행을 통해 자기 자신의 참모습을 깨닫고 그 희열을 유지할 수 있음

③ **성리학적 인간관**: 조선 시대의 대표적인 인간관

    ⊙ 인간의 본성은 착하지만 육체적 욕망 때문에 선악의 갈림길에 서게 되고 악의 유혹에 빠짐

    ⓒ 맑은 거울에 때가 묻듯이 인간의 선한 본성도 욕심으로 더럽혀지므로, 부단히 공부하고 수양을 게을리 하지말아야 함

④ **실학적 인간관:** 조선 후기

    ⊙ 인간을 자연 앞에서 독존하는 자율적 인격의 주체로 파악 → 누구나 평등하게 자신의 욕구를 발현하여 충족시켜 나가는 존재

    ⓒ 우주의 기와 인간의 혈기를 구분하여 인간을 혈기적(血氣的)이고 현실적 존재로 봄 → 위민민본(爲民民本)의 개혁 사상 주장

⑤ **동학(東學)의 인간관:** 조선 말기

    ⊙ '천주를 모시라(侍天主)'는 교시 강조 → 모두가 한울님을 믿고 한울님과 한 몸이 되어 한울님의 뜻을 잊지 말라는 것

    ⓒ '사람은 누구나 하느님과 하나가 될 수 있으며, 무궁한 존재가 될 수 있다.' → 인내천(人乃天) 사상으로 발전

어휘 다지기

혈기적이고 현실적인 존재

    인간은 생명 있는 욕구체, 생리적인 욕구체임을 의미한다. 이러한 속성을 가지고 있는 배고픈 인간에게 우주의 생성 원리인 이와 기 운운(云云)은 비현실적이고 공허한 논의일 수 있다. 그리하여 실제 인간 생활에 의미 있는 실학이 발전하게 되었다.

아시아적 가치

　㉠ **'아시아적 가치'의 의미:** 1960~1980년대 한국, 타이완, 홍콩, 싱가포르 등 동아시아 권 국가들의 급속한 경제 발전의 원인을 아시아의 유교 문화에서 찾은 데서 비롯된 용어

　㉡ **유교에 대한 종래의 해석:** 경제 발전이나 민주화에 부정적인 영향을 미친 것으로 해석

　㉢ **'아시아적 가치'의 핵심:** 정적인 문화, 가족주의, 공동체주의, 사회적 도덕성과 책임 감, 교육 중시 풍토 등 → 특히 공동체주의는 자유주의의 대표적 결함인 개인주의와 공동체의 해체라는 모순을 보완하기 위해 유력하게 부각

　㉣ **재평가의 배경:** 동아시아 유교권 국가의 경제 발전과 더불어 '아시아적 가치'로서 유 교를 긍정적으로 재평가

　㉤ **긍정적 평가:** 유교가 서양의 이성주의에 기초한 자유주의의 취약점을 치유할 수 있는 요소를 보유하고 있는 것으로 평가

　㉥ **부정적 평가:** 1990년대 말 아시아의 경제 위기 이후 → 정경 유착, 뇌물 관행, 불투 명한 정실 인사 등의 부정적인 측면 부각

소피스트 & 소크라테스의 사상

인간의 감정(感情)을 중시한 소피스트(Sophist)

프로타고라스(Protagoras, 기원전 5세기경): '인간은 만물의 척도이다.' → 똑같은 사물이라도 사람에 따라서 각기 다르게 받아들일 수 있기 때문에 모든 판단의 기준은 각 개인에게 있다는 의미

- ㉠ 본격적으로 인간의 존재와 생활 방식을 문제 삼으면서 등장
- ㉡ 상대론적 진리관 → 진리는 상대적이며, 보편적인 윤리는 존재하지 않음
- ㉢ 가치 판단의 기준은 인간의 감각적 경험과 유용성 → 경험주의와 실용주의, 상대주의와 쾌락주의의 선구자

인간의 이성(理性)을 중시한 소크라테스와 그의 제자들

1. 소크라테스(Socrates, 기원전 469~399)

- ㉠ 이성과 사유를 중시. 절대적·객관적·보편적 진리가 있다고 주장(절대주의 윤리)
- ㉡ 인간의 참다운 삶의 방식을 추구 → 소피스트가 부와 명예 등 세속적인 가치를 중시했던 데 반해, 소크라테스는 선하게 사는 것과 정신적인 가치를 더 중시
- ㉢ '악은 무지 때문에 생긴다.' → 알면서도 악을 행한다는 것은 있을 수 없음, 무엇이 옳고 그른지를 제대로 모르기 때문에 사람들은 악을 행함 → 주지주의(主知主義)
- ㉣ 소크라테스가 주장한 앎 → 앎이란 단순한 지식이 아니라, 영혼의 수련을 통해서 얻어진 깨달음
- ㉤ '너 자신을 알라.' → 스스로의 무지를 자각하고 진리를 추구해 나갈 것을 역설

2. 플라톤(Platon, 기원전 429?~347)

ⓐ 이데아(idea)

감각적으로 경험되는 현상의 세계는 참다운 세계가 아님 → 끊임없이 변화

이성에 의해 파악될 수 있는 이데아의 세계만이 참된 세계 → 영원히 변하지 않음

모든 사물마다 이데아가 있으며, 최고의 이데아는 선(善)의 이데아

ⓑ 4주덕

인간의 영혼	덕목	국가	**이상적 인간** 절제 · 용기 · 지혜의 조화 → 정의의
이성	지혜	통치자	덕을 이루고 행복한 삶을 누리게 됨
기개	용기	수호자	**이상 국가** 인격과 지혜를 갖춘 철인(哲人)이 통치자가
정욕	절제	생산자	되고 모든 계층의 사람들이 자기 본분에 해당하는 덕을 잘 발휘하여 전체적으로 조화를 이룰 때

3. 아리스토텔레스(Aristoteles, 기원전 384~322)

ⓐ 현실 속에서 참다운 존재를 찾고자 함

ⓑ 행복론: 존재하는 모든 것은 어떤 목적을 가지고 있는데, 인간의 궁극적 목적은 행복
→ 행복해지기 위해서는 덕을 쌓아야 함(아리스토텔레스의 행복은 쾌락이 아님)

ⓒ 덕(德) → 덕은 지속적인 실천과 노력을 통해 형성되는 것

ⓓ 좋은 행동이 몸에 배이도록 끊임없이 습관화하는 것과 어느 한쪽으로 치우치지 않는
중용(中庸)의 생활 자세 강조

ⓔ 주지주의에 주의주의 가미 → 이성의 역할과 함께 실천 및 습관화의 의지를 강조

ⓕ 선악을 알지만 일시적 충동에 의해 부도덕한 행동을 저지를 수 있음 → 선의지 필요

ⓖ 개인 윤리와 사회 및 국가 윤리를 결부: 개인의 선과 자아실현도 사회나 국가에서의
도덕적 생활을 통해 가능(인간은 정치적 동물이다.)

어휘 다지기

동굴의 비유

플라톤은 사람들이 손, 발, 머리가 결박되어 동굴의 벽만 보도록 고정되어 있는 동굴을 묘사하고 있다. 그들 뒤로 동굴의 좁은 입구가 있으며, 이곳을 통해 밖으로부터 빛이 들어오고 있다. 정면만 보도록 결박되어 고정된 사람들은 동굴 밖의 참다운 세계를 보지 못하고, 벽에 드리워진 그림자만을 볼 뿐이다. 한 번도 동굴 밖의 참다운 세계를 본 적이 없는 사람들은 그들이 보고 있는 그림자를 진실한 것으로 생각하게 된다.

- 플라톤 《국가》 중에서

중용(中庸)

아리스토텔레스가 말한 중용이란, 이성에 의해 일상생활에서의 충동, 정욕, 감정 등을 억제함으로써 한쪽으로 치우치지 않으려는 의지를 습관화한 덕이라고 설명된다. 그의 중용은 지나침과 모자람, 즉 과불급(過不及)이 없는 상태이기는 하지만, 그렇다고 이것도 저것도 아닌 미적지근한 상태도 아니요, 산술적인 중간도 아니다.

과도함	중용	부족함
만용	용기	비겁
파렴치함	겸손	수줍음
낭비	후덕	인색
오만	긍지	비굴
아첨	친절	퉁명

인물 탐구

소피스트(Sophist)

특정 인물을 의미하는 것은 아니고, 기원전 5세기 무렵부터 기원전 4세기에 걸쳐 그리스에서 활약한 일단의 지식인들에 대한 호칭이다. 프로타고라스, 고르기아스, 히피아스, 프로디쿠스가 대표적이며 아테네를 중심으로 당시 그리스 전역을 돌아다니면서 변론술과 입신출세에 필요한 백과사전적 지식을 가르치고 많은 보수를 받았다.

소피스트란 원래 '현인(賢人)' 또는 '지자(知者)'를 뜻하는데 이들은 각자 자부하는 지식과 기술을 갖추고 있어 개인이나 국가한테서 돈을 받고 그것을 제공했다. 이들은 '일신(一身)'을 위해서나 국가를 위해서 선(善)을 도모하고, 언론이나 행위에서도 유능한 사람이 되는 길'을 청년들에게 가르친다고 자부하였다.

그러나 그들이 실제로 가르친 것은 선과 지혜가 아니라, 출세를 위한 도구가 전부였다. 이 같은 사실이 밝혀지자 이후 '소피스트'란 말은 '궤변을 일삼는 무리'를 의미하게 되었고, 궤변학파라고도 불렸다.

소크라테스(Socrates, 기원전 469~399)

고대 그리스의 철학자로 이전의 철학이 자연에 대한 물음에 치중하였는데 소크라테스에 이르러 비로소 자신과 자기 근거에 대한 물음, 즉 인간에 대한 물음이 철학의 주제가 되었다. 그는 감정보다는 이성을 중시하고 거리의 사람들과 철학적 대화를 나누는 것을 일과로 삼았다. 소크라테스는 책을 쓰지 않았기 때문에 그의 주변에 있던 몇몇 사람들이 그에 관하여 썼고, 우리들은 그 글을 통해서 그를 알 수 있을 뿐이다. 그는 아테네 청년들을 타락시키고 신을 모독하였다는 죄목으로 고발되어 재판에서 사형을 선고 받았다. 그의 재판 모습과 옥중 및 임종 장면은, 제자 플라톤이 쓴 《에우티프론》《소크라테스의 변명》《크리톤》《파이돈》 등 여러 작품에 자세히 그려져 있다. 죽음 앞에서 태연자약한 그의 태도는 중대사에 직면한 철학자의 진면목을 보여 준다.

소크라테스에 관하여 확실한 것은 별로 알려지지 않았지만, 우리에게 낯익은 것은, 늙은 소크라테스가 아테네의 거리 모퉁이에서 청소년들을 상대로 착하다는 것은 무엇인가, 사람을 행복하게 하는 것은 무엇인가, 용기란 무엇인가에 관하여 묻고 있는 모습이다(이것을 소크라테스의 산파술이라 함). 이와 같은 문답의 주제는 대부분 실천에 관한 것들이었다. 그리고 그 문답은 항상 '아직도 그것은 모른다' 라고 하는 무지(無知)의 고백을 문답자가 상호 간에 인정하는 것으로 끝났다. 자기의 무지를 폭로당한 사람들은 때로는 소크라테스의 음흉한 수법에 분노하였으나, 소크라테스의 참뜻은, 모든 사람이 자기의 존재 의미로 부여된 궁극의 근거에 대한 무지를 깨닫고, 그것을 묻는 것이 무엇보다도 귀중하다는 사실을 깨닫도록 촉구하는 데 있다. 그는 인간은 무지하기 때문에 악행을 행하므로 이성을 통한 끊임없는 대화를 통해 진정한 지(知)에 이르면 선행을 할 수 있고 복을 쌓을 수 있다고 믿었다(지행합일설, 지덕복합일설). 이후 소크라테스는 이성을 중시하는 서양 철학의 비조가 되었다.

플라톤(Platon, 기원전 429?~347)

소크라테스의 애제자로 널리 알려진 플라톤은 펠로폰네소스 전쟁 초기에 아테네의 귀족 집안에서 태어났다. 플라톤은 아테네에서도 가장 훌륭한 가문들 중의 하나이자 부유하고 정치적으로도 영향력이 있는 가문 출신이었다. 외가 쪽으로는 가장 위대한 아테네의 정치가이자 개혁가인 솔론의 가계였고, 친가 쪽으로는 아테네의 마지막 왕의 가계였다.

플라톤이 살았던 당대, 아테네의 정치 생활은 극도로 타락했고, 펠로폰네소스 전쟁은 도시의 자원을 고갈시켰다. 사랑하는 스승이 겪었던 부당하고 비극적인 죽음으로 인해 그는 정치가로서의 꿈을 버리고 부정의가 자리 잡을 수 없는 국가관에 도달하기 위해 필생의 열정을 바쳤다. 그리하여 플라톤은 정치에 전혀 관계하지 않는 대신 건강한 정치 철학을 발전시키기로 결심하게 되었다. 《국가》를 포함한 그의 책들 대부분의 주제가 정의로운 국가에 관한 것들이었다. 플라톤은 서양 관념론적 이상론의 시조로서, 그 제자인 아리스토탈레스의 현실주의와 함께 철학사에 쌍벽을 이루며, 아카데미 학파와 신플라톤주의를 거쳐 철학사에 결정적 영향을 주고 있는 것이다. 그의 최후의 작품인 《법률》에서 그가 취한 극단적인 보수주의는 때로 그를 서구 전체주의의 제창자로 보게 하고 있다. 영국의 칼 포퍼는 그를 '열린사회의 적'으로 규정한 바 있다.

아리스토텔레스(Aristoteles, 기원전 384~322)

고대 스타게이로스 출신의 철학자로 플라톤의 제자이다. 플라톤이 초감각적인 이데아의 세계를 존중한 것에 대해(이상주의자 · 이원론자), 아리스토텔레스는 인간에게 가까운, 감각되는 자연물을 존중하고 이를 지배하는 원인들의 인식을 구하는 현실주의 입장을 취하였다(현실주의자 · 일원론자). 17세 때 아테네에 진출, 플라톤이 설립한 아카데미아에 들어가, 스승의 종신까지 거기에 머물렀다. 아리스토텔레스는 만학의 시조로도 유명한데, 특히 그의 정치 학설은 현재에도 탁월하다는 평가를 받는다.

그는 인간을 사회적 · 정치적 동물로 보고 공공의 생활 가운데서 인간의 선(善)은 실현된다고 주장하였다. 그런 까닭에 윤리학은 정치학의 일부를 이룬다고 생각되고 있다. 중산 계급을 중심으로 하여 정권 교체가 실현되는 곳에 최선의 나라 제도가 있다고 한 정체론(政體論)은 오늘날에도 많은 정치적 함의를 갖고 있다.

감각적 경험을 중시한 귀납법과 이성적 성찰을 중시한 연역법

귀납법	연역법
사유와 지식의 근원을 감각(感覺)에 기초한 경험으로 보고, 경험적 관찰과 실험을 통해 여러 가지 사례들의 공통점을 추출함으로써 일반적인 원리를 발견 → 경험론	사유와 지식의 근원을 이성으로 보고, 이미 확인된 어떤 자명한 원리로부터 개개 사물의 이치를 논리적 추론을 통해 알아냄 → 합리론

감정(感情)의 측면을 강조하는 공리주의

① **등장 배경:** 산업혁명과 자본주의 경제가 발전해 가던 영국에서 개인의 이익과 사회 전체의 이익을 조화시키는 문제 대두

② **벤담(Bentham. J., 1748~1832)의 양적 공리주의**

행복	행복은 쾌락이고, 고통이 없는 상태를 의미
도덕과 입법의 원리	'최대 다수의 최대 행복' → 사회는 개인의 집합체이므로 개개인의 행복은 사회 전체의 행복과 연결되며, 더 많은 사람이 행복을 누리게 되는 것은 그만큼 더 좋은 일임
측정법 제시	강도, 지속성, 확실성, 근접성, 다산성, 순수성, 범위 → 모든 쾌락은 질적으로 동일

③ **밀(Mill. J. S., 1806~1873)의 질적 공리주의**

질적 공리주의	쾌락의 질적인 차이도 고려
감각적 쾌락보다는 정신적 쾌락	'배부른 돼지가 되기보다는 배고픈 인간이 되는 편이 낫고, 만족스러운 바보가 되기보다는 불만족스러운 소크라테스가 되는 편이 낫다.'

④ 평가

㉠ 사회적 존재로서의 인간이 살아가야 할 길을 잘 제시해 주었음

㉡ 비판: 인간의 내면적 동기의 문제를 소홀히 하였고, 양적으로 계산할 수 없는 여러 가
치를 제대로 다루지 못했음

현실적 삶을 중시한 현대 철학

감정(感情)에 우위를 둔 현대 철학들

① **19세기 말~20세기 사상의 특징:** 이성적이고 관념적인 철학에 반대하고 인간의 현실적 삶 자체를 중시

② **생(生)철학: 충실한 삶 속에서 인간의 궁극적인 가치를 찾으려 함**

쇼펜하우어(Schopenhauer. A., 1788~1860): 금욕적 생활을 강조

이성보다는 감정과 의지를, 지식보다는 직관과 체험을 중시

생명이 근원적으로 지니고 있는 역동적 힘을 믿었으며, 이성과 과학으로는 삶의 전체적이고 깊은 의미를 파악할 수 없다고 주장

③ **실존주의: 개인적이고 현실적이며 결코 상대화할 수 없는 인간의 실존 문제를 중시**

등장 배경	현대 과학 기술 문명과 전쟁 속에서 비인간화(소외)되어 가는 인간의 현실 고발
키르케고르 (Kierkegaard. A., 1813~1855)	실존주의의 선구자, 각 개인의 주체적인 삶의 자세 강조, 불안과 죽음의 문제를 극복하고 참된 실존을 회복하기 위해서 '신 앞에 선 단독자(單獨者)'로서 인간의 주체적 결단을 강조
사르트르(Sartre. P., 1905~1980)	'실존은 본질에 앞선다.'

④ **실용주의: 모든 가치를 유용성의 입장에서 판단(영국의 경험론과 공리주의의 영향)**

듀이(Dewey. J., 1859~1952)	실용주의의 확립자 → 도덕이나 윤리도 변화하고 성장하며, 고정적이며 절대적인 가치는 존재하지 않는다고 주장
바람직한 가치	일상생활에서 도움이 되는 가치

⑤ **생명 존중 사상: 생명의 신비와 존엄성을 강조**

등장 배경	인간의 생명과 지구 생태계가 위협 받게 됨
대표적 사상가	간디(Gandhi. M., 1869~1948)와 슈바이처(Schweitzer. A., 1875~1965) 인간 중심적인 생명관과 과학을 만능으로 생각하는 현대 사상이 인간을 타락시키고 있다고 지적. 살아 있는 모든 존재에 대한 사랑과 자비를 역설하고 실천함

어휘 다지기

실존

① 실존이란 원래 '본질'에 대한 '현실 존재'라는 뜻이다. '본질은 무엇이냐?'를 문제 삼지만, 실존은 '가능성'을 문제 삼는다.

② 현실 존재는 물건의 경우에는 상대적이지만, 인간 존재의 경우에 있어서는 절대적이다. 물건이나 동물인 경우에는 서로 바꿀 수도 있고 얼마든지 대신할 수도 있지만, 인간은 남과 대체될 수가 없다.

③ '나'라는 인간, '나'라는 개인, '나'라는 주체는 남과 절대로 바꿀 수 없는 유일무이한 존재이며, 그 자체가 독립하여 존재하는 단독자이다.

존재는 본질에 앞선다 - 사르트르

① 인간이 아닌 모든 도구는 본질이 실존에 앞서지만 인간은 실존이 본질에 앞선다.

② 종이를 자르는 칼의 경우 이 물건을 기술자가 그의 머릿속에 있는 하나의 개념을 본 떠서 만들어 낸다는 것이다. 즉, 종이 자르는 칼의 본질이 먼저 존재하고 나서 그것이 실재 존재하게 되는 것이다.

③ 하지만 인간은 다르다. 인간은 세계 속에 내던져진 다음 스스로의 행동을 통해 자기 자신의 본질을 스스로 만들어 가는 자유로운 존재라는 것이다. 또한 인간에게는 실존 이 본질에 앞서기 때문에 어떠한 본질이 만들어지는가에 대한 책임도 존재한다.

듀이의 도구주의(道具主義, instrumentalism)

듀이는 하나의 사물이나 생각에서 가장 중요한 것은 그것이 행동의 도구로서 갖는 가치이 며, 어떤 생각이 진리인지 아닌지는 그것의 유용성에 달려 있다고 주장했다.

서양 철학의 두 가지 흐름

이성과 사유 중시	선과 정의의 실현은 이성에 따라 감각적 충동을 억제하고 덕을 실천할 때 가능	그리스의 고전 철학 – 스토아 학파 – 대륙의 합리론 – 칸트
감각과 경험 중시	삶의 목적은 쾌락과 행복의 실현 → 쾌락은 사람 및 때와 장소에 따라 달라질 수 있음 → 상대주의	소피스트 – 에피쿠로스학파 – 영국의 경험론과 공리주의 – 실용주의

논술 문제

참전 용사이자 한국반공연맹 회원 출신이며 유신 시절 중학교 반공 도덕 교사였던 나반공 씨는 여름 방학을 맞이하여 아이들과 금강산 여행을 떠났다. 설레는 마음으로 CIQ를 통과하여 북으로 향하던 나반공 씨는 무표정하게 노변을 지키는 북한 군인들을 보고 적잖이 긴장되었다. 혹시나 자신을 해(害)하지 않을까 하는 공포심과 함께 괜히 여행을 떠났구나 하는 후회도 들었다. 무사히 비무장 지대를 통과하여 금강산 관광 지구에 도착한 후에도 혹시나 북에서 자신을 감시하지나 않나 걱정을 하여 뜬 눈으로 밤을 새웠다. 다음 날 금강산을 오르면서 여기저기 모여 있는 북측 안내원을 보고 역시 북은 변하지 않았다고 생각하고 관광을 마쳤다. 서울로 돌아온 나반공 씨는 70년대 발간된 각종 반공 책자를 보고 자신의 반공 사상이 정의이며 진리라는 생각을 더욱 굳히며 금강산 여행을 계획하고 있는 친구들에게 만류 전화를 걸었다.

어휘 다지기

한국반공연맹
1954년 대통령 이승만(李承晚)과 타이완의 총통 장제스(蔣介石)가 주도하여 만든 아시아민족반공연맹의 서울 지부로서 1963년 12월 한국반공연맹법이 제정 공포되자 1964년 1월 한국반공연맹으로 개편되었다.

CIQ
세관(Customs), 출입국(Immigration), 검역(Quarantine)의 영문 첫 글자를 딴 것

아래의 제시문을 읽고 이황(理를 중시)과 이이(氣를 중시)의 입장에서 평가하고 자신의 입장을 기술하시오. (570자 이내)

대학을 졸업하고도 취업을 하지 못한 이태백 군은 서울역 앞에서 3년째 노숙을 하고 있다. 한때는 최고의 명문 S대생으로 촉망을 받으며, 자부심으로 가득 찼던 이태백 군은 수년에 걸친 좌절로 인해 도덕적 자포자기 현상이 나타나 지나가는 부녀를 희롱하고, 급기야는 행인을 구타하고 물건을 빼앗아 지금은 남대문 경찰서 유치장에 구금되어 강도 혐의로 수사를 받고 있다.

생각 쓰기

아비투어
철학 논술

case 1   나반공 씨의 행위는 이성을 중시하는 서양 철학적 입장에서 다음과 같이 평가될 수 있다.

첫째, 나반공 씨는 사물을 객관적으로 보지 않고 자신의 울타리를 벗어나지 못하는, 플라톤(Platon)이 언급했던 동굴에 갇힌 죄수의 모습이다. 반공이라는 지난 시절의 동굴에 갇혀 세월의 변화와 흐름을 파악하지 못하고 과거의 왜곡된 사상의 노예가 되어 버린 것이다. 중학교 교사 출신의 지적 엘리트가 변화의 객관적 측면을 외면하고, 자신의 지난 경험과 감정에 얽매여 세상을 바라보는 것은 편견이 아닐 수 없다. 자신의 무지에 대한 솔직한 깨달음을 통해서 변화된 진실을 볼 수 있는데 나반공 씨는 무지의 자각을 하지 못하고 친구에게 관광을 가지 말라는, 남북 화해의 조류에 어긋나는 그릇된 행위를 하고 있다. 소크라테스(Socrates)는 무지의 자각 속에서 참된 앎을 얻을 수 있고, 선행을 할 수 있고, 거기서 행복이 찾아온다고 주장하였는데, 나반공 씨는 빨리 무지를 자각하여야 할 것이다.

둘째, 나반공 씨는 자신의 반공 사상을 나름대로의 이데아로 파악하고 있다. 플라톤에 따르면 이데아란 오랜 이성적 수양과 숙련을 통해 느낄 수 있는 고도의 정신적 경지인데, 나반공 씨는 참전과 반공연맹회원 활동을 기초로 반공이 유일한 삶의 길이란 신조를 아직까지 버리지 못하고 있다. 당시에는 나름대로 타당한 생존 논리일 수도 있으나 공산주의가 패망한 지금까지도 이를 고수하는 것은 시의에 적절하지 못하다. 변화된 사실을 중요시하고 현실을 인정하는 아리스토텔레스(Aristoteles)의 입장에서는 시대의 낙오자이자 변화의 낙오자일 수밖에 없다.

case 2 인간의 행위를 설명할 때 이(理)를 중시하는 경우 그 행위자의 의지적 동기를 강조하고 기(氣)를 강조하는 입장에서는 행위를 하게 된 경제적 또는 물질적 배경을 강조한다.

주리론(主理論)적인 입장에 서는 이황으로서는 이태백 군의 행위를 준엄하게 꾸짖을 것이다. 이황에 따르면 인간에게는 순선하고 깨끗한 본연(本然)의 성(性)이 있는데, 본인의 수양 부족으로 잡박한 기(氣)에 빠져 나쁜 짓을 하였으니 이태백은 비난받아 마땅할 것이다. 그리하여 이태백은 교도소에 수감되어 정신 교육을 받거나 정신병원에 보내져 의식 개선 치료를 받게 될 것이다.

그러나 주기론(主氣論)적 입장에 서는 이이로서는 이태백 군의 입장을 이해하고 환경을 개선하기 위한 대책을 내놓을 것이다. 기의 중요성을 강조하는 이이는 경제적 여건이나 물질의 결핍이 강도 행위를 유발했다고 볼 가능성이 크기 때문이다. 이이는 노숙자의 복지를 위해 노숙자 쉼터를 만들고 재교육을 통해 이태백 군의 취업을 알선하는 정책을 펼 것이다. 이이의 경장론(更張論)이 실학으로 연결되는 것이 우연은 아니다.

결론적으로 두 가지를 종합하는 대책을 제시하고자 한다. 우선 인간은 순선한 본연의 성뿐만 아니라 잡박한 기질의 성을 함께 타고 났다. 즉 인간은 맹자가 제시한 사단(四端)을 타고 태어났지만 육체적 요구를 가진 혈기적(血氣的) 존재이기도 하다. 그러므로 이태백 군의 행위는 의지 결정론이나 환경 결정론으로만 설명될 수는 없다. 행위의 동인(動因)을 올바로 파악하기 위해서는 양자 모두를 고려하여야 할 것이다. 그러므로 이태백 군을 교도소에 보내 의식을 교정함과 아울러 직업 교육을 시켜 사회 복귀를 용이하게 해 주어야 할 것이다.

Abitur

철학자가 들려주는 철학이야기 050

고봉 기대승이 들려주는 사단칠정 이야기

저자_이지영

성신여자대학교 사범대학 윤리교육과를 졸업하고, 지금은 일산 백석중학교에서 도덕 교사로 재직하고 있다.

고봉 기대승에 대하여

奇大升

고봉 기대승에 대하여

1. 고봉의 사상

① 퇴고사칠논변(退高四七論辨)

퇴계 이황과 고봉 기대승이 8년여에 걸쳐 120여 통의 서신을 교환하며 펼쳤던 사단칠정에 관한 논쟁을 살펴보기로 하자.

퇴계와 고봉의 논쟁이 시작된 것은 퇴계가 정지운의 요청에 의해 정지운의 사상을 수정한 후에 시작된다. 정지운의 《천명도설(天命圖設)》에 '사단(四端)은 이(理)에서 발하고, 칠정(七情)은 기(氣)에서 발한다(四端發於理 七情發於氣)'라는 내용이 있는데 이 내용을 퇴계가 수긍하지 못하자 정지운은 퇴계에게 수정해 줄 것을 요청하게 된다. 그리하여 퇴계는 '사단은 이의 발이고, 칠정은 기의 발이다(四端理之發 七情氣之發)'라고 일부를 수정하게 되었는데, 이것이 당시 학자들 사이에 많은 논쟁거리가 되었고, 이때 편지로 이의

> **어휘 다지기**
>
> **퇴고사칠논변(退高四七論辨)**
> 퇴계와 고봉의 사단칠정에 관한 논쟁을 줄여서 퇴고사칠논변(退高四七論辨)으로 표현하기도 한다.

를 제기한 인물이 바로 고봉 기대승이었다.

　그 당시 퇴계는 58세였고, 기대승의 나이는 32세였다. 그 당시 한참 후배였던 기대승이 퇴계의 의견에 이의를 제기한다는 것 자체가 사회적으로 큰 논란이 될 수 있었지만 퇴계와 고봉은 논쟁을 하는 동안 서로 예를 갖추었으며 퇴계는 고봉을 후배라 여기기보다는 같이 학문을 연구하는 동지로서 생각하였으며, 고봉은 퇴계를 스승으로 생각하였다. 이렇게 두 학자의 논쟁을 통해 한국 성리학은 발전을 꾀하게 된다.

　기대승이 퇴계의 사상에 이의를 제기한 부분은 바로 퇴계의 사상이 이

어휘 다지기

성리학
중국의 주희가 인간의 본성과 세상의 이치에 관해 연구한 학문으로 우리나라에는 고려 말에 전래되어 조선 시대의 통치 이념으로 자리 잡았으며 가장 대표적인 인물로 퇴계 이황과 율곡 이이가 있다.

이기론
이(理) 우주 만물의 근원이 되는 이치로서 모든 존재가 가지고 있는 본래의 성질

기(氣) 이(理)를 나타내게 하는 것으로 만물을 구성하는 재료

이기불상리 · 이기불상잡
이기불상리(理氣不相離) 이와 기는 서로 떠날 수 없다.

이기불상잡(理氣不相雜) 이와 기는 서로 섞일 수 없다.

　이와 기는 서로 떠날 수도 없으나 섞일 수도 없다. 즉 이와 기는 밀접한 관련을 맺고 있긴 하나 이(理)는 이(理)이고, 기(氣)는 기(氣)일 뿐이다.

(理)와 기(氣)를 너무 이원론적으로 구분 짓는다는 것이었다. 사단과 칠정을 따로 구분 지어 생각할 수 없고, 이와 기 또한 따로 구분 지어 이발(理發), 기발(氣發)이라 할 수 없다고 한 것이다. 즉, 이와 기는 서로 떨어질 수 없고, 사단은 칠정 가운데 포함시켜 생각해야 한다고 보았다.

이에 퇴계는 이기불상리(理氣不相離)의 원칙에서 보면 이와 기를 구분 지어 생각할 수 없지만, 이와 기의 관계는 이기불상리의 관계만 있는 것이 아니라 이기불상잡(理氣不相雜)의 관계도 있으므로 이기불상잡의 관계도 생각해야 한다고 반박한다. 그러나 편지의 왕래가 많아지면서 퇴계는 자신의 이론에 한 번 더 수정을 가하게 되는데, '사단은 이가 발하여 기가 이에 따르는 것이고, 칠정은 기가 발하여 이가 이것을 타는 것이다(四端 理發而氣隨之,

어휘 다지기

사단칠정(四端七情)

사단 (四端)	측은지심(惻隱之心) 불쌍히 여기는 마음	선한 마음 (純善)
	수오지심(羞惡之心) 자신의 잘못을 부끄러워하고 불의를 미워하는 마음	
	사양지심(辭讓之心) 양보하는 마음	
	시비지심(是非之心) 옳고 그름을 판별하는 마음	
칠정 (七情)	희(喜) · 노(怒) · 애(哀) · 구(懼) · 애(愛) · 오(惡) · 욕(慾)	선(善) + 악(惡)

七情 氣發而理乘之' 라는 이기호발론(理氣互發論)을 주장하며 이기이원론적인 부분을 조금 완화시켰다.

이때쯤 이르러 기대승도 자신의 지식이 부족하였음을 고백하고 퇴계의 이론을 지지하는 태도를 보이긴 했으나, 완벽하게 퇴계의 이론을 지지하지는 않았다.

이러한 것을 보면 그 당시 한국 성리학의 수준이 매우 높았음을 알 수 있다. 또한 이러한 논쟁은 후에 우계 성혼과 율곡 이이에게로 이어져 또 한 번의 논쟁을 낳았다.

②《논사록》에 나타난 기대승의 위민 · 민본 사상

《논사록(論思錄)》은 고봉 기대승이 죽자 선조가 살아 있을 당시 연석에서 행한 그의 통치 이념을 잊지 못해 사신에게 명하여 편찬한 책이다.

《논사록》에 의하면, 한 나라의 군왕은 군왕이기 이전에 완전한 인격을 소유한 성인(聖人)이어야 한다고 하였다. 그래야만 사림의 정치적 이상인 덕치를 실현할 수 있다고 보았다. 또 덕치를 위해 군왕은 언제나 백성과 한마음이 되어야 하며, 백성들과 더불어 함께하려는 자세가 군왕이 취해야 할 마음가짐이라고 말한다. 이러한 것이 위민(爲民) · 민본(民本) 정치의 기본이 된다고 보았다.

그리하여 그는 위민 · 민본 정치를 실현하기 위해 '통치권의 분산'과 '언로(言路)의 개방'을 강조한다. 군왕 혼자서는 정사를 다 돌볼 수 없기 때문에 그 아래 대신들에게 통치권을 나눠 주어야 한다고 보았다. 이러한 왕권의 분산은 군왕의 독재를 막고 견제하려는 의미도 담겨 있다. 또한 언로의 개방과 삼사(三司)의 공론(公論)을 중요시하였다. 백성의 소리를 듣지 않으면 나라가 위태로워진다고 보고, 그는 언로의 개방을 통해 민심에 귀를 기울여야 한다고 하였고 이와 함께 삼사의 공론도 중요시하였다. 삼사의 공론이 바로 민심을 반영한 것이라고 보았기 때문이다.

이러한 위민·민본 정치의 실현을 통해 이루고자 하는 바는 바로 부의 균등화로 인한 백성의 부유화였다. 군왕 자신이 절약하고 절제하며, 일반 서민의 세금을 경감하고, 모든 재물의 혜택이 국민 모두에게 골고루 돌아가야 한다고 한 것이다. 바로 오늘날로 말하면 복지 사회를 꿈꾼 것이라고 할 수 있다.

어휘 다지기

조선 시대의 삼사(三司)

조선 시대에는 국왕의 독재를 막고 국왕을 견제하기 위한 기구로 삼사(三司)를 두었다. 삼사는 정사를 비판하고, 관리들의 비행을 감찰하는 기능을 담당하였으며 삼사의 언론은 고위 관리나 국왕도 함부로 막을 수 없었다. 조선 시대의 삼사는 사간원, 사헌부, 홍문관으로 나뉜다.

사간원 국왕이 정치를 잘못할 경우 고치도록 왕에게 조언이나 간쟁을 하던 기관
사헌부 풍기 단속, 관리들의 비리와 비행을 감찰하거나 비판하는 기관
홍문관 문물을 연구하고 국왕이 정책을 결정할 때 조언을 하거나 자문을 해 주는 기관

2. 교과서에서 만난 고봉 기대승의 사상 — 언로(言路)의 개방

"언론은 여론을 형성하는 주요 매체이다."

여론 형성에 영향을 끼치는 것으로 언론을 들 수 있다. 오늘날 텔레비전, 신문 등과 같은 대중 매체는 동시에 여러 사람들을 상대로 시시각각으로 일어나는 사건에 대하여 정보를 빠르게 전달하고 폭넓게 여론을 형성한다. 최근에는 인터넷을 통한 여론 형성 기능도 매우 커졌다.

언론은 한 개인이나 집단의 의견을 여러 사람들에게 알리며, 정부의 잘잘못을 따지는 기능을 하므로 민주 정치에서 매우 중요한 역할을 수행한다. 그런 의미에서 언론의 자유 보장은 매우 중요하다. 한편, 언론은 정치 과정에서 그 영향력이 큰 만큼, 사실에 입각한 공정한 보도를 해야 할 책임이 있다.

- 중학교 《사회 3》 중에서

고봉 기대승은 언로의 개방과 삼사의 공론을 통해 위민 · 민본 정치를 실현코자 하였다. 군왕이 나라를 이루는 근간인 백성의 소리를 듣지 아니하고 귀를 막는다면 나라가 위태로워진다고 하였다.

기대승이 언로의 개방과 삼사의 공론을 매우 중요시한 것은 이를 통해 민심이 반영된다고 보았기 때문이다.

요즘 민주 사회에서 언론은 굉장히 중요한 역할을 한다. 한 개인이나 집단의 의견을 여러 사람들에게 알리며, 정부의 잘잘못을 따지는 기능을 하며 폭넓게 여론을 형성해 나가기 때문이다. 이러한 언론의 역할로 인해 국민들이 정확한 정보를 전달받을 수 있으며 이를 통해 여론을 형성하고 정치 과정에 참여할 수 있다.

3. 세상 속에서 기대승 만나기

① 대한민국 헌법 제21조

- 모든 국민은 언론, 출판의 자유와 집회, 결사의 자유를 가진다. (헌법 제21조 1항)
- 언론, 출판에 대한 허가나 검열과 집회, 결사에 대한 허가는 인정되지 아니한다. (헌법 제21조 2항)

대한민국의 헌법 제21조는 '모든 국민의 언론, 출판, 집회, 결사의 자유를 보장하며, 이것은 국가에서 허가해야 할 수 있는 것이 아니라 허가가 필요 없이 당연히 보장된다' 라는 의미를 담고 있다. 이러한 것이 바로 민주주의의 이념을 실현하는 내용이다.

그런데 이러한 내용이 고봉 기대승의 정치 사상에서도 나온다. 고봉 기대승은 사림파 학자들이 정치적 이상으로 삼았던 덕치주의(德治主義)를 실현하려고 하였다. 이러한 것이 위민·민본 정치의 기본이 된다고 보았다. 그는 또한 위민·민본 정치를 이루기 위해서는 언로를 개방해야 한다고 하며, 언로가 열려 있으면 나라가 편안하지만, 언로가 막히게 되면 나라가 위태로워진다고 하였다. 언로를 폐쇄하면 백성의 마음을 들을 수 없고, 그렇게 되면 민심의 이반(離叛)을 초래한다고 생각했기 때문이다. 그리하여 고봉 기대승은 항상 언로를 개방하여 민심에 귀를 기울이는 것이 위민·민본 정치의 기본이라고 생각하였다.

② 삼권 분립과 정당

고봉 기대승은 위민·민본 정치를 위해서는 통치권을 분산시켜야 하며, 삼사의 공론을 중요시해야 한다고 하였다. 이를 오늘날과 연결시키면 오늘날 대통령은 국가의 수장이기도 하지만 대통령 혼자 모든 것을 결정하지는 못하며, 또한 대통령이 사법, 행정, 입법의 모든 권력을 무한으로 갖고 있는 것은 아니다. 대통령은 모든 정사를 총괄하고 있지만, 각각 사법부, 행정부, 입법부로 분리되어 있어 각각의 부서에서 그에 해당되는 일을 처리하고 있다. 이는 대통령의 독재를 막고 견제하는 의미를 담고 있다.

또한 여러 개의 정당을 인정하고, 국민의 손으로 국회의원을 뽑으며, 그들은 국민을 대신하여 정치를 펼친다. 이러한 것이 바로 국민의 목소리를 듣는 것이며 이것은 민주주의를 실현시키는 데 매우 중요하다.

지금의 이러한 모습들이 이미 조선 시대에도 있었으며 고봉 기대승에 의해서도 꿈꾸어지고 있었던 것이다.

어휘 다지기

삼권 분립(三權分立)

• 헌법 제40조 입법권은 국회에 속한다.
• 헌법 제66조 4항 행정권은 대통령을 수반으로 하는 정부에 속한다.
• 헌법 제101조 사법권은 법관으로 구성된 법원에 속한다.

대한민국은 헌법으로 삼권분립주의를 규정하고 있다. 국가 권력을 입법부, 행정부, 사법부 셋으로 나누고, 상호간 견제와 균형을 유지시킴으로써 국가 권력의 집중과 남용을 방지하려는 원리이다.

입법부는 국회에 속하며, 법률 제정의 역할을 담당하고 있다. 행정부는 정부에 속하며, 정책을 집행하는 역할을 한다. 또한 사법부는 법원에 속하며, 법률을 적용하는 역할을 한다.

1강_ 위민·민본 정치

과학의 발달과 산업화로 인해 우리는 많은 물질적 부를 축적하였다. 그러나 그 이면에 빈부 격차라는 심각한 문제를 얻기도 하였다. 이러한 문제를 해결하기 위해 복지 국가 개념이 등장하게 되었고, 오늘날 보편적인 이념으로 자리 잡게 되었다. 우리나라도 모든 국민이 고르게 잘살자는 목표 아래 복지 국가를 표방하며 여러 가지 제도를 마련하고 있다. 그러나 빈부 격차 해소, 소득의 재분배를 위한 여러 가지 제도가 마련되고는 있지만 속 시원히 해결되는 바는 없는 상황이다. 이런 상황에서 고봉 기대승의 대동 사회적 이상은 어떤 실마리를 제공해 줄까?

case 1 다음 제시문을 읽고 아래 문제에 대해 생각해 봅시다.

가 오래전부터 사람들은 가난이나 질병으로부터 벗어나 안정되고 풍요로운 삶을 살기를 소망해 왔다. 이러한 바람은 과학의 발달과 산업화를 통해 상품의 대량 생산과 물질적인 부(富)가 축적되면서 현실로 나타났다. 그런데 경제 성장으로 얻어진 물질적 부는 일부 계층에 집중되어 빈부 격차가 심해지는 현상이 나타났고, 이로 인해 모두 함께 풍요롭게 살고자 했던 목표가 흔들리기 시작했다. 이러한 배경에서 등장한 복지 사회 이념은, 모든 국민이 고르게 잘살자는 목적 아래 국민의 기본적 생활을 보장하고 균등한 기회를 제공하고자 한다.

- 교육인적자원부, 중학교 교과서 《도덕 2》 중에서

나 보건복지부는 기초생활보장 수급자 확대를 위해 부양 의무자의 범위를 생계를 같이하는 1촌 이내의 혈족으로 축소하고, 외국인 배우자에 대해서도 수급권을 부여하는 등 기초 생활 보장 체계를 정비키로 했다고 26일 대통령 연두 업무 보고에서 밝혔다. 또 요보호 아동의 보호자나 후원자 등이 월 3만 원 내에서 적립하면 정부가 1 대 1 매칭 펀드로 17세까지 지원하는 아동발달지원계좌(CDA)를 2만6천 명을 대상으로 시행하는 한편 임산부 및 아동 가구에 대해 건강과 복지, 교육의 맞춤형 통합 서비스를 제공하는 희망 스타트 사업을 실시키로 했다. 오는 6월부터는 혼자 사는 노인들의 안전과 생활 지원을 위해 '독거 노인 생활지도사' 제도도 도입된다.

- 〈경향신문〉 2007 · 2 · 28일자

다 ○○항공이 획일적인 장애인 동반자 탑승 기준을 개선하기로 결정했다. 뇌병변 장애인 A씨와 B씨, 정신 지체인 C씨와 D씨, 3급 중증 장애인 E씨는 각각 비행기를 탑승하려 했으나 탑승 보호자를 동반하지 않았다는 이유로 ○○항공으로부터 탑승을 거부당해 각각 국가인권위에 진정을 제기했다.

인권위는 조사 결과 '○○항공은 장애인 복지법상의 1~3급 장애를 가진 정신 장애인, 정신

지체인, 발달 장애인 및 뇌병변 장애인에 대해 개인별 건강 상태 및 의학적 소견을 고려하지 않고 획일적으로 보호자 동반 탑승을 의무화해 전국 공항 지점에 이를 요구했다'며 '이에 따라 진정인들에게도 탑승 보호자 동반을 요구했다'고 지적했다.

ㅇㅇ항공은 이에 대해 '획일적인 탑승 보호자 동반 의무를 개선해 해당 장애 유형 및 장애 등급의 장애인에 대해 개인별 건강 상태, ㅇㅇ항공 항공 보건팀 또는 관련 의료 기관의 의학적 소견 등을 고려하여 공항 지점장이 탑승 보호자 동반 여부를 결정하도록 조치했다'고 인권위에 통보했다.

진정인들은 ㅇㅇ항공의 개선을 받아들여 진정을 취하했다.

국가인권위는 '이번 ㅇㅇ항공의 장애 차별 개선이 다른 교통수단에 있어서도 장애인 등 교통 약자에 대한 차별이 개선되고 이동권이 보장되는 사례가 되기를 기대한다'고 밝혔다.

- 〈경향신문〉 2006 · 12 · 27일자

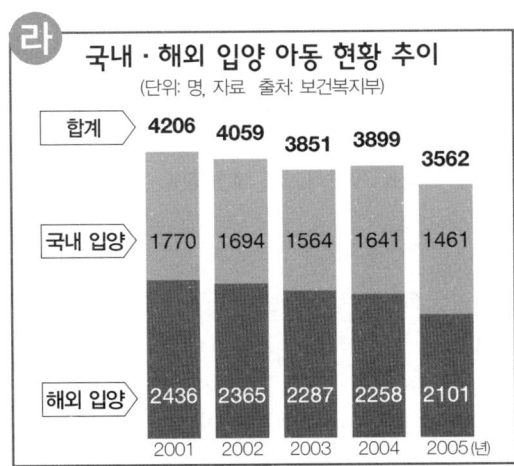

라 국내 · 해외 입양 아동 현황 추이
(단위: 명, 자료 출처: 보건복지부)

2005년 말 기준으로 한국은 중국 · 러시아 · 과테말라에 이어 세계 4위의 입양아 수출 국가다. 최근 국내 입양에 대한 관심이 늘고 있는 추세라고는 하지만 지난해 입양된 3,562명 가운데 해외 입양아가 2,101명(59.0%)으로 여전히 해외 입양 비율이 높다.

늦었지만 정부는 국내 입양 활성화를 위한 각종 대책을 쏟아 내고 있다. 매년 5월 11일을 '입양의 날'로 제정하는 한편 '입양은 가슴으로 낳은 사랑입니다'라는 표어도 만들었다. 국내 입양 유인책의 하나로 입양 수당과 입양 수수료의 지급 방안도 모색 중이다. 현재 입양 부모에게는 2주간 입양 휴가를 주는 제도를 마련, 우선 공무원들을 대상으로 실시 중이다.

입양 조건을 완화하는 방안도 추진키로 했다. 기혼자에게 한정된 양부모 자격을 독신자에게도 허용하는 방안을 검토하고 있다. 양부모의 연령 제한도 현 50세 미만에서 60세 미만으로 확대하고, 자녀수 제한도 없앨 예정이다.

- 《경향신문》 2006 · 12 · 17일자

case 1-1 제시문 (가)는 산업화 과정에서 생기게 된 문제점과 이를 해결하기 위해 등장한 국가 이념을 설명한 것이다. (가)에서 나타난 문제점을 해결할 수 있는 방안을 기대승의 위민·민본 정치와 연결시켜 서술하시오. (1,000자 내외)

생각 쓰기

생각 쓰기

2강_ 선후배 간의 예절

이황과 기대승은 선배와 후배라는 틀에서 벗어나 서로 예의를 지키며 사단칠정에 관한 자신의 의견을 교환하였다. 그 당시 후배가 대선배의 의견에 반기를 든다는 것은 있을 수도 없는 일이었지만 이황은 그의 의견을 받아들였고, 논쟁을 통해 자신의 이론을 수정했다. 그 결과 우리나라 성리학은 더 많은 발전을 가져오게 되었다. 우리 사회에는 특히나 선배와 후배, 직장 상사와 부하 직원 등 많은 상하관계가 있고, 이러한 관계가 경직되어 있고 수직적인 편이다. 이러한 인간관계가 과연 우리나라 발전에 도움이 될까?

case 2 다음 제시문을 읽고 아래 문제에 대해 생각해 봅시다.

가 중학생인 다혜는 백혈병에 걸려 학교에 다니기가 힘들다. 집안도 그리 넉넉한 편이 아니어서 치료도 제대로 받지 못할 형편이었다. 그런데 이 사실이 다혜가 다니는 중학교의 교우회에 알려지자, 만난 적도 없고 알지도 못하는 많은 선배들이 성금을 모아 주어, 다혜는 현재 편안한 마음으로 치료에 전념하고 있다.

- 교육인적자원부, 중학교 교과서 《도덕 3》 중에서

나 　상호의 삼촌은 대학을 졸업한 지 1년이나 되었다. 그런데 졸업하기 전부터 취직 준비를 열심히 하였지만, 아직도 취직을 하지 못하고 있다. 지금까지 100곳 가까운 기업에 원서를 냈으나, 연락이 온 곳은 겨우 10곳도 안 되었고, 면접조차 보기 힘들었다. 요즘에는 명문 대학을 나온 친구들이 취직을 잘하는 것을 보고 더욱 우울해하고 있다.

　또 상호의 아버지는 대학을 나오지 않았지만, 중소기업을 경영하고 계신다. 아버지는 기업을 경영하시느라 힘드시면서도 야간 대학을 마치고 대학원까지 다니신다. 아버지는 학력을 높여야만 자신의 능력과 가치를 더 인정받을 수 있다고 말씀하신다. 그리고 상호에게도 꼭 좋은 대학을 나와야 한다며 늘 공부를 강조하신다.

- 교육인적자원부, 중학교 교과서 《도덕 3》

다 　"남들보다 사회 진출이 2~3년 더 늦어지니 조바심이 납니다. 그래도 취업 등에서 학벌이 차지하는 비중이 높은 것을 생각하면 '상위권대' 편입을 포기할 수는 없습니다."

　박모씨(26)는 올해 또 한 번 대학 편입 시험에 도전할 계획이다. 경기도 소재 전문대 경영학과에 다니던 박씨는 2005년 서울 '중하위권' ㅅ대 경영학과로 편입했다. '인(in) 서울'에는 성공했지만 만족할 수 없었던 그는 지난해부터 서울의 상위권 대학 2~3곳을 목표로 다시 편입 공부를 하고 있다.

　올해 2월 성균관대를 졸업한 김모씨(26 · 여)는 2개의 대학을 거쳤다. 2001년 서울의 중하위권 ㄱ대에 입학한 김씨는 2004년 가을 ㅅ대에 편입했으나 한 학기 만에 성균관대로 옮겼다. 그는 '할 수만 있다면 남들이 좋다는 대학을 나오는 것이 좋은 것 아니냐'고 말했다.

편입 시험에 합격하여 다니던 대학을 바꾼 뒤에도 만족하지 않고 또다시 편입에 도전하는 대학생들이 늘고 있다. 이 때문에 대학가에서는 '메뚜기 편입'이라는 신조어까지 생겼다.

전문대 졸업 뒤 기업체 비정규직으로 일하다 재편입한 정모씨(26)는 자신을 '편입 중독'에 걸렸다고 소개한다.

'직장에 다니면서도 학벌에 대한 열등감 때문에 편입을 준비했다'는 정씨는 ㄱ대 공대에 편입했지만 적성이 맞지 않는다는 생각에 ㅈ대 경영대로 재편입했다.

정씨는 '전문대 졸업생이지만 더 나은 대학에 갈 수 있다는 희망을 품게 되니 멈출 수가 없었다'며 '이제는 서울대와 연세대, 고려대에 가는 것이 목표'라고 밝혔다.

'학벌 없는 사회'의 하재근 사무처장은 '젊은 대학생들이 전공 지식을 쌓기 위해 노력하기보다 대학 간판을 바꾸기 위해 비생산적인 편입 시험에 매달리는 것이 안타깝다'며 '메뚜기 편입은 대학 서열화 구조가 낳은 병폐'라고 지적했다.

- 〈경향신문〉 2007 · 3 · 7일자

생각 쓰기

생각 쓰기

3강_ 계층 분해하기

퇴계와 기대승이 살던 조선 시대는 신분 차별의 사회로 상하 주종의 관계가 성립되어 있던 사회였다. 물론 퇴계와 기대승이 양민, 상민으로 신분 자체가 차이가 난 것은 아닐지라도, 한참 나이 어린 후배가 대선배의 의견에 반기를 들었다는 것은 당시 사회로서는 받아들이기 힘든 상황이었을 것이다. 그럼에도 불구하고 퇴계는 기대승의 의견을 받아들여 자신의 이론을 수정하기까지 하였다. 이러한 모습들이 우리에게 주는 교훈은 무엇일까?

case 3 다음 제시문을 읽고 아래 문제에 대해 생각해 봅시다.

가 인도에는 카스트(Caste) 제도라는 인도 특유의 신분 제도가 있다. 카스트는 '혈통의 순수성 보존'이라는 뜻의 포르투갈어 '카스타'에서 나온 말이고, 인도 말로는 '바르나(vama: 색)'라고 한다. 인도의 카스트는 '브라만(Brahman: 사제) - 크샤트리아(Kshatriya: 왕족/무사) - 바이샤(Vaisya: 농민/상인 등의 서민) - 수드라(Sudra: 노예)' 4개의 계급으로 나뉜다. 그리고 그 안에서 세부적으로 2천 개 이상의 계급으로 더 나뉜다고 한다. 또한 이 4계급에도 속하지 않는 가장 마지막 단계로서 불가촉천민, 즉 손댈 수 없는 천민이 있다고 한다.

수드라를 제외하고 그 위의 단계에 속하는 사람들은 종교적으로 재생할 수 있다 해서 '드비자(再生族)'라고 한다. 보다 높은 카스트에 속한 사람은 그보다 낮은 카스트에 속한 사람의 옆에만 가도 더럽혀진다 하여 곁에 가려고도 하지 않았으며, 가 카스트는 직업을 세습하며, 카스트 상호 간에는 결혼을 할 수 없다. 또한 사람은 누구나 태어나면 이 카스트 중 하나에 자동적으로 속하게 되며, 세습되기 때문에 대대로 이 카스트에서 벗어날 수 없다.

나 중세 유럽 사회의 봉건 제도는 영주가 가신에게 봉토를 주고, 그 대신 군역의 의무를 지게 하는 상하 주종의 계약 관계를 기본으로 한 통치 제도이다. 봉건 제도에 의하면 왕·귀족·가신 등의 영주와 그 지배하에 있는 농노가 기본 계급이다.

신라의 골품 제도는 혈통에 따라 나눈 신분 제도이다. 이것은 '왕족 – 귀족 – 평민'의 3계급으로 나뉘는데 왕족은 성골·진골, 귀족은 육두품·오두품·사두품, 평민은 삼두품·이두품·일두품이 해당된다.

다 조선국 세종조 시절에 한 재상이 있으니, 성은 홍(洪)이요, 명(明)은 모(某)라. 대대 명문 거족으로 어려서 과거에 급제하여 물망이 조야에 으뜸이요, 충효(忠孝)를 겸비하기로 이름이 일국에 떨쳤다.

일찍이 두 아들을 두었으니, 맏아들의 이름은 인형으로 정실(正室) 부인 유씨 소생이요, 둘째 아들의 이름은 길동으로 시비 춘섬의 소생이었다. …(중략)…

길동이 점점 자라 8세 되매 총명이 뛰어나 하나를 들으면 백을 통하니 공(公)이 더욱 애중하나, 근본이 천생이라 길동이 매양 호부(呼父) 호형(呼兄)하면, 문득 꾸짖어 못하게 하니 길동이 10세 넘도록 감히 부형(父兄)을 부르지 못하고, 비복 등이 천대함을 각골통한(刻骨痛恨)하여 심사를 정하지 못하였다.

추구월 망간(望間)을 당하매, 명월은 비치어서 빛나고 청풍은 소슬하여 사람의 심회를 돕는지라, 길동이 서당에서 글을 읽다가 문든 서안(書案)을 밀치고,

"대장부 세상에 나매, 공맹(孔孟)을 본받지 못하면, 차라리 병법(兵法)을 배워 대장인을 허리에 비껴 차고 동정서벌하여, 국가에 큰 공을 세우고 이름을 만대에 빛냄이 장부의 쾌사라. 나는 어찌하여 일신이 적막하고, 부형이 있으나 호부 호형을 못하니 심장이 터질지라. 어찌 통한치 아니하리요." …(중략)…

"소인이 평생 설운 바는 대감 정기로 당당하온 남자가 되었사오매 부생모육지은(父生母育之恩)이 깊삽거늘 그 부친을 부친이라 못하옵고 그 형을 형이라 못하오니, 어찌 사람이라 하오리이까."

- 허균, 《홍길동전》 중에서

- 허균의 《홍길동전》은 신분 차별이 있었던 조선 시대가 배경인 소설로 첩의 자식이라는 이유로 제대로 대접을 받지 못한 채 어린 시절을 보낸 홍길동의 이야기이다.

생각 쓰기

case 3-2 대선배 퇴계 이황과 한참 나이 어린 후배 고봉 기대승 사이에 논쟁이 가능했던 이유를 쓰고, 그것을 교훈 삼아 위 제시문에서 나타나는 문제점의 해결 방법을 모색해 봅시다. (1,000자 내외)

생각 쓰기

아비투어
철학 논술

예시 답안

case 1-1 제시문 (가)에 나타난 문제점은 산업화 과정에서 생기게 된 가장 대표적인 문제인 빈부 격차 문제이다. 기계와 자본을 가지고 있는 자본가와 노동력만을 소유하고 있는 노동지 간의 격차가 더욱 더 심해지는 빈익빈 부익부 현상을 보여 주고 있다. 이러한 문제는 점점 더 심해져 오늘날까지도 빈부 격차는 심각한 사회 문제로 부각되고 있다. 이러한 문제를 해결하기 위해 전 세계적으로 소득의 재분배를 꿈꾸며 모든 국민이 고르게 잘사는 사회를 만들고자 복지 사회 이념이 등장하게 되었다. 복지 사회는 국민의 기본적 생활을 보장해 주고, 모든 국민의 행복한 삶을 위해 만들어진 제도로서 우리나라도 여러 가지 제도를 통해 복지 사회 실현을 목표로 하고 있다.

이러한 복지 사회 개념은 16세기 기대승에 의해서도 등장했었다. 그는 덕치주의를 강조하며, 통치권의 분산과 언로의 개방을 통해 위민·민본 정치를 실현할 수 있다고 보았으며, 그것을 통해 부의 균등화를 통한 백성의 부유화를 이룰 수 있다고 보았다. 군왕 자신이 절약하고 절제하며, 일반 서민의 세금을 경감하고, 모든 재물의 혜택이 국민 모두에게 골고루 돌아가야 한다고 주장한 것이다. 이러한 기대승의 주장이 바로 오늘날 대부분의 국가에서 실현하고자 하는 복지 사회의 이념이다. 그 당시 기대승도 양반 계층과 서민 계층의 빈부 차이를 알고, 이를 해소하여 모든 국민이 고르게 잘사는 사회를 꿈꾸었던 것이다.

오늘날 우리나라는 복지 국가를 실현하기 위해 여러 가지 사회 보장 제도를 실시하고 있다. 사회 보장 제도에는 국가가 보험 제도를 활용하여, 법에 의해 강제성을 띠고 시행하는 보험 제도인 사회 보험 제도, 빈곤층의 최소 한도의 기본적 생활을 보장해 주기 위해 실시하는 사업인 공공 부조, 아동·장애인·노인 등 모든 국민들에 대하여 금전 이외의 서비스 방법으로 행해지는 여러 활동인 사회 복지 서비스가 있다. 사회 보험의 가장 대표적인 사례는 의료 보험 제도가 있으며, 생계 보호, 의료 보호는 공공 부조의 가장 대표적인 사례이다. 또한 사회 복지 서비스의 가장 대표적인 사례로 무료 급식권 제공, 경로 우대권 제공 등이 있다.

이러한 제도와 정책이 잘 갖추어져 있음에도 우리는 왜 진정한 복지 사회로 거듭나지 못하는 것일까?

일단 국가는 많은 제도와 정책을 시행하고 있지만 미흡한 부분 또한 많다. 아직도 법과 제도의 사각 지대에서 인간의 기본적인 욕구조차 충족시키지 못하며 살고 있는 사람들이 많다. 눈에 보이는 정책, 선거를 의식한 정책이 아니라 국민들을 위한 정책을 만드는 데 노력을 기울여야 할 것이다.

다음으로 기업은 이윤의 극대화가 목적이긴 하지만 그 목적도 국민과 함께했을 때에만 의미가 있다는 사실을 깨달아야 한다. 기업을 위해 일하는 근로자들, 기업의 물건을 사는 소비자들 모두 기업의 이윤을 추구하기 위해 없어서는 안 될 존재들이다. 기업이 가족화될 때 또 국민들을 생각하는 기업이 될 때 기업의 이윤은 더욱 극대화될 수 있을 것이다. 이를 위해 적정 수준의 임금 인상과 노동 시간 조정, 근로자들의 복지

어휘 다지기

복지 사회

오래 전부터 사람들은 가난이나 질병으로부터 벗어나 안정되고 풍요로운 삶을 살기를 소망해 왔다. 이러한 바람은 과학의 발달과 산업화를 통해 상품의 대량 생산과 물질적인 부(富)가 축적되면서 현실로 나타났다.

그런데 경제 성장으로 얻어진 물질적 부는 일부 계층에 집중되어 빈부 격차가 심해지는 현상이 나타났고, 이로 인해 모두 함께 풍요롭게 살고자 했던 목표가 흔들리기 시작했다. 이러한 배경에서 등장한 것이 복지 사회이다. 복지 사회는 모든 국민이 고르게 잘 살자는 목적 아래 국민의 기본적 생활을 보장하고 균등한 기회를 제공하고자 하는 사회 제도이다.

- 교육인적자원부, 중학교 교과서 《도덕 2》 중에서

사회 보장 제도

우리나라는 복지 국가의 이념을 실현하기 위해 여러 가지 사회 보장 제도를 실시하고 있는데, 사회 보험 제도, 공공 부조, 사회 복지 서비스가 바로 그것이다. 사회 보험 제도의 가장 대표적 사례는 의료 보험 제도이며, 공공 부조의 가장 대표적인 사례는 생계 보호, 의료 보호 등이다. 사회 복지 서비스의 가장 대표적인 사례는 무료 급식소 제공, 경로 우대권 제공 등이 있다.

자립(自立)과 자조(自助)의 정신

자립과 자조의 정신은 진정한 복지 사회 실현을 위해 꼭 필요한 자세이기도 하다. 능력이 있는 사람들에게는 저소득층 사람들에게 자신의 것을 나누어 주어 모두가 함께 잘 사는 사회를 만들려고 하는 스스로 돕고자 하는 마음인 자조(自助)의 정신이 필요하며, 저소득층 사람들은 무조건 도움만을 받으려고 해서는 안 되며 스스로 일어서려고 하는 자립의 의지가 필요하다. 그래야만 진정한 복지 사회를 실현할 수 있을 것이다.

에 더 많은 관심을 가져야 할 것이다.

마지막으로 각 개인들은 서로가 서로를 위하는 마음과 내 것을 나누어 주어 모두가 함께 잘사는 사회를 만들고자 하는 데에 합의를 해야 한다. 사회 보장 제도가 잘되어 있다는 유럽 사회조차 어려움을 겪는 이유는 바로 이러한 국민들 간의 내면적 합의가 없기 때문이라 할 수 있다. 국가로부터 최저 생계를 보장받고 있는 저소득층 국민들은 일을 하지 않아도 기본적 생활이 가능하다 보니 일할 의욕이 없고, 계속해서 국가의 도움을 받으려고 하며, 능력이 있는 사람들은 아무리 열심히 일해도 자기 소득의 많은 부분을 세금으로 내야 하니 마찬가지로 일할 의욕이 상실된다는 것이다. 우리도 이러한 문제를 해결하기 위해 국민들 모두가 자립과 자조의 정신으로 열심히 일하고자 하는 마음을 가져야 할 것이다.

case 2-1 제시문 (가)는 학연의 긍정적인 면을 나타낸 것이며, (나)와 (다)는 학연의 부정적인 면을 나타낸 것이다. 학연은 오늘날 대개 같은 학교에서 공부한 사람들 간에 맺어진 관계를 가리키는데 이러한 학연이 공동체 구성원들 간에 높은 신뢰 관계를 형성하고, 결속력을 강화시키기도 한다. 또 학연으로 맺어진 사람들이 다양한 사회 계층과 직업 분야에서 활동하고 있기 때문에, 이를 통해 교환되는 정보나 재화 또한 풍부하고 다양하다. 또한 서로 쉽게 친해지게 되며, 심지어는 업무를 수행하는 것도 쉬워지고, 같은 학교 출신의 선후배들이 모여 정기적인 모임 등을 통해 사회봉사 활동을 하기도 한다.

그러나 학연에 의한 인간관계 형성은 (가)의 사례처럼 긍정적인 면만을 가지고 있는 것은 아니다. (나)와 (다)의 사례처럼 공동체 내에서 같은 학교 출신의 사람들끼리의 결속이 강하다 보니 그 외의 사람들은 소외감을 느끼기 쉬우며, 공동체 내의 위화감을 조성하기도 한다. 또한 능력에 따라 사람을 대우하는 것이 아니라 학연에 따라 사람을 대우하는 불합리한 현상이 생기기도 한다.

case 2-2 (나), (다)와 같이 같은 학교 출신의 사람들끼리의 결속이 강하다 보면 그 외의 사람들은 소외감을 느끼며, 공동체 내의 위화감을 조성하게 되고, 결국 집단의 결속력을 해치게 된다. 이러한 현상은 특히나 명문 대학 출신자들에게 강하게 나타나게 되는데, 그렇다 보니 대학을 졸업하지 않고는 원하는 직업을 가질 수 없는 사회, 명문 고등학교, 명문 대학을 졸업하지 않고서는 출세를 할 수 없다는 학벌 지상주의 사회로 만들어 가고 있다.

이 문제들을 해결하기 위한 방안은 일

어휘 다지기

연고주의
자신과 연결된 학연·지연·혈연 등의 관계를 이용하려는 것을 말한다.

학력주의
개인을 평가할 때 개인의 실력이나 능력에 따라 평가하는 것이 아니라, 개인의 겉으로 드러난 학력만으로 평가하고, 지나치게 학력만을 중시하는 관행

능력주의
학력주의와 대비되는 말로 개인을 평가할 때 개인의 실력과 능력에 따라 평가하는 제도

단 개개인들의 의식 변화가 있어야 한다. 같은 학교 출신의 사람들끼리 똘똘 뭉치려고 하기보다는 여러 사람들과의 관계를 중시하는 그런 마음을 가져야 한다. 또 이와 함께 사회 분위기와 제도 자체도 변화가 와야 한다. 학연·학벌만을 강조하며 사람을 고용해서는 안 되며, 개인의 능력을 보고 평가하는 능력주의를 강조하는 그런 사회 분위기가 정착되어야 한다.

case 3-1 (가)는 인도의 카스트 제도, (나)는 신라와 중세 봉건 사회의 신분 제도, (다) 는 조선 시대 첩의 자식으로 차별을 받았던 홍길동에 대한 이야기이다.

이것은 인간이라면 마땅히 존중받아야 하고, 평등하게 대우받아야 한다는 가장 기본적인 진리를 무시한 제도로서 인간을 여러 개의 계급으로 나누고, 계급마다 차별을 둔 제도이다. 높은 계급의 사람들은 자신의 계급을 유지하고 지속시켜 나가기 위해서 계급이 분해되거나 와해되는 것을 원치 않았을 것이므로 이러한 신분 제도는 오랜 시간 유지되어 왔다.

어휘 다지기

인도의 카스트 제도

1. 브라만 (사제자)
2. 크샤트리아 (왕족, 무사)
3. 바이샤 (농민, 상인 등의 서민)
4. 수드라 (노예)

인간 존중 정신

인간 존중 정신이란, '인간은 어떠한 상태로 태어나든 인간이기 때문에 가장 소중한 존재이며, 따라서 존엄하게 대우받아야 한다'는 정신을 말한다. 즉 성별, 종교, 피부색, 국정, 빈부 격차, 사회적 지위, 신체적 또는 정신적 조건 등에 관계없이 인간으로 태어났으므로 존중받아야 한다는 의미이다. 오늘날 대부분의 사회에서는 이러한 인간 존중의 정신이 중시되고 있다.

- 교육인적자원부, 중학교 교과서 《도덕 2》 중에서

천부적 인권

인간이 출생과 동시에 지니게 되는, 하늘로부터 부여받은 인간 고유의 권리. 기본권, 인권 등으로도 표현되며, 국가의 헌법으로 보장하고 있는 기본 권리와 자유를 가리키는데, 일반 법률에 규정된 것에 우선한다.

- 교육인적자원부, 중학교 교과서 《도덕 2》 중에서

그러나 인간은 어떤 조건을 가지고 태어나든지 상관없이 인간이기 때문에 가장 소중한 존재이며, 따라서 존엄하게 대우받아야 하는 것이다. 위의 제시문에 나와 있는 신분 차별 제도는 가장 기본적인 인간 존중 정신을 무시하고 만들어 낸 제도들이란 점에서 많은 문제점을 가지고 있다.

case 3-2 신분 차별이 심했던 조선 시대에 서로 다른 신분은 아닐지라도 대선배 퇴계 이황의 사상에 후배 고봉 기대승이 반기를 들었다는 것은 가히 충격적인 일이라 할 수 있다. 그 당시 사회 분위기라면 아무리 잘못된 사상이라도 후배가 감히 선배에게 잘못된 것이라고 말할 수 없는 경직된 분위기였을 것이다. 그러나 고봉 기대승과 퇴계 이황과의 논쟁이 가능했던 것은 고봉 기대승도 퇴계 이황에게 예를 갖춰 질문을 하였고, 퇴계 이황도 논쟁을 할 때만큼은 고봉 기대승을 후배가 아닌, 같이 학문을 연구하는 사람으로 생각하고 후배의 의견을 존중했기 때문이다. 이러한 계층 간의 서열을 깨뜨리고 서로의 사상에 발전을 가한 이들의 논쟁이 결국에는 한국 성리학의 위대한 발전을 낳은 것이다.

여기서 우리가 주목할 것은 바로 서열 깨뜨리기이다. 위 제시문의 카스트 제도, 중세 유럽의 봉건 제도, 신라의 골품 제도, 조선 시대의 신분 차별 제도 모두 사람들끼리 서열을 만들어 서로 교류하거나 이동하지 못하도록 한 제도이다. 그러다 보니 아무리 노력해도 더 높은 단계로 올라가지 못하며, 자신의 서열이 그 아래 자손들에게까지 세습된다. 이것은 지배 계급이 자신들의 서열이 파괴되는 것이 두렵고, 자신들만의 특권 의식을 누리려는 이기적인 생각에서 이러한 서열 구조를 파괴하려고 하지 않기 때문이다. 하지만 사회가 이상적으로 발전하고 사람들의 삶에 대한 욕구를 높여 주려면 그러한 서열, 계층을 파괴하는 것이 필요하다. 열심히 노력하면 지금보다 더 높은 삶의 질을 얻을 수 있다는 생각을 갖게 해 주는 것이 필요하다. 아무리 노력해도 어렵고 힘든 삶으로부터 벗어날 수 없다면 누군들 일하고 싶은 욕구, 공부하고 싶은 욕구가 생기겠는가.

퇴계 이황과 고봉 기대승 간의 논쟁으로 한국의 성리학이 발전을 꾀했듯이 각 사회의 신분 차별 제도가 없어짐으로 인해 사회 발전을 꾀할 수 있을 것이다.

논술 답안 쓰기

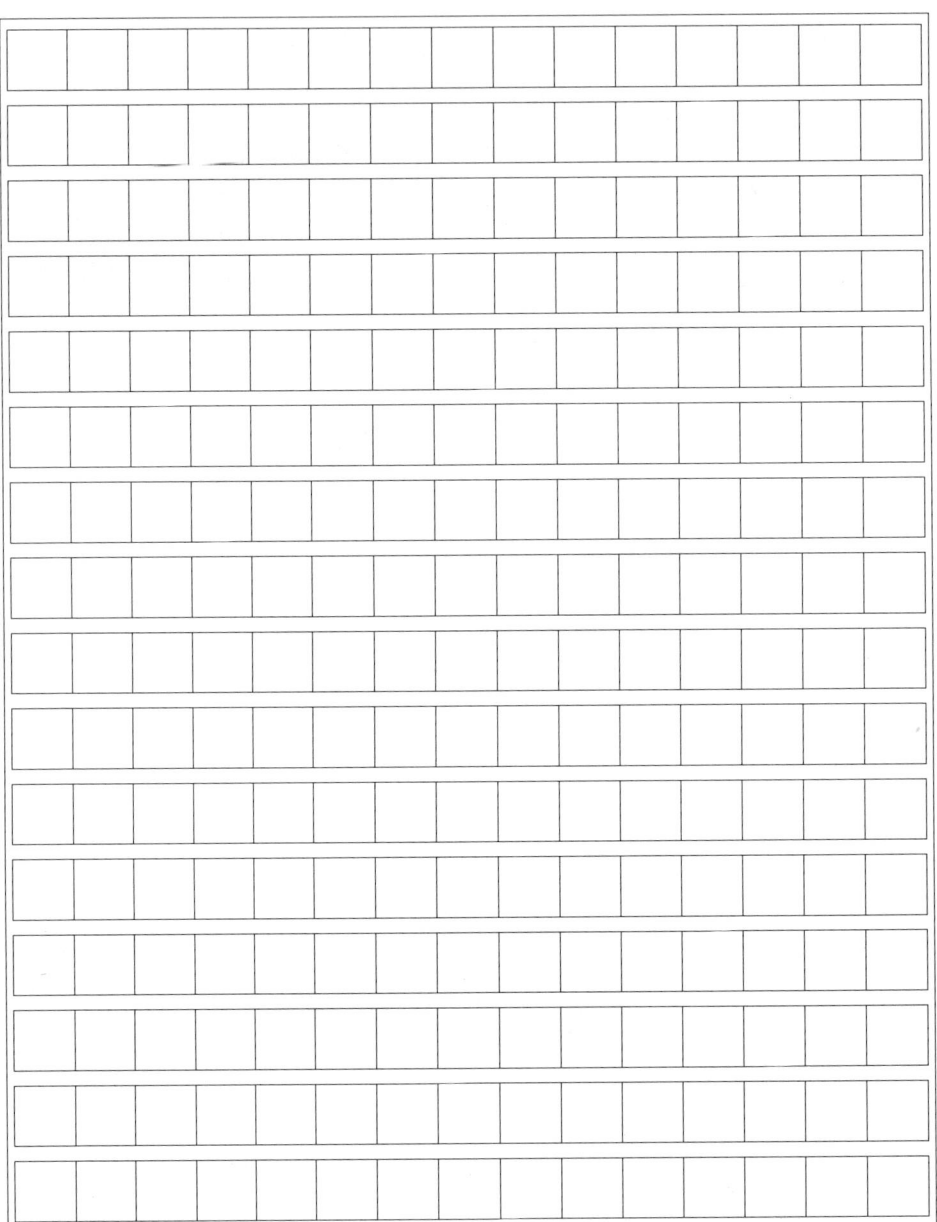

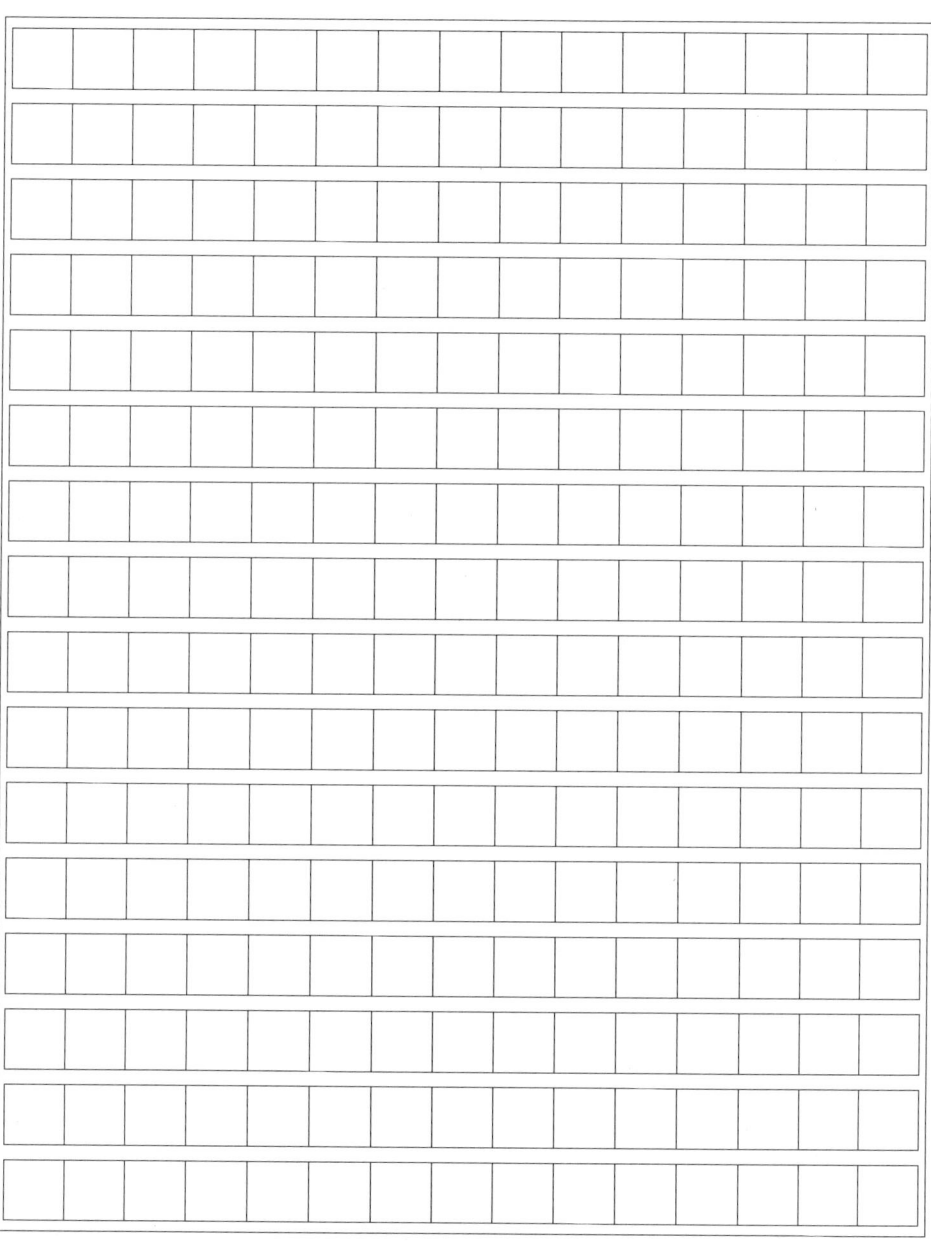

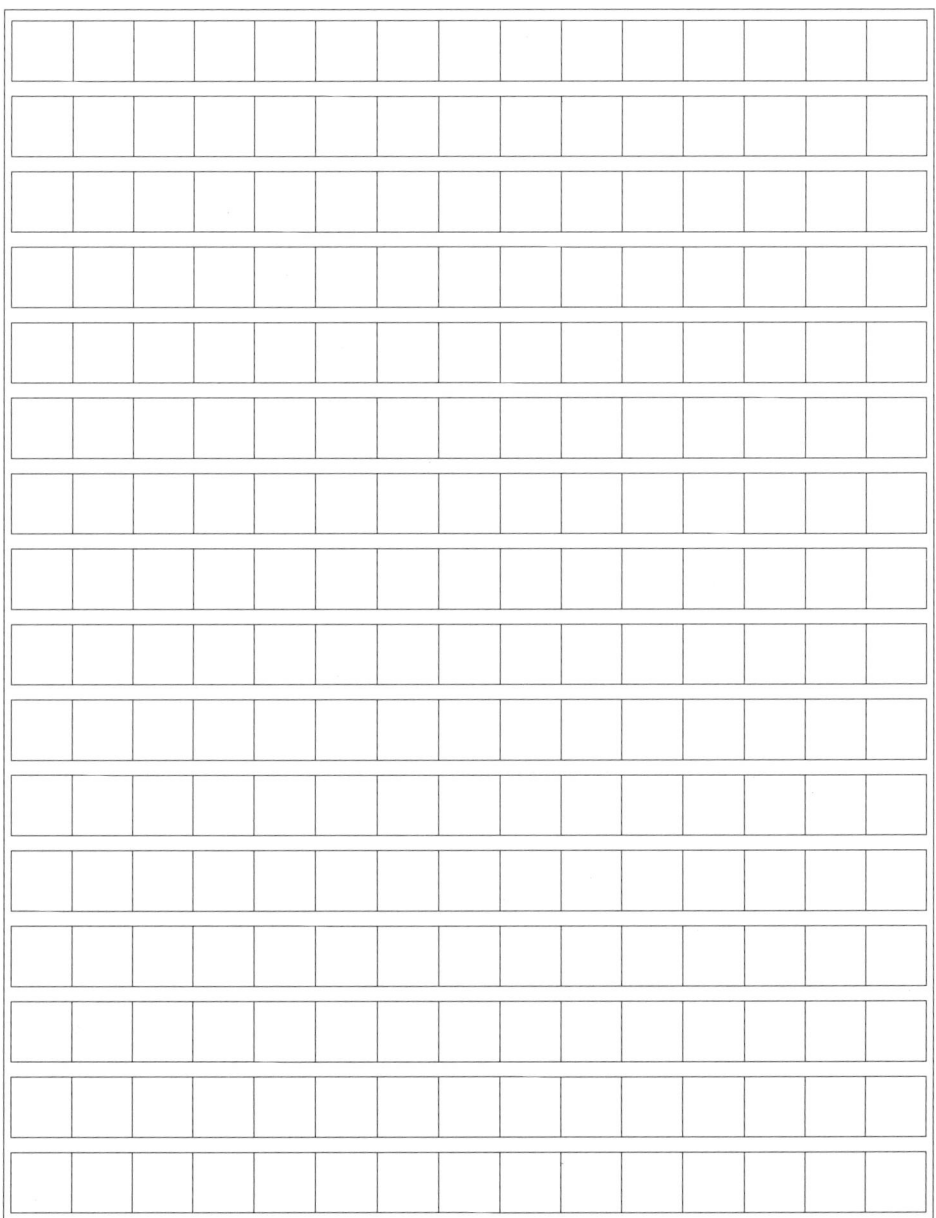